나만의 여행을 찾다보면 빛나는 순간을 발견한다.

잠깐 시간을 좀 멈춰봐.
잠깐 일상을 떠나 인생의 추억을 남겨보자.
후회없는 여행이 되도록
순간이 영원하도록
Dreams come true.

**Right here.**
**세상 저 끝까지 가보게**

KB027616

New normal

# 뉴 노멀New normal 이란?

흑사병이 창궐하면서 교회의 힘이 약화되면서 중세는 끝이 나고, 르네상스를 주도했던 두 도시, 시에나(왼쪽)와 피렌체(오른쪽)의 경쟁은 피렌체의 승리로 끝이 났다. 뉴 노멀 시대가 도래하면 새로운 시대에 누가 빨리 적응하느냐에 따라 운명을 가르게 된다.

전 세계는 코로나19 전과 후로 나뉜다고 해도 누구나 인정할 만큼 사람들의 생각은 많이 변했다. 이제 코로나 바이러스가 전 세계로 퍼진 상황과 코로나 바이러스를 극복하는 인간의 과정을 새로운 일상으로 받아들여야 하는 뉴 노멀New normal 시대가 왔다.

'뉴 노멀New normal'이란 시대 변화에 따라 과거의 표준이 더 통하지 않고 새로운 가치 표준이 세상의 변화를 주도하는 상태를 뜻하는 단어이다. 2008년 글로벌 금융위기를 겪으면서 세계 최대 채권 운용회사 핌코PIMCO의 최고 경영자 모하마드 엘 에리언Mohamed A. El-Erian이 그의 저서 '새로운 부의 탄생When Markets Collide'에서 저성장, 규제 강화, 소비 위축, 미국 시장의 영향력 감소 등을 위기 이후의 '뉴 노멀New normal' 현상으로 지목하면서 사람들에게 알려졌다.

코로나19는 소비와 생산을 비롯한 모든 경제방식과 사람들의 인식을 재구성하고 있다. 사람 간 접촉을 최소화하는 비대면을 뜻하는 단어인 언택트Untact 문화가 확산하면서 기업, 교육, 의료 업계는 비대면 온라인 서비스를 도입하면서 IT 산업이 급부상하고 있다. 바이러스가 사람간의 접촉을 통해 이루어지므로 사람간의 이동이 제한되면서 항공과 여행은 급제동이 걸리면서 해외로의 이동은 거의 제한되지만 국내 여행을 하면서 스트레스를 풀기도 한다.

소비의 개인화 추세에 따른 제품과 서비스 개발, 협업의 툴, 화상 회의, 넷플릭스 같은 홈 콘텐츠가 우리에게 다가오고 있으며, 문화산업에서도 온라인 콘텐츠 서비스가 성장하고 있다. 기업뿐만 아니라 삶을 살아가는 우리도 언택트Untact에 맞춘 서비스를 활성화하고 뉴 노멀New normal 시대에 대비할 필요가 있다.

# 뉴 노멀(New Normal) 여행

뉴 노멀New Normal 시대를 맞이하여 코로나 19이후 여행이 없어지는 일은 없지만 새로운 여행 트랜드가 나타나 우리의 여행을 바꿀 것이다. 그렇다면 어떤 여행의 형태가 우리에게 다가올 것인가? 생각해 보자.

## 장기간의 여행이 가능해진다.

바이러스가 퍼지는 것을 막기 위해 재택근무를 할 수 밖에 없는 상황에 기업들은 재택근무를 대규모로 실시했다. 그리고 필요한 분야에서 가능하다는 사실을 알게 되었다. 재택근무가 가능해진다면 근무방식이 유연해질 수 있다. 미국의 실리콘밸리에서는 필요한 분야에서 오랜 시간 떨어져서 일하면서 근무 장소를 태평양 건너 동남아시아의 발리나 치앙마이에서 일하는 사람들도 있다.

이들은 '한 달 살기'라는 장기간의 여행을 하면서 자신이 원하는 대로 일하고 여행도 한다. 또한 동남아시아는 저렴한 물가와 임대가 가능하여 의식주가 저렴하게 해결할 수 있다. 실리콘밸리의 높은 주거 렌트 비용으로 고통을 받지 않지 않는 새로운 방법이 되기도 했다.

## 자동차 여행으로 떨어져 이동한다.

유럽 여행을 한다면 대한민국에서 유럽까지 비행기를 통해 이동하게 된다. 유럽 내에서는 기차와 버스를 이용해 여행 도시로 이동하는 경우가 대부분이었지만 공항에서 차량을 렌트하여 도시와 도시를 이동하면서 여행하는 것이 더 안전하게 된다.

자동차여행은 쉽게 어디로든 이동할 수 있고 렌터카 비용도 기차보다 저렴하다. 기간이 길면 길수록, 3인 이상일수록 렌터카 비용은 저렴해져 기차나 버스보다 교통비용이 저렴해진다. 가족여행이나 친구간의 여행은 자동차로 여행하는 것이 더 저렴하고 안전하다.

## 소도시 여행

여행이 귀한 시절에는 유럽 여행을 떠나면 언제 다시 유럽으로 올지 모르기 때문에 한 번에 유럽 전체를 한 달 이상의 기간으로 떠나 여행루트도 촘촘하게 만들고 비용도 저렴하도록 숙소도 호스텔에서 지내는 것이 일반적이었다. 하지만 여행을 떠나는 빈도가 늘어나면서 유럽을 한 번만 여행하고 모든 것을 다 보고 오겠다는 생각은 달라졌다.

최근에 유럽뿐만 아니라 동남아시아에서도 다양한 음식과 문화를 느껴보기 위해 소도시 여행이 활성화되고 있었는데 뉴 노멀New Normal 시대가 시작한다면 사람들은 대도시보다는 소도시 여행을 선호할 것이다. 특히 동남아시아의 치앙마이, 나트랑, 호이안 등은 소도시로 떠나는 여행자가 증가하고 있었다. 그 현상은 앞으로 증가세가 높을 가능성이 있다.

## 호캉스를 즐긴다.

싱가포르나 동남아시아로 여행을 떠나는 방식도 좋은 호텔이나 리조트로 떠나고 맛있는 음식을 먹고 나이트 라이프를 즐기는 방식으로 달라지고 있었다. 이런 여행을 '호캉스'라고 부르면서 젊은 여행자들이 짧은 기간 동안 여행지에서 즐기는 방식으로 시작했지만 이제는 세대에 구분 없이 호캉스를 즐기고 있다.

코로나 바이러스로 인해 많은 관광지를 다 보고 돌아오는 여행이 아닌 가고 싶은 관광지와 맛좋은 음식도 중요하다. 이와 더불어 숙소에서 잠만 자고 나오는 것이 아닌 많은 것을 즐길 수 있는 호텔이나 리조트에 머무는 시간이 길어졌다. 심지어는 리조트에서만 3~4일을 머물다가 돌아오기도 한다.

# Intro

여행은 공부가 아니다. 패턴도 아니다. 여행으로 삶을 바꾸어보려고 하는 사람도 있지만 여행이 삶을 쉽게 바꾸어놓지 않는다. 여행을 많이 하면 새로운 가치를 알 수 있을까? 여행에서 중요한 것은 어떻게 여행을 하는가이다. 가이드북을 보고 관광지를 보는 것으로 단순하게 내 삶이 바뀌지 않는다. 우리는 고등학교 때까지 입시에 찌들면서 놀고 싶은 엄청난 욕구를 가지고 있다. 그러나 여행이 놀이가 아닌 누가 만들어 놓은 관광으로 다닌다면 그 속에서 무엇을 배울 수 있을까?

여행은 사람이 떠나는 학문이고 인생에 대한 학문이다. 인생을 이야기하고 사람이 살아가는 장면에 대해 배운다. 학술적인 지식을 논하지 않는다. 여행은 사람에 대한 가치학문이다. 사람이란 무엇인가? 인생은 무엇인가? 사람은 어떻게 살아야 하는가? 무엇이 더 나은 인생인가? 등의 질문에 진지한 성찰이 여행인 것이다.

여행은 바쁘고 부품처럼 살아갈 때 나를 찾기 위해 여유를 찾기 위해 시작한다. 이때 여행에서 논하는 나는 누구인가? 나의 인생은 무엇인가? 나는 어떻게 살아야 하는가? 무엇이

나에게 더 나은 인생이 될까? 라는 질문을 여행에서 나에게 던진다. 그래서 여행은 인문학과 맞닿아 있다. 여행에서 우리는 인문학에 대해 생각하고 배우고 싶어 한다. 그런데 여행에서 마주친 인문학을 우리는 공부로 해결하려는 악순환을 시작하곤 한다. 여행은 인문학적 사고로 사는 모습을 세계의 많은 사람에게서 보고 배워야 하는 것이다. 핵심은 지식이 아니라 삶의 본질을 찾는 것에 있다. 가치관이 달라진 사람은 삶도 달라질 수밖에 없다.

나는 처음에 베트남여행을 아무 생각 없이 시작했다. 치앙마이에서의 한 달 살기가 지겨워지면서 어디 갈 나라는 없을지 생각하고 있을 때 오래전에 갔던 베트남이 생각났다. 그리고 바로 항공기를 예약하고 호치민으로 떠났다. 치앙마이에서 알던 현지인이 나에게 "너는 금방 다시 올 거야? 치앙마이는 안전하고 사기 치는 사람도 없지만 베트남은 그렇지 않아, 그러니까 조심하고 빨리 다시 와!"라는 말을 나에게 했다. 나도 "그럴 거 같아"라고 말한것처럼 잠깐 다녀오고 싶은 나라였다.

호치민에서의 첫 느낌은 사기치는 사람들의 집단처럼 보였다. 첫날 밤 그냥 떠나고 싶은 나라였을 뿐이었다. 하지만 점점 시간이 지나면서 베트남은 지금까지와는 다른 편안한 여행지이자 제2의 고향처럼 다가왔다. "치앙마이로 언제 와?"라는 답에 몇 개월 동안 답을 못하고 베트남에서 지내고 있다.

베트남을 따뜻한 나라로 변화시켜 준 처음 여행지가 나트랑Nha Trang이었다. 나트랑Nha Trang의 YHA에서 프런트의 Loim은 여행지를 단순히 소개만 해주지 않고 다양한 이야기를 하면서 베트남에 대해 알려주었다. 내가 무엇인가를 알려고 하지 않아도 그들에게 다가가면서 자연스럽게 지식은 다가왔고 베트남의 문화에 대해 알려주었다. 여행을 통해서 삶을 마주하고 돌아와 다시 삶에서 힘차게 살아갈 수 있도록 만들어 준 시작은 나트랑Nha Trang이었다.

우리는 지금껏 끝없는 경쟁적 사고를 하며 살아왔다. 그러나 경쟁하면서 발전한 것이 아니고 삶이 피폐해지기 시작했던 것이다. 앞으로 4차 산업혁명이 발전하여도 사는 모습이 어떻게 바뀌어도 여행은 해야 한다. 그러니 여행에서 봐야 할 것은 관광지가 아니고 삶이고 그 속에 있는 사람이다. 이것이 진짜 여행이다. 난 그 여행을 나트랑Nha Trang에서 보았다.

## Contents

ABOUT
# 베트남

# Vietnam

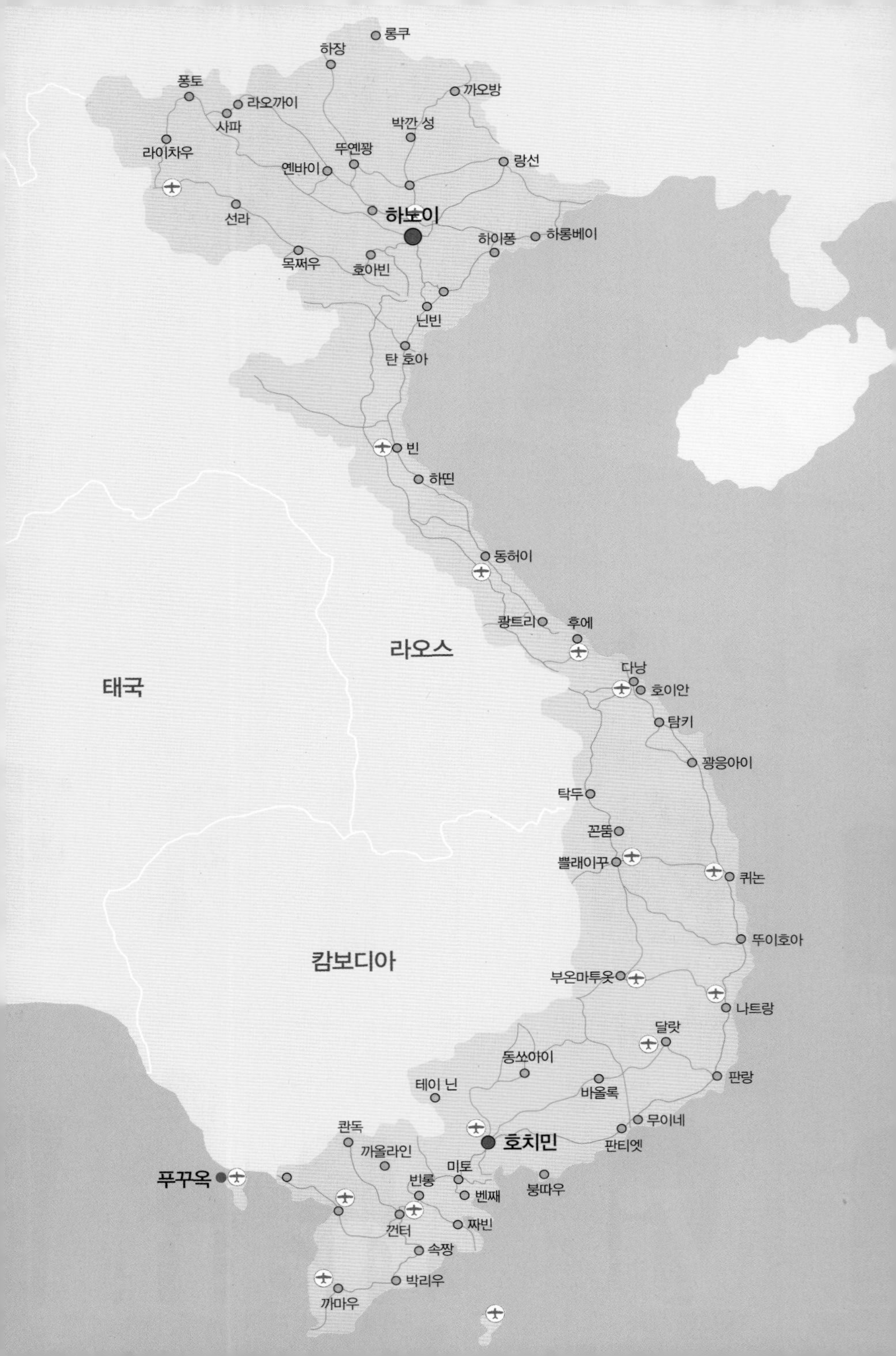

룽쿠
하장
퐁토
까오방
라오까이
사파
박깐 성
라이차우
뚜옌꽝
랑선
옌바이
하노이
선라
하롱베이
하이퐁
목쩌우
호아빈
닌빈
탄 호아
빈
하띤
동허이
꽝트리
후에
라오스
다낭
호이안
태국
탐키
꽝응아이
탁두
꼰뚬
쁠래이꾸
퀴논
뚜이호아
캄보디아
부온마투옷
나트랑
달랏
동쏘아이
판랑
테이 닌
바올록
무이네
콴독
호치민
판티엣
까올라인
미토
푸꾸옥
빈롱
붕따우
벤째
껀터
짜빈
속짱
박리우
까마우

# 한눈에 보는 베트남

북쪽으로는 중국, 서쪽으로는 라오스, 캄보디아와 국경을 맞대고 있다. 베트남 남쪽에는 메콩 강이 흘러내려와 태평양으로 빠져나간다.

- ▶**국명** | 베트남 사회주의 공화국
- ▶**인구** | 약 8,700만 명
- ▶**면적** | 약 33만㎞(한반도의 약1.5배)
- ▶**수도** | 하노이
- ▶**종교** | 불교, 천주교, 까오다이교
- ▶**화폐** | 동(D)
- ▶**언어** | 베트남어

빨간 바탕에 금색 별이 그려져 있다고 해서 금성홍기라고 한다. 빨강은 혁명의 피와 조국의 정신을 나타낸다. 별의 다섯 개 모서리는 각각 노동자, 농민, 지식인, 군인, 젊은이를 상징한다.

### 베트남인

대부분 우리나라 사람들과 비슷하게 생겼다. 하지만 베트남은 55개 민족이 모여 사는 다민족 사회이기 때문에 사람들마다 피부색이나 체격이 조금씩 차이가 난다.

베트남은 영어 알파벳 'S'를 닮았다. 폭은 좁고 남북으로 길게 쭉 뻗어 있다. 베트남인들은 대부분 북부와 남부, 두 지역에 모여 살고 있다. 북쪽에는 홍 강, 남쪽에는 메콩 강이 있고, 두 강이 만든 넓은 평야가 펼쳐져 있다. 중간에는 안남 산맥이 남북으로 길게 뻗어 있다.

# 베트남 남부 사계절

베트남 남부는 1년 내내 평균 기온이 25~30도를 웃도는 고온 다습한 열대 기후이며, 봄, 여름 가을, 겨울로 나뉘지 않고 우기와 건기로 계절을 나눈다. 4계절을 갖고 있는 우리와는 계절의 개념이 조금 다르다. 적도 근처에 있기 때문에 1년 내내 더운 것은 사실이다.

우기는 9~12월, 건기는 1~8월까지로 여행 성수기는 건기다. 베트남 남부의 야외 활동은 건기인 1~3월 사이가 가장 좋다. 우기라고 해서 종일 비가 오는 것이 아니라 소나기(스콜)가 한 두 차례 몰고 가는 것이라 여행이 힘든 것은 아니다. 최대 성수기는 7~8월인데 방학과 휴가시즌이기 때문이다. 7월 성수기를 기점으로 숙소가격이 많이 오른다.

# 나트랑 사계절

10~12월 중순까지를 제외하면 따뜻하고 무난하다. 겨울을 포함한 건기에 방문한다면, 비는 신경 쓰지 않아도 될 정도로 날씨가 좋아서 따뜻한 햇살이 관광객을 기다리고 있다. 나트랑은 뜨거운 여름날 해변에서 시간을 보내거나 카페에 앉아 시원한 음료를 홀짝이기 좋은 휴양지이다. 해변에서 벗어나 휴식을 취하고 싶다면, 언제든지 보고 즐길 거리가 수없이 많다.

# 베트남 여행의 필수품

### 1. 모자

따가운 햇살이 항상 비추는 나트랑Nha Trang은 관광지가 대부분 그늘을 피할 곳이 많지 않다. 그러므로 미리 모자를 준비해 가는 것이 얼굴도 보호하고 두피도 보호할 수 있다.

### 2. 우산

대표적인 관광지인 나트랑Nha Trang은 바다를 끼고 관광지가 형성되어 있어서 스콜을 만나기도 하고 따가운 햇살을 맞으면 피부가 화끈거리기도 한다. 대부분의 관광지는 그늘이 없어서 우산을 가지고 가면 햇볕이 뜨거우면 양산으로 사용하고 비가 오면 우산으로 사용하면 된다.

### 3. 긴 팔 옷과 긴 바지

햇볕에 매일 노출되는 여행자는 피부를 보호하는 것이 좋다. 햇볕에 너무 노출이 심하게 되면 벗겨지기도 하고 저녁에 따갑거나 뜨거운 피부 때문에 잠을 자기 힘들 수도 있다.

### 4. 알로에

피부의 온도를 내려주는 알로에는 동남아시아에서 많이 파는 상품 중에 하나이다. 미리 준비하면 따갑거나 벗겨졌을 때도 바르면 보호도 하고 따가움을 완화할 수도 있다.

# 우기 여행의 장점

지구 온난화 때문에 사실 우기의 시작은 기상대에서도 정확히 맞추지 못하고 있다. 2018년에도 10월 말까지 전혀 비가 내리지 않다가, 11월이 시작하면서 한 달 내내 비가 본격적으로 시작되었기 때문이다.
우기를 전후로 날씨는 무덥지 않다. 여행 중에 지대가 높은 산간 지역으로 여행한다면 가을처럼 쌀쌀하다. 보통 우기는 9월부터 시작된다고 알고 있지만 점점 늦어지고 있다. 건기가 길어지고 우기가 짧아지고 있다고 하는데 여행자는 알 수가 없다.

우기에는 열대성 소나기인 스콜이 자주 있는데, 짧게는 몇 분에서 길게는 몇 시간씩 갑자기 소나기가 쏟아지는데 언제 그칠지는 누구도 모른다. 스콜이 쏟아지기 전에는 하늘이 어두워지면서 많은 비가 내린 다는 사실을 알 수 있기 때문에 미리 대비를 한다.
더위를 타는 사람은 우기의 여행에서 스콜이 오히려 온도를 내려주기 때문에 유리할 수도 있다. 우기 여행의 장점은 비성수기라서 숙소 가격이 성수기 때보다 저렴하다는 것이다. 하지만 중국이든 대한민국이든 여름 방학이 시작되는 7~8월까지 본격적으로 성수기가 된다.

# 베트남 여행에서 반드시 알아야할 간단한 상식

## 외적의 침략을 꿋꿋이 이겨 낸 나라 베트남

20세기에 프랑스와 미국 같은 강대국들과 맞서 끝내 승리를 거둔 베트남은 그 이전에도 중국 등 여러 나라의 침략과 간섭에 시달렸고, 때로는 수백 년 동안 지배를 받기도 했다. 그렇지만 그들은 똘똘 뭉쳐 중국의 지배에서 벗어났고, 19세기까지 독립을 지켜냈다. 그래서 베트남 인들은 자기 나라 역사를 매우 자랑스러워한다.

## 외세에 굴복하지 않은 저항의 역사

베트남의 역사는 기원전 200년경 지금의 베트남 북동부 지역에 남월이라는 나라가 세워지면서 시작되었다. 그러나 기원전 100~1,100년 동안 중국의 지배를 받았다.
10세기 경 독립 전쟁을 일으켜 중국의 지배에서 벗어난 뒤, 900여 년 동안 중국의 거듭된 침략을 물리치고 발전했다. 19세기 말에 프랑스의 식민지가 된 뒤, 베트남 인들은 호치민을 중심으로 단합하여 미국마저 몰아내고 1974년에 마침내 하나의 베트남을 만들었다.
전쟁으로 모든 것이 파괴되어 버린 베트남은 한동안 차근차근 경제를 발전시켰다. 지금은 동남아시아에서 가장 빠르게 성장하고 있는 나라로 손꼽히고 있다.

## 설을 쇠는 베트남

음력 정월 초하루에 쇠는 설이 베트남의 가장 큰 명절이다. 이날 베트남의 가정에서는 크리스마스 트리와 같이 나무에 흙이나 종이로 만든 잉어나 말, 여러 가지 물건을 달아 장식한다. 그리고 일가친척이나 선생님, 이웃들을 방문해 서로 덕담을 나누고 복을 기원하며 어린이들에게는 세뱃돈을 준다. 설날의 첫 방문자는 그해의 행운을 가져다준다고 믿어서 높은 관리나 돈 많은 사람을 초대하기도 하는데, 첫 방문자는 조상신을 모신 제례 상에 향불을 피우고 덕담을 한다.

## 무한한 가능성을 지닌 젊은 나라

베트남 개방이후 '새롭게 바꾼다'라는 뜻의 '도이머이 정책'을 펼치면서 외국 기업을 받아들이고 투자도 받았다. 앞선 기술을 배우려고 애쓰면서 끈기와 부지런함으로 경제 발전을 이루고 있다.

베트남은 사회주의 국가이기는 하지만 오늘날 해외의 자본과 기술을 받아들이고 경제 발전을 위해 노력하고 있다. 1986년부터 베트남식 경제 개혁 정책인 '도이머이'정책을 펴서 이웃 나라들과 활발히 교류하고 있고 2006년에 세계 무역 기구(WTO)에도 가입했다.

## 사회활동이 활발한 베트남 여성들

베트남 여성들은 생활력이 강하고, 사회 활동이 활발한 편이다. 그 이유는 베트남이 오랜 전쟁을 겪는 동안 전쟁터에 나간 남성들 대신에 여성들이 가정을 꾸리고 자녀들을 교육시키는 등 집안의 모든 일을 맡아서 했기 때문이다. 베트남에서는 정부나 단체 등의 높은 자리에 여성들이 많이 진출해 있다. 대표적으로는 1992년에 국가 부주석을 지내고 1997년에 재당선된 구엔 티 빈 여사가 있다. 또한 베트남은 국회에서 여성 의원이 차지하는 비율이 20%가 넘는다.

베트남에는 '베트남 여성 동맹'이라는 여성 단체가 있는데, 이 단체는 여성의 권리와 이익을 보호하는 데 앞장서는 단체이다. 또한 여성을 돕기 위한 기금을 조성해, 사업을 하려는 여성들에게 돈을 빌려 주고 있다. 이렇게 베트남 여성들은 여러 분야에서 활발히 활동하고 있고 점점 더 활동 폭을 넓혀가고 있다.

## 베트남 여인의 상징, 아오자이

'긴 옷'이라는 뜻을 갖고 있는 아오자이는 베트남 여성들이 각종 행사 때나 교복, 제복으로 많이 입는 의상이다. 긴 윗도리와 품이 넉넉한 바지로 이루어진 아오자이는 중국의 전통 의상을 베트남 식으로 바꾼 것이다. 아오자이를 단정하게 차려입은 베트남 여성의 모습은 무척 아름답다.

# ABOUT
# 나트랑

# 한눈에 보는 나트랑 기후

열대 사바나 기후에 속하며, 1~8월까지의 긴 건기와 9~12월까지의 짧은 우기를 가진다. 연간 강수량 1,361㎜ 중 1,029㎜가 우기에 집중된다. 우기동안 태풍으로 인한 거센 비바람이 잦은 편이라 우산을 써도 소용이 없을 정도로 비가 온다. 장마는 동남아시아에서 짧은 편으로 9월부터 12월까지이며, 비가 매우 많아진다. 바다에 접해 있기 때문에 건기에도 무더위는 심하지 않다.

# 나트랑 역사

나트랑Nha Trang은 호치민시에서 북동쪽으로 약450㎞ 떨어진 남부의 휴양도시로 아름다운 해변과 섬, 리조트로 유명한 도시이다. 베트남 나트랑Nha Trang은 19세기 이후 프랑스령 인도차이나 시대 때부터 프랑스계 정부 요인의 리조트 지역으로 개발되었다.

2차 세계대전의 초기인 1940년대에 일본군이 주둔하면서 태평양 전쟁의 물자를 조달하기 위한 전초기지로 개발하면서 해안가는 하루가 다르게 변하게 되었다. 베트남 전쟁 때는 미국의 군항으로 대한민국의 맹호부대가 참전한 장소이기도 하다. 사회주의 베트남에서는 정부 고위 관료의 리조트로 이용되었다가 밀레니엄 시대를 맞이하면서 남부의 휴양지로 본격적인 개발을 하여 지금에 이르렀다.

나트랑Nha Trang은 해변과 스쿠버 다이빙으로 유명하며, 동남아의 많은 여행객과 더불어 많은 배낭여행객을 유치하여 인기 있는 관광지로 발전했다. 2008년 7월 14일 미스유니버스 대회를 개최하였으며, 2010년 12월 4일에는 미스어스 2010을 개최하였고, 2016년에는 아시아 비치게임을 주최하기도 했다.

냐짱 VS 나트랑(Nha Trang)

베트남 사람들은 냐짱이라고 부르는 이 도시는 언제부터 나트랑이라는 단어를 같이 사용했을까? 1940년대에 일본군이 주둔하면서 '나트랑(Nha Trang)'이라고 부르다가 이 이름이 굳어져 '나트랑(Nha Trang)'이라고 부르게 되었다. 서양인들에게는 나트랑(Nha Trang)이라는 발음이 더 편리했다고 한다. 하지만 해외의 유명 가이드북에 '냐짱'이라고 소개하면서 지금은 냐짱을 선호하는 편이다.

# 나트랑 경제

어업이 나트랑Nha Trang에서 관광지로 개발하기 전에 가장 중요한 산업이었다. 카인호아 성 전체와 나트랑Nha Trang은 베트남의 연간 예산 수입에 큰 기여를 하기도 하였다. 지금도 근해의 새우 양식업은 인근지역에 거주하는 사람들에게 중요한 산업이다.

지금은 주로 관광산업에 의존하는 휴양도시이다. 도시 인근지역에서 조선 산업을 베트남 정부가 지원하면서 지역 경제 발전에 크게 기여하고 있다. 캄란 만에 있는 도시의 남쪽에는 산업 단지가 건설 중이다. 반퐁 만의 심해 항구 건설이 완료되면 나트랑Nha Trang과 캄란 외에도 3번째 중요한 경제 지역으로 성장할 것으로 보인다.

# 나트랑에 끌리는 11가지 이유

## 순수한 자연경관

나트랑의 해변과 관광지는 아직 개발이 덜 된 상태이다. 동남아시아를 여행하더라도 개발과 관광객들이 벌써 점령해버린 다른 나라들과 다르게 나트랑에는 아직까지는 순수하게 보존되어 있는 자연경관을 보게 된다. 그래서 다양한 경치를 감상할 수 있다. 아직은 한정된 장소만 여행하는 베트남이지만 베트남을 찾을수록 더욱 많은 해안과 지역을 찾게 된다. 그 중에서 요즈음 가장 핫Hot하게 떠오르는 곳이 나트랑이다.

## 안전한 나트랑

순수한 사람들이 사는 곳이 베트남이기 때문에 당연히 안전하다. 베트남은 동남아시아에서 가장 안전한 국가에 속한다. 나트랑이 관광지라 여행하면서 안전하지 않을까 걱정이 된다면 안심해도 된다.

여행을 하다보면 안전에 민감해지는 나라도 있지만 베트남은 어느 도시나 마을을 가도 항상 안전하다. 베트남은 밤길에서도 두렵지 않다. 다만 불 꺼진 너무 어두운 지역은 무서울 때가 가끔씩 있다.

## 친절한 사람들

베트남에서 영어를 못할까봐 길을 모르거나 어려움이 생겨 물어볼 때도 두려워할 필요가 없다. 친절하게 알려주고 영어를 모르면 영어를 아는 사람을 찾아 알려주는 사람들이니 고민하지 말고 친근하게 다가가서 물어보자. 순수한 사람들과의 만남에 웃음이 떠나지 않는곳이 베트남이다.

## 다양한 즐거움이 있다.

나트랑에는 다이내믹한 즐거움이 곳곳에 있다. 만들어진 즐거움이 아니라 순순한 즐거움이 당신을 빠져들게 할 것이다. 또한 휴양지로 개발이 되고 있는 나트랑은 빈펄랜드를 비롯해 해변의 해양스포츠와 다양한 볼 것들이 즐비하다.

## 저렴하고 다양한 먹거리

먹방을 생각하지 않고 여행을 하던 시대는 지났다. 더군다나 베트남의 여행물가는 저렴하다. 아무리 베트남의 물가가 비싸졌다고 이야기를 해도 베트남의 물가가 저렴한 것은 사실이다. 조금 더 맛있고 고급스러운 레스토랑을 찾아도 너무 저렴하다고 이야기를 들은 기분에 또는 생각보다 비쌀 뿐이다. 거기다가 동남아시아의 다양한 과일과 쌀국수 등 다양한 종류의 먹거리는 여행의 기분을 좋게 만든다.

## 순수한 사람들

베트남 사람들은 깨끗하다. 다른 나라 사람들이 더러워서 베트남 사람들이 깨끗한 것이 아니라 너무 순수해 사람들의 영혼이 깨끗한 모습으로 보인다. 관광객들이 늘어나고 발전이 진행되면서 베트남 사람들의 순수함이 사라질까 두려울 때가 있다. 그들의 순수함은 그대로 남아있었으면 좋겠다.

## 다양한 커피 맛과 여유

커피는 베트남 사람들의 생활에서 중요한 부분을 차지하고 있다. 대한민국에서 커피점이 많지만 베트남은 대한민국보다 더 많은 커피점이 있다. 게다가 세계에서 2번째로 커피 원두를 많이 재배하는 국가가 베트남이라는 사실은 이제 많이 알려져 있다. 19세기에 프랑스가 자국의 커피를 공급하기 위해 베트남에 커피를 처음 재배하기 시작했는데 전쟁 이후 베트남 정부가 대량으로 커피 생산을 시작했다. 그리고 1990년대부터 커피 재배가 확산되면서 이제는 연간 180만 톤 이상의 원두를 수확하고 있다.

베트남에 가면 사람들이 카페에서 플라스틱 의자에 앉아 아침이고 낮이고 커피를 마시는 모습을 볼 수 있다. 커피는 베트남 생활의 일부분이고 카페는 뜨거운 날씨로 힘들게 일한 사람들이 모여 잠시 쉬고 다시 일하는 직장인은 물론 엄마들의 수다장소뿐만 아니라 모든 연령대의 사람들이 모이는 장소이다. 베트남 사람들은 카페에서 앉아 힘든 생활에서 여유를 찾고 다시 일을 시작한다. 또한 이곳에서 다양한 맛의 커피를 즐길 수 있다.

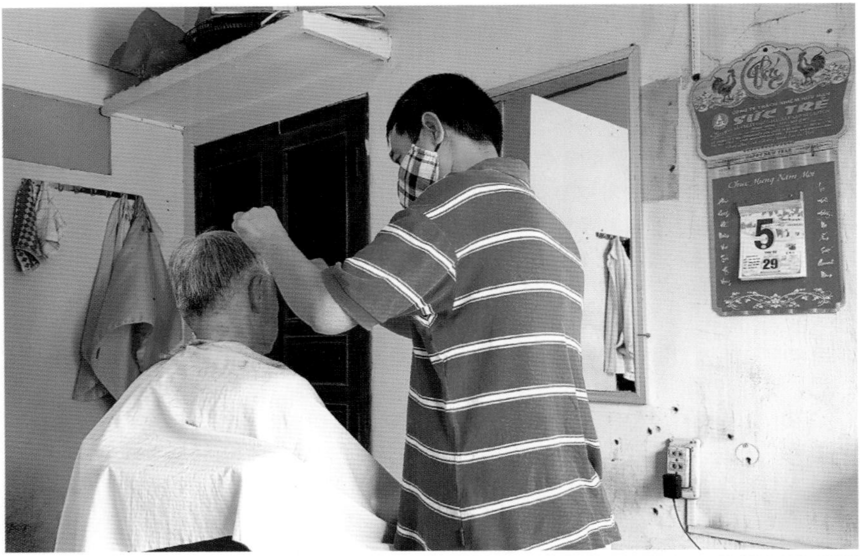

## 개선되고 있는 여행서비스

베트남은 아직 발전이 이루어진 나라가 아니지만 개발이 급속도로 이루어지고 있다. 대한민국처럼 편리하지는 않다. 환전도 불편하고 신용카드를 사용할 곳도 많지 않지만 여행을 하기가 편하도록 한곳에 몰려있는 여행사부터 여행자거리가 조성되어 조금만 걸어 다니면 원하는 여행을 할 수 있다.

## 백사장과 청록색 바다

베트남에서 가장 유명한 해안 도시 중 하나인 나트랑Nha Trang은 백사장과 청록색 바다가 있다. 카페, 역사적 장소와 맛있는 지역 별미를 제공하는 식당 가까이에 백사장과 청록색 바다가 있어 언제나 쉽게 바다를 찾을 수 있는 장점이 있다. 나트랑Nha Trang은 20세기에 인기 있는 해변 휴가지가 되어, 전 세계에서 관광객들이 찾아오며 특히 최근에 급격히 성장했다. 아름다운 해변은 가장 큰 자산이며, 명성에 걸맞은 아름다움을 지니고 있다. 오히려 인파를 피하고 싶다면, 다리를 건너 바이 둥 해변으로 가면 된다. 이곳 바다는 더 잔잔하고, 모래는 훨씬 깨끗하며, 사람도 적어 풍경을 감상하기에 좋다.

## 좁은 골목길과 오래된 집들

나트랑Nha Trang에 단순히 고층 건물과 고급 호텔만 있는 것이 아니다. 해변과 관광지에서 흔히 볼 수 있는 높은 빌딩과 호텔이 흔한 광경이지만, 조금만 걸어가면 좁은 골목길과 냐짱의 오래된 집들을 찾을 수 있다.

## 세계적인 미항으로 발전하고 있는 나트랑(Nha Trang)

아름다운 휴양도시 나트랑Nha Trang은 유네스코가 지정한 세계적인 미항이다. 인천에서 출발해서 가도 비행시간 5시 10분이 소요된다. 동양의 나폴리라고 불리는 나트랑Nha Trang은 유럽인들에게 오랜 사랑을 받아온 휴양지로 연중 온화한 날씨와 천혜의 자연 풍경을 간직한 베트남의 해변도시다. 에메랄드빛 바다와 천연 백사장 등 천혜의 자연경관을 배경으로 한 호텔과 리조트가 자리하고 있으며, 머드 온천 등 이색적인 체험거리로 인해 많은 여행객들의 관심을 한 몸에 받고 있는 곳이기도 하다.

적당한 기온과 습도로 바다색이 더 아름다운 해변과 재미있는 혼딴 섬의 해안에서 호핑투어를 즐기고, 나트랑Nha Trang의 유일한 미메우 섬의 푸른 바다 속 아쿠아리움 관광, 온천풀장, 온천폭포, 에그 온천 머드탕과 나트랑Nha Trang 시내를 한 눈에 볼 수 있고 14m 불상이 있는 롱선사, 23m 높이를 가진 탑을 가진 포가나르 사원 등 볼거리가 많다. 아름다운 야경과 함께 야간시티투어, 씨클로를 타면서 유유자적 도시의 풍경을 만날 수 있으며, 니트랑Nha Trang의 다양한 마트에서 쇼핑도 즐길 수 있다.

# 나트랑 여행 잘하는 방법

## 공항에서 숙소까지 가는 이동경비의 흥정이 중요하다.

어느 도시이든지 도착하면 해당 도시의 지도를 얻기 위해 관광안내소를 찾는 것이 좋다. 하지만 나트랑Nha Trang은 더 중요한 것이 항공기의 시간이다. 나트랑Nha Trang을 운항하고 있는 항공의 대부분은 밤늦게 도착하기 때문에 관광안내소에는 아무도 없으므로 공항에 나오면 숙소로 이동하는 것이 중요하다. 베트남항공은 낮에 도착하기 때문에 문제가 발생하지 않으나 항공비용이 더 비싸다. 그런데 숙소까지 이동하는 것이 대중교통은 없고 택시를 타야하기 때문에 바가지를 쓰지 않고 가는 것이 중요하다. 만약에 일행이 있다면 나누어서 택시비를 계산하면 되지만 혼자 온 여행자는 비용이 부담스러울 수도 있으니 흥정을 잘해야 한다.

차량공유 서비스인 그랩Grab을 사용하여 이동하는 것도 좋은 방법이다. 택시와 그랩Grab이 경쟁하면서 나트랑Nha Trang은 택시로 인해 바가지를 쓰는 경우가 많이 없어지고 있다. 나트랑Nha Trang 시내에서 남쪽으로 약 40㎞정도 떨어져 있는 캄란 국제공항까지 450,000동이 최대 지불하는 가격이라고 판단하면 된다.

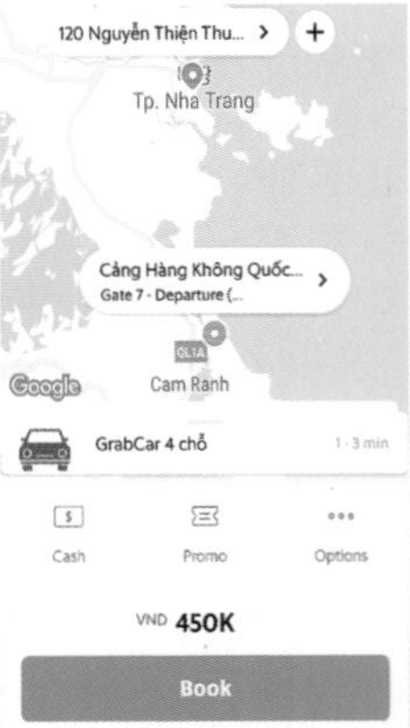

## 심카드나 무제한 데이터를 활용하자.

공항에서 시내로 이동을 할 때 택시보다는 그랩Grab을 이용하면 택시의 바가지를 미연에 방지할 수 있다. 저녁에 숙소를 찾아가는 경우에도 구글 맵이 있으면 쉽게 숙소도 찾을 수 있어서 스마트폰의 필요한 정보를 활용하려면 데이터가 필요하다. 심카드를 사용하는 것은 매우 쉽다. 매장에 가서 스마트폰을 보여주고 데이터의 크기만 선택하면 매장의 직원이 알아서 다 갈아 끼우고 문자도 확인한 후 이상이 없으면 돈을 받는다.

## 달러나 유로를 '동(Dong)'으로 환전해야 한다.

공항에서 시내로 이동하려고 할 때 미니버스를 가장 많이 이용한다. 이때 베트남 화폐인 '동Dong'가 필요하다. 대부분 달러로 환전해 가기 때문에 베트남 화폐인 동Dong으로 공항에서 필요한 돈을 환전하여야 한다. 여행 중에 사용할 전체 금액을 환전하기 싫다고 해도 일부는 환전해야 한다. 시내 환전소에서 환전하는 것이 더 저렴하다는 이야기도 있지만 금액이 크지 않을 때에는 큰 금액의 차이가 없다.

## 공항에서 숙소까지 간단한 정보를 갖고 출발하자.

베트남 나트랑Nha Trang은 현지인들이 공항에서 버스를 많이 이용한다. 시내에서는 버스와 택시, 그랩Grab이 중요한 시내교통수단이다. 버스를 관광객이 사용하지는 않는다. 저렴한 택시비로 나트랑Nha Trang 시민이 아니면 관광객은 버스 노선도 모르기 때문에 사용할 경우는 거의 없다.
같이 여행하는 인원이 3명만 되도 공항에서 택시를 활용해 여행하기가 불편하지 않다. 최근에 택시비가 그랩Grab보다 저렴한 경우도 발생하고 있다. 택시 고객이 부족한 택시들은 어느 정도 가격만 맞으면 운행을 하고 있어서 바가지를 쓰지 않는다. 호치민은 큰 공항이어서 관광객이 더 많으므로 택시 사기가 많지만 나트랑Nha Trang은 많이 없다.

## '관광지 한 곳만 더 보자는 생각'은 금물

배트남 나트랑Nha Trang은 쉽게 갈 수 있는 해외여행지이다. 물론 사람마다 생각이 다르겠지만 평생 한번만 갈 수 있다는 생각을 하지 말고 여유롭게 관광지를 보는 것이 좋다. 한 곳을 더 본다고 여행이 만족스럽지 않다. 자신에게 주어진 휴가기간 만큼 행복한 여행이 되도록 여유롭게 여행하는 것이 좋다.
서둘러 보다가 지갑을 잃어버리고 여권도 잃어버리기 쉽다. 허둥지둥 다닌다고 나트랑Nha Trang을 한 번에 다 볼 수 있지도 않으니 한 곳을 덜 보겠다는 심정으로 여행한다면 오히려 더 여유롭게 여행을 하고 만족도도 더 높을 것이다.

## 아는 만큼 보이고 준비한 만큼 만족도가 높다.

나트랑Nha Trang의 관광지는 베트남의 역사와 관련이 있다. 그런데 아무런 정보 없이 본다면 재미도 없고 본 관광지는 아무 의미 없는 장소가 되기 쉽다.
2박 3일이어도 정보는 습득하고 여행을 떠나는 것이 준비도 된다. 아는 만큼 만족도가 높은 여행지가 나트랑이다.

## 감정에 대해 관대해져야 한다.

베트남은 팁을 받는 레스토랑이 없다. 그런데 난데없이 팁을 달라고 하거나, 계산을 하고 나가려고 하는 데 붙잡아서 계산을 하라고 한다거나, 다양한 경우로 관광객에게 당혹감을 주고 있는 곳이 베트남이다. 그럴 때마다 감정통제가 안 되어 화를 계속 내고 있으면 짧은 나트랑Nha Trang 여행이 고생이 되는 여행이 된다. 그러므로 따질 것은 따지되 소리를 지르면서 따지지 말고 정확하게 설명을 하면 될 것이다.

V • I • E • T • N • A • M

# 베트남남부 여행에 꼭 필요한 INFO

# 간단한 베트남 역사

### 기원전 2000년경~275년 경  최초 국가인 반랑국이 건국되다

베트남 민족의 아버지로 불리는 훙 브엉이 홍 강 삼각주 지역에 반랑국을 세웠다. 반랑국은 농업을 기반으로 세운 베트남 최초의 국가였다. 기원전 275년 안 즈엉 브엉이 반랑국을 멸망시키고 어우락 왕국을 세웠다.

### 기원전 275년 경~기원후 930년 경  중국의 지배

중국 진나라 장수였던 찌에우 다가 중국 남부에 남비엣을 세웠는데 중국이 한나라가 쳐들어와 멸망했다. 그 후 베트남은 약 천 년간 중국의 지배를 받아야 했다. 베트남인들은 중국에 맞서 저항을 했지만 천 년동안 지배를 받을 수 밖에 없었다.

### 1800년 경~1954년  프랑스의 지배

1802년 응웬 아잉이 레 왕조를 무너뜨리고 응웬 왕조를 세웠다. 이 무렵 베트남의 산물과 무역로를 노린 프랑스의 공격이 시작되고 1884년에 베트남 전 국토가 프랑스에 넘어간다. 핍박을 견뎌 내며 독립을 향한 열의를 다졌다. 이때 나타난 호 찌민은 군대를 조직해 프랑스 군대를 공격하고 1954년 디엔비엔푸 전투를 승리를 이끈 베트남은 프랑스를 몰아내고 독립을 되찾았다.

### 1954년~1976년  미국의 야심에 저항하다

베트남은 독립 후 북위 17도선을 경계로 남과 북으로 갈렸다. 남쪽에는 미국이, 북쪽에는 지금의 러시아인 소련과 중국의 지원이 이어졌다. 1965년 미국이 베트남 북쪽 지역을 공격하면서 전쟁이 시작되었다. 끈질긴 저항 끝에 베트남의 승리로 미국은 베트남에서 물러났다.

### 1976년~1985년  경제의 몰락

전쟁으로 온 나라가 폐허가 된 베트남은 경제를 살리는 게 최우선 과제였지만 미국의 경제 봉쇄로 경제는 낙후된 상태가 이어졌다.

### 1985~현재

1985년 새롭게 바꾼다라는 뜻의 '도이머이 정책'을 실시하면서 부지런함과 끈기를 내세워 선진국의 투자를 이끌어내면서 2000년대에 급속한 발전을 이어온 베트남은 동남아시아를 대표하는 경제 성장 국가가 되어 가고 있다.

# 베트남의 현주소

'포스트 차이나'로 불리는 베트남의 2018년 GDP 성장률은 10년 만에 최고치인 7.08%를 기록했고, 올해도 6.9~7.1%의 고성장을 이어갈 것으로 전망한다. 1980년대 100$ 안팎에 그쳤던 1인당 국내총생산(GDP)이 2008년 1,143$로 증가해 중간소득 국가군에 진입했다. 덕분에 연평균 6.7%의 고성장을 계속해 베트남은 지속적으로 경제성장률이 유지되면서 2018년에는 1인당 GDP가 2,587$로 뛰었다.

'도이머이'는 바꾼다는 뜻을 지닌 베트남어 '도이'와 새롭다는 뜻인 '머이'의 합성어로 쇄신을 뜻하는 단어이다. 1986년 베트남 공산당 제6차 대회에서 채택한 슬로건으로 토지의 국가 소유와 공산당 일당 지배체제를 유지하면서 시장경제를 도입하여 경제발전을 도모하기로 한 역사적인 사건으로 응우옌 반 린 당시 공산당 서기장이 주도했다. 1975년 끝난 베트남전에 이어, 1979년 발발한 중국과의 국경전쟁, 사회주의 계획경제의 한계에 따른 식량부족과 700%가 넘는 살인적인 인플레이션 상황이 초래되자 베트남은 새로운 돌파구가 필요했다

당시 상황은 '개혁이냐, 죽음이냐'라는 슬로건이 나올 정도로 절박한 상황으로 개혁은 선택이 아닌 필수였다. 1980년대 초 일부 지방의 농업 분야에서 중앙정부 몰래 시행한 할당량만 채우면 나머지는 농민이 갖는 제도인 '도급제'가 상당한 성과를 거둔 전례가 있었기 때문에 '도이머이' 도입을 가능하게 한 요인이었다.

쇄신의 길을 택한 베트남은 1987년 외국인 투자법을 제정해 적극적인 외자 유치에 나섰다. 1989년 캄보디아에서 군대를 완전히 철수하고, 중국에 이어 미국과의 관계를 정상화하고 국제사회의 제재에서 벗어난 것도 실질적인 '도이머이'를 위한 베트남의 결단이었다. 베트남은 1993년 토지법을 개정해 담보권, 사용권, 상속권을 인정했고, 1999년과 2000년에는 상법과 기업법을 잇달아 도입해 민간 기업이 성장하는 길을 닦았다.

# 베트남과 대한민국의 비슷한 점

## 끈질긴 저항의 역사

### 중국에 맞서 싸우다

베트남은 풍요로운 나라이지만 풍요 때문에 중국의 지배를 받아야 했었다. 약 2천 년 전, 중국을 다스리던 한 무제가 동남아시아로 통하는 교역항을 차지하기 위해 베트남에 군대를 보내 정복하고 약 천년 동안 중국의 지배를 받았다. 중국 군대를 몰아내는 데 앞장선 쯩 자매는 코끼리를 타고 몰아냈다. 기원 후 40년 경, 베트남은 중국 한나라의 지배를 받았는데 쯩 자매중 언니의 남편이 한나라 관리에게 잡혀 억울하게 죽자 쯩 자매는 사람들을 이끌고 한나라 군대와 맞서 싸웠다. 한나라를 완전히 몰아내지는 못했지만 쯩 자매는 지금도 베트남 사람들의 영웅으로 전해 내려오고 있다.

중국의 지배를 받으면서 한자와 유교가 베트남에 널리 퍼지게 되면서 중국 문물을 배우는 데에 부지런했다. 유교에서는 부모를 정성스레 모시고, 이웃과 돈독히 지내고, 농사지은 것을 거두어들이면 조상에게 감사 제사를 지내라고 가르쳤다. 농사를 지으며 대가족이 모여 사는 베트남 사람들의 생활과 잘 맞았다. 농사를 지으려면 일손이 필요하고, 이웃과 서로 도우며 지내야 한다. 지금도 베트남 곳곳에는 유교 문화의 흔적들이 많이 남아 있다.

중국의 지배를 받을 때 중국 관리들과 상인들이 와서 행정문서와 교역문서를 한자로 기록하면서 문자가 없었던 베트남 사람들은 한자를 쓰기 시작했다. 나중에 프랑스의 지배를 받으면서부터 한자 대신 알파벳 문자를 쓰기 시작했다.

### 프랑스에 맞서 싸운 역사

| | |
|---|---|
| 1858년~1884년 | 프랑스가 베트남 공격 |
| 1927년~1930년 | 호치민을 비롯한 베트남 지도자들은 저항 조직을 만들어 프랑스에 맞서 싸우기 시작 |
| 1945년 | 호치민은 프랑스가 잠시 물러간 틈을 타 하노이에서 베트남 민주 공화국 |

**디엔비엔푸 전투**

1953년 베트남 북부 디엔비엔푸에서 베트남군과 프랑스군이 전투를 벌여 다음해인 5월까지 이어진 전투에서 베트남군은 승리를 거두고 프랑스군을 몰아냈다.

수립을 선포했다. 하지만 프랑스는 이를 인정하지 않아 다시 전쟁이 시작되었다.

1954년 프랑스 군대가 있던 디엔비엔푸를 공격하여 크게 승리한 베트남은 마침내 독립을 이뤄냈다.

### 남북으로 갈라진 베트남

베트남은 남과 북으로 나뉘었다가 사회주의 국가로 통일을 이루었다. 베트남이 사회주의 국가가 되기까지 복잡한 역사적 배경이 있다. 과거 프랑스의 지배를 받았던 베트남은 독립을 위해 프랑스와 전쟁을 벌였다. 오랜 전쟁 끝에 1954년 제네바 협정이 열렸고, 프랑스는 베트남에서 물러났다. 1954년 제네바 협정결과 북위 17도선을 경계로 남과 북으로 분단이 되었다. 남쪽에는 민주주의 정권이, 북쪽에는 공산주의 정권이 세워졌다.

베트남은 이후 1976년 북베트남이 남베트남을 장악한 미국과 벌인 전쟁에서 승리하면서 통일을 이루었다. 미국은 약 50만 명이 넘는 군인을 북베트남에 보내고 엄청난 폭탄을 쏟아 부었지만 강한 정신력으로 미국에 맞서면서 10년을 싸워 1976년에 미국은 물러났다.

# 베트남 음식 Best 10

베트남은 남북으로 길게 이어진 국토를 가지고 있어 북부와 중, 남부는 다른 특성을 가지고 있지만 음식은 하노이의 음식이 퍼져나간 경우가 많다. 베트남 여행에서 쌀국수를 비롯해 다양한 음식을 맛보는 것은 여행의 또 다른 즐거움이다. 6개월 가까이 그들의 음식을 매일같이 먹으면서 맛의 차이를 느껴보는 경험은 남들과 다른 베트남 여행의 묘미였다. 그래서 길거리에 목욕의자를 놓고 아침에 먹는 쌀국수는 특히 잊을 수 없다. 베트남에서 한번쯤은 길거리에 앉아 그들과 함께 먹는 음식으로 베트남을 조금 더 이해할 수 있을 것이다.

## 포(Phởở)

누가 뭐라고 해도 베트남 음식 중 1위는 쌀국수를 뜻하는 포Phở이다. 베트남하면 쌀국수가 떠오를 정도로 쌀국수는 베트남 서민들이 가장 좋아하면서도 가장 많이 먹는 음식이다. 포Phở는 끓인 육수에 쌀로 된 면인 반 포Bánh phở를 넣고 소고기나 닭고기, 해산물을 넣는다.
베트남 전통 쌀국수에서는 라임과 고수가 빠지지 않고 오뎅, 닭고기, 돼지고기, 소고기 등. 쌀국수에 들어가는 식재료에 따라 종류도 무척 다양해졌다. 북부 베트남에서 시작되어 현재 포Phở는 수도인 하노이뿐만 아니라 베트남, 아니 전 세계에서 가장 유명한 음식이 되었다. 길거리 어디서나 포Phở를 판매하는 곳을 볼 수 있다. 맛도 한국에서 판매하는 쌀국수와는 다르다. 베트남 음식의 홍보대사라고 할 수 있다.

**미꽝(MI Quáng)**

베트남 중부의 대표적인 쌀국수로 넓은 면발에 칠리, 후추, 피시소스에 땅콩가루를 얹어서 나온다. 국물이 상대적으로 적어서 국물을 먹는 것이 아니고 면발에 국수가 스며들어가서 나오는 맛이 중요하다. 국물이 적은 이유도 면발에 흡수되려면 진한 국물이 필요하기 때문이다.

## 분짜(Bún ch)

전 미국대통령인 오바마가 하노이를 방문해서 먹은 음식으로 더 유명해진 분짜Bún chả는 대한민국에서도 최근 분짜Bún chả를 판매하는 식당이 인기를 끌고 있을 정도로 우리에게도 친숙해졌다. 하노이 음식들이 베트남에서 생겨난 경우가 많은 데 분짜Bún chả도 그 중 하나이다. 숯불에 구운 돼지고기를 면, 채소와 함께 달콤새콤한 소스에 찍어먹으면 맛이 그만이다. 분짜Bún chả는 누구든 좋아할 수밖에 없는 요리인데 베트남인들이 쌀국수와 함께 가장 즐겨먹는 음식이기도 하다.

## 반 쎄오(Bánh xèo)

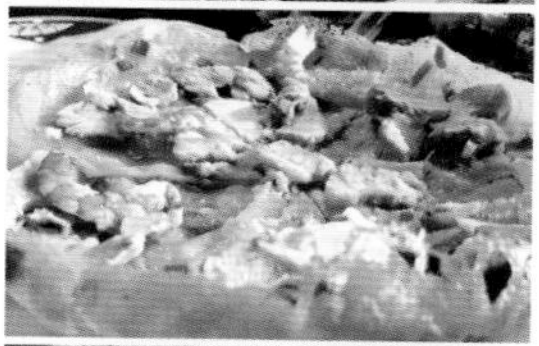

쌀 반죽을 구운 베트남식 부침개인 반 세오Bánh xèo는 tvN 〈신서유기〉를 통해 방영되면서 주목을 끌기도 했는데 베트남 음식에서 빠질 수 없는 음식이다. 베트남 쌀가루 반죽옷 안에 각종 야채와 고기, 해산물이 들어가 있는 일종의 부침개, 영어로는 '크레페'라고 할 수 있다.쌀가루, 밀가루, 숙주나물, 새우, 돼지고기를 이용하여 팬에 튀긴 베트남 스타일로 바뀐 작거나 큰 크레페이다. 얼마 전 tvN 〈짠내투어〉에서 북부의 반 세오Bánh xèo는 대한민국의 부침개처럼 크고 중, 남부의 반 세오Bánh xèo는 한입에 넣을 수 있도록 작게 만든 것으로 차이점이 소개되기도 했다.

다른 수많은 베트남 음식들처럼 반 세오Bánh xèo는 새콤달콤한 느억맘 소스에 찍어 먹는다. 반 세오Bánh xèo를 노랗게 만드는 것은 계란이라고 생각하는데 원래는 강황이다. 단순한 음식이지만, 쌀국수와 더불어 중, 남부 베트남 사람들이 가장 즐겨먹는 음식이다.

무이네 반세오

북부 반세오

**반 베오(Bánh Bèo)**

소스 그릇처럼 작은 곳에 찐 쌀떡이 있고 그 위에 새우가루나 땅콩가루, 돼지고기 등을 얹어 먹는 음식으로 중, 남부에서 주로 먹는다. 처음 베트남에 여행을 가면 반 세오Bánh xèo와 이름이 비슷해 혼동하지만 음식은 전혀 다르다.

## 반미(Bánh mì)

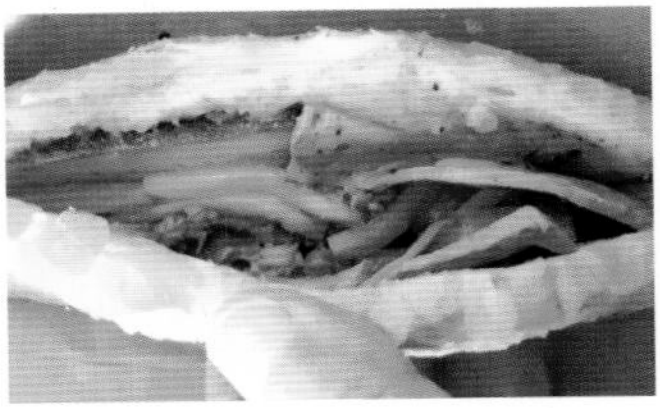

베트남어로 빵을 뜻하는 반미Bánh mì는 한국에도 성업인 음식점이 있을 정도로 잘 알려져 있다. 반미Bánh mì에는 프랑스의 지배를 받은 영향이 그대로 녹아있는데, 겉은 바삭하고 속은 상큼하면서도 아삭한 맛을 즐길 수 있는 바게뜨가 베트남 스타일로 바뀐 음식이다. 수십 년 만에 반미Bánh mì는 다른 나라의 음식을 넘어 세계 최고의 거리 음식 명단에 오르면서 바게뜨의 명성을 위협하고 있다.
프랑스의 바케뜨 빵에 각종 야채와 고기를 넣고, 고수도 함께 넣어 먹는 베트남 반미Bánh mì를 맛본 관광객들은 반미Bánh mì 맛에 대해 칭찬을 아끼지 않는다. 서양의 전통 햄버거나 샌드위치보다 더 맛있다고 할 정도이다. 반미Bánh mì 맛의 핵심은 바삭한 겉 빵의 식감과 고기, 빠떼Pate, 향채 등 다양한 속 재료들이 어우러져 씹었을 때 속에서 전해오는 부드러움이 먹는 식욕을 자극하기 때문이다.

## 꼼 땀 수언 누엉(Bơm tấm sườn nướng)

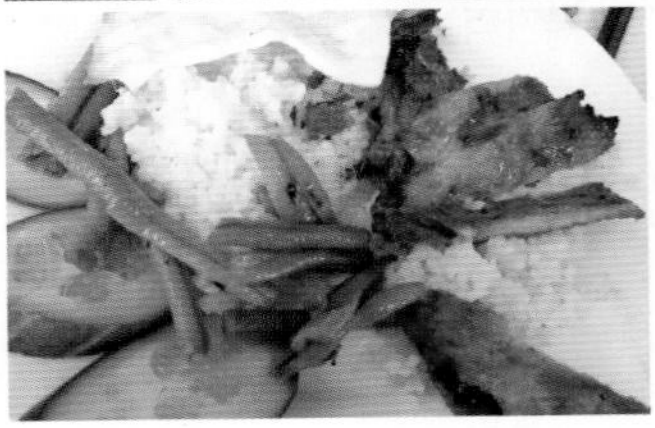

아침이나 점심 때 무엇인가를 싸들고 가는 비닐봉지에 싸인 음식이 궁금해서 따라 먹어본 음식이 있다. 쌀밥Cơm tấm에 구운 돼지갈비, 짜chả(고기를 다져서 찌거나 튀긴 파이), 돼지 껍데기, 계란 후라이가 한 접시에 나오는 단순한 음식인데 이 맛이 식당마다 다 다르다.

구운 돼지갈비 밥인 꼼 땀 수언 누엉Cơm tấm sườn nướng은 베트남 남부의 대표요리로 과거에는 아침에 먹었다고 하나 지금은 아침보다 점심에 도시락처럼 싸들고 사가는 음식에 더 가깝다. 저자가 베트남에서 매일 먹는 음식이기도 하여 친숙하다. 그리고 지역마다 현지인들의 맛집이 있기 때문에 꼭 맛집을 찾아서 먹으러간다. 맛의 차이는 쌀밥과 돼지고기를 어떻게 구워 채소와 같이 먹느냐의 차이이다. 남부에서만 먹는 음식이 아니고 베트남 전국적으로 바쁜 현대인들에게 잘 어울리는 음식 중 하나다.

## 넴(Nem rán)

베트남 넴Nem rán은 라이스페이퍼Bánh tráng에 여러 재료를 안에 넣어 돌돌 말아 튀긴 튀김 롤이다. 튀긴 후에 속 재료의 맛을 그대로 간직하고 있어서 갓 만든 뜨거운 넴 1개를 소스에 찍어 한 입 베어 물면 바삭한 껍질과 함께 속의 풍미가 재료와 함께 어우러져 목으로 넘어온다. 명절이나 생일잔치에도 빠지지 않고 나오는 베트남 음식의 핵심이라고 할 수 있다. 우리가 먹는 튀긴 롤과 다르지 않아서 대한민국 사람들도 쉽게 손이 가는 음식이다.

## 고이 꾸온(Gỏi cuốn)

손으로 먹는 베트남 음식의 특성이 가장 잘 나타나는 음식이 쌈이다. 북부, 중부, 남부 할 것 없이 다양한 종류의 스프링 롤인 고이 꾸온Gỏi cuốn은 넴Nem rán과 더불어 손으로 먹는 음식을 가장 위생적으로 먹기 위해 만들어진 것이다. 가장 선호하는 베트남 음식 리스트에 올라와 나트랑이나 무이네, 달랏에 여행을 간다면 한 번은 꼭 맛봐야 한다.

부드러운 라이스페이퍼에 채소와 고기, 새우 등을 넣어 말아내 입에 들어가면 깔끔한 맛으로 여성들에게 인기가 높다. 새우, 돼지고기, 고수를 라이스페이퍼Bánh tráng에 싸서 새콤한 느억맘 소스에 찍어 먹을 때 처음 전해오는 새콤함과 달콤함이 어우러진 맛이 침이 넘어오게 만든다.

### 포 꾸온(Phở cuốn)

월남쌈이라고 생각하면 쉬운 음식으로 하노이가 자랑하는 요리이다. 간단하고 쉽게 만들 수 있는데 보기에도 좋아 먹기에 수월하다. 라이스페이퍼에 새우, 돼지고기나 소고기 등을 넣고 돌돌 말아 약간 물에 적신 후에 소스를 찍어먹으면 더욱 맛있다. 고기의 신선한 육즙은 야채와 느억맘 소스의 새콤달콤 맛과 어울려져 기가 막힌 맛을 만들어 낸다. 포 꾸온Phở cuốn은 베트남을 넘어 외국 관광객에게도 유명한 요리가 되었다. 화려하지는 않지만 정갈한 음식이기에 베트남 음식의 정수가 다 담겨진 음식이라 할 수 있다.

## 꼼 티엔 하이 싼(Com chiên hải sản)

한국과 베트남 모두 유교에 영향을 받은 유사한 문화를 가져서 그런 것인지는 모르겠지만 베트남의 해산물 볶음밥은 우리가 주위에서 먹는 해산물 볶음밥과 다를 것이 없다. 그도 그럴 것이 쌀밥, 해산물, 계란 등의 비슷한 재료에 소스도 비슷하여 만들어진 볶음밥은 우리가 먹는 볶음밥과 다를 것이 없다.

## 까오러우(Cao Lấu)

까오러우Cao Lầu는 베트남 중부에 위치한 작은 도시인 호이안의 대표 국수이다. 일본의 영향을 받아 일반 쌀국수보다 면발이 우동에 가깝고, 쫀득하고 두꺼운 면발의 면에 간장 소스 등으로 간을 한 돼지고기, 각종 채소와 튀긴 쌀 과자를 올려 먹는다. 노란 면발과 진한 육수는 중부 지방 음식의 특색인 듯하다. 그릇마다 소중하게 담겨져 까오러우Cao Lầu를 한 번 맛본 사람이라면 다시 먹고 싶은 맛이다.

## 분보남보(Bún bò Nam Bộ)

분보남보는 한국의 비빔면과 비슷한 하노이의 비빔국수이다. 신선한 소고기에서 배어난 육즙과 소스, 함께 씹히는 고소한 땅콩과 야채들이 어우러져 구수한 맛을 한꺼번에 즐길 수 있다. 대부분의 면을 뜨거운 육수와 같이 먹는 것과 다르게 분보남보에는 쌀국수에 볶은 소고기, 바삭하고 시원한 숙주나물, 볶은 땅콩, 다양하고 신선한 야채들을 넣고 마지막에 새콤달콤한 '느억 맘(베트남 전통 생선발효액 젓)'을 자신의 입맛에 맞도록 부어 먹는 베트남 스타일의 비빔면이다. 중부의 미꽝과 더불어 가장 대중적인 음식으로 알려져 있다.

## 한국인이 특히 좋아하는 베트남 음식

### 봇찌엔(Bot chien)

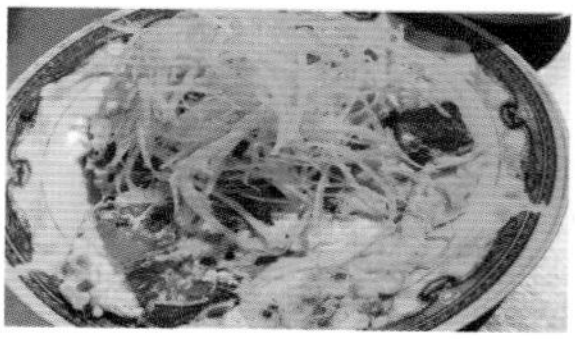

봇찌엔은 베트남 길거리에서 흔히 만날 수 있는 음식으로 쌀떡을 기름에 튀기고 부친 계란과 채를 썰은 파파야를 함께 올려 먹는다. 고소한 계란과 상큼한 파파야 맛이 같이 우러나온다. 역시 마지막에는 느억맘소스(생선을 발효시켜 만든 소스)를 뿌려서 버무리고 먹는 맛이 최고이다.

### 에그커피

에그커피는 하노이의 카페에서 개발하여 현재는 관광객에게 꽤 유명해졌다. 달걀이 커피 안에 들어가 있어 크림처럼 부드러운 에그커피가 각종 TV프로그램에 소개되면서 특히 대한민국 여행자에게 유명하다. 마시기보다 푸딩처럼 떠먹는 것이 어울린다.

## 우리가 모르는 베트남 사람들이 즐겨 먹는 음식

### 숩 꾸어(Súp cua)

보양음식으로 알려져 아플 때면 더욱 찾는 음식이다. 게살스프로 서양에서 들어온 음식이 베트남스타일로 변형된 것이다. 이후 게살스프가 보편화되면서 사람들의 입맛에 맞게 되었다.

### 라우 무옹 싸오 또이(Rau muống xào tỏi)

마늘로 볶는 '모닝글로리'라고 부르는 공심채는 베트남인들에게 익숙한 야채이다. 마늘로 볶은 간단한 요리지만 식성을 돋구는 음식이다. 기름에 마늘을 볶아 마늘향이 퍼지면 모닝글로리를 넣고 같이 볶아준다. 우리의 입맛에도 제법 어울리는 요리이다.

# 베트남 쌀국수

베트남에 가면 쌀국수를 먹어야 한다고 이야기할 정도로 베트남 요리에서 많은 종류의 국수를 빼놓고 이야기할 수가 없다. 베트남의 국토는 남북으로 길게 이어진 나라로 북부의 하노이와 남부의 호치민은 기후가 다르다. 그러므로 국수를 먹는 것은 같지만 지방마다 특색 있는 국수가 있게 되었다. 베트남 국수는 신선한tươi 형태나 건조한khô 형태로 제공된다.

**동남아시아가 쌀국수로 유명한 이유는 무엇일까?**

밀이 풍부해 밀로 국수를 만들 수 있었던 동북아시아와는 달리 열대지방의 특성상 밀이나 메밀 같은 작물을 기르기는 어려웠지만 동남아시아의 유명한 쌀인 인디카 종(안남미)의 쌀을 이용했기 때문이다. 덥고 습한 기후 때문에 향이 강한 음식을 먹다보니 단순한 동북아시아의 국수와 다르게 발달하게 되었다.

**대한민국에는 쌀국수가 발달하지 않은 이유**

쌀농사를 짓는 대한민국에도 비슷한 쌀국수가 있었을 것 같지만, 한반도에서 많이 나는 자포니카 종의 쌀은 국수로 만들면 쫄깃한 맛이 밀이나 메밀가루로 만든 국수에 비해 떨어져서 쌀국수는 발달하지 않았다.

**베트남 쌀국수가 전 세계로 퍼진 이유**

베트남 쌀국수는 베트남 전쟁을 거치고 결국 베트남이 공산화 되면서 전 세계로 퍼지기 시작하였다. 남부의 베트남 국민들이 살기 위해 나라를 등지고 떠나 유럽이나 미주의 여러 나라로 정착하면서 저렴하면서 한끼 식사를 할 수 있는 쌀국수는 차츰 알려지기 시작했다. 서양인들의 기호에도 맞아 국제적으로 알려지는 계기가 되었다.

동유럽에서는 주로 북부의 베트남 사람들에 의해서 알려지기 시작했다. 1970~80년대에 북베트남에서 외화를 벌기 위해 동유럽 국가로 온 베트남 노동자들이 많았다. 동유럽이 민주화 바람 이후에도 경제적 사정으로 고국으로 돌아가기 힘들었던 베트남 사람들은 베트남 식당을 차리기 시작했고 더욱 퍼져나가기 시작했다.

쌀국수는

1. 미리 삶아온 면을
2. 뜨거운 물에 데친 후
3. 준비해둔 끓인 육수를 붓고
4. 땅콩, 향신료 말린 새우 설탕 등을 넣어 판매한다.

포phở는 베트남 북부의 하노이 음식이었다. 1954년 제네바 협정으로 베트남이 남북으로 분단된 뒤, 북부 베트남의 공산 정권을 피해 남부 베트남으로 내려간 사람들이 포phở를 팔기 시작해, 남부 베트남에서도 흔하게 먹는 일상 음식이 되었다. 그 후, 1964~1975년까지 이어진 베트남 전쟁과 그 이후, 보트피플로 떠돌아다니며 세계의 여러 나라로 피난하면서 포phở가 세계화되는데 일조를 하게 되었다. 미국, 캐나다 등에 이민을 온 베트남인들이 국수 가게를 많이 열면서 특히 미주지역에서 유명하다.

쌀국수 종류

국물이 들어간 국수는 베트남 쌀국수가 가장 유명하다. 뜨거운 육수에 쇠고기, 소의 내장 약간, 얇게 저민 고기를 얹은 다음 국물에 말아서 먹는다. 새콤달콤한 맛과 향은 라임 즙이나 고수, 숙주나물 등에서 나오게 된다.

**육수의 차이**

일반적으로 쇠고기나 닭고기 육수를 쓴 쌀국수가 대부분이다.

▶**포 가**(phở gà) : 닭고기 육수 퍼
▶**포 돔**(phở tôm) : 새우 육수 퍼
▶**포 보**(phở bò) : 쇠고기 육수 퍼
▶**포 엑**(phở ếch) : 개구리 육수 퍼
▶**포 해오**(phở heo) : 돼지고기 육수 퍼

**지역의 차이**

베트남 남부에서는 달고 기름진 육수를 쓰고, 북부에서는 담백한 육수를 주로 사용한다. 포 하노이(phở Hà Nội), 하노이 포(phở)에는 파와 후추, 고추 식초, 라임 등만 곁들인다. 포 사이공(phở Sài Gòn), 호치민 포(phở)는 해선장과 핫 소스로 함께 만들며, 라임과 고추 외에도 타이바질, 숙주나물, 양파초절임을 곁들인다.

### 넓은 면 VS 얇은 면

넓은 면은 먼저 쌀가루에 물을 풀어서 쌀로 된 물처럼 만든 것을 대나무 쟁반위에 고르게 펴서 며칠 동안 햇볕에 잘 말린다. 얇게 뜨면 반짱Bahn Trang이라고 부르며, 두텁게 떠서 칼로 자르면 쌀국수가 되는 차이점이 있다. 반대로 얇고 가는 면의 경우는 쌀가루를 한 데 뭉쳐서 끓는 물을 부어 익반죽을 한 뒤, 냉면사리를 만들듯 체에 걸러서 만들게 된다.

### 베트남 VS 태국

같은 동남아시아 국가이지만 조리법이 조금씩 다르다. 국수는 볶는 국수와 국물을 넣어 만든 국수로 분류할 수 있다. 태국의 길거리 음식으로 주문을 하면 앞에서 바로 볶아 내놓는 팟타이Phatai는 서양인들이 더 선호하는 국수이다.

길거리나 호숫가에서 배를 타고 생활하는 수상생활이 일상화 된 태국에서는 자그마한 배에서 상인 한 명이 타고 다니며 판매한다.

내용물에 따라 이름이 달라지지만, 보통 우리는 '포phở'라고 부른다.

국물을 가진 국수 가운데에서 중국, 태국, 라오스, 미얀마 스타일의 조금은 다른 쌀국수가 있는데, 맛의 차이는 국물을 내는 방법이나 양념에 따라 차이가 난다.

베트남

**포(phở)**
대한민국에서 쌀국수라고 하면 보통 생각하는 요리로 이제는 베트남을 상징하는 요리로 인식된다. 포(phở)는 쌀국수 국수인 포를 쇠고기나 닭고기 등으로 낸 국물에 말아 낸 대표 베트남 국수 요리이다.

**분짜(Bùn Chà)**
소면처럼 가는 쌀국수 면을 숯불에 구운 돼지고기, 야채와 함께 액젓인 느억맘 소스에 찍어 먹는 요리이다.

태국

**팟타이**
태국을 대표하는 쌀국수 요리이다. 닭고기, 새우, 계란 등의 재료를 액젓, 타마린드 주스 등으로 만든 소스와 볶아낸 쌀국수이다.

**꾸어이띠어우**
고기 국물에 말아먹는 쌀국수 요리로 포(phở)의 태국 버전이라고 보면 된다. 향신료를 베트남보다 많이 쓰는 태국 요리는 향신료의 향이 강하다는 차이가 있다.

포(phở) 이름의 기원

## 프랑스어 기원

농사를 지어왔던 베트남에서 소는 꼭 필요한 동물이었다. 그래서 쇠고기를 잘 먹지 않았다. 포phở는 프랑스 식민지 시기에 프랑스인들이 만들어 먹은 쇠고기 요리인 포토 푀가 변형된 것이라는 것이다. 베트남어인 '포phở'는 프랑스어로 '포토푀pot-au-feu'의 '푀feu'를 베트남어식으로 발음한 것이라는 설이다. 산업혁명 이후 19세기 말에 공장 노동자들이 끼니를 때우기 위해 고기 국물에 국수를 말아 먹기 시작하던 것이 유래되었다고 한다.

## 중국의 광둥어 기원

하노이에 살던 중국의 광둥지역 이민자들은 응아우육판(牛肉粉)이 포phở의 기원이라는 설이다. '응아우'는 '쇠고기'를 뜻하고 '판'은 '국수'라는 뜻이다. 베트남어로 '응으우늑펀ngưu nhục phấn'이라고 불렸다. 베트남어 '펀phấn'은 '똥'을 뜻할 수도 있기 때문에, 음절 끝의 'n'이 사라지면서 '포phở'가 되었다고 한다. 포phở를 만들 때 쓰는 넓은 쌀국수는 '분 포bún phở'로 '포 국수'라는 뜻이다.

# 베트남 음료

베트남은 우리 입맛에 맞는 음식들이 많다. 태국 음식이 다양하다고 하지만 베트남도 이에 못지않은 다양한 음식들이 있다. 또한 음료도 태국만큼 다양한 열대과일로 만든 주스와 스무디가 많다.

프랑스 식민지였기 때문에 베트남에서는 바게뜨와 같은 서양음식들도 의외로 많아서 베트남 음식과 맥주와 음료를 마시면서 음식을 먹는 유럽인들도 많고 특히 바게뜨 같은 반미와 함께 커피를 마시는 여행자들이 많을 정도로 커피가 일반적인 음료이다. 풍부한 과일로 생과일주스를 마실 수 있고, 물이나 맥주, 커피도 저렴하게 즐길 수 있다. 베트남에서 먹고 마시는 것으로 고생하는 경우는 없다고 봐도 무방할 것이다.

### 비어 사이공(Beer Saigon)

베트남에서 가장 유명한 맥주로 관광객들이 누구나 한번은 마셔보는 베트남 맥주로 맛이 좋다. 프랑스에서 맥주 기술을 받아들여서 프랑스와 비슷한 풍부한 맥주 맛을 내고 있다. 맥주 맛의 기술은 우리나라보다도 좋은 것 같다.

### 333비어(333Expert Beer)

베트남 남, 중부에서 유통되는 맥주이다. 베트남어로 '3'이라는 숫자의 발음은 '바'로 일명 '바바바 비어'라고 부른다. 청량감이 심해서 호불호가 갈리는 맥주로 대한민국의 카스 맥주와 맛이 비슷하다.

### 라루비어(Larue Beer)

중부를 대표하는 맥주 브랜드로 프랑스 스타일의 맥주이다. 블루 컬러는 저렴하고 레드 컬러는 진한 흑맥주 맛을 낸다. 캔 맥주나 병맥주의 뚜껑을 따면 뚜껑 안에 한 캔이나 한 병을 무료로 먹을 수 있도록 마케팅을 하여 맥주 소비량이 늘어났고 뚜껑을 따서 하나 더 마실 수 있는지 확인하는 풍경이 벌어지기도 한다.

### 후다 비어(Fuda)

중부 지방에서 판매가 되고 있는 맥주로 후에를 중심으로 다낭까지 판매를 늘리고 있다. 93년 미국의 칼스버그가 합작투자를 통해 판매가 시작되었다. 다른 333비어나 라루 비어가 나트랑에서 보기에 어렵지 않은 맥주이지만 후다는 아직 나트랑에서 가끔 볼 수 있는 정도의 맥주이다.

### 맨스 보드카(Men's Vodka)

보드카는 베트남에서 가장 선호되는 주류 중 하나이다. 중간 품질의 보드카 부문은 맨스 보스카Men's Vodka 브랜드가 지배하고 있다. 100년 이상의 역사를 자랑하는 브랜드인 보드카 하노이Vodka Ha Noi가 막대한 투자를 통해 시장에서 성장해 왔다. 맨스 보스카Men's Vodka 보드카는 시장의 선두 주자로 인기가 높아짐에 따라 남성용 보드카 브랜드의 이미지가 대명사가 되었다. 다만 보드카 하노이Vodka Ha Noi는 구식 이미지가 강해 젊은 층에는 인기가 시들고 있다.

### 커피(Coffee)

베트남에서 커피한번 마셔보지 않은 관광객은 없다. 베트남식의 쓰고 진하지만 연유를 넣어 달달한 커피 맛은 더운 베트남에서 당분을 보충할 수 있는 좋은 방법이기도 하다.

'카페'로 발음하기도 하지만 '커피'라고 불러도 알아 듣는다. 프랑스식민지로 오랜 세월을 있어서 커피문화가 매우 발달했다. 특히 연유가 듬뿍 담긴 커피는 베트남 커피만의 특징이다.

주문할 때 필요한 베트남어

카페 쓰어다 | Cà Phê Sûa Dà | 아이스 연유 커피
카페 쓰어농 | Cà Phê Sûa Nóng | 블랙 연유 커피
카페 덴다 | Cà Phê Den Dà | 아이스 블랙 커피
카페 덴농 | Cà Phê Den Nóng | 블랙 커피

### 생과일 주스(Fruit Juice)

과일이 풍부한 동남아와 같이 베트남도 과일이 풍부하다. 그 중에서 망고, 코코넛, 파인애플 같은 생과일로 직접 갈아서 넣은 생과일 주스는 여행에 지친 여행자에게 피로를 풀고 목마름을 해결해주는 묘약이다.

### 느억 미어(Núóc Mia)

사탕수수 주스를 말하는데 길거리에서 사탕수수를 직접 기계에 넣으면 사탕수수가 으스러지면서 즙이 나오는데 그 즙을 받아서 마시는 주스가 느억 미어Núóc Mia이다. 동남아시아의 다른 나라에서도 마실 수 있지만 저렴하기는 베트남이 가장 저렴하다.

### 레드 블루(Red Blue)

우리나라의 박카스나 비타500과 비슷한 에너지 드링크로 레드 블루Red Blue가 있는데 맛은 비슷하다. 카페인 양이 우리나라 에너지 드링크보다 높다고 하지만 마실 때는 잘 모른다.

# 열대 과일

## 망고(Mango)

나트랑에서 가장 맛있는 과일은 역시 망고이다. 생과일주스로 가장 많이 마시게 되는 망고주스는 베트남여행이 끝난 후에도 계속 생각나게 된다.

망고 (Mango)

## 파파야(Papaya)

수박처럼 안에 씨가 있는 파파야는 음식의 재료로도 사용이 된다. 겉부분을 먹게 되며, 부드럽고 달달하다.

파파야 (Papaya)

## 람부탄(Rambutan)

빨갛고 털이 달려 있는 람부탄은 징그럽게 생겼다고 생각되기도 하지만 단맛이 강한 과즙을 가지고 있다.

## 두리안(Durian)

열대과일의 제왕이라고 불리는 두리안은 껍질을 까고 먹는 과일이고, 단맛이 좋다. 하지만 껍질을 까기전에 냄새는 좋지 않아 외부에서 먹고 들어가야 한다.

두리안 (Durian)

## 망끈(Dragon Fruit)

뾰족하게 나와 있는 가시같은 부분이 있는 과일이다. 선인장과의 과일로, 진한 빨강색으로 식감을 자극하지만, 의외로 맛은 없다.

## 코코넛(Coconut)

야자수 열매로 알고 있는 코코넛은 얼음에 담아 마시면 무더위가 가실 정도로 시원하다. 또한 코코넛을 넣어 만든 풀빵도 나트랑 간식으로 인기가 많다.

코코넛 (Coconut)

# 쇼핑

베트남 여행에서 베트남만의 다양한 상품을 구입하는 데 가장 인기가 높은 것은 역시 커피, 피시소스(느억맘), 비나밋 과자이다. 3개의 제품은 베트남만이 생산하는 제품이기도 하지만 선물로 사오거나 쇼핑을 해서 구입해도 잘 사용하는 품목들이다. 선물이나 쇼핑에서 가장 중요한 것은 생활에서 잘 사용할 수 있다. 그것이 바로 저렴하다고 구입해서 버리지 않는 방법이다.

### G7 커피(2~5만 동)

베트남 여행에서 돌아오는 공항에서 가장 많이 구입하는 커피가 G7 커피가 아닐까 생각된다. 베트남을 대표하는 인스턴트 커피 브랜드 G7 커피는 블랙, 헤이즐넛, 카푸치노, 아이스커피 전용 등 다양한 종류와 저렴한 가격이 매력적이다.

부드러운 향을 좋아한다면 헤이즐넛, 쌉싸래한 커피 본연의 맛을 원하면 블랙을 추천한다. 달달하고 진한 맛의 믹스와 카푸치노가 우리가 즐겨먹는 커피와 비슷하다. '3 in 1'이라는 표시는 설탕과 프림이 들어간 커피라는 뜻이고 '2 in 1'은 설탕만 들어간 제품이니 구입할 때 잘 보고 구입하기를 권한다.

### 콘삭 커피(3~10만 동)

G7 커피와 함께 베트남 커피 시장을 장악하고 있는 콘삭 커피는 일명 '다람쥐 똥 커피'라고 더 많이 부른다. 실제 커피콩을 먹은 다람쥐의 배설물이라는 말이 있다. 인도네시아에서 생산되는 루왁 커피만큼 고급 원두는 아니기 때문에 약간 탄 듯 쓴맛이 강한 커피이다. 하지만 고소한 향과 쓰고 진한 맛을 좋아한다면 추천한다.

### 노니차(15~20만 동)

건강 음료로 알려져 최근에 나이 드신 부모님들의 열풍과 가까운 선물이 노니차이다. 동남

아에서 자라는 열대 과일인 노니는 할리우드 대표 건강 미녀 미란다 커의 건강 비결로 알려져 인기를 끌고 있다. 노니에는 질병과 노화를 막아주는 폴리페놀이 다량 함유되어 있다고 한다. 베트남의 달랏에서 재배가 되고 있는 노니차는 달랏이라고 더 저렴하지는 않고 베트남 어디든 비슷한 가격을 형성되어 있다. 티백으로 간편하게 즐길 수 있는 건강식품인 노니차는 물처럼 쉽게 마시는 건강식품이라서 베트남에 가게 되면 꼭 구매하는 품목으로 부상하였다.

### 베트남 칠리소스(5천~2만동)

베트남의 국민 소스라고 할 수 있는 피시소스(느억맘)는 중독성이 있다고 할 정도로 한번 알게 되면 피시소스를 먹지 일반 핫소스는 못 먹게 된다고 할 정도이다. 특히 베트남에서 먹는 볶음밥이나 볶음면에 넣어 먹으면 베트남 현지의 맛을 느낄 수 있다고 할 정도이다. 특히 추천하는 피시소스가 가장 궁합이 어울리는 음식은 바로 치킨이나 튀김 요리이다. 바삭하고 고소한 튀김 요리를 베트남 피시소스에 찍어 먹는 순간 자꾸 손이 가게 된다.

### 봉지 쌀국수(3천~1만 동)

베트남 쌀국수를 좋아하는 관광객이 대한민국으로 돌아와서도 먹고 싶은 마음에 봉지 쌀국수와 컵 쌀국수를 꼭 구입하고 있다. 향, 맛, 쉬운 조리법을 모두 갖춘 봉지 쌀국수 하나로 베트남 현지에 있을 정도라고 한다. 맛있게 먹는 방법은 베트남 칠리소스와 함께 먹는 것이라고 하니 칠리소스와 함께 구입하는 것을 추천한다.

### 비나밋(3~5만 동)

방부제, 설탕, 색소가 없는 본연의 맛을 최대한 살린 건조 과일 칩인 비나밋은 아이들이 특히 좋아한다. 1988년부터 지금까지 베트남 인기 간식으로 자리 잡은 비나밋은 건강하게 먹을 수 있다는 장점으로 사랑받고 있다. 고구마, 사과, 바나나, 파인애플, 잭프루트 등 다양한 종류가 있지만 고구마와 믹스 프루츠가 인기이다.

#### 망고 과자(3~5만 동)

베트남의 망고과자도 인기 과자제품이다. 비나밋만큼의 인기가 없을 뿐이지 동남아의 대표과일인 망고를 과자로 만든 달달한 망고과자는 그 맛을 잊을 수 없을 정도이다. 중국인들은 오히려 망고과자를 더 많이 구입한다고 한다.

### 캐슈너트(10~20만 동)

베트남에서 흔히 만날 수 있는 대표 견과류인 캐슈넛은 껍질을 벗기지 않고 볶은 게 특징이다. 짭짤하고 고소한 맛으로 맥주 안주로 제격인데, 항산화 성분과 마그네슘 등이 많기 때문에 몸에도 좋다. 바삭하고 고소한 맛을 오래 유지하려면 진공 포장된 제품을 구매해야 한다.

### 농(5~8만 동)

베트남의 전통 모자로 알려져 있는 농이나 농라라고 부르는 모자로 야자나무 잎으로 만들었다. 처음 베트남 여행에서 가장 많이 사오는 기념품으로 알려져 있지만 실제로 사용할 경우는 거의 없다.

**라탄 가방, 대나무 공예품**

최근 여성들의 트랜드로 떠오르고 있는 라탄 가방을 비롯해 슬리퍼, 밀짚모자 등 다양한 종류의 패션 아이템도 인기 상승 중이다. 쇼핑몰에서 고가에 판매하는 라탄 가방을 저렴한 가격에 구매할 수 있다. 어느 베트남 시장에서든 판매하고 있으니 가격을 꼼꼼히 살펴보고 구입하도록 하자. 특히 시장에서는 흥정을 잘해야 후회하지 않는다.

### 딜마 홍차(15~20만 동)

레몬, 복숭아, 진저, 우롱 등 종류도 다양하여 선물용으로 각광받고 있는 홍차이다. 딜마 홍차는 한국에서도 판매되고 있는 고급 홍차 브랜드인데 국내에서도 살 수 있는 딜마를 베트남에서 꼭 사는 이유는 가격차이 때문이다. 5배가량 가격 차이가 난다고 하니 구입을 안 할 수 없게 된다.

### 페바 초콜릿

베트남의 고급 초콜릿 브랜드로 초콜릿의 다양한 종류와 깔끔한 패키지가 인상적인 '파베'이다. 주로 대한민국 관광객이 선물용으로 많이 구매한다. 특히 인기 있는 맛은 바로 이름만 들어도 생소한 후추맛인 '블랙페퍼'이다. 달달하게 시작해서 알싸하게 끝나는 맛이 매력적이다.

# 마사지 & 스파

근육과 관절 등에 일련의 신체적 자극을 통해 뭉친 신체의 일부나 전신의 근육을 푸는 것이 마사지이다. 누구나 힘든 일을 하면 본능적으로 어깨 등을 어루만지는 행동을 할 정도이다. 그러므로 마사지도 엄청나게 오래된 역사를 가지고 있다. 고대 로마에도 아예 전문 안마사 노예가 따로 있었을 정도라고 한다.

마사지의 종류는 경락 마사지, 기 마사지, 아로마 마사지, 통쾌법 등 많다. 그 중 대표적인 것이 발마사지와 타이 마사지일 것이다. 또한 오

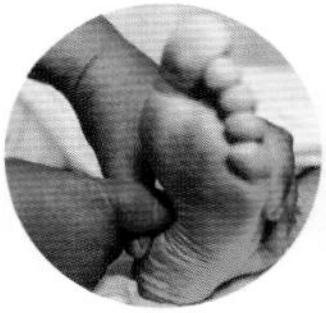
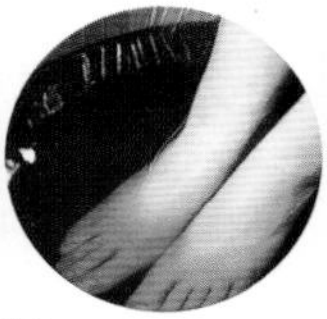

발 마사지

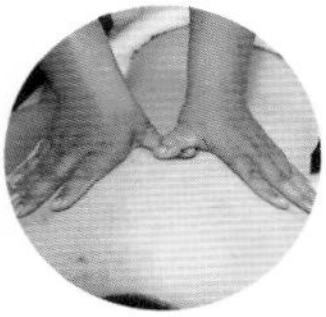

등 마사지

전신 마사지

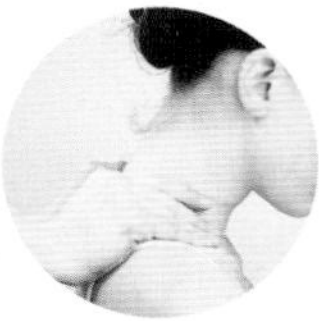

어깨 마사지

**마사지의 역사**

태국은 세계적으로 마사지가 유명하지만 동남아시아의 어디를 여행해도 마사지는 어디에서든 쉽게 찾을 수 있을 정도로 유명하다. 마사지는 맨손과 팔을 이용한 지압이 고대 태국 불교의 승려들이 장시간 고행을 한 후 신체의 피로를 풀어주기 위해 하반신 위주로 여러 지압법을 만들기 시작한 것이 시초라고 한다. 지금도 태국에서 정말 전통 마사지라고 하면 바로 하체에만 하는 마사지 법을 일컫는다고 한다. 스님들이 전쟁에 지친 군인들을 위해 할 수 있는 게 뭐가 있을까 생각하다가 고안한 것이 있었는데 그게 바로 마사지였고, 자연스럽게 승려들을 통해 마사지가 발전해왔다는 이야기도 전해온다.

일 마사지, 스포츠 마사지 등이다. 스포츠 마사지는 운동선수들의 재활 및 근육통 경감, 피로 회복 등을 위해 만들어진 것으로 맨손을 이용하여 근육을 마사지하는 것이다.베트남에서는 타이 마사지보다 오일을 이용한 전신마사지가 더욱 유명하다.

가격과 품질은 당연히 천차만별이다. 예전에는 베트남에서 길거리에서 파라솔이나 그늘 아래 플라스틱 의자에 앉아서 발과 어깨 마사지를 받을 수도 있었지만 지금 그런 모습은 존재하지 않는다. 마사지 간판을 내건 곳은 어디나 나름 깨끗하고 청결하게 관리하고 손님을 맞고 있다. 또한 최고급 호텔에서 고급스럽게 제대로 전신 마사지를 받을 수도 있다.

베트남에서 마사지는 필수 관광코스이고, 아예 마사지사를 양성할 정도로 활성화되어 있다. 보통 전신마사지 코스로 마사지를 받기 때문에 마사지사는 마사지에서 중요한 역할을 한다. 아직 태국처럼 마사지를 전문으로 하는 대학은 없지만 많은 사람들이 마사지를 중요한 수입원으로 생각하고 있을 정도로 베트남에서 마사지는 관광산업에서 중요한 역할을 하고 있다.

강도가 강한 타이마사지는 처음보다 전신마사지를 받고 나서 며칠이 지나고 받는 것이 좋다는 의견이 많다. 타이 마시지는 강도가 센 편이지만 받고 나면 시원하다. 그러나 고통에 대한 내성이 없는 사람들은 흠씬 두들겨 맞은 느낌을 받을 수 있을 정도로 아프다고 하기 때문에 자신의 몸 상태를 생각하고 선택하는 것이 좋다.

시간은 1시간이나 2시간 코스가 보통이고, 마사지 끝난 뒤 마사지사에게 팁을 주는 것이 관례이다. 팁은 1시간 당 마사지비용의 10% 정도가 적당하지만 능력이나 실력에 따라 생각하면 된다. 베트남은 팁 문화가 거의 없는 나라이지만 마사지사의 수입원 중 하나가 팁이므로 정말 만족한다면 팁을 풍족히 주고 이름을 들은 다음 이후엔 지목해서 마사지를 받으면 좋다.

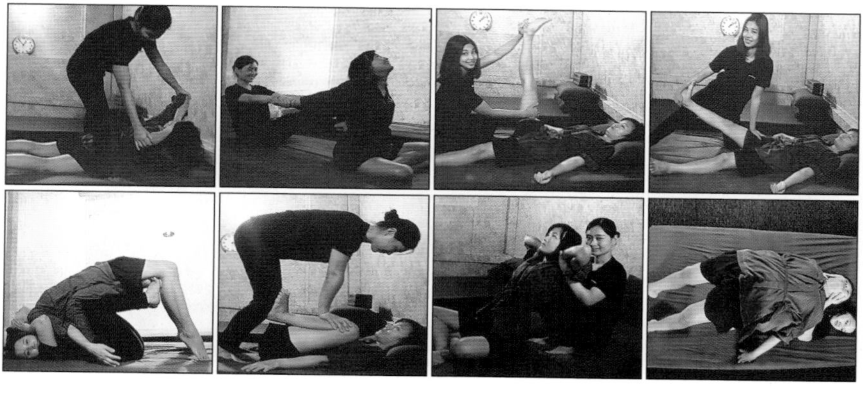

# 베트남과 커피

베트남 커피에 대해 잘못 알고 있는 사실은 과당 연유를 첨가한 것이 베트남커피라고 알고 있는 것이다. 베트남 커피의 유명세만큼 베트남 여행에서 커피를 구입하는 것은 일반적이다. 동남아시아는 덥고 습한 날씨가 지속되므로 어디를 여행해도 진하면서도 엄청나게 단맛이 나는 연유는 쓰디쓴 다크로스트 커피와 궁합이 잘 맞게 되어 있다. 커피에 연유를 첨가하는 방식을 누구나 동남아시아에서 지내다 보면 당연하다고 생각이 바뀔 것이다. 커피는 우리가 여행 중에 바라는 여유를 충족시켜주며 또 그 커피 맛에 한 번 빠지면 빠져 나오기 힘들 정도이다.

베트남에서는 에소프레소 스타일의 커피를 선호한다. 커피에 연유를 넣든 그냥 마시든 개인이 선택하는 것이라서 커피를 주문하면 그 옆에 연유를 같이 준다. 그러므로 우리가 생각하는 뜨거운 커피든 냉커피든 모든 커피에 연유를 넣는다는 것은 잘못된 생각이다. 까페 종업원에게 따로 설명하지 않으면 조그마한 커피 잔에 연유가 깔려 나오는 것이 아니고 같이 나온다. 때로는 아예 메뉴에서 구분해서 주문하는 것이 빠르게 커피를 받도록 해놓았다. 또한 밀크커피를 주문할 때도 '신선한 우유fresh milk'는 연유를 넣은 커피로 나오기 때문에 우리가 마시던 커피와 다를 수가 있다. 그러나 베트남 여행을 하는 대한민국의 여행자가 늘어나면서 관광객을 상대로 하는 커피점은 '아메리카노'가 메뉴에 따로 있다. 또 콩Cong카페의 유명 메뉴인 코코넛 커피는 커피에 코코넛을 넣는 것이지만 코코넛 맛을 내는 통에서 나오는 것이다.

예전에는 우유를 뺀 커피를 주문하면 연유 없이 커피가 나오는데 쓴 커피를 마시다 보면 바닥에 설탕이 잔뜩 깔린 사실을 바닥이 보일 정도에야 알아차리는 블랙커피였다. 베트남 커피가 강한 맛을 내고 쓰기 때문에 아무것도 첨가하지 않은 스트레이트로 마시는 베트남 사람들이 많았지만 지금은 구분해서 마시고 있다.

세계에서 2번째로 커피 원두를 많이 재배하는 국가가 베트남이라는 사실은 잘 알려져 있다. 19세기 프랑스가 자국에서의 커피를 공급하기 위해 처음 재배하기 시작했는데 전쟁 이후 베트남 정부가 대량으로 커피 생산을 시작하면서 생활의 일부분으로 들어오기 시작했다. 1990년대부터 커피 재배가 수출품으로 확산하면서 이제는 연간 180만 톤 이상의 원두를 수확하고 있다.

커피는 베트남 사람들의 생활에서 중요하다. 베트남여행을 하면 사람들이 카페에서 작은 플라스틱 의자에 앉아 아침 일찍부터 낮을 지나 저녁까지 커피를 마시는 모습을 볼 수 있다. 카페는 덥고 습한 베트남의 날씨 때문에 낮에는 일하기 힘든 상태에서 쉴 수 있는 장소이자 지금은 엄마들이 모여 수다를 떠는 등 모든 연령대의 사람들이 모이는 장소이다. 관광 도시인 나트랑Nha Trang에는 하이랜드Highlnd와 콩Cong카페를 비롯해 다양한 베트남 프랜차이즈들이 관광객을 대상으로 대중적인 커피를 팔고 있다.

베트남에서는 커피를 1인분씩 끓이는데 작은 컵과 필터 그리고 뚜껑(떨어지는 커피 액을 받는 용도로도 쓰임)으로 구성된 커피추출기 '핀phin'을 이용한다. 이러한 방식으로 커피를 준비하기 때문에 과정을 음미하면서 커피를 천천히 마시게 된다. 물론 모든 커피가 이런 방식으로 제조되는 것은 아니다. 일부 카페에서는 이미 만들어 놓은 커피를 바로 따라 마실 수 있게 준비되어있다. 하지만 베트남 전통 방법으로 만드는 슬로우 드립 커피는 매우 독특한 경험이다. 특히 모든 게 혼란스럽고 빠르게 느껴지는 베트남 도심에선 사람들에게 여유를 선사하고 한숨 돌리게 해주는 필수 요소다.

전통식 '핀'이 작아 보인다면 제대로 본 것이다. 베트남에선 벤티(대형) 용량의 커피는 없다. 커피가 매우 강하기 때문에 많이 마실 필요가 없다는 소리다. 120㎖ 정도면 충분하다. 슬로우 드립이라는 특성도 한 몫 하지만 작은 양으로 서빙되기 때문에 좋은 상태의 커피를 마시고 싶다면 천천히 음미하며 마셔야 한다.

때때로 베트남 커피에는 연유 외에도 계란, 요구르트, 치즈나 버터까지 들어간다. 버터와 치즈! 하노이에 있는 지앙Giang 카페는 계란 커피로 유명한데 커피에 계란 노른자와 베트남 커피 가루, 가당 연유, 버터 그리고 치즈가 들어간다. 우선 달걀노른자를 저어 컵에 넣고 나머지 재료를 더하는데 온도를 유지하기 위해 컵은 뜨거운 물에 담가놓는다고 한다.

# 베트남 인의 속을 '뻥' 뚫어준 박항서

2018년 베트남 국민들은 '박항서 매직'으로 행복했다. 나는 그 현장을 우연히 베트남에서 오래 머물면서 같이 느끼게 되었다. 그 절정은 동남아시아의 대표적인 축구대회인 스즈키컵 우승으로 누렸다. 이날 베트남 전체가 들썩였고, 밤을 잊은 베트남 사람들은 축구 열기가 꺼지지 않고 붉게 타오른 밤에 행복하게 잠을 청했다.

나는 10월 초에 베트남을 잠시 여행하기 위해서 들렸다가 1월까지 있게 되었다. 그들의 친절하고 순수한 마음에 나를 좋아해주는 많은 베트남 사람들을 만나면서 이들의 집안행사에 각종 모임에 나를 초대해 주면서 그들과 가깝게 지내고 다양한 이야기를 옆에서 들었다. 또 많은 술자리를 함께 하면서 내가 모르는 베트남 이야기를 들었다.

베트남은 11월 15일 하노이의 미딘 국립경기장에서 열린 '아세안축구연맹(AFF) 스즈키컵 2018' 결승 2차전에서 말레이시아에 1–0으로 이겼다. 1차전 원정경기 2–2 무승부 포함 종합 스코어 3–2로 승리한 베트남은 2008년 이후 10년 만에 스즈키컵을 들어올렸다.

베트남의 밤이 불타오른 것이 올해만 벌써 몇 번째인지 모른다. 1월 열린 아시아축구연맹(AFC) U–23 챔피언십에서 베트남이 결승까지 올라가면서 분위기가 달아오르기 시작했다. 8월에는 자카르타 · 팔렘방 아시안게임에서 베트남이 일본을 꺾으며 조별리그를 1위로 통과한 데 이어 4강까지 올라가 축구팬들을 거리로 내몰고 또 내몰았다.

이번 스즈키컵에서 우승에 이르는 여정은 응원 열기를 절정으로 이끌었다. 결국 우승까지 차지했으니 광란의 분위기도 끝판을 이뤘다. 박항서 감독이 올해 하나의 실패도 없이 끊임없이 도전하면서 베트남은 축구로 하나가 되었다. U-23 챔피언십과 아시안게임을 거치며 박 감독은 이미 '영웅'이 됐다. 스즈키컵 우승까지 안겼으니 그에게 어떤 호칭이 따라붙을지 궁금하다. 2018년 베트남에서 박항서 감독은 '축구神'이나 마찬가지다.
지금 "Korea"이라는 이야기를 가장 인정해 주는 나라는 베트남이다. 한국인이라고 하면 웃으면서 이야기를 한번이라도 더 나누게 되고 관심을 가져준다. 2018년의 한류는 박항서 감독이 홀로 만든 것이라고 해도 과언이 아닐 것이다.

박항서 매직이 완벽한 신화로 2018년 피날레를 장식했다. 베트남이 열광하지 않을 수 없었다. 이날 결승전이 열린 미딘 국립경기장에는 4만 명의 관중만 입장할 수 있었다. 베트남 대표팀 고유색인 붉은색 유니폼을 입은 관중과 국기로 붉은 물결을 이뤘다. 그 가운데도 박항서 감독의 나라, 대한민국의 태극기 응원이 곳곳에서 눈에 띄었다.

하노이에 있던 나는 정말 길거리에서 대한민국 국기와 베트남 국기를 동시에 달고 다니던 장면을 잊을 수가 없다. 직접 경기장에서 경기를 보지 못한 베트남 국민들은 전국 곳곳의 거리에서 대규모 응원전을 펼쳤다. 베트남의 우승이 확정된 후에는 더 많은 사람들이 거리로 쏟아져 나왔고, 밤을 새워 우승의 감격을 함께 했다. 이날 '삑삑'거리는 소리 때문에 잠을 잘 수가 없었으니 어느 정도인지 상상할 수 있을 것이다.
거리 응원 및 우승 자축 열기는 상상 이상이었다. 수도 하노이의 주요 도로는 사람들로 꽉 차 교통이 완전 마비됐다. 호치민, 다낭, 나트랑 등 어디를 가도 베트남 전역의 풍경은 비슷했다. 환호성과 함께 노래가 울려 퍼졌고 폭죽이 곳곳에서 터졌다. 차량과 오토바이의 경적 소리가 끊이지 않았다. 베트남 대표선수 이름이 연호됐고,'박항서'를 외치는 것도 빠지지 않았다.

많은 베트남 사람들이 박항서 감독은 베트남 민족의 우수성을 입증해주었다는 생각에 이 열기가 단순한 열기가 아니라고 이야기해주었다. 베트남은 저항의 역사이고 항상 핍박을 받는 역사에서 살아오다가 경제 개방으로 이제 조금 먹고 살게 되었지만 자신들은 '자신감, 자존감'이 부족했다고 이야기했다. 우리가 자랑스럽게 생각을 해도 해외에서 자신들을 그렇게 봐 주지 않아 자존심도 상하고 기분도 나쁜 경우가 한 두 번이 아니었다고 한다. 그런데 동남아시아에서 가장 유명한 스즈키 컵에서 우승을 하면서 인접한 태국, 인도네시아, 필리핀 등의 나라에 자신들이 위대하고 자랑스럽다고 자신 있게 이야기할 수 있게 되었다고 말해주었다.

경제 개방 후 급속한 경제발전을 이루었지만 아직도 멀고 먼 경제발전을 이뤄야한다는 생각을 가진 베트남 인들을 보면서 대한민국이 오래 전 경제발전을 이루어 자랑스럽게 생각하면서 살고 싶었을 시절을 상상해 보았다. 그 시절이 지나고 지금 대한민국은 내세울 것 없는 '흙수저'로 성공하지 못하는 사회라는 생각이 주를 이룬다. 그런데 베트남 사람들이 자신들의 속을 '뻥'뚫어준 자존감을 만들어준 박항서 감독은 단순한 축구 감독이 아닌 존재가 되었을 것이다.
더군다나 대한민국에서도 내세울 스펙과 연줄이 없는 박항서 감독의 성공이 사람들의 속을 후련하게 해주었다. 사람들은 흙수저, 박항서를 마치 자신처럼 생각하며 응원하게 되었을 수도 있겠다고 생각이 들었다.

베트남 인들의 자신감과 오랜 역사에서 응어리를 쌓아놓았던 그들에게 속을 시원하게 해준 역사적인 사건이다. 그리고 나는 그 역사적인 순간에 베트남에서 있으면서 그 현장을 직접 보면서 다양한 감정이 교차하였다.
단순히 베트남을 여행하려다가 오랜 시간을 그들과 함께 울고 웃으면서 가까이 다가가는 생활이 여행이 아니고 그들과 함께 살고 있었던 4개월이었다. 나는 그 기억을 평생 기억할 것 같고 역사의 현장에 우연히 있었음에 감사한다.

# 베트남 친구 만들기

베트남이 친근해지고 베트남 여행을 가는 사람들이 늘어나면서 베트남 친구를 만들고 싶다는 이야기를 많이 한다. 게다가 박항서 감독의 활약으로 베트남 사람들도 한국인에 대해 친근하고 호기심이 많아졌다. 중국인에 대해 이야기하면 싫다는 표정을 해도 한국인에 대해 이야기를 꺼내면 "박항서!" 하면서 친근감을 나타내고 있는 것이 사실이다.

하지만 이들과 친구가 되려면 현지에서 그들과의 관계 관리가 매우 중요하다. 친근하게 처음에 다가간다고 바로 친구가 되는 것이 아니다. 그들과 진정성 있는 신뢰 관계를 구축해야 좋은 친구를 만들 수 있기 때문이다.

베트남에서 장기적으로 친구가 되는 5가지 방법을 소개한다.

## 친구는 단기전이 아닌 장기전이다.

누구나 관계는 다른 관계와 마찬가지로 시간과 노력이 필요하다. 중요한 것은 원하는 것만 얻기 위해 당신을 만난다는 느낌이 아닌 당신과 오랫동안 좋은 관계를 만들고 싶다는 진심을 전해야 한다.

서로간의 목표는 다른 것 같지만 사실은 같다. 베트남 사람과 대한민국 사람 양쪽 모두 진심을 가지고 대해야 하는 목표가 있어야 한다.

그들과 친해지기 위한 장기적인 관계 형성이 되어야 한다. 처음에 서로 호감을 나타내며 이야기를 나누어도 서로 이해하려는 노력을 보이지 않으면 관심은 이내 식어진다. 서로를 이해하는 과정이 있어야 시간을 헛되이 보내지 않았다고 생각할것이다. 이들은 영어를 배우려는 노력을 보이지만 우리처럼 영어가 시험성적으로 중요하기 때문에 영어에 서툰 사람들도 많지만 배우려는 노력은 대단하다. 그래서 서로 서툰 영어를 사용해도 금방 친해질 수 있다.

또한 커피가 생활화된 베트남 사람들은 처음에는 커피 약속을 잡는 것으로 시작하여 장기적으로는 여러 번의 만남을 통해 이야기를 나누고, 페이스북이나 현지인의 카카오톡이라고 부르는 잘로Zalo같은 소셜 미디어(SNS)에서 커뮤니케이션을 해야 한다.

## 먼저 다가가 소통하자.

대한민국 사람들이 베트남 사람들을 만나다 보면 이들이 위생적으로 더럽다며 친해지기를 꺼리는 사람들을 만날 때가 있다.
이럴 때일수록 그들이 어떤 환경에서 살고 있는지 먼저 다가가 소통해야 한다. 용기가 없는 사람들은 좋은 친구 형성에 성공하기도 어렵다. 조금 꺼려져도 괜찮다고 생각하고 약간의 꺼려짐만 극복한다면 친구의 문은 더 넓어진다.
먼저 그들에게 같이 밥을 먹자고 이야기하거나, 커피를 마시자고 한다거나, 축구 경기를 같이 맥주를 마시며 보자고 한다거나, 맥주 한잔 하자고 이야기해보자. 이들은 "왜"라는 물음보다 "그래, 좋아"라는 이야기를 더 많이 하는 순수한 사람들이 많다.

## 진정성을 담아 마음으로 소통하자.

사람과 사람과의 관계에서는 지나치게 이해타산을 따지게 되면 마음으로 관계를 맺는 것이 아니고 사무적으로 관계를 맺게 된다. 그들과의 관계에서도 마찬가지이다. 매번 그들과의 만남을 새로운 기회로 삼는다면 친구인척 지금 당장 이야기는 해줄 수도 있지만, 장기적으로 정말 친구인지는 이들도 생각하게 된다. 나의 호의를 무시했다는 생각을 하면 돌아서는 것은 인지상정이다.
좋은 친구가 되기 위해 협력함으로써 진정성 있는 친구 관계를 구축할 수 있다. 나에게 요즘 어떤 베트남 이야기를 기획하고 있는지 캐묻는 데 나는 베트남에서 무엇을 기획하고 장기적으로 머물고 있지 않다. 이들과 생활하면서 순수한 진정성에 감동해 오래 머무는 것뿐이다. 진정성 있는 관계는 이해타산적이거나 영업과 같이 느껴져서는 안 된다.

## SNS에서 소통하라.

베트남에서는 페이스북이 일반화되어 항상 자신이 쓴 페이스북의 이야기에 '좋아요'를 클릭해주는 것을 좋아한다. 그러므로 이를 도와주는 것도 친해질 수 있는 하나의 방법이다. 소셜네트워크서비스(SNS)를 팔로우하는 것도 그들과 장기적으로 소통하는 방법이다.

## 대면 관계가 중요하다.

그래도 전화, SNS 등으로 진실한 관계를 형성하는 것은 한계가 있다. 모임 또는 커피 약속 등 대면 관계를 통한 만남은 더 강한 유대감을 형성한다.

처음 만남에는 호감이 형성될 수 있도록 노력해야 한다. 만남 시 누군가의 신뢰를 얻을 수 있는 좋은 방법의 하나는 자기 자신에 대해서 가능한 한 솔직하게 이야기하는 것이다. 살면서 있었던 재미있는 사건에 관해서 이야기하는 것도 좋다. 그러나 주의해야 할 점은 상대방이 흥미로워하는 주제나 상대방이 중요하게 생각하는 가치관에서 너무 벗어나서는 안 된다는 점이다. 호치민에 대해 이야기하거나 공산주의에 대해 이야기하는 것은 주제에서 벗어난 것이다. 진정성만큼이나 신뢰감을 주는 태도는 없다.

# 나트랑 엑티비티 Best 5

## 카약킹(Kayarking)

나트랑Nha Trang은 예부터 혼쫑곶Hòn Chòng을 따라 이동하는 교통수단이 발달했기 때문에 카약이 자주 사용되었다. 지금도 빈펄 랜드Vinpearl Land 안에 카약투어가 있고 다양한 카약코스가 준비되어 있다. 파도가 잔잔하기 때문에 바다라고 위험하지 않다.

## 서핑(Surfing)

나트랑Nha Trang과 무이네Mui Ne는 바다가 얕고 파도가 일정하게 만을 향해 들어오기 때문에 서핑을 할 수 있는 최적의 조건이다. 다만 우기 때는 비가 오는 쌀쌀한 날씨로 어려움이 예상되지만 쌀쌀하거나 비가와도 아랑곳하지 않고 서핑을 즐기는 서핑족도 있다. 서핑을 할 수 있는 지역에서는 어디나 서핑스쿨이 있어서 배울 수 있고 가격도 비싸지 않다.

## 스쿠버 다이빙(Scuba Diving)

아름다운 바다 속을 직접 볼 수 있는 스쿠버 다이빙은 상대적으로 장비를 착용하고 깊은 물속을 들어가기 때문에 안전에 각별하게 주의해야 한다. 그래서 초보자는 반드시 전문 강사와 같이 간단한 교육을 받고 바다 속으로 들어가야 한다. 또한 물속에 들어가서 귀가 아프거나 머리가 아프다면 반드시 강사에게 알려주어 도움을 받아야 한다. 그냥 방치하면 스쿠버 다이빙은 힘들고 결국 밖으로 나와야 하기 때문에 사전교육과 안전이 중요한 해양스포츠이다.

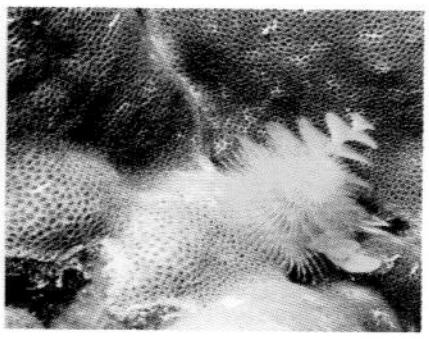

## 스노클링(Snorkeling)

스쿠버 다이빙이 장비를 착용하고 바다 깊숙이 들어가는 반면에 스노클링은 마스크와 오리발만 착용하고 바다에 들어가기 때문에 얕은 바닷물 속을 보게 된다. 대부분의 관광객은 초보자이기 때문에 안전조끼를 착용하고 물에 뜬 상태에서 바닷물 속의 색깔이 화려한 열대물고기를 본다. 그렇지만 태국이나 팔라완처럼 바닷물 속이 다 보이는 것은 아니기 때문에 너무 많은 기대는 금물이다. 스노클링은 스쿠버다이빙을 오전에 하고 점심식사를 하고 오후에는 스노클링을 같이 하기 때문에 스쿠버 다이빙과 같이 투어상품에 포함되어 있는 경우가 대부분이다.

## 골프(Golf)

나트랑Nha Trang도 휴양지로 개발하고 있기 때문에 골프장이 위치해 있다. 골프장은 인공적으로 만들기보다 대부분 대규모 개발사업에 포함되어 조성하였다. 빈펄 랜드Vinpearl Land에 있는 골프장이 가장 시설이 좋다.

보통 9~12월까지 우기이므로 골프를 즐기고 싶다면 건기인 겨울의 골프장을 이용하자. 인기가 있는 빈펄 리조트 골프장Vinpearl Golf은 아름다운 해안을 따라 조성된 골프장으로 골퍼들이 주로 찾는다. 풀 패키지 상품이 여행사를 통해 예약할 수 있다.

# 나트랑 여행에 밑그림 그리기

우리는 여행으로 새로운 준비를 하거나 일탈을 꿈꾸기도 한다. 여행이 일반화되기도 했지만 아직도 여행을 두려워하는 분들이 많다. 동남아시아에서 베트남 여행자가 급증하고 있다. 그중에는 몇 년 전부터 늘어난 다낭을 비롯해 다낭을 다녀온 여행자는 나트랑과 무이네로 눈길을 돌리고 있다. 그러나 어떻게 여행을 해야 할지부터 걱정을 하게 된다. 아직 정확한 자료가 부족하기 때문이다. 지금부터 나트랑 여행을 쉽게 한눈에 정리하는 방법을 알아보자.

일단 관심이 있는 사항을 적고 일정을 짜야 한다. 처음 해외여행을 떠난다면 나트랑여행도 어떻게 준비할지 몰라 당황하게 된다. 먼저 어떻게 여행을 할지부터 결정해야 한다. 아무것도 모르겠고 준비를 하기 싫다면 패키지여행으로 가는 것이 좋다. 나트랑여행은 주말을 포함해 3박 4일, 4박 5일 여행이 가장 일반적이다. 해외여행이라고 이것저것 많은 것을 보려고 하는 데 힘만 들고 남는 게 없는 여행이 될 수도 있으니 욕심을 버리고 준비하는 게 좋다. 여행은 보는 것도 중요하지만 같이 가는 여행의 일원과 같이 잊지 못할 추억을 만드는 것이 더 중요하다.

다음을 보고 전체적인 여행의 밑그림을 그려보자.

| | | | |
|---|---|---|---|
| 1 | 패키지여행? 자유여행?<br>(여행의 형태 결정) | 7 | 얼마나 쓸까? 리스트 작성!<br>(여행경비 산출하기) |
| 2 | 나의 가능한 여행기간, 비용은?<br>(여행 기간 & 예산 짜기) | 8 | 베트남어를 알면 편리한데?<br>(간단한 베트람어 익히기) |
| 3 | 나트랑여행? 항공권부터 알아보자.<br>(항공권티켓 /성수기여행은 빨리 구입) | 9 | 동? 원화는 사용불가능?<br>(환전하기) |
| 4 | 성수기 숙소가 부족한 나트랑은<br>숙박부터 알아보자! (숙소의 예약가능 확인) | 10 | 왜 이리 필요한 게 많지?<br>(여행가방싸기) |
| 5 | 보고 싶고 먹고 싶은 게 많아요?<br>(여행지 정보 수집) | 11 | 11. 인천공항으로 이동 |
| 6 | 단기여행인 나트랑은 꼼꼼한 일정은 필수!<br>(여행 일정 짜기) | 12 | 12. 드디어 여행지로 출발! |

결정을 했으면 일단 항공권을 구하는 것이 가장 중요하다. 전체 여행경비에서 항공료와 숙박이 차지하는 비중이 가장 크지만 너무 몰라서 낭패를 보는 경우가 많다. 평일이 저렴하고 주말은 비쌀 수밖에 없다. 저가항공인 제주항공과 베트남 저가항공인 비엣젯 항공부터 확인하면 항공료, 숙박, 현지경비 등 편리하게 확인이 가능하다.

# 패키지 여행 VS 자유 여행

전 세계적으로 베트남으로 여행을 가려는 여행자가 늘어나고 있다. 대한민국의 여행자는 다낭과 하노이, 호치민에 집중되어 나트랑에는 한국인 관광객이 많지 않다. 그래서 더욱 고민하는 것은 여행정보는 어떻게 구하지? 라는 질문이다. 그만큼 나트랑에 대한 정보가 매우 부족한 상황이다. 그래서 처음으로 나트랑을 여행하는 여행자들은 패키지여행을 선호하거나 여행을 포기하는 경우가 많았다.
20~30대 여행자들이 늘어남에 따라 패키지보다 자유여행을 선호하고 있다. 호치민을 여행하고 이어서 나트랑으로 여행을 다녀오는 경우도 상당히 많다. 베트남 남부만의 10일이나, 베트남 중, 남부까지 2주일의 여행 등 새로운 여행형태가 늘어나고 있다. 단 베트남 여행은 무비자로 15일까지이므로 여행 일정은 미리 확인하는 것이 좋다. 베트남 장기여행자들은 호스텔을 이용하여 친구들과 여행을 즐기는 경우가 있다.

### 편안하게 다녀오고 싶다면 패키지여행

나트랑이 뜬다고 하니 여행을 가고 싶은데 정보가 없고 나이도 있어서 무작정 떠나는 것이 어려운 여행자들은 편안하게 다녀올 수 있는 패키지여행을 선호한다. 다만 아직까지 많이 가는 여행지는 아니다 보니 패키지 상품의 가격이 저렴하지는 않다. 여행일정과 숙소까지 다 안내하니 몸만 떠나면 된다.

### 연인끼리, 친구끼리, 가족여행은 자유여행 선호

2주정도의 긴 여행이나 젊은 여행자들은 패키지여행을 선호하지 않는다. 특히 여행을 몇 번 다녀온 여행자는 나트랑에서 자신이 원하는 관광지와 맛집을 찾아서 다녀오고 싶어 한다. 여행지에서 원하는 것이 바뀌고 여유롭게 이동하며 보고 싶고 먹고 싶은 것을 마음대로 찾아가는 연인, 친구, 가족의 여행은 단연 자유여행이 제격이다.

# 나트랑 숙소에 대한 이해

나트랑여행이 처음이고 자유여행이면 숙소예약이 의외로 쉽지 않다. 자유여행이라면 숙소에 대한 선택권이 크지만 선택권이 오히려 난감해질 때가 있다. 나트랑 숙소의 전체적인 이해를 해보자.

### 1. 숙소의 위치

나트랑 시내는 유럽과 달리 주요 관광지가 몰려있지 않다. 따라서 숙소의 위치가 중요하지는 않다. 그러나 베트남의 대부분의 숙소는 도시에 몰려 있기 때문에, 또 시내에서 떨어져 있다면 도시 사이를 이동하는 데 시간이 많이 소요되어 좋은 선택이 아니다. 먼저 시내에서 얼마나 떨어져 있는지 확인하자.

### 2. 숙소예약 앱의 리뷰를 확인하라.

나트랑 숙소는 몇 년 전만해도 호텔과 호스텔이 전부였다. 하지만 에어비앤비를 이용한 아파트도 있고 다양한 숙박 예약 앱도 생겨났다. 가장 먼저 고려해야 하는 것은 자신의 여행비용이다. 항공권을 예약하고 남은 여행경비가 3박 4일에 20만 원 정도라면 호스텔을 이용하라고 추천한다. 나트랑에는 많은 호스텔이 있어서 호스텔도 시설에 따라 가격이 조금 달라진다. 숙소예약 앱의 리뷰를 보고 한국인이 많이 가는 호스텔로 선택하면 문제가 되지는 않을 것이다.

### 3. 내부 사진을 꼭 확인

호텔의 비용은 2~15만 원 정도로 저렴한 편이다. 호텔의 비용은 우리나라호텔보다 저렴하지만 시설이 좋지는 않다. 오래된 건물에 들어선 건물이 아니지만 관리가 잘못된 호텔이 의외로 많다. 반드시 룸 내부의 사진을 확인하고 선택하는 것이 좋다.

### 4. 에어비앤비를 이용해 아파트 이용방법

시내에서 얼마나 떨어져 있는지를 확인하고 숙소에 도착해 어떻게 주인과 만날 수 있는지 전화번호와 아파트에 도착할 수 있는 방법을 정확히 알고 출발해야 한다. 아파트에 도착했어도 주인과 만나지 못해 아파트에 들어가지 못하고 1~2시간을 기다리면 화가 나고 기운도 빠지기 때문에 여행이 처음부터 쉽지 않아진다.

### 5. 나트랑여행에서 민박 이용방법

여행자는 한국인이 운영하는 민박을 찾고 싶어 하는데 민박을 찾기는 쉽지 않다. 민박보다는 호스텔이나 게스트하우스, 홈스테이에 숙박하는 것이 더 좋은 선택이다.

알아두면 좋은 나트랑 이용 팁(Tip)

**1. 미리 예약해도 싸지 않다.**

일정이 확정되고 호텔에서 머물겠다고 생각했다면 먼저 예약해야 한다. 임박해서 예약하면 같은 기간, 같은 객실이어도 비싼 가격으로 예약을 할 수 밖에 없다는 것이 호텔 예약의 정석이지만 여행일정에 임박해서 숙소예약을 많이 하는 특성을 아는 숙박업소의 주인들은 일찍 예약한다고 미리 저렴하게 숙소를 내놓지는 않는다.

**2. 취소된 숙소로 저렴하게 이용한다.**

나트랑에서는 숙박당일에도 숙소가 새로 나온다. 예약을 취소하여 당일에 저렴하게 나오는 숙소들이 있다. 베트남 숙소의 취소율이 의외로 높아서 잘 활용할 필요가 있다. .

**3. 후기를 참고하자.**

호텔의 선택이 고민스러우면 숙박예약 사이트에 나온 후기를 잘 읽어본다. 특히 한국인은 까다로운 편이기에 후기도 적나라하게 숙소에 대해 평을 해놓는 편이라서 숙소의 장, 단점을 파악하기가 쉽다. 베트남 숙소는 의외로 저렴하고 내부 사진도 좋다고 생각해도 직접 머문 여행자의 후기에는 당해낼 수 없다. 호치민 여행자거리의 유명한 호스텔에 내부 사진도 좋고 가격도 저렴하게 책정되어 예약을 하고 가봤는데 지저분하고 개미가 많아 침대위에 개미를 잡고서야 잠을 청했던 기억도 있다.

**3. 미리 예약해도 무료 취소기간을 확인해야 한다.**

미리 호텔을 예약하고 있다가 나의 여행이 취소되든지, 다른 숙소로 바꾸고 싶을 때에 무료 취소가 아니면 환불 수수료를 내야 한다. 그러면 아무리 할인을 받고 저렴하게 호텔을 구해도 절대 저렴하지 않으니 미리 확인하는 습관을 가져야 한다.

**4. 방갈로에 에어컨이 없다?**

베트남의 해안을 보면서 자연적 분위기에서 머물 수 있는 방갈로는 독립된 공간을 사용하여 인기가 많다. 하지만 냉장고도 없는 기본 시설만 있는 것뿐만 아니라 에어컨이 아니고 선풍기만 있는 방갈로가 의외로 많다. 가격이 저렴하다고 무턱대고 예약하지 말고 에어컨이 있는 지 확인하자. 더운 베트남에서는 에어컨이 쾌적한 여행을 하는 데에 중요하다.

## 숙소 예약 사이트

### 부킹닷컴(Booking.com)

에어비앤비와 같이 전 세계에서 가장 많이 이용하는 숙박 예약 사이트이다. 베트남에도 많은 숙박이 올라와 있다.

Booking.com
부킹닷컴
www.booking.com

### 에어비앤비(Airbnb)

전 세계 사람들이 집주인이 되어 숙소를 올리고 여행자는 손님이 되어 자신에게 맞는 집을 골라 숙박을 해결한다. 어디를 가나 비슷한 호텔이 아닌 현지인의 집에서 숙박을 하도록 하여 여행자들이 선호하는 숙박 공유 서비스가 되었다.

airbnb
에어비앤비
www.airbnb.co.kr

# 나트랑 여행 물가

나트랑 여행의 가장 큰 장점은 매우 저렴한 물가이다. 나트랑 여행에서 큰 비중을 차지하는 것은 항공권과 숙박비이다. 항공권은 제주항공이나 베트남 저가항공인 비엣젯이나 베트남의 호치민까지 가는 항공을 저렴하게 구할 수 있다면 버스를 타고 무이네로 이동할 수 있다. 숙박은 저렴한 호스텔이 원화로 5,000원대부터 있어서 항공권만 빨리 구입해 저렴하다면 숙박비는 큰 비용이 들지는 않는다. 좋은 호텔에서 머물고 싶다면 더 비싼 비용이 들겠지만 호텔의 비용은 저렴한 편이다.

▶**왕복 항공료**_ 28~68만 원
▶**버스, 기차**_ 3~10만 원
▶**숙박비(1박)**_ 1~10만 원
▶**한 끼 식사**_ 2천~4만 원
▶**입장료**_ 2천 7백 원~3만 원

| 구분 | 세부 품목 | 3박 4일 | 6박 7일 |
|---|---|---|---|
| 항공권 | 제주항공, 대한항공 | 280,000~680,000 | |
| 택시, 버스, 기차 | 택시, 버스, 기차 | 약4~30,000원 | |
| 숙박비 | 호스텔, 호텔, 아파트 | 15,000~300,000원 | 30,000~600,000원 |
| 식사비 | 한 끼 | 2,000~30,000원 | |
| 시내교통 | 택시, 그랩 | 2,000~30,000원 | |
| 입장료 | 박물관 등 각종 입장료 | 2,000~8,000원 | |
| | | 약 470,000원~ | 약 790,000원~ |

# 나트랑 여행 계획 짜는 방법

### 1. 주중 or 주말

나트랑 여행도 일반적인 여행처럼 비수기와 성수기가 있고 요금도 차이가 난다. 7~8월, 12~2월의  성수기를 제외하면 항공과 숙박요금도 차이가 있다. 비수기나 주중에는 할인 혜택이 있어 저렴한 비용으로 조용하고 쾌적한 여행을 할 수 있다. 주말과 국경일을 비롯해 여름 성수기에는 항상 관광객으로 붐빈다. 황금연휴나 여름 휴가철 성수기에는 항공권이 매진되는 경우가 허다하다.

### 2. 여행기간

나트랑 여행을 안 했다면 "나트랑이 어디야?"라는 말을 할 수 있다. 하지만 일반적인 여행기간인 3박 4일의 여행일정으로는 모자란 관광명소가 된 도시가 나트랑이다. 나트랑 여행은 대부분 6박 7일이 많지만 나트랑의 깊숙한 면까지 보고 싶다면 2주일 여행은 가야 한다.

### 3. 숙박

성수기가 아니라면 나트랑의 숙박은 저렴하다. 숙박비는 저렴하고 가격에 비해 시설은 좋다. 주말이나 숙소는 예약이 완료된다. 특히 여름 성수기에는 숙박은 미리 예약을 해야 문제가 발생하지 않는다.

### 4. 어떻게 여행 계획을 짤까?

먼저 여행일정을 정하고 항공권과 숙박을 예약해야 한다. 여행기간을 정할 때 얼마 남지 않은 일정으로 계획하면 항공권과 숙박비는 비쌀 수밖에 없다. 특히 나트랑처럼 뜨는 여행지는 항공료가 상승한다. 저가 항공이 취항하고 있으니 저가항공을 잘 활용한다. 숙박시설도 호스텔로 정하면 비용이 저렴하게 지낼 수 있다. 유심을 구입해 관광지를 모를 때 구글맵을 사용하면 쉽게 찾을 수 있다.

### 5. 식사

나트랑 여행의 가장 큰 장점은 물가가 매우 저렴하다는 점이다. 그렇지만 고급 레스토랑은 나트랑도 비싼 편이다. 한 끼 식사는 하루에 한번은 비싸더라도 제대로 식사를 하고 한번은 베트남 사람들처럼 저렴하게 한 끼 식사를 하면 적당하다.
시내의 관광지는 거의 걸어서 다닐 수 있기 때문에 투어비용은 도시를 벗어난 투어를 갈 때만 교통비가 추가된다.

베트남의 남부 지방인 나트랑Nha Trang 여행에 대한 정보가 부족한 상황에서 어떻게 여행계획을 세울까? 라는 걱정은 누구나 가지고 있다. 하지만 베트남 남부 지방도 다른 나라를 여행하는 것과 동일하게 도시를 중심으로 여행을 한다고 생각하면 여행계획을 세우는 데에 큰 문제는 없을 것이다.

1. 먼저 지도를 보면서 입국하는 도시와 출국하는 도시를 항공권과 같이 연계하여 결정해야 한다. 패키지 상품은 나트랑부터 여행을 시작하고 배낭 여행자는 베트남 전국 여행과 연계하기 위해 호치민에서 여행을 시작한다.
   대부분의 패키지 상품은 저가항공을 주로 이용하므로 저녁 늦게 출발하여 새벽에 나트랑에 도착한다. 베트남은 세로로 긴 국토를 가진 나라이기 때문에 남부 지방에 집중적인 여행를 통해 호치민으로 입국을 한다면 남쪽에서 북쪽으로 올라가면서 베트남 여행을 하는 방법과 중부 지방인 다낭에서 시작해 나트랑으로 이동해 달랏과 무이네를 둘러보고 호치민으로 이동해 대한민국으로 돌아오는 루트가 만들어진다.

2. 곧바로 나트랑Nha Trang이나 호치민Hochimin으로 입국을 한다면 베트남의 어느 도시에서 돌아올 것인지를 판단해야 한다. 도시간의 이동은 대부분은 버스를 이용하지만 기차로 이동하려고 한다면 기차시간을 확인하고 이동해야 한다. 버스는 숙소로 픽업을 하여 버스까지 이동하므로 놓치는 상황이 발생하지 않지만 기차는 홀로 이동해야 하므로 놓치는 일이 종종 발생한다.

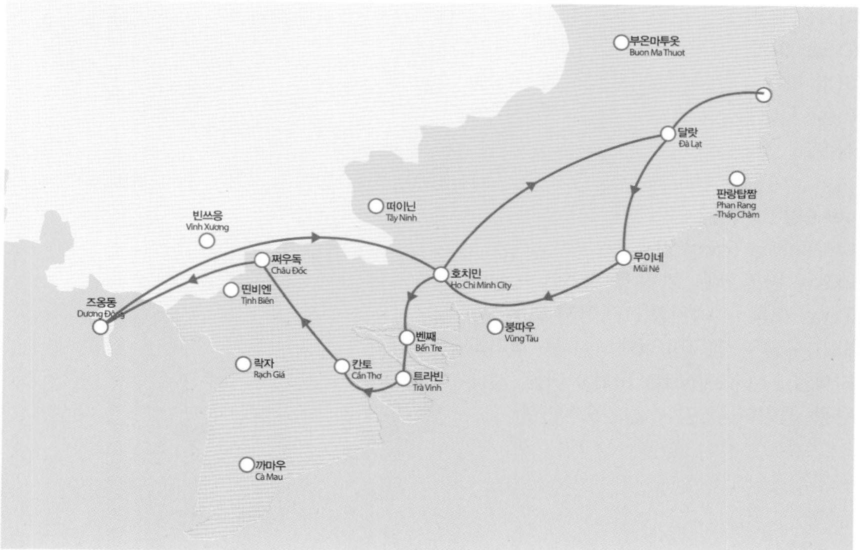

3. 입국 도시가 결정되었다면 여행기간을 결정해야 한다. 세로로 긴 베트남은 의외로 볼거리가 많아 여행기간이 길어질 수 있다.

4. 베트남의 각 도시 중에서 나트랑에 2일, 호치민에 1일 정도를 배정하고 IN/OUT을 결정하면 여행하는 코스는 쉽게 만들어진다. 뒤에 나와있는 추천여행일정을 활용하자.

5. 3 박 5일~5박 7일 정도의 기간이 베트남 남부의 나트랑Nha Trang을 여행하는데 가장 기본적인 여행기간이다. 물론 15일 이내의 기간이라면 베트남 중부지방인 다낭, 호이안, 후에까지 볼 수 있지만 개인적인 여행기간이 있기 때문에 각자의 여행시간을 고려해 결정하면 된다.

# 나트랑 추천 일정

## 나트랑Nha Trang, 달랏Dalat 코스

3박 5일 | 나트랑 – 달랏 – 나트랑

나트랑(Nha Trang) 입국, 숙소휴식(1일) → 나트랑 빈펄 랜드, 호핑 투어(2일) → 달랏(Dalat) 이동, 시내관광(타딴라 폭포, 크레이지 하우스/3일) → 나트랑(Nha Trang) 이동, 시내관광, 공항이동(4일) → 인천도착(5일)

4박 6일 | 나트랑 – 달랏 – 나트랑

나트랑(Nha Trang) 입국, 숙소휴식(1일) → 나트랑 빈펄 랜드, 호핑 투어(2일) → 달랏(Dalat) 이동, 시내관광(크레이지 하우스 / 3일) – 달랏 엑티비티(캐녀닝 등 엑티비티/4일) – 나트랑(Nha Trang) 이동, 시내관광, 공항이동(5일) – 인천도착(6일)

## 나트랑Nha Trang, 무이네Mui Ne 코스

**3박 5일 | 나트랑 – 무이네 – 나트랑**

나트랑(Nha Trang) 입국, 숙소휴식(1일) – 나트랑 빈펄 랜드, 호핑 투어(2일) – 무이네(Mui Ne) 이동, 관광(화이트 샌듄, 레드 샌듄, 요정의 샘, 어촌마을/3일) – 무이네 해양스포츠(서핑, 카이트 서핑 평균 3일, 배우는 기간만큼 일정이 늘어남/4일) – 나트랑(Nha Trang) 이동, 시내관광, 공항이동(5일) – 인천도착(6일)

**4박 6일~6박 8일 | 나트랑 – 무이네 – 나트랑**

나트랑(Nha Trang) 입국, 숙소휴식(1일) – 나트랑 빈펄 랜드, 호핑 투어(2일) – 무이네(Mui Ne) 이동, 관광(화이트 샌듄, 레드 샌듄, 요정의 샘, 어촌마을/3일) – 무이네 해양스포츠(서핑, 카이트 서핑 평균 3일, 배우는 기간만큼 일정이 늘어남/4일) – 나트랑(Nha Trang) 이동, 시내관광, 공항이동(5일) – 인천도착(6일)

## 나트랑Nha Trang, 달랏Dalat, 무이네Mui Ne 코스

**4박 6일 | 나트랑 – 달랏 – 무이네 – 나트랑**

나트랑(Nha Trang) 입국, 숙소휴식(1일) – 나트랑 빈펄 랜드, 호핑 투어(2일) – 달랏(Dalat) 이동, 시내관광(타딴라 폭포, 크레이지 하우스/3일) – 무이네(Mui Ne) 이동, 관광(화이트 샌듄, 레드 샌듄, 요정의 샘, 어촌마을/4일) – 나트랑(Nha Trang) 이동, 시내관광, 공항이동(5일) – 인천도착(6일)

**5박 7일 | 나트랑 – 달랏 – 무이네 – 나트랑**

나트랑(Nha Trang) 입국, 숙소휴식(1일) – 나트랑 빈펄 랜드, 호핑 투어(2일) – 달랏(Dalat) 이동, 시내관광(타딴라 폭포, 크레이지 하우스/3일) – 달랏 엑티비티(캐녀닝 등 엑티비티/4일) – 무이네(Mui Ne) 이동, 관광(화이트 샌듄, 레드 샌듄, 요정의 샘, 어촌마을/5일) – 나트랑(Nha Trang) 이동, 시내관광, 공항이동(6일) – 인천도착(7일)

## 나트랑Nha Trang, 달랏Dalat, 무이네Mui Ne, 호치민Ho Chi Minh 코스

### 3박 5일 | 나트랑 – 달랏 – 호치민

나트랑(Nha Trang) 입국, 숙소휴식(1일) – 나트랑 빈펄 랜드, 호핑 투어(2일) – 달랏(Dalat) 이동, 시내관광(타딴라 폭포, 크레이지 하우스/3일) – 호치민(Mui Ne) 이동, 시내관광(시청, 중앙우체국, 노트르담 성당, 벤탄시장), 공항이동(4일) – 인천도착(5일)

### 4박 6일 | 나트랑 – 달랏 – 호치민

나트랑(Nha Trang) 입국, 숙소휴식(1일) – 나트랑 빈펄 랜드, 호핑 투어(2일) – 나트랑 시내관광(3일) – 달랏(Dalat) 이동, 시내관광(타딴라 폭포, 크레이지 하우스/4일) – 호치민(Mui Ne) 이동, 시내관광(시청, 중앙우체국, 노트르담 성당, 벤탄시장), 공항이동(5일) – 인천도착(6일)

### 3박 5일 | 나트랑 – 무이네 – 호치민

나트랑(Nha Trang) 입국, 숙소휴식(1일) – 나트랑 빈펄 랜드, 호핑 투어(2일) – 무이네(Mui Ne) 이동, 관광(화이트 샌듄, 레드 샌듄, 요정의 샘, 어촌마을/3일) – 호치민(Mui Ne) 이동, 시내관광(시청, 중앙우체국, 노트르담 성당, 벤탄시장), 공항이동(4일) – 인천도착(5일)

### 4박 6일 | 나트랑 – 무이네 – 호치민

나트랑(Nha Trang) 입국, 숙소휴식(1일) – 나트랑 빈펄 랜드, 호핑 투어(2일) – 나트랑 시내관광(3일) – 무이네(Mui Ne) 이동, 관광(화이트 샌듄, 레드 샌듄, 요정의 샘, 어촌마을/4일) – 호치민(Mui Ne) 이동, 시내관광(시청, 중앙우체국, 노트르담 성당, 벤탄시장),

**5박 7일 | 나트랑 – 달랏 – 무이네 – 호치민**

나트랑(Nha Trang) 입국, 숙소휴식(1일) – 나트랑 빈펄 랜드, 호핑 투어(2일) – 달랏(Dalat) 이동, 시내관광(타딴라 폭포, 크레이지 하우스/3일) – 달랏 엑티비티(캐녀닝 등 엑티비티/4일) – 무이네(Mui Ne) 이동, 관광(화이트 샌듄, 레드 샌듄, 요정의 샘, 어촌마을/5일) – 나트랑(Nha Trang) 이동, 시내관광, 공항이동(6일) – 인천도착(7일)

**7박 9일~9박 11일 | 나트랑 – 달랏 – 무이네 – 호치민**

나트랑(Nha Trang) 입국, 숙소휴식(1일) – 나트랑 빈펄 랜드, 호핑 투어(2일) – 나트랑 시내관광(3일) – 달랏(Dalat) 이동, 시내관광(타딴라 폭포, 크레이지 하우스/4일) – 달랏 엑티비티(캐녀닝 등 엑티비티 /5일) – 무이네(Mui N) 이동, 관광(화이트 샌듄, 레드 샌듄, 요정의 샘, 어촌마을/6일) – 무이네 해양스포츠(서핑, 카이트 서핑 평균 3일, 배우는 기간만큼 일정이 늘어남/7일) – 나트랑(Nha Trang) 이동, 시내관광, 공항이동(8일) – 인천도착(9일)

# 베트남은 안전한가요?

### 나 홀로 여행도 가능한 치안

사회주의 국가인 베트남은 동남아시아에서 가장 안전하다고 손꼽히는 치안이 좋은 국가이다. 혼자 여행하거나 여성이라도 안심하고 여행할 수 있다.
물론 관광객을 노리는 소매치기 등의 사건은 발생하지만 치안 때문에 여행하기 힘들다는 이야기는 듣기 힘들 정도이며 밤에 돌아다녀도 위험하다고 생각하지 않는 여행자가 대부분이다.

### 숙소의 보이는 장소에 돈을 두지 말자.

호텔이든 홈스테이든 어디에서나 돈이 될 만한 물품은 숙소의 보이는 곳에 놓지 말아야 한다. 금고가 있으면 금고에 넣어두면 되지만 금고가 없다면 여행용 캐리어에 잠금장치를 하고 두는 것이 도난사고를 방지할 수 있다. 도난 사고가 나면 5성급 호텔도 모른다고 말만 하기 때문에 자신이 직접 조심하는 것이 좋다.

### 슬리핑 버스에서 중요한 물품은 가지고 타야 한다.

슬리핑 버스를 타면 버스 밑에 짐을 모두 싣고 탑승을 하는 데 이때 가방이 없어지는 사고가 발생하기도 한다. 자신의 짐인지 알고 잘못 바꿔가는 사고도 있지만 대부분은 가방을 가지고 도망을 가는 도난사고이다. 중요한 귀중품은 몸에 가까이 두어야 계속 확인이 가능하다.

### 환전소와 ATM

베트남에서 문제가 많이 발생하는 장소는 택시와 환전에 관련한 사항이다. 오토바이를 이용한 날치기는 가끔씩 방심할 때에 발생한다. 그러므로 환전소나 ATM에서는 반드시 가방이나 주머니에 확실하게 돈을 넣어두고 좌우를 확인하고 나서 나오는 것이 좋다. 또한 중요한 짐은 몸에 지니는 것이 좋다. 가방은 날치기가 가장 쉬운 물건이다.

# 환전

베트남 통화는 '동(VND)'으로 1만 동이 약 532원이고 자주 환율이 조금씩 변화되고 있다. 기본 통화의 계산 단위가 1천동 이상부터 시작하는 높은 환율에 생각보다 계산이 쉽지 않다. 한국 돈으로 빠르게 환산하여 금액이 얼마인지 확인하는 것이 중요하다.

누구나 베트남 동(VND)을 원화로 환산하는 계산법은 이보다 더 좋은 방법은 없다. 베트남 물품의 금액에서 '0'을 빼고 2로 나누면 대략의 금액을 파악할 수 있다. 처음에는 어렵다고 느껴질 수도 있지만 하루만 계산을 하다보면 쉽게 알 수 있는 방법이다. 즉 계산금액이 120,000동이라면 '0'을 뺀 12,000이 되고 '÷2'를 하면 6,000원이 된다.

미국달러로 환전해 가는 관광객도 있다. 대한민국에서 미국 달러로 환전한 후 베트남 현지에 도착해 달러를 동(VND)으로 환전하는 것이 금전적으로 약간의 이득을 보기 때문이다. 은행에서 환전을 하면 주요통화가 아니라서 환율 우대를 받지 못하기 때문에 환전 금액이 크다면 미국달러로 환전을 하는 것이 좋다. 달러 환전은 환율 우대를 각 은행에서 받을 수 있고 사이버 환전을 이용하거나 각 은행의 어플리케이션을 사용하면 최대 90%까지 우대를 받을 수 있기 때문에 환전을 할 때마다 이득을 보므로 베트남에서 사용하는 금액이 크다면 달러로 반드시 환전해야 한다.

소액을 환전할 경우 원화에서 동으로 바꾸거나 원화에서 달러로 바꾸었다가 동(VND)으로 바꾸어도 큰 차이가 나는 것은 아니다. 또한 베트남 현지에서 환전이 가장 쉽고 유통이 많이 되는 100달러를 선호하기 때문에 100달러로 환전해 베트남으로 여행을 하는 것이 최선의 방법이다.
베트남 현지의 주요 관광지에서는 미국달러로도 대부분 계산이 가능하다.

1$의 유용성

베트남 여행에서 호텔이나 마사지숍을 가거나 택시기사 등에게 팁을 줘야 할 때가 있다. 이때 1$를 팁으로 주면 베트남 동을 팁으로 줄 때보다 더 기쁘게 웃으면서 좋아하는 베트남 인들을 보게 된다. 그만큼 베트남에서 가장 유용하게 유통이 되는 통화는 미국달러이다.

### 베트남 여행경비를 모두 환전해야 하나요?

베트남에서 사용하는 여행경비는 실제로 가늠하기가 쉽지 않다. 왜냐하면 다양한 목적으로 베트남을 방문하는 관광객이 너무 많아서 그들이 사용하는 경비는 개인마다 천차만별로 달라지고 있다. 하지만 사용할 금액이 많다고 베트남 동(VND)으로 두둑하게 환전하는 것은 좋지 않다. 남아서 다시 인천공항에서 원화로 환전하면 환전 수수료 내고 재환전해야 하므로 손해이다. 그러므로 달러로 바꾸었다가 필요한 만큼 현지에서 환전하면서 사용하는 것이 최선의 방법이다.

### 어디에서 환전을 해야 하나요?

베트남 여행에서 환전을 어디에서 해야 하는지 질문을 하는 사람들이 많다. 베트남은 공항의 환전 율이 좋지 않다. 그러므로 공항에서는 숙소까지 가는 비용이나 하루 동안 사용할 금액만 환전하고 다음날 환전소에 가서 환전을 하는 것이 좋은 방법이다.
시내의 환전소는 매우 많다. 주로 베트남 주요도시에 다 있는 롯데마트 내에 있는 환전소가 환율이 좋다. 또한 한국인들이 주로 찾는 관광지 인근이 환율을 좋게 평가해준다. 또한 환전을 하면 반드시 맞게 받았는지 그

자리에서 확인을 하고 가야 한다. 시내 환전소에서 환율을 높게 쳐주었다고 고마워했는데 실제로 확인을 안했다가 적은 금액을 받았다면 아무 소용이 없을 것이다. 그런데 이런 일은 빈번하게 발생하는 소액사기의 한 방법이므로 반드시 환전하고 확인하는 습관을 갖는 것이 좋다.

### ATM사용

가지고 간 여행경비를 모두 사용하면 ATM에서 현금을 인출해야 할 때가 있다. 신용카드나 체크카드 모두 출금이 가능하다. 인출하는 방법은 전 세계 어디에서나 동일하므로 현금인출기에서 영어로 언어를 바꾸고 나서 인출하면 된다. 수수료는 카드마다 다르고 금액과 상관없이 1회 인출할 때 수수료가 같이 빠져나가게 된다.

나트랑 캄란 공항의 현금인출기ATM는 공항을 나가 정면으로 걸어가 도로가 나오면 왼쪽을 바라보면 나온다. 벽에 가려있기 때문에 찾기가 쉽지 않다.

베트남에 오래 머물게 되면 적당한 금액만 환전하고 현금인출기에서 필요한 금액을 인출해 사용하는 것이 더 요긴할 때가 많다. 도난사고도 방지하고 생활하는 것처럼 아끼면서 사용하는 것이 환전이득을 보는 것보다 적게 경비를 사용할 때도 많기 때문에 장기여행자는 환전보다 인출하는 것이 좋은 방법이다.

**인출하는 방법**

① 카드를 ATM에 넣는다.
② 언어를 영어로 선택한다.
③ 비밀번호를 입력한다. 이때 반드시 손으로 가리고 입력해 비밀번호가 노출되지 않도록 한다. 비밀번호는 대부분 4자리를 사용하는 데 가끔 현금인출기에서 6자리를 원한다면 자신의 비밀번호 앞에 '00'을 붙여 입력하면 된다.
④ 영어로 현금인출이라는 뜻의 'Withdrawel'이나 'Cash Withdrawel' 선택한다.
⑤ 그리고 현금 계좌인 Savings Account를 누른다.
⑥ 베트남 현지 통화인 동(VND)을 선택하게 되는 데 최대금액이 3,000,000동(VND)까지 인출할 수 있는 현금인출기가 많다. 최대 5,000,000동(VND)까지 인출하는 현금인출기도 있으므로 인출할 때 확인할 수 있다.

**주의사항**

현금을 인출하고 나서 나갔을 때 아침이나 어두운 저녁 이후에 소매치기를 당하지 않도록 주머니나 가방에 잘 넣어서 조심히 나가는 것이 좋다. 대부분 신용카드와 통장의 계좌를 같이 사용하기 때문에 비밀번호가 노출되면 카드도용 같은 사고가 발생하고 있으므로 조심해야 한다.

# 심카드 vs 무제한 데이터

베트남은 휴대폰 요금이 매우 저렴해서 4G 심 카드Sim Card를 구입해 한달 동안 무제한데이터를 등록해서 사용하면 편리하다. 다 사용하면 휴대폰 매장에 가서 충전을 해달라고 하면 50,000동과 100,000동 정도를 다시 구입해 1달 정도 이상 없이 사용할 수 있다.
공항에서 심 카드Sim Card를 구입하면 여권을 제시해야 한다. 이때 사기가 아닌지 걱정하는 관광객이 많은데 법으로 심 카드Sim Card를 구입할 때 이용자등록을 해야 한다. 그래서 여권을 잃어버리지 않으려면 공항에서 사는 것이 가장 안전한 방법이다. 구입을 하고 나면 충전만 하면 되기 때문에 여권은 필요가 없다. 공항에서 구입하는 것이 가장 편리하고 여권을 잃어버리거나 현금을 잃어버리는 일이 없기 때문에 공항이 비싸다고 해도 공항을 이용하는 것이 현명하다.

충전을 하면 이렇게 종이로 된
입력 번호를 받고 입력하면 된다.

대한민국에서 신청을 하고 오는 관광객은 그대로 핸드폰을 켜면 무제한 데이터가 시작이 되고 문자가 자신의 핸드폰으로 발송이 되므로 이상 없이 사용할 수 있다. 예전처럼 무제한 데이터를 사용하지 않아도 많은 금액이 자신에게 피해가 되어 돌아오지 않기 때문에 걱정할 필요가 없게 되었다. 또한 하루동안 무제한 사용할 수 있는 금액이 매일 10,000원 정도였지만 하루 동안 통신사마다 베트남에서 무제한 데이터 사용금액이 달라졌기 때문에 사전에 확인을 하고 이용하는 것이 좋다.

# 베트남 여행 긴급 사항

베트남 내 일부 약품(감기약, 지사제 등)은 처방전이 없어도 구입이 가능하나 전문적인 치료약의 경우에는 처방전이 있어야만 구입이 가능하다. 몸이 아플 경우, 말이 잘 통하지 않는 상태에서 약국 약사의 조언만으로 약을 복용하는 것보다 가능하면 전문의의 진료를 받은 후 처방전을 받아 약을 구입 · 복용하는 것이 타국에서의 2차 질병을 예방하는 길이다.

긴급 연락처

**범죄신고** : 113
**화재신고** : 114
**응급환자(앰뷸런스)** : 115
**하노이 이민국** : 04) 3934-5609
**하노이 경찰서** : 04) 3942-4244
Korea Clinic : 04) 3843-7231, 04) 3734-6837
**베트남-한국 치과** : 04) 3794-0471
SOS International **병원** : 04) 3934-0555(응급실), 04) 3934-0666(일반진료상담)
**베트남 국제병원(프랑스 병원)** : 04) 3577-1100
Family Medical Practice : 04) 3726-5222 (한국인 간호사 및 통역원 상주)

의료기관 연락처

베트남 내에서 응급환자가 생겼을 경우, 115번으로 전화하여 구급차를 부를 수 있으나 거의 대부분의 115번 전화 안내원이 베트남어 구사만 가능하기 때문에 실질적으로 외국인이 이 서비스를 이용하기에는 결코 쉬운 일이 아니다.

## 베트남 여행 사기 유형

### 환전

베트남 화폐의 단위가 크기 때문에 혼동되는 것을 이용하는 사기이다. 환율을 제대로 알려주지 않고 환전을 하는 것과 제대로 금액을 확인 시켜주지 않고 환전을 하면서 대충 그냥 넘어가려고 한다. 금액을 확인하려고 하면 환전수수료(Fee)를 요청하지만 환전에는 수수료가 포함되는 것이니 환전수수료는 존재하지 않는다는 사실을 알고 정확하게 금액을 알려달라고 똑 부러지게 이야기해야 한다. 공항에서부터 기분이 나빠지는 가장 많은 유형으로 미국달러를 가지고 가서 환전해도 사기를 당하면 아무 소용이 없어진다. 은행에서 환전을 하는 것이 가장 안전하고 사설 환전소는 사람에 따라 환전사기를 하기 때문에 반드시 확인하는 습관을 길러야 한다.

### 택시

택시는 비나선Vinasun, 마일린Mailin이 모범택시에 가깝다. 공항에서 내리면 다양한 택시 회사가 있어서 타게 되면 요금이 2배로 비싸지기도 하여 조심해야 한다. 상대적으로 공항이용객이 많지 않은 나트랑의 캄란 국제공항에서는 택시사기가 많지 않으나 조심해야 한다.

주위의 접근은 다 거절하고 택시를 타는 곳에 있는 하얀 와이셔츠와 검은 바지를 입고 마일린 택시나 마일린 잡아주는 택시를 타는 것이 안전하다. 때로는 택시 기사에 따라 소액의 사기를 당하는 경우도 있다. 공항에서 나와 시내로 이동할 때 당하는 수법으로 마일린Mailin, 비나선Vinasun 택시를 타면 이상이 없다고 말하지만 때로는 회사가 비나선Vinasun이나 마일린Mailin이라도 택시기사에 따라 달라진다. 공항에서 시내는 미터기를 이야기하면서 이상 없다고 타게 되는데 사전에 얼마의 금액이 나오는지 미리 알고 싶다고 이야기하고 확인하고 탑승을 해야 한다. 거스름돈을 주지 않는 택시기사가 대부분이므로 거스름돈을 팁Tip으로 줄려고 하지 않는다면 반드시 달라고 해야 한다.

나트랑Nha Trang의 택시 대신에 그랩Grab을 이용하면 사기는 막을 수 있다. 그랩Grab은 사전에 제시한 금액 이외에는 지급을 하지 않아도 되기 때문이다. 그랩Grab이 반드시 택시보다 저렴하지 않으므로 택시를 정확하게 확인만 한다면 시내까지 이상 없이 이동할 수 있다. 요즈음 차량 공유서비스인 그랩Grab을 많이 사용하고 있어서 자신이 그랩Grab의 기사라고 하면서 접근하는 경우도 있는데 그랩은 절대 먼저 접근하지 않는다.

빈도가 높은 유형

많이 사기를 당하는 유형은 많이 알려져 있지만 다시 한번 상기를 하는 것이 좋아 소개한다.
공항에서 내려서 짐을 들고 나오면 택시기사들이 마일린(Mailin) 명함을 보여주며, 자신이 마일린Mailin 택시기사라고 하면서 따라오라고 하는 것이다. 따라가면 공항내의 주차장에 세워진 일반 승용차에 타라고 한다. 미터기는 없으니 수상하여 거절하고 공항으로 다시 가려고 하면 짐을 빼앗아 가기도 한다. 이때는 당황하지 말고 탄다고 하면서 어떻게든 짐을 돌려받아야 한다. 짐을 받으면 그때부터 따지면서 타지 말고 공항으로 돌아가야 한다.

가장 많은 사기 유형은 미터기가 없냐고 물어보면 괜찮다고 하면서 어디까지 가느냐고 물으면서 도착 지점까지 20만동에 가주겠다고 흥정을 한다. 그런데 이 흥정부터 받아주면 안 된다. 받아주는 순간부터 계속 끈질기게 다가오면서 흥정으로 마음을 빼앗으려고 계속 말을 걸어온다. 당연히 가보면 200만 동을 달라고 하는 어처구니없는 일이 발생하게 된다. 안 주려고 하면 내놓으라고 억지를 쓰고 경찰을 부른다는 협박까지 하게 된다. 그러면 무서워 울며 겨자 먹기로 돈을 주는 관광객이 발생하게 된다.
최근에는 이런 사기 유형은 많이 없어지고 있다. 명함을 주는 택시기사는 없다. 그들은 명함을 위조하여 가지고 있지만 관광객이 모를 뿐이다. 그들은 택시회사의 종류별로 다 가지고 있다. 또한 차가 승용차 같다면 바로 거절하여야 하고 미터기가 없으면 거절하여야 한다.

## 택시비 사기 유형과 대비법

마일린Mailin, 비나선Vinasun 택시를 타도 기사가 나쁜 사람이라면 어쩔 수가 없다. 택시비를 계산하려고 지갑에서 돈을 꺼내려 하면 다른 잔돈이 없냐고 물어보면서 지갑을 낚아채 간다. 당연히 내놓으라고 소리도 치고 겁박도 하면 지갑을 되돌려 받는데, 낚아채가는 짧은 순간에 이미 돈이 일부 사라져있다.
택시기사가 전 세계의 지폐에 관심이 많다고 하면서 대한민국 화폐를 보여 달라고 하면서 친근하게 말을 거는 경우이다. 이것도 똑같이 지갑을 손에 잡는 순간, "이거야?" 하면서 지갑을 빼앗아가고, 지갑을 돌려받아 확인하면 돈이 없어지는 상황이 발생한다.
택시를 탈 때 20만 동이나 50만 동 지폐는 꺼내지 않는 것이 좋다. 편의점이나 작은 상점에서 꼭 잔돈으로 바꾸고 택시를 타야 한다. 미리 예상비용에서 5~10만 동 정도만 더 준비하여 주머니에 넣어놓고 내릴 때 요금에 맞춰서 내면 문제가 발생하지 않는다.

## 소매치기

이 소매치기는 전 세계 어디에서나 마찬가지인데 정말 당할 사람은 당하고, 의심이 많고 조심하면 안 당하게 되는 것 같다. 베트남에 6개월이 넘는 기간 동안 머물고 있지만 한 번도 본적도 없고 당한 적도 없다. 하지만 크로스백에 필요한 물품만 들고 다니기 때문에 표적이 될 가능성이 적다. 또한 여행하는 날, 당일에 필요한 돈만 가지고 다닌다. 그래도 소매치기를 당하는 이야기를 들었기 때문에 조심하도록 알려드린다.

가장 많이 당하는 유형은 그랩Grab의 오토바이를 타고 이동하는 중에 배 앞에 놓인 가방을 노리고 오토바이로 다가와 갑자기 손으로 낚아채 가는 것으로 호치민이나 하노이 같은 대형도시에서 많이 일어난다. 아니면 길을 건널 때 다가와서 갑자기 가방의 팔을 치고 빠르게 달아난다. 소매치기를 시도해도 당하지 않으려면 소매치기가 가방을 움켜쥐어도 몸에서 떨어지지 않도록 대비하는 것이 유일한 방법이다. 요즈음은 가방도 잘 안 들고 다니는데 없는 게 더 안전한 방법일 것이다.

**옆으로 메는 크로스백(Cross Bag)**

끈을 잘라서 훔쳐간다. 벤탄 시장 같은 큰 시장의 많은 사람들이 몰리는 곳은 한번 들어갔다가 나오면 열려있는 주머니를 발견할 수도 있다.

**뒤로 메는 백팩(Back Pack)**

제일 당하기 쉬워서 시장에서 신나게 흥정을 하고 있을 때에 표적이 된다. 뒤에서 조심조심 물건을 빼가는 데 휴대폰이나 패드, 스마트폰이 표적이 된다. 사람이 많이 몰리는 곳에서는 백팩은 앞으로 매고 다니는 것이 좋다. 백팩은 버스 같은 대중교통을 이용할 때에 많이 당하게 된다. 버스를 타고 내릴 때 지갑만 없어져 버리기도 한다.

**허리에 메는 전대**

허리에 메고 다니는 전대는 베트남 사람들은 전혀 안하는 스타일의 가방이라서 많이 쳐다보게 된다. 허리에 있으나 역시 사람들이 많이 있으면 허리에 있는 전대는 보이지 않으므로 소매치기의 표적이 된다.

### 도로, 길

대한민국처럼 핸드폰을 보면서 길을 걸으면 사고위험도 높아지고 소매치기의 좋은 타깃이 된다. 길에서 핸드폰의 사용은 자제하고 꼭 봐야한다면 도로의 안쪽에서 두 손으로 꼭

잡고 하는 것이 안전하다. 특히 대도시의 작은 골목에서 사진을 남기고 싶은 마음에 사진을 찍다가 핸드폰을 소매치기에게 빼앗긴 관광객이 많다. 그러면 카메라를 쓰면 소매치기의  표적이 안 되느냐 하면 그것도 아니다. 정겨운 골목길의 사진을 찍고 싶은 마음에 사람이 없는 골목으로 들어가서 사진을 찍고 있으면 골목 어디에선가 갑자기 오토바이가 '부응~~~'하고 다가와서 핸드폰을 채고 가버린다. 그러니 항상 조심하도록 하자. 현지인들이 사는 골목에 외국인 관광객이 들어가면 그들도 이상하여 쳐다보게 된다. 또한 소매치기가 어디에서인가 주시하고 있다.
핸드폰은 카페의 안에 앉아 사용하거나 사진을 찍고 싶으면 혼자가 아닌 2명이상 같이 다녀서 표적이 되지 않도록 조심해야 하고 도로를 걷고 있으면 휴대폰은 안쪽으로 들고 있거나 휴대폰을 안쪽에서 보도록 조심해야 한다. 또한 오토바이 소리가 난다 싶으면 핸드폰을 꼭 잡고 조심하도록 해야 한다.

인력거인 '릭샤Rickshaw'를 타고 가다가 기념하고 싶어서 긴 셀카봉에 핸드폰을 달아서 셀카를 찍고 있으면 인력거 밖에서 오토바이를 타고 셀카봉을 채가는 일이 최근에 많이 발생하고 있다.

카메라

최근에는 핸드폰으로 많이 사진을 찍기 때문에 빈도는 높지 않다. 커다란 카메라를 목에 걸고 다니는 관광객이 표적이 된다. 베트남 소매치기는 목에 걸고 다니든 허리에 걸고 다니든 상관을 안 한다.
오토바이로 채가면서 목에 걸고 있는 카메라를 빼앗기는 상황에서 넘어지게 되는데 카메라 줄이 목이 졸리게 되든지 다른 오토바이에 치이든지 상관을 안 하게 되므로 사고의 위험이 높다.
목에 걸고 있으면 위험하다. 사진을 찍고 나서 가방에 잘 넣어놔야 한다. 삼각대를 사용해 사진을 찍는 관광객은 대도시의 관광지에서는 삼각대에 놓는 순간 사라질 수 있다는 사실을 알고 조심해야 한다.

## 베트남 여행의 주의사항과 대처방법

### 로컬 시장

시장이 활기차고 흥정하는 맛도 있어서 시장을 선호하는 관광객도 많다. 시장에서는 늘 돈을 분산해서 가지고 다니는 것이 안전하다. 베트남사람들 앞에서 돈의 액수가 얼마나 있는지 보여 주는 것은 좋지 않다. 의심이라고 할 수도 있지만 문제가 발생하기 때문에 어쩔 수가 없다. 시장을 갈 일이 생기면 예상되는 이동거리의 왕복 택시비를 주머니에 넣고 혹시 모르는 택시비의 추가 경비로 10만동 정도를 가지고 시장에서 쓸 돈은 주머니에 넣는다. 지폐는 손에 들고 다녀도 된다.

### 레스토랑 / 식당

음식점에서 음식값이 다르게 계산되는 일은 빈번히 일어난다. 가장 빈번한 유형은 내가 주문하지 않은 음식이 청구되어 계산서에 금액이 올라서 놀라는 것이다.

2,000동 정도이면 물수건 사용금액이고, 10,000동이면 테이블위에 있는 서비스로 된 땅콩 등이 청구되는 것이지만 계산서에는 150,000~200,000동 정도가 추가되어 있는 것이다. 그러므로 계산을 할때는 반드시 나가기 전에 확인을 하고 하나하나 확인하는 것이 유일한 대비법이다. 다른 관광객은 "뭐 그렇게 따지나?"하고 생각할 수 있지만 당하지 않으면 기분이 나쁜 것을 모른다. 그러므로 반드시 확인해야 한다. 베트남에 오랜 시간 동안 있었지만 이것은 오래있던지 처음이던지 상관없이 어디에서나 일어나는 일이고 베트남 사람들도 반드시 계산할 때에 확인하는 습관이 있다는 사실을 알고 있다면 일일이 따지는 것은 문제가 되지 않는 행동이며 당연하게 확인해야 하는 습관이다.

레스토랑이 고급이던지 아니던지 상관없이 당당하게 과다청구 하는 경우는 흔하다. 만약 영수증이 베트남어로 되어 있다면 확인은 어렵지만 일일이 물어보면 확인할 수 있다.
베트남은 해산물 음식이 저렴하지 않다. 관광객은 동남아 국가이기 때문에 막연하게 해산물이 저렴하다고 생각하지만 저렴하지 않기 때문에 청구되는 음식가격도 만만치 않은 금액이 된다. 가격을 확인하지 않고 주문하면 계산서에 나오는 금액은 폭탄맞은 상황이 될 수 있어서 주문할 때도 확인을 하면서 해산물을 주문하는 것이 좋다. 늘 주문하기 전에 가격을 확인하는 습관이 필요하다.

### 팁TIP 문화

원래부터 베트남에 팁TIP문화가 있었던 것은 아니지만, 최근에 해외 관광객의 증가로 인해 차츰 팁을 주는 분위기가 생겨나고 있다. 호텔이나 고급 레스토랑 등에서 일하는 종업원들은 손님으로부터 약간의 팁을 받는 것을 기대하고 있다. 그럴 때 팁 금액이 크지 않으므로 적당하게 팁을 주는 것이 더 좋은 서비스를 받을 수 있는 방법이기도 하다.

팁TIP 금액은 호텔 포터는 10,000~20,000동, 침실 청소원은 10,000~20,000동, 고급 레스토랑은 음식가격의 5%이내 정도이다.

### 신용카드

해외에서 여행을 하면 해외에서도 사용이 가능한 비자와 마스터 카드 등을 가지고 온다. 베트남에서 유명한 호텔이나 롯데마트 등에서 비자카드 사용은 괜찮다. 그런데 이중결제가 되는 경우가 은근이 많다.

어제, 결제했는데 갑자기 오늘 또 결제된 문자가 날아오는 경우도 있다. 수상한 문자가 계속 오기 때문에 기분이 찜찜한 것은 어쩔 수 없다. 레스토랑에서 신용카드로 결제하고 이중결제가 된 경험 이후에는 반드시 현금으로 결제를 하는 습관이 생겼다. 음식 가격이 부족하다면 인근의 ATM에서 현금인출을 하고 현금으로 주게 된다.

### 그랩(Grab)

그랩Grab은 동남아시아 여행에서 반드시 필요한 어플이다. 차량 공유서비스인 그랩Grab으로 위치와 금액을 확인하고, 확인된 기사와 타면 된다. 간혹 관광지에서 그랩Grab의 기사를 찾는 것이 택시기사 찾는 것 보다 힘든 경우가 있지만 대부분의 상황에서 그랩Grab은 편리한 이동 서비스이다.

가끔 이동하는 장소까지 택시를 타려고 하면, "지금 시간이 막히는 시간이라 2배 이상의 가격을 달라"는 것은 베트남에서 현지인에게도 흔하게 발생하는 일이다. 그래서 "안탄다." 하고 내리면 흥정을 하면서 타라고 하는 경우가 흔하다. 그래서 현지인들도 그랩Grab을 상당히 많이 이용하고 있다.

꼭 택시를 타야 하는 상황이 아니면 그랩Grab 오토바이도 나쁘지 않다. 그랩Grab으로 아르바이트를 하는 학생들도 있어서 택시보다 잘 잡힌다. 그랩Grab 어플에 결제수단으로 카드를 등록해놓는 데 비양심적인 기사가 가격을 부풀려서 결제해버리는 경우가 있다. 그래서 반드시 현금으로 결제를 하는 것이 좋은 방법이다.

# 버스 이동 간 거리와 시간

베트남은 남북으로 길게 해안을 따라 이어진 국토를 가지고 있어서 북부의 하노이Hanoi와 남부의 호치민Ho Chi Minh은 역사적으로나 문화적으로 다른 특징을 가지고 있었다. 프랑스의 식민지가 되면서 베트남이라는 나라로 형성되면서 현대 베트남의 기초가 만들어졌다. 호치민이 베트남전쟁을 통해 남북을 통일하면서 하나의 베트남이 탄생하게 되었다.

그러므로 베트남 전체를 여행하려면 남북으로 길게 이어진 도시들을 한꺼번에 여행하기는 쉽지 않다. 그래서 베트남 도시들은 북부의 하노이Hanoi, 중부의 다낭Da Nang, 중남부의 나트랑Nha Trang, 남부의 호치민Ho Chi Minh이 거점도시가 된다. 이 도시들은 기본 도시로 약12시간이상 소요되는 도시들로 베트남의 대도시라고 할 수 있다. 중간의 작은 도시들이 4~8시간을 단위로 묶여서 하루 동안 많은 버스들이 오고 가고 있다.

남부의 호치민Ho Chi Minh과 중남부의 나트랑Nha Trang은 10시간을 이동하는 도시로 해안을 따라 이동하므로 이동거리가 길지만 시간은 오래 걸리지 않는다. 하지만 호치민Ho Chi Minh에서 고원도시인 달랏đà lạt까지 거리는 짧지만 이동시간은 길다.

각 도시를 연결하는 버스들은 현재 4개 회사가 운행 중이지만 넘쳐나는 베트남 관광객으로 실제로는 더 많은 버스회사들이 운행을 하고 있다. 호치민에서 달랏, 무이네과 나트랑에서 무이네, 달랏까지는 매시간 다양한 버스회사의 코치버스가 운행을 하고 있다.

베트남의 각 도시를 이어주는 코치버스는 일반적으로 앉아서 가는 버스도 있지만 이동거리가 길어서 누워서 가는 슬리핑 버스가 대부분이다. 예전에는 앉아서 가는 버스도 많았지만 점차 슬리핑버스로 대체되고 있는 상황이다.

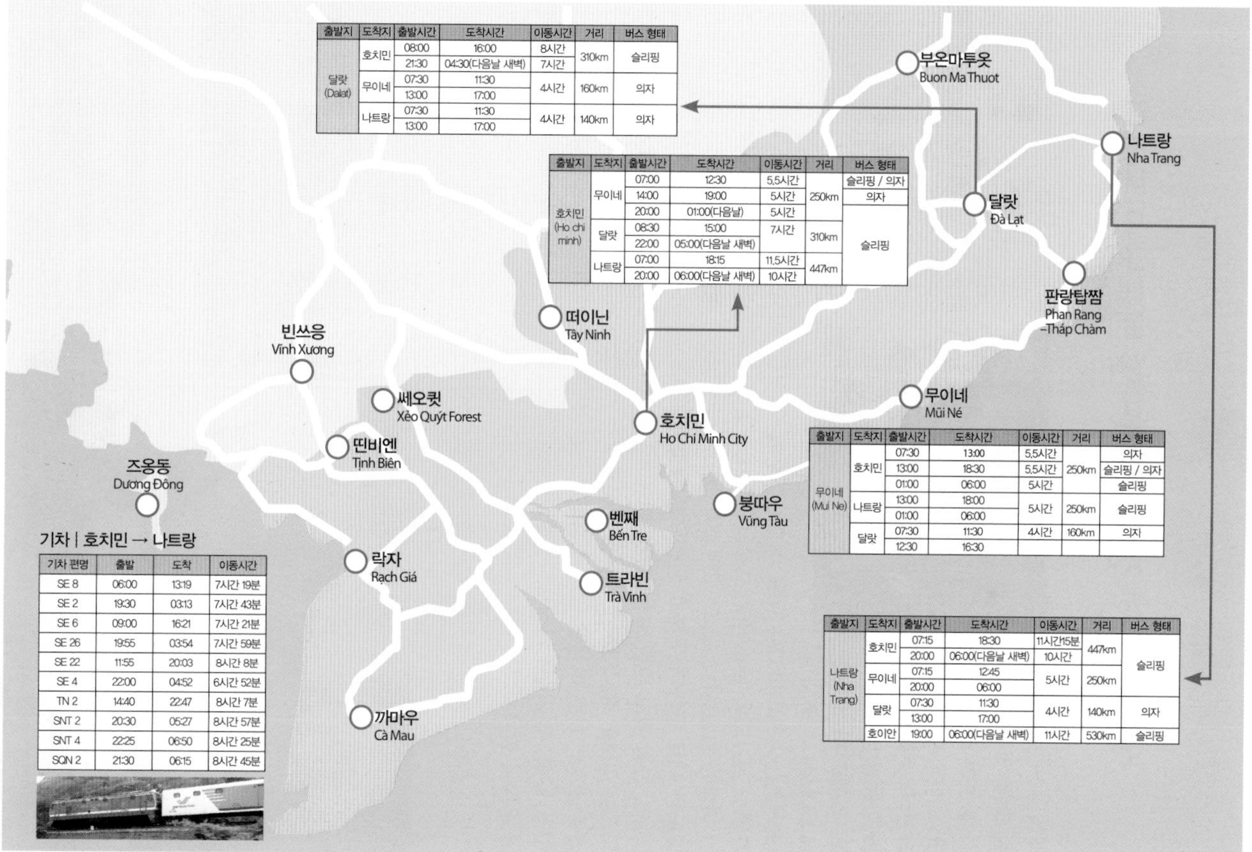


| 출발지 | 도착지 | 출발시간 | 도착시간 | 이동시간 | 거리 | 버스 형태 |
|---|---|---|---|---|---|---|
| 달랏 (Dalat) | 호치민 | 08:00 | 16:00 | 8시간 | 310km | 슬리핑 |
| | | 21:30 | 04:30(다음날 새벽) | 7시간 | | |
| | 무이네 | 07:30 | 11:30 | 4시간 | 160km | 의자 |
| | | 13:00 | 17:00 | | | |
| | 나트랑 | 07:30 | 11:30 | 4시간 | 140km | 의자 |
| | | 13:00 | 17:00 | | | |

| 출발지 | 도착지 | 출발시간 | 도착시간 | 이동시간 | 거리 | 버스 형태 |
|---|---|---|---|---|---|---|
| 호치민 (Ho chi minh) | 무이네 | 07:00 | 12:30 | 5.5시간 | 250km | 슬리핑 / 의자 |
| | | 14:00 | 19:00 | 5시간 | | 의자 |
| | | 20:00 | 01:00(다음날) | 5시간 | | 슬리핑 |
| | 달랏 | 08:30 | 15:00 | 7시간 | 310km | |
| | | 22:00 | 05:00(다음날 새벽) | | | |
| | 나트랑 | 07:00 | 18:15 | 11.5시간 | 447km | |
| | | 20:00 | 06:00(다음날 새벽) | 10시간 | | |

| 출발지 | 도착지 | 출발시간 | 도착시간 | 이동시간 | 거리 | 버스 형태 |
|---|---|---|---|---|---|---|
| 무이네 (Mui Ne) | 호치민 | 07:30 | 13:00 | 5.5시간 | 250km | 의자 |
| | | 13:00 | 18:30 | 5.5시간 | | 슬리핑 / 의자 |
| | | 01:00 | 06:00 | 5시간 | | 슬리핑 |
| | 나트랑 | 13:00 | 18:00 | 5시간 | 250km | 슬리핑 |
| | | 01:00 | 06:00 | | | |
| | 달랏 | 07:30 | 11:30 | 4시간 | 160km | 의자 |
| | | 12:30 | 16:30 | | | |

| 출발지 | 도착지 | 출발시간 | 도착시간 | 이동시간 | 거리 | 버스 형태 |
|---|---|---|---|---|---|---|
| 나트랑 (Nha Trang) | 호치민 | 07:15 | 18:30 | 11시간15분 | 447km | 슬리핑 |
| | | 20:00 | 06:00(다음날 새벽) | 10시간 | | |
| | 무이네 | 07:15 | 12:45 | 5시간 | 250km | |
| | | 20:00 | 06:00 | | | |
| | 달랏 | 07:30 | 11:30 | 4시간 | 140km | 의자 |
| | | 13:00 | 17:00 | | | |
| | 호이안 | 19:00 | 06:00(다음날 새벽) | 11시간 | 530km | 슬리핑 |

### 기차 | 호치민 → 나트랑

| 기차 편명 | 출발 | 도착 | 이동시간 |
|---|---|---|---|
| SE 8 | 06:00 | 13:19 | 7시간 19분 |
| SE 2 | 19:30 | 03:13 | 7시간 43분 |
| SE 6 | 09:00 | 16:21 | 7시간 21분 |
| SE 26 | 19:55 | 03:54 | 7시간 59분 |
| SE 22 | 11:55 | 20:03 | 8시간 8분 |
| SE 4 | 22:00 | 04:52 | 6시간 52분 |
| TN 2 | 14:40 | 22:47 | 8시간 7분 |
| SNT 2 | 20:30 | 05:27 | 8시간 57분 |
| SNT 4 | 22:25 | 06:50 | 8시간 25분 |
| SQN 2 | 21:30 | 06:15 | 8시간 45분 |

# 베트남 여행 전 꼭 알아야할 베트남 이동수단

베트남이 지금과 같은 교통 체계를 갖추기 시작한 시기는 프랑스 식민지 시대부터였다. 수확한 농산물을 운송해 해안으로 가지고 가기 위한 목적이었다. 하지만 베트남 전쟁으로 파괴된 교통 체계는 이후에 재건하고 근대화하였다. 지금, 가장 대중적인 교통수단은 도로 운송이며, 도로망도 남북으로 도로가 만들어지면서 활성화되었다. 도시 간 이동에 일반 시외버스와 오픈 투어 버스Open tour bus를 이용할 수 있다.

철도는 새로 만들지 못하고 단선으로 총길이 2,347㎞에 이르는 옛 철도망을 사용하고 있다. 러, 가장 길고 주된 노선은 호치민과 하노이를 연결하는 길이 1,726㎞의 남북선이다. 철도로는 이웃한 중국과도 연결되어 중국과의 무역에 활용되고 있다.

베트남에서 최근 여행에 많이 활용되고 있는 방법이 '항공'이다. 하노이, 다낭, 나트랑, 호치민, 달랏, 푸꾸옥을 기점으로 공항에 활성화되고 있다. 특히 유럽의 배낭 여행자들은 항공을 적극 활용하고 있다.

베트남 여행에서 도시 간 이동에서 이용하는 도로 교통수단으로 일반 시외버스와 여행사의 오픈 투어 버스Open tour bus가 있다. 일반 시외버스는 낡은 데다 시간도 오래 걸리기 때문에 장거리 이동이 불편하다. 베트남에서 '오픈 투어Open tour', '오픈 데이트 티켓Open Date Ticket', '오픈 티켓Open Ticket'이라는 단어를 들을 수 있는데, 이것은 저렴한 예산으로 여행하려는 외국인 여행자를 대상으로 하여 제공되는 '오픈 투어 버스'를 여행자들은 '슬리핑 버스'라고 부르고 있다. 이유는 버스에는 에어컨이 갖추어져 있고 거의 누운 상태에서 야간에 잠을 자면서 이동하는 버스이기 때문이다. 호치민 시와 하노이 사이를 운행하며 사람들은 도중에 주요 도시에서 타고 내릴 수 있다. 경쟁이 치열하여 요금이 많이 내려간 상태여서 실제로, 가장 저렴한 교통수단이다.

### 베트남 도시와 도시를 연결하는 슬리핑 버스

하노이, 다낭, 나트랑, 호치민은 베트남의 여행을 하기 위한 거점 도시이다. 각 버스 회사들이 각 도시를 연결하고 있다. 북, 중, 남부의 대표적인 도시마다 각 도시를 여행을 하기 위해 버스를 타고 이동을 하는 데 저녁에 탑승해 다음날 아침 6~7시에 다음 도시에 도착하게 된다. 예를 들어 하노이에서 18~19시에 숙소로 픽업을 온 가이드의 인솔을 받아, 어딘가로 차를 타고 가서 큰 코치버스를 탑승하게 된다. 이 버스를 타고 이동하면 다낭에 아침에 도착한다. 그러므로 베트남 전체를 모두 여행을 하려면 버스에 대해 확실하게 알고 출발하는 것이 좋다. 이렇게 버스를 야간에 자면서 간다고 해서 '슬리핑 버스Sleeping Bus'라고 부른다.

슬리핑버스라서 야간 이동만 생각할 수 있는데 최근에는 도시 간 이동하는 버스는 대부분 슬리핑 버스형태로 동일하므로 오전이나 오후에 4~5시간 이동하는 버스도 슬리핑 버스와 동일하기 때문에 도시 간 이동을 하는 버스는 모두 슬리핑 버스라고 알고 있는 것이 낫다.

버스를 예약하는 방법은 여행사를 통해 예약하거나 숙소에서 예약을 해달라고 하면 연결된 버스회사에 예약을 해주는 것이 가장 일반적인 방법이다. 버스를 예약하는 방법은 원래 각 버스회사의 홈페이지를 통해 온라인 예약을 하거나 전화로 예약, 직접 버스회사의 사무실을 찾아가면 된다. 버스 티켓을 구입하면 버스티켓은 노선 명, 탑승시간, 소요시간 등이 기재되어 있다.

베트남 여행자들에게 유명한 버스 회사는 신 투어리스트Shin Tourist, 풍짱 버스Futa Bus, 탐한 버스Tam Hanh Bus 등이 있다. 각 버스마다 노선마다 운행하고 있는 버스가 모두 다르므로 여행 전에 차량 정보를 미리 확인하는 게 안전하다. 각 버스회사마다 예약을 하는 방법이 조금씩 차이가 있다. 슬리핑 버스가 출발하면 3시간 정도마다 휴게소에 들리게 된다. 이때 내려서 화장실에 가거나 저녁을 먹도록 시간을 배정한다. 보통 10시간 정도 이동한다면 2~3번의 휴게소에 들리게 된다.

### 슬리핑 버스 타는 방법

1. 좌석이 버스티켓에 적혀 있는 경우도 있고 좌석을 현지에서 바로 알려주는 경우도 있다. 그러므로 좌석을 확인하고 탑승해야 한다.
2. 자신의 여행용 가방은 짐칸에 먼저 싣기 때문에 사전에 안전하게 실렸는지 확인하고 탑승해야 한다. 간혹 없어졌다는 문제가 발생하기도 한다.
3. 베트남의 슬리핑버스는 신발을 벗고 타야 한다. 비닐봉지를 받아서 신발을 넣고 자신의 좌석으로 이동한다.
4. 버스 내부는 각각의 독립된 캡슐처럼 좌석이 배치되어 있으며, 침대칸으로 편하게 누워서 이동이 가능하다. 한 줄에 3개의 좌석이 있는 데 가운데 좌석은 답답하므로 창가좌석이 좋다. 인터넷으로 예약을 하면 좌석을 지정할 수 있으므로 바깥 풍경을 보면서 이동하는 게 조금 편하게 이동하는 방법이다.
5. 좌석은 1층과 2층이 있는데 2층보다는 1층이 흔들림이 적어 편하고 때로 멀미가 심한 사람들에게는 멀미가 덜하다. 연인이나 부부, 가족일 때는 사전에 좌석을 지정하거나 탑승하면서 이야기를 하여 앞뒤보다는 양옆자리로 배치해 서로 보면서 이동하는 것이 좋다.
6. 와이파이는 무료로 되지만 와이파이가 약하기 때문에 기대를 안 하는 것이 낫다.

# 버스 회사의 양대 산맥

## 풍짱 버스(Futa Bus)

1992년에 설립되어 운행하고 있는 버스 회사로 최근에 도시 간 이동편수를 가장 많이 늘리고 있다. 그래서 풍짱 버스는 시간표가 촘촘하게 잘 연결되어있는 편이다. 배차되는 버스가 많다보니 좌석이 여유가 있는 편이므로 급하게 도시를 이동하려는 버스는 구하려면 추천한다. 주말이나 공휴일 같은 특수한 경우가 아니라면 당일 예약이 가능하다.
풍짱 버스는 인터넷으로 예약이 가능하고 선착순으로 버스회사에서 표를 구할 수 있다. 풍짱 버스 예약사이트에서 예약과 결제를 진행하고 나서 바우처를 지참해 풍짱 버스 사무실에 가서 버스티켓으로 교환하면 된다.

주의사항

1. 1시간 정도의 여유를 가지고 출력한 표로 티켓을 교환해야 한다.
2. 셔틀 버스로 터미널로 이동하나 2시간 전에 이동하므로 개인적으로 시간에 맞추어 이동하는 경우도 있다.

풍짱 버스(https://futabus.vn) 예약하는 방법

1. 출발지(Origin)와 목적지(Destination)를 선택한다.
2. 예약날짜와 티켓수량을 선택한 후 [Book Now]를 클릭한다.
3. 출발 시간(Departure time)과 픽업 장소(Pickup point를 선택한다.
4. 예약을 하면 바우처가 메일로 오고, 그 바우처를 가지고 풍짱 버스 사무실로 가게 된다. 그래서 픽업장소에서 탑승해 가지 않고 개인적으로 이동하는 경우도 많다.
5. 좌석을 선택한다. 멀미가 심한 편이면 FLOOR 1 중 가능하면 앞 좌석으로 선택하는 것이 가장 좋다. 좌석 선택을 마치면 [Next]를 클릭한다.
6. 개인정보를 입력한다. 별표로 표시된 필수 입력칸만 채우면 된다. 이름, 이메일, 핸드폰 번호를 적는데, 본인 핸드폰을 로밍해서 간다면 +82-10-XXXX-XXXX로 적어주면 된다. Billing Country, Billing City, Billing Address는 자신의 한국주소를 영문으로 적는다. 대충 간단하게 기입해도 상관없다 정책동의 체크표시를 한 후 [Next]를 클릭한다.
7. 카드 종류를 선택하고, [Pay Now]를 클릭한다. 가끔 결제를 할 때 에러가 발생할 수도 있으므로 확인한다. 영어로 변경할 경우에 에러가 발생하는 경우에는 베트남어로 변경 후 다시 처음부터 결제 단계를 진행해야 한다.

8. 카드상세정보를 입력한다.
9. [Payment]를 클릭하면 풍짱 버스 온라인 예매가 끝이 난다. 10분 정도 지나면 이메일로 바우처가 날아온다. 인쇄를 하거나 핸드폰 화면에서 캡쳐를 해 놓으면 된다.

## 신 투어리스트(Shin Tourist)

베트남 버스 회사 중 가장 대표적인 회사라고 할 수 있다. 베트남 여행 산업의 신화라고 불리며 도시 간 이동에서 두각을 나타내는 버스회사로, 베트남뿐만 아니라 동남아시아에 여러 사무소가 있다. 또한 각 도시마다 즐길 수 있는 당일 투어를 신청할 수 있다.
온/오프라인 모두 버스 티켓을 구입할 수 있다. 가장 큰 장점은 버스 티켓을 구입하면 버스 출발까지 남은 시간에 사무실에서 짐을 보관해 주기 때문에 빈 시간을 활용할 수 있다.
3대 버스 회사는 신 투어리스트Shin Tourist, 풍짱 버스Futa Bus, 탐한 버스Tam Hanh Bus 등이지만 3대 버스 회사 외에 한 카페, Cuc Tour, Queen Cafe 등의 다양한 버스회사가 현재 운행 중이다.

**신 투어리스트(Shin Tourist) 예약하는 방법(www.thesinhtourist.vn)**

홈페이지에 접속한다. 홈페이지의 언어가 베트남어로 표시된다면 우측 상단의 영국 국기를 클릭해서 영문으로 변경한다.
1. 메뉴에서 [TRANSPORTATION 〉 Bus Tickets] 을 클릭한다.
2. 버스 시간표가 나오면 [Search] 버튼을 누른다.
3. 원하는 시간대에 [Add to Cart] → [Proceed]를 클릭한다.
4. 'Checkout as Guest'에서 [Continue]를 클릭한다.
5. 예약정보를 입력하고 [Accept] → 약관에 동의를 하고 [Confirm]을 클릭한다.
6. 신용카드 정보를 입력하고 [Process Payment]를 클릭하면 끝이 난다.

예약이 완료되면 이메일로 [E-ticket]이 오게 된다. 바우처을 사무실에서 실제 티켓으로 교환을 하는데, 간혹 결제 시 사용했던 카드를 함께 보여 달라는 경우도 있으니 카드를 챙기는 게 좋다.

# 베트남 도로 횡단 방법 / 도로 규칙

베트남에서는 횡단보도를 건너는 것보다 무단횡단을 하는 모습이 일반적이다. 그래서 처음 베트남 여행을 하는 관광객들은 항상 어떻게 도로를 건널지 고민을 하게 된다. 도로 규정이 명확하지 않은 것 같으므로 붐비는 거리를 건널 때에는 지나가는 오토바이와 차를 조심해야 한다.

호치민이나 하노이에 사는 사람들은 모르지만 호이안Hoian이나 푸꾸옥Nha Trang의 작은 도시에 사는 사람들도 호치민 같은 대도시로 여행을 간다면 조심하라는 이야기를 할 정도이니 해외의 관광객이 걱정하는 것은 당연하다. 무질서의 대명사처럼 느껴지는 오토바이의 물결이 처음에는 낯설고 무서운 존재일 수 있다. 그렇지만 이 무질서에도 나름의 규칙이 있고 무단횡단도 방법이 있고 주의사항도 있다.

## 도로 횡단하기(절대 후퇴는 없다.)

베트남 여행에서 도로를 횡단하는 것이 처음 여행하는 관광객에게는 무섭기도 하고 걱정되기도 한다. 가장 먼저 하지 말아야 하는 행동은 절대 뒤로 물러서면 안 된다는 것이다. 가끔 되돌아오는 여행자가 있는 데, 이때 사고가 나게 된다. 오토바이는 속도가 있어서 어느새 자신에게 다가와 있는 데 갑자기 뒤로 돌아오면 오토바이도 대처를 할 수 없게 된다. 이때 오토바이와 부딪치는 사고가 발생한다.

도로 건너기

1. 처음 도로로 나가는 방법은 약간의 거리를 두고 다가오는 오토바이가 있을 때에 도로로 내려와 무단 횡단을 한다.
2. 앞으로 나아갈 수 없다면 그 자리에 서 있으면 오토바이들은 알아서 피해간다.
3. 오토바이가 내 앞에 없다면 앞으로 나아간다. 오토바이가 오는 방향을 보고 빈 공간이 생기게 되므로 이때 앞으로 나아가면 횡단할 수 있다.

## 도로 운행

1. 2차선

왕복 2차선에는 오토바이든 자동차이든 같이 지나갈 수밖에 없다. 오토바이가 도로를 질주하다가 자동차가 지나가려면 경적을 울린다. 이 때 오토바이는 도로 한 구석으로 이동하면 자동차가 지나간다.

2. 4차선 이상

일방도로가 2차선 이상이 되면 다른 규칙이 있다. 1차선에는 속도가 느린 자동차가 다니는 것처럼 속도가 느린 오토바이가 다닌다. 2차선에는 속도가 빠른 자동차가 다닌다. 오토바이가 2차선을 달리고 있는 상태에서 자동차가 다가오면 경적을 울려 오토바이가 1차선으로 이동하도록 알려주게 된다. 때로 오토바이가 2차선으로 속도를 빠르게 가려면 손을 올려 차선 변경을 한다는 사실을 알려주게 된다. 자동차가 차선을 이동하려면 깜박이를 올려 알려주는 것과 동일한 방법이다.

3. 회전교차로

호치민이나 하노이의 출, 퇴근시간이 되면 회전교차로의 수많은 오토바이의 물결에 깜짝 놀라게 된다. 그리고 이 회전교차로에서 사고가 나는 경우가 많다. 회전교차로에는 차선이 그려져 있지만 오토바이가 많으므로 차선은 무의미하다.

**도로 횡단 주의사항**

비가 올 때 도로 횡단은 조심해야 한다. 비가 오면 도로가 미끄럽고 오토바이를 운전하는 운전자가 오토바이를 통제하지 못하는 상황이 발생하기 쉽다. 핸들을 좌우로 자주 움직이지 않는 자동차와 다르게 핸들을 자주 움직이는 오토바이는 비가 오면 타이어가 미끄러지는 상황이 자주 발생하고 사고도 많아지게 된다. 그러므로 도로를 횡단하는 사람을 봐도 오토바이가 통제가 되지 않을 상황이 발생하므로 조심하면서 건너야 한다.

## 버스 타는 방법

소도시에는 작은 버스라서 버스문도 하나이기 때문에 탑승과 하차가 동일한 문에서 이루어진다. 하지만 대도시에는 큰 버스들이 운행을 하고 있다. 버스는 우리가 타는 것처럼 앞문으로 탑승하여, 뒷문으로 내리는 구조와 동일하다.

탑승할 때 버스비를 내고 탑승하는 데 작은 버스는 먼저 탑승을 하고 나서 차장이 다가와 버스비를 걷어간다. 이때 버스비는 과도하게 받는 경우가 많아서 다른 사람들이 내는 것을 보고 있다가 버스비의 가격을 대략 가늠할 필요가 있다. 일반적으로 6,000~18,000동까지 버스비 금액의 차이가 크므로 확인하는 것이 좋다.

# 베트남 여행 전 꼭 알아야할 베트남 이동수단

베트남이 지금과 같은 교통 체계를 갖추기 시작한 시기는 프랑스 식민지 시대부터였다. 수확한 농산물을 운송해 해안으로 가지고 가기 위한 목적이었다. 하지만 베트남 전쟁으로 파괴된 교통 체계는 이후에 재건하고 근대화하였다. 지금, 가장 대중적인 교통수단은 도로 운송이며, 도로망도 남북으로 도로가 만들어지면서 활성화되었다. 도시 간 이동에 일반 시외버스와 오픈 투어 버스Open tour bus를 이용할 수 있다.

철도는 새로 만들지 못하고 단선으로 총길이 2,347㎞에 이르는 옛 철도망을 사용하고 있다. 러, 가장 길고 주된 노선은 호치민과 하노이를 연결하는 길이 1,726㎞의 남북선이다. 철도로는 이웃한 중국과도 연결되어 중국과의 무역에 활용되고 있다.

베트남에서 최근 여행에 많이 활용되고 있는 방법이 '항공'이다. 하노이, 다낭, 나트랑, 호치민, 달랏, 푸꾸옥을 기점으로 공항에 활성화되고 있다. 특히 유럽의 배낭 여행자들은 항공을 적극 활용하고 있다.

베트남 여행에서 도시 간 이동에서 이용하는 도로 교통수단으로 일반 시외버스와 여행사의 오픈 투어 버스Open tour bus가 있다. 일반 시외버스는 낡은 데다 시간도 오래 걸리기 때문에 장거리 이동이 불편하다. 베트남에서 '오픈 투어Open tour', '오픈 데이트 티켓Open Date Ticket', '오픈 티켓Open Ticket'이라는 단어를 들을 수 있는데, 이것은 저렴한 예산으로 여행하려는 외국인 여행자를 대상으로 하여 제공되는 '오픈 투어 버스'를 여행자들은 '슬리핑 버스'라고 부르고 있다. 이유는 버스에는 에어컨이 갖추어져 있고 거의 누운 상태에서 야간에 잠을 자면서 이동하는 버스이기 때문이다. 호치민 시와 하노이 사이를 운행하며 사람들은 도중에 주요 도시에서 타고 내릴 수 있다. 경쟁이 치열하여 요금이 많이 내려간 상태여서 실제로, 가장 저렴한 교통수단이다.

### 베트남 도시와 도시를 연결하는 슬리핑 버스

하노이, 다낭, 나트랑, 호치민은 베트남의 여행을 하기 위한 거점 도시이다. 각 버스 회사들이 각 도시를 연결하고 있다. 북, 중, 남부의 대표적인 도시마다 각 도시를 여행을 하기 위해 버스를 타고 이동을 하는 데 저녁에 탑승해 다음날 아침 6~7시에 다음 도시에 도착하게 된다. 예를 들어 하노이에서 18~19시에 숙소로 픽업을 온 가이드의 인솔을 받아, 어딘가로 차를 타고 가서 큰 코치버스를 탑승하게 된다. 이 버스를 타고 이동하면 다낭에 아침에 도착한다. 그러므로 베트남 전체를 모두 여행을 하려면 버스에 대해 확실하게 알고 출발하는 것이 좋다. 이렇게 버스를 야간에 자면서 간다고 해서 '슬리핑 버스Sleeping Bus'라고 부른다.

슬리핑버스라서 야간 이동만 생각할 수 있는데 최근에는 도시 간 이동하는 버스는 대부분 슬리핑 버스형태로 동일하므로 오전이나 오후에 4~5시간 이동하는 버스도 슬리핑 버스와 동일하기 때문에 도시 간 이동을 하는 버스는 모두 슬리핑 버스라고 알고 있는 것이 낫다.

버스를 예약하는 방법은 여행사를 통해 예약하거나 숙소에서 예약을 해달라고 하면 연결된 버스회사에 예약을 해주는 것이 가장 일반적인 방법이다. 버스를 예약하는 방법은 원래 각 버스회사의 홈페이지를 통해 온라인 예약을 하거나 전화로 예약, 직접 버스회사의 사무실을 찾아가면 된다. 버스 티켓을 구입하면 버스티켓은 노선 명, 탑승시간, 소요시간 등이 기재되어 있다.

베트남 여행자들에게 유명한 버스 회사는 신 투어리스트Shin Tourist, 풍짱 버스Futa Bus, 탐한 버스Tam Hanh Bus 등이 있다. 각 버스마다 노선마다 운행하고 있는 버스가 모두 다르므로 여행 전에 차량 정보를 미리 확인하는 게 안전하다. 각 버스회사마다 예약을 하는 방법이 조금씩 차이가 있다. 슬리핑 버스가 출발하면 3시간 정도마다 휴게소에 들리게 된다. 이때 내려서 화장실에 가거나 저녁을 먹도록 시간을 배정한다. 보통 10시간 정도 이동한다면 2~3번의 휴게소에 들리게 된다.

슬리핑 버스 타는 방법

1. 좌석이 버스티켓에 적혀 있는 경우도 있고 좌석을 현지에서 바로 알려주는 경우도 있다. 그러므로 좌석을 확인하고 탑승해야 한다.
2. 자신의 여행용 가방은 짐칸에 먼저 싣기 때문에 사전에 안전하게 실렸는지 확인하고 탑승해야 한다. 간혹 없어졌다는 문제가 발생하기도 한다.
3. 베트남의 슬리핑버스는 신발을 벗고 타야 한다. 비닐봉지를 받아서 신발을 넣고 자신의 좌석으로 이동한다.
4. 버스 내부는 각각의 독립된 캡슐처럼 좌석이 배치되어 있으며, 침대칸으로 편하게 누워서 이동이 가능하다. 한 줄에 3개의 좌석이 있는 데 가운데 좌석은 답답하므로 창가좌석이 좋다. 인터넷으로 예약을 하면 좌석을 지정할 수 있으므로 바깥 풍경을 보면서 이동하는 게 조금 편하게 이동하는 방법이다.
5. 좌석은 1층과 2층이 있는데 2층보다는 1층이 흔들림이 적어 편하고 때로 멀미가 심한 사람들에게는 멀미가 덜하다. 연인이나 부부, 가족일 때는 사전에 좌석을 지정하거나 탑승하면서 이야기를 하여 앞뒤보다는 양옆자리로 배치해 서로 보면서 이동하는 것이 좋다.
6. 와이파이는 무료로 되지만 와이파이가 약하기 때문에 기대를 안 하는 것이 낫다.

# 버스 회사의 양대 산맥

## 풍짱 버스(Futa Bus)

1992년에 설립되어 운행하고 있는 버스 회사로 최근에 도시 간 이동편수를 가장 많이 늘리고 있다. 그래서 풍짱 버스는 시간표가 촘촘하게 잘 연결되어있는 편이다. 배차되는 버스가 많다보니 좌석이 여유가 있는 편이므로 급하게 도시를 이동하려는 버스는 구하려면 추천한다. 주말이나 공휴일 같은 특수한 경우가 아니라면 당일 예약이 가능하다.
풍짱 버스는 인터넷으로 예약이 가능하고 선착순으로 버스회사에서 표를 구할 수 있다. 풍짱 버스 예약사이트에서 예약과 결제를 진행하고 나서 바우처를 지참해 풍짱 버스 사무실에 가서 버스티켓으로 교환하면 된다.

### 주의사항

1. 1시간 정도의 여유를 가지고 출력한 표로 티켓을 교환해야 한다.
2. 셔틀 버스로 터미널로 이동하나 2시간 전에 이동하므로 개인적으로 시간에 맞추어 이동하는 경우도 있다.

### 풍짱 버스(https://futabus.vn) 예약하는 방법

1. 출발지(Origin)와 목적지(Destination)를 선택한다.
2. 예약날짜와 티켓수량을 선택한 후 [Book Now]를 클릭한다.
3. 출발 시간(Departure time)과 픽업 장소(Pickup point를 선택한다.
4. 예약을 하면 바우처가 메일로 오고, 그 바우처를 가지고 풍짱 버스 사무실로 가게 된다. 그래서 픽업장소에서 탑승해 가지 않고 개인적으로 이동하는 경우도 많다.
5. 좌석을 선택한다. 멀미가 심한 편이면 FLOOR 1 중 가능하면 앞 좌석으로 선택하는 것이 가장 좋다. 좌석 선택을 마치면 [Next]를 클릭한다.
6. 개인정보를 입력한다. 별표로 표시된 필수 입력칸만 채우면 된다. 이름, 이메일, 핸드폰 번호를 적는데, 본인 핸드폰을 로밍해서 간다면 +82-10-xxxx-xxxx 로 적어주면 된다. Billing Country, Billing City, Billing Address는 자신의 한국주소를 영문으로 적는다. 대충 간단하게 기입해도 상관없다 정책동의 체크표시를 한 후 [Next]를 클릭한다.
7. 카드 종류를 선택하고, [Pay Now]를 클릭한다. 가끔 결제를 할 때 에러가 발생할 수도 있으므로 확인한다. 영어로 변경할 경우에 에러가 발생하는 경우에는 베트남어로 변경 후 다시 처음부터 결제단계를 진행해야 한다.

8. 카드상세정보를 입력한다.
9. [Payment]를 클릭하면 풍짱 버스 온라인 예매가 끝이 난다. 10분정도 지나면 이메일로 바우처가 날아온다. 인쇄를 하거나 핸드폰 화면에서 캡쳐를 해 놓으면 된다.

## 신 투어리스트(Shin Tourist)

베트남 버스 회사 중 가장 대표적인 회사라고 할 수 있다. 베트남 여행 산업의 신화라고 불리며 도시 간 이동에서 두각을 나타내는 버스회사로, 베트남뿐만 아니라 동남아시아에 여러 사무소가 있다. 또한 각 도시마다 즐길 수 있는 당일 투어를 신청할 수 있다.

온/오프라인 모두 버스 티켓을 구입할 수 있다. 가장 큰 장점은 버스 티켓을 구입하면 버스 출발까지 남은 시간에 사무실에서 짐을 보관해 주기 때문에 빈 시간을 활용할 수 있다.

3대 버스 회사는 신 투어리스트Shin Tourist, 풍짱 버스Futa Bus, 탐한 버스Tam Hanh Bus 등이지만 3대 버스 회사 외에 한 카페, Cuc Tour, Queen Cafe 등의 다양한 버스회사가 현재 운행 중이다.

신 투어리스트Shin Tourist 예약하는 방법(www.thesinhtourist.vn)

홈페이지에 접속한다. 홈페이지의 언어가 베트남어로 표시된다면 우측 상단의 영국 국기를 클릭해서 영문으로 변경한다.
1. 메뉴에서 [TRANSPORTATION 〉 Bus Tickets] 을 클릭한다.
2. 버스 시간표가 나오면 [Search] 버튼을 누른다.
3. 원하는 시간대에 [Add to Cart] → [Proceed]를 클릭한다.
4. 'Checkout as Guest'에서 [Continue]를 클릭한다.
5. 예약정보를 입력하고 [Accept] → 약관에 동의를 하고 [Confirm]을 클릭한다.
6. 신용카드 정보를 입력하고 [Process Payment]를 클릭하면 끝이 난다.

예약이 완료되면 이메일로 E-ticket이 오게 된다. 바우처을 사무실에서 실제 티켓으로 교환을 하는데, 간혹 결제 시 사용했던 카드를 함께 보여 달라는 경우도 있으니 카드를 챙기는 게 좋다.

# 베트남 도로 횡단 방법 / 도로 규칙

베트남에서는 횡단보도를 건너는 것보다 무단횡단을 하는 모습이 일반적이다. 그래서 처음 베트남 여행을 하는 관광객들은 항상 어떻게 도로를 건널지 고민을 하게 된다. 도로 규정이 명확하지 않은 것 같으므로 붐비는 거리를 건널 때에는 지나가는 오토바이와 차를 조심해야 한다.
호치민이나 하노이에 사는 사람들은 모르지만 호이안Hoian이나 푸꾸옥Nha Trang의 작은 도시에 사는 사람들도 호치민 같은 대도시로 여행을 간다면 조심하라는 이야기를 할 정도이니 해외의 관광객이 걱정하는 것은 당연하다. 무질서의 대명사처럼 느껴지는 오토바이의 물결이 처음에는 낯설고 무서운 존재일 수 있다. 그렇지만 이 무질서에도 나름의 규칙이 있고 무단횡단도 방법이 있고 주의사항도 있다.

## 도로 횡단하기(절대 후퇴는 없다.)

베트남 여행에서 도로를 횡단하는 것이 처음 여행하는 관광객에게는 무섭기도 하고 걱정되기도 한다. 가장 먼저 하지 말아야 하는 행동은 절대 뒤로 물러서면 안 된다는 것이다. 가끔 되돌아오는 여행자가 있는 데, 이때 사고가 나게 된다. 오토바이는 속도가 있어서 어느새 자신에게 다가와 있는 데 갑자기 뒤로 돌아오면 오토바이도 대처를 할 수 없게 된다. 이때 오토바이와 부딪치는 사고가 발생한다.

도로 건너기

1. 처음 도로로 나가는 방법은 약간의 거리를 두고 다가오는 오토바이가 있을 때에 도로로 내려와 무단 횡단을 한다.
2. 앞으로 나아갈 수 없다면 멈추고 그 자리에 서 있기
앞으로 나아갈 수 없다면 그 자리에 서 있으면 오토바이들은 알아서 피해간다.
3. 오토바이가 내 앞에 없다면 앞으로 나아간다. 오토바이가 오는 방향을 보고 빈 공간이 생기게 되므로 이때 앞으로 나아가면 횡단할 수 있다.

## 도로 운행

### 1. 2차선

왕복 2차선에는 오토바이든 자동차이든 같이 지나갈 수밖에 없다. 오토바이가 도로를 질주하다가 자동차가 지나가려면 경적을 울린다. 이 때 오토바이는 도로 한 구석으로 이동하면 자동차가 지나간다.

### 2. 4차선 이상

일방도로가 2차선 이상이 되면 다른 규칙이 있다. 1차선에는 속도가 느린 자동차가 다니는 것처럼 속도가 느린 오토바이가 다닌다. 2차선에는 속도가 빠른 자동차가 다닌다. 오토바이가 2차선을 달리고 있는 상태에서 자동차가 다가오면 경적을 울려 오토바이가 1차선으로 이동하도록 알려주게 된다. 때로 오토바이가 2차선으로 속도를 빠르게 가려면 손을 올려 차선 변경을 한다는 사실을 알려주게 된다. 자동차가 차선을 이동하려면 깜박이를 올려 알려주는 것과 동일한 방법이다.

### 3. 회전교차로

호치민이나 하노이의 출, 퇴근시간이 되면 회전교차로의 수많은 오토바이의 물결에 깜짝 놀라게 된다. 그리고 이 회전교차로에서 사고가 나는 경우가 많다. 회전교차로에는 차선이 그려져 있지만 오토바이가 많으므로 차선은 무의미하다.

도로 횡단 주의사항

비가 올 때 도로 횡단은 조심해야 한다. 비가 오면 도로가 미끄럽고 오토바이를 운전하는 운전자가 오토바이를 통제하지 못하는 상황이 발생하기 쉽다. 핸들을 좌우로 자주 움직이지 않는 자동차와 다르게 핸들을 자주 움직이는 오토바이는 비가 오면 타이어가 미끄러지는 상황이 자주 발생하고 사고도 많아지게 된다. 그러므로 도로를 횡단하는 사람을 봐도 오토바이가 통제가 되지 않을 상황이 발생하므로 조심하면서 건너야 한다.

## 버스 타는 방법

소도시에는 작은 버스라서 버스문도 하나이기 때문에 탑승과 하차가 동일한 문에서 이루어진다. 하지만 대도시에는 큰 버스들이 운행을 하고 있다. 버스는 우리가 타는 것처럼 앞문으로 탑승하여, 뒷문으로 내리는 구조와 동일하다.
탑승할 때 버스비를 내고 탑승하는 데 작은 버스는 먼저 탑승을 하고 나서 차장이 다가와 버스비를 걷어간다. 이때 버스비는 과도하게 받는 경우가 많아서 다른 사람들이 내는 것을 보고 있다가 버스비의 가격을 대략 가늠할 필요가 있다. 일반적으로 6,000~18,000동까지 버스비 금액의 차이가 크므로 확인하는 것이 좋다.

# 베트남 한달살기

# Vietnam

# 솔직한 한 달 살기

요즈음, 마음에 꼭 드는 여행지를 발견하면 자꾸 '한 달만 살아보고 싶다'는 이야기를 많이 듣는다. 그만큼 한 달 살기로 오랜 시간 동안 해외에서 여유롭게 머물고 싶어 하기 때문이다. 직장생활이든 학교생활이든 일상에서 한 발짝 떨어져 새로운 곳에서 여유로운 일상을 꿈꾸기 때문일 것이다.

최근에는 한 달, 혹은 그 이상의 기간 동안 여행지에 머물며 현지인처럼 일상을 즐기는 '한 달 살기'가 여행의 새로운 트렌드로 자리잡아가고 있다. 천천히 흘러가는 시간 속에서 진정한 여유를 만끽하려고 한다. 그러면서 한 달 동안 생활해야 하므로 저렴한 물가와 주위

에 다양한 즐길 거리가 있는 도시들이 한 달 살기의 주요 지역으로 주목 받고 있다. 한 달 살기의 가장 큰 장점은 짧은 여행에서는 느낄 수 없었던 색다른 매력을 발견할 수 있다는 것이다.

사실 한 달 살기로 책을 쓰겠다는 생각을 몇 년 전부터 했지만 마음이 따라가지 못했다. 우리의 일반적인 여행이 짧은 기간 동안 자신이 가진 금전 안에서 최대한 관광지를 보면서 많은 경험을 하는 것을 하는 것이 자유여행의 패턴이었다. 하지만 한 달 살기는 확실한 '소확행'을 실천하는 행복을 추구하는 것처럼 보였다. 많은 것을 보지 않아도 느리게 현지의 생활을 알아가는 스스로 만족을 원하는 여행이므로 좋아 보였다. 내가 원하는 장소에서 하루하루를 즐기면서 살아가는 문화와 경험을 즐기는 것은 좋은 여행방식이다.

하지만 많은 도시에서 한 달 살기를 해본 결과 한 달 살기라는 장기 여행의 주제만 있어서 일반적으로 하는 여행은 그대로 두고 시간만 장기로 늘린 여행이 아닌 것인지 의문이 들었다. 현지인들이 가는 식당을 가는 것이 아니고 블로그에 나온 맛집을 찾아가서 사진을 찍고 SNS에 올리는 것은 의문을 가지게 만들었다. 현지인처럼 살아가는 것이 아니라 풍족하게 살고 싶은 것이 한 달 살기인가라는 생각이 강하게 들었다.

## 현지인과의 교감은 없고 맛집 탐방과 SNS에 자랑하듯이 올리는 여행의 새로운 패턴인가, 그냥 새로운 장기 여행을 하는 여행자일 뿐이 아닌가?

현지인들의 생활을 직접 그들과 살아가겠다고 마음을 먹고 살아도 현지인이 되기는 힘들다. 여행과 현지에서의 삶은 다르기 때문이다. 단순히 한 달 살기를 하겠다고 해서 그들을 알 수도 없는 것은 동일할 수도 있다. 그래서 한 달 살기가 끝이 나면 언제든 돌아갈 수 있다는 것은 생활이 아닌 여행자만의 대단한 기회이다. 그래서 한동안 한 달 살기가 마치 현지인의 문화를 배운다는 것은 거짓말로 느껴졌다.

시간이 지나면서 다시 생각을 해보았다. 어떻게 여행을 하든지 각자의 여행이 스스로에게 행복한 생각을 가지게 한다면 그 여행은 성공한 것이다. 그것을 배낭을 들고 현지인들과 교감을 나누면서 배워가고 느낀다고 한 달 살기가 패키지여행이나 관광지를 돌아다니는 여행보다 우월하지도 않다. 한 달 살기를 즐기는 주체인 자신이 행복감을 느끼는 것이 핵심이라고 결론에 도달했다.

요즈음은 휴식, 모험, 현지인 사귀기, 현지 문화체험 등으로 하나의 여행 주제를 정하고 여행지를 선정하여 해외에서 한 달 살기를 해보면 좋다. 맛집에서 사진 찍는 것을 즐기는 것으로도 한 달 살기는 좋은 선택이 된다. 일상적인 삶에서 벗어나 낯선 여행지에서 오랫동안 소소하게 행복을 느낄 수 있는 한 달 동안 여행을 즐기면서 자신을 돌아보는 것이 한 달 살기의 핵심인 것 같다.

## 떠나기 전에 자신에게 물어보자!

한 달 살기 여행을 떠나야겠다는 마음이 의외로 간절한 사람들이 많다. 그 마음만 있다면 앞으로의 여행 준비는 그리 어렵지 않다. 천천히 따라가면서 생각해 보고 실행에 옮겨보자.

### 내가 장기간 떠나려는 목적은 무엇인가?

여행을 떠나면서 배낭여행을 갈 것인지, 패키지여행을 떠날 것인지 결정하는 것은 중요하다. 하물며 장기간 한 달을 해외에서 생활하기 위해서는 목적이 무엇인지 생각해 보는 것이 중요하다. 일을 함에 있어서도 목적을 정하는 것이 계획을 세우는데 가장 기초가 될 것이다. 한 달 살기도 어떤 목적으로 여행을 가는지 분명히 결정해야 질문에 대한 답을 찾을 수 있다.

아무리 아무 것도 하지 않고 지내고 싶다고 할지라도 1주일 이상 아무것도 하지 않고 집에서만 머물 수도 없는 일이다. 런던은 휴양, 다양한 엑티비티 보다는 박물관 체험과 도서관 즐기기 등과 나의 로망여행지에서 살아보기, 내 아이와 함께 해외에서 보내보기 등등 다양하다.

## 목표를 과다하게 설정하지 않기

자신이 해외에서 산다고 한 달 동안 어학을 목표로 하기에는 다소 무리가 있다. 무언가 성과를 얻기에는 짧은 시간이기 때문이다. 1주일은 해외에서 사는 것에 익숙해지고 2~3주에 현지에 적응을 하고 4주차에는 돌아올 준비를 하기 때문에 4주 동안이 아니고 2주 정도이다. 하지만 해외에서 좋은 경험을 해볼 수 있고, 친구를 만들 수 있다. 이렇듯 한 달 살기도 다양한 목적이 있으므로 목적을 생각하면 한 달 살기 준비의 반은 결정되었다고 생각할 수도 있다.

## 여행지와 여행 시기 정하기

한 달 살기의 목적이 결정되면 가고 싶은 한 달 살기 여행지와 여행 시기를 정해야 한다. 목적에 부합하는 여행지를 선정하고 나서 여행지의 날씨와 자신의 시간을 고려해 여행 시기를 결정한다. 여행지도 성수기와 비수기가 있기에 한 달 살기에서는 여행지와 여행시기의 틀이 결정되어야 세부적인 예산을 정할 수 있다.

여행지를 선정할 때 대부분은 안전하고 날씨가 좋은 동남아시아 중에 선택한다. 예산을 고려하면 항공권 비용과 숙소, 생활비가 크게 부담이 되지 않는 태국의 방콕, 치앙마이, 인도네시아 발리 중에서 선택하게 된다. 최근에는 베트남에서도 한 달 살기가 증가하고 있다.

## 한 달 살기의 예산정하기

누구나 여행을 하면 예산이 가장 중요하지만 한 달 살기는 오랜 기간을 여행하는 거라 특히 예산의 사용이 중요하다. 돈이 있어야 장기간 문제가 없이 먹고 자고 한 달 살기를 할 수 있기 때문이다.

한 달 살기는 한 달 동안 한 장소에서 체류하므로 자신이 가진 적정한 예산을 확인하고, 그 예산 안에서 숙소와 한 달 동안의 의식주를 해결해야 한다. 여행의 목적이 정해지면 여행을 할 예산을 결정하는 것은 의외로 어렵지 않다. 또한 여행에서는 항상 변수가 존재하므로 반드시 비상금도 따로 준비를 해 두어야 만약의 상황에 대비를 할 수 있다. 대부분의 사람들이 한 달 살기 이후의 삶도 있기에 자신이 가지고 있는 예산을 초과해서 무리한 계획을 세우지 않는 것이 중요하다.

## 세부적으로 확인할 사항

### 1. 나의 여행스타일에 맞는 숙소형태를 결정하자.

지금 여행을 하면서 느끼는 숙소의 종류는 참으로 다양하다. 호텔, 민박, 호스텔, 게스트하우스가 대세를 이루던 2000년대 중반까지의 여행에서 최근에는 에어비앤비Airbnb나 부킹닷컴, 호텔스닷컴 등까지 더해지면서 한 달 살기를 하는 장기여행자를 위한 숙소의 폭이 넓어졌다.

숙박을 할 수 있는 도시로의 장기 여행자라면 에어비앤비Airbnb보다 더 저렴한 가격에 방이나 원룸(스튜디오)을 빌려서 거실과 주방을 나누어서 사용하기도 한다. 방학 시즌에 맞추게 되면 방학동안 해당 도시로 역으로 여행하는 현지 거주자들의 집을 1~2달 동안 빌려서 사용할 수도 있다. 그러므로 자신의 한 달 살기를 위한 스타일과 목적을 고려해 먼저 숙소 형태를 결정하는 것이 좋다.

무조건 수영장이 딸린 콘도 같은 건물에 원룸으로 한 달 이상을 렌트하는 것만이 좋은 방법은 아니다. 혼자서 지내는 '나 홀로 여행'에 저렴한 배낭여행으로 한 달을 살겠다면 호스텔이나 게스트하우스에서 한 달 동안 지내는 것이 나을 수도 있다. 최근에는 아파트인데 혼자서 지내는 작은 원룸 형태의 아파트에 주방을 공유할 수 있는 곳을 예약하면 장기 투숙 할인도 받고 식비를 아낄 수 있도록 제공하는 곳도 생겨났다. 아이가 있는 가족이 여행하는 것이라면 안전을 최우선으로 장기할인 혜택을 주는 콘도를 선택하면 낫다.

## 2. 한 달 살기 도시를 선정하자.

어떤 숙소에서 지낼 지 결정했다면 한 달 살기 하고자 하는 근처와 도시의 관광지를 살펴보는 것이 좋다. 자신의 취향을 고려하여 도시의 중심에서 머물지, 한가로운 외곽에서 머물면서 대중교통을 이용해 이동할지 결정한다.

## 3. 숙소를 예약하자.

숙소 형태와 도시를 결정하면 숙소를 예약해야 한다. 발품을 팔아 자신이 살 아파트나 원룸 같은 곳을 결정하는 것처럼 한 달 살기를 할 장소를 직접 가볼 수는 없다. 대신에 손품을 팔아 인터넷 카페나 SNS를 통해 숙소를 확인하고 숙박 어플을 통해 숙소를 예약하거나 인터넷 카페 등을 통해 예약한다. 최근에는 호텔 숙박 어플에서 장기 숙소를 확인하기도 쉬워졌고 다양하다. 어플마다 쿠폰이나 장기간 이용을 하면 할인혜택이 있으므로 검색해 비교해보면 유용하다.

장기 숙박에 유용한 앱

**각 호텔 앱**
호텔 공식 사이트나 호텔의 앱에서 패키지 상품을 선택 할 경우 예약 사이트를 이용하면 저렴하게 이용할 수 있다.

**인터넷 카페**
각 도시마다 인터넷 카페를 검색하여 카페에서 숙소를 확인할 수 있는 숙소의 정보를 확인할 수 있다.

**에어비앤비(Airbnb)**
개인들이 숙소를 제공하기 때문에 안전한지에 대해 항상 문제는 있지만 장기여행 숙소를 알리는 데 일조했다. 가장 손쉽게 접근할 수 있는 사이트로 빨리 예약할수록 저렴한 가격에 슈퍼호스트의 방을 예약할 수 있다.

**호텔스컴바인, 호텔스닷컴, 부킹닷컴 등**
다양하지만 비슷한 숙소를 검색할 수 있는 기능과 할인율을 제공하고 있다.

**호텔스닷컴**
숙소의 할인율이 높다고 알려져 있지만 장기간 숙박은 다를 수 있으므로 비교해 보는 것이 좋다.

## 4. 숙소 근처를 알아본다.

지도를 보면서 자신이 한 달 동안 있어야 할 지역의 위치를 파악해 본다. 관광지의 위치, 자신이 생활을 할 곳의 맛집이나 커피숍 등을 최소 몇 곳만이라도 알고 있는 것이 필요하다.

# 베트남 나트랑 한 달 살기 비용

베트남의 나트랑은 중부의 호이안Hoian이나 북부의 하노이에 비하면 물가가 조금 저렴한 곳이다. 다만 항공비용을 제외하고 숙박비가 저렴하지 않다.

최근에 올라가는 물가 때문에 저렴하기는 하지만 '너무 싸다'는 생각은 금물이다. 저렴하다는 생각만으로 한 달 살기를 왔다면 실망할 가능성이 높다. 여행을 계획하고 실행에 옮기면 가장 많이 돈이 들어가는 부분은 항공권과 숙소비용이다. 또한 여행기간 동안 사용할 식비와 버스 같은 교통수단의 비용이 가장 일반적이다. 베트남에서 한 달 살기를 많이 하는 도시는 중부의 호이안과 남부의 달랏과 푸꾸옥이다. 그러나 숙박비를 제외하면 달랏과 차이가 없다는 점을 인식하고 한 달 살기의 비용을 파악해보자.

| 항목 | 내용 | 경비 |
|---|---|---|
| 항공권 | 나트랑으로 이동하는 항공권이 필요하다. 항공사, 조건, 시기에 따라 다양한 가격이 나온다. | 약 31~58만 원 |
| 숙소 | 한 달 살기는 대부분 아파트 같은 혼자서 지낼 수 있는 숙소가 필요하다. 홈스테이부터 숙소들을 부킹닷컴이나 에어비앤비 등의 사이트에서 찾을 수 있다. 각 나라만의 장기여행자를 위한 전문 예약 사이트(어플)에서 예약하는 것도 추천한다. | 한 달<br>약 350,000~800,000원 |
| 식비 | 아파트 같은 숙소를 이용하려는 이유는 식사를 숙소에서 만들어 먹으려는 하기 때문이다. 대형 마트나 시장에서 장을 보면 물가는 저렴하다는 것을 알 수 있다. 외식물가는 나라마다 다르지만 대한민국과 비교해 조금 저렴한 편이다. | 한 달<br>약 300,000~600,000원 |
| 교통비 | 교통비는 매우 저렴하다. 다만 다른 도시로 이동하여 관광지를 돌아보려면 투어나 오토바이를 이용해야 하므로 저렴한 편은 아니다. 주말에 근교를 여행하려면 추가 경비가 필요하다. | 교통비<br>50,000~150,000원 |
| TOTAL | | 81~141만 원 |

# 한 달 살기는 삶의 미니멀리즘이다.

요즈음 한 달 살기가 늘어나면서 뜨는 여행의 방식이 아니라 하나의 여행 트렌드로 자리를 잡고 있다. 한 달 살기는 다시 말해 장기여행을 한 도시에서 머물면서 새로운 곳에서 삶을 살아보는 것이다. 삶에 지치거나 지루해지고 권태로울 때 새로운 곳에서 쉽게 다시 삶을 살아보는 것이다. 즉 지금까지의 인생을 돌아보면서 작게 자신을 돌아보고 한 달 후 일상으로 돌아와 인생을 잘 살아보려는 행동의 방식일 수 있다.

삶을 작게 만들어 새로 살아보고 일상에서 필요한 것도 한 달만 살기 위해 짐을 줄여야 하며, 새로운 곳에서 새로운 사람들과의 만남을 통해서 작게나마 자신을 돌아보는 미니멀리즘인 곳이다. 집 안의 불필요한 짐을 줄이고 단조롭게 만드는 미니멀리즘이 여행으로 들어와 새로운 여행이 아닌 작은 삶을 떼어내 새로운 장소로 옮겨와 살아보면서 현재 익숙해진 삶을 돌아보게 된다.

다른 사람들과 만나고 새로운 일상이 펼쳐지면서 새로운 일들이 생겨나고 새로운 일들은 예전과 다르게 어떻다는 생각을 하게 되면 왜 그때는 그렇게 행동을 했을 지 생각을 해보게 된다. 한 달 살기에서는 일을 하지 않으니 자신을 새로운 삶에서 생각해보는 시간이 늘어나게 된다.
그래서 부담없이 지내야 하기 때문에 물가가 저렴해 생활에 지장이 없어야 하고 위험을 느끼지 않으면서 지내야 편안해지기 때문에 안전한 베트남의 나트랑이 달랏, 호이안, 푸꾸옥 등을 선호하게 된다.

외국인에게 개방된 나라가 새로운 만남이 많으므로 외국인에게 적대감이 없는 태국이나, 한국인에게 호감을 가지고 있는 베트남이 선택되게 된다.

새로운 음식도 매일 먹어야 하므로 내가 매일 먹는 음식과 크게 동떨어지기보다 비슷한 곳이 편안하다. 또한 대한민국의 음식들을 마음만 먹는 다면 쉽고 간편하게 먹을 수 있는 곳이 더 선호될 수 있다.

삶을 단조롭게 살아가기 위해서 바쁘게 돌아가는 대도시보다 소도시를 선호하게 되고 현대적인 도시보다는 옛 정취가 남아있는 그늑한 분위기의 도시를 선호하게 된다. 그러면서도 쉽게 맛있는 음식을 다양하게 먹을 수 있는 식도락이 있는 도시를 선호하게 된다.
그렇게 베트남 한 달 살기에서 선택된 도시는 나트랑, 중부의 호이안, 남부의 달랏 등이 많다. 위에서 언급한 저렴한 물가, 안전한 치안, 한국인에 대한 호감도, 한국인에게 맞는 음식 등이 가진 중요한 선택사항이다.

# 경험의 시대

소유보다 경험이 중요해졌다. '라이프 스트리머Life Streamer'라고 하여 인생도 그렇게 산다. 스트리밍 할 수 있는 나의 경험이 중요하다. 삶의 가치를 소유에 두는 것이 아니라 경험에 두기 때문이다.

예전의 여행은 한번 나가서 누구에게 자랑하는 도구 중의 하나였다. 그런데 세상은 바뀌어 원하기만 하면 누구나  해외여행을 떠날 수 있는 세상이 되었다. 여행도 풍요 속에서 어디를 갈지 고를 것인가가 굉장히 중요한 세상이 되었다. 나의 선택이 중요해지고 내가 어떤 가치관을 가지고 여행을 떠나느냐가 중요해졌다.

개개인의 욕구를 충족시켜주기 위해서는 개개인을 위한 맞춤형 기술이 주가 되고, 사람들은 개개인에게 최적화된 형태로 첨단기술과 개인이 하고 싶은 경험이 연결될 것이다. 경험에서 가장 하고 싶어 하는 것은 여행이다. 그러므로 여행을 도와주는 각종 여행의 기술과 정보가 늘어나고 생활화 될 것이다.

세상을 둘러싼 이야기, 공간, 느낌, 경험, 당신이 여행하는 곳에 관한 경험을 제공한다. 당신이 여행지를 돌아다닐 때 자신이 아는 것들에 대한 것만 보이는 경향이 있다. 그런데 가

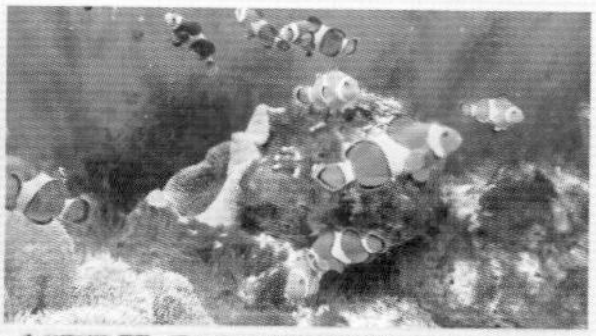

끔씩 새로운 것들이 보이기 시작한다. 이때부터 내 안의 호기심이 발동되면서 나 안의 호기심을 발산시키면서 여행이 재미있고 다시 일상으로 돌아올 나를 달라지게 만든다. 나를 찾아가는 공간이 바뀌면 내가 달라진다. 내가 새로운 공간에 적응해야 하기 때문이다.
여행은 새로운 공간으로 나를 이동하여 새로운 경험을 느끼게 해준다. 그러면서 우연한 만남을 기대하게 하는 만들어주는 것이 여행이다.

당신이 만약 여행지를 가면 현지인들을 볼 수 있고 단지 보는 것만으로도 그들의 취향이 당신의 취향과 같을지 다를지를 생각할 수 있다. 세계는 서로 조화되고 당신이 그걸 봤을 때 "나는 이곳을 여행하고 싶어 아니면 다른 여행지를 가고 싶어"라고 생각할 수 있다. 여행지에 가면 세상을 알고 싶고 이야기를 알고 싶은 유혹에 빠지는 마음이 더 강해진다. 우리는 적절한 때에 적절한 여행지를 가서 볼 필요가 있다. 만약 적절한 시기에 적절한 여행지를 만난다면 사람의 인생이 달라질 수도 있다.

여행지에서는 누구든 세상에 깊이 빠져들게 될 것이다. 전 세계 모든 여행지는 사람과 문화를 공유하는 기능이 있다. 누구나 여행지를 갈 수 있다. 막을 수가 없다. 누구나 와서 어떤 여행지든 느끼고 갈 수 있다는 것, 여행하고 나서 자신의 생각을 바꿀 수 있다는 것이 중요하다. 그래서 여행은 건강하게 살아가도록 유지하는 데 필수적이다. 여행지는 여행자에게 나눠주는 로컬만의 문화가 핵심이다.

## 또 하나의 공간, 새로운 삶을 향한 한 달 살기

"여행은 숨을 멎게 하는 모험이자 삶에 대한 심오한 성찰이다"

한 달 살기는 여행지에서 마음을 담아낸 체험을 여행자에게 선사한다. 한 달 살기는 출발하기는 힘들어도 일단 출발하면 간단하고 명쾌해진다. 도시에 이동하여 바쁘게 여행을 하는 것이 아니고 살아보는 것이다. 재택근무가 활성화되면 더 이상 출근하지 않고 전 세계 어디에서나 일을 할 수 있는 세상이 열린다. 새로운 도시로 가면 생생하고 새로운 충전을 받아 힐링Healing이 된다. 한 달 살기에 빠진 것은 포르투갈의 포르투Porto와 베트남의 나트랑, 호이안을 찾았을 때, 느긋하게 즐기면서도 저렴한 물가에 마음마저 편안해지는 것에 매료되게 되었다.

무한경쟁에 내몰린 우리는 마음을 자연스럽게 닫았을지 모른다. 그래서 천천히 사색하는 한 달 살기에서 더 열린 마음이 될지도 모른다. 삶에서 가장 중요한 것은 행복한 것이다. 뜻하지 않게 사람들에게 받는 사랑과 도움이 자연스럽게 마음을 열게 만든다. 하루하루가 모여 나의 마음도 단단해지는 곳이라고 생각한다.

인공지능시대에 길가에 인간의 소망을 담아 돌을 올리는 것은 인간미를 느끼게 한다. 한 달 살기를 하면서 도시의 구석구석 걷기만 하니 가장 고생하는 것은 몸의 가장 밑에 있는 발이다. 걷고 자고 먹고 이처럼 규칙적인 생활을 했던 곳이 언제였던가? 규칙적인 생활에도 용기가 필요했나보다.

한 달 살기 위에서는 매일 용기가 필요하다. 용기가 하루하루 쌓여 내가 강해지는 곳이 느껴진다. 고독이 쌓여 나를 위한 생각이 많아지고 자신을 비춰볼 수 있다. 현대의 인간의 삶은 사막 같은 삶이 아닐까? 이때 나는 전 세계의 아름다운 도시를 생각했다. 인간에게 힘든 삶을 제공하는 현대 사회에서 천천히 도시를 음미할 수 있는 한 달 살기가 사람들을 매료시키고 있다.

# 한 달 살기의 대중화

코로나 바이러스의 팬데믹 이후의 여행은 단순 방문이 아닌, '살아보는' 형태의 경험으로 변화할 것이다. 만약 코로나19가 지나간 후 우리의 삶에 어떤 변화가 다가올 것인가?

코로나 바이러스 팬데믹 이후에도 우리는 여행을 할 것이다. 여행을 하지 않고 살아갈 수 있는 사회로 돌아가지는 않는다. 이런 흐름에 따라 여행할 수 있도록, 대규모로 가이드와 함께 관광지를 보고 돌아가는 패키지 중심의 여행은 개인들이 현지 중심의 경험을 제공할 수 있는 다양한 방식의 여행이 활성화될 수 있다. 많은 사람이 '살아보기'를 선호하는 지역의 현지인들과 함께 다양한 액티비티가 확대되고 있다. 코로나19로 인해 국가 간 이동성이 위축되고 여행 산업 전체가 지금까지와 다른 형태로 재편될 것이지만 역설적으로 여행 산업에는 새로운 성장의 기회가 될 수 있다.

코로나 바이러스가 지나간 이후에는 지금도 가속화된 디지털 혁신을 통한 변화를 통해 우리의 삶에서 시•공간의 제약이 급격히 사라질 것이다. 디지털 유목민이라고 불리는 '디지털 노마드'의 삶이 코로나 이후에는 사람들의 삶 속에 쉽게 다가올 수 있다. 재택근무가 활성화되는 코로나 이후의 현장의 상황을 여행으로 적용하면 '한 달 살기' 등 원하는 지역에서 단순 여행이 아닌 현지를 경험하며 내가 원하는 지역이서 '살아보는' 여행이 많아질 수 있다. 여행이 현지의 삶을 경험하는 여행으로 변화할 것이라는 분석도 상당히 설득력이 생긴다.

결국 우리 앞으로 다가온 미래의 여행은 4차 산업혁명에서 주역이 되는 디지털 기술이 삶에 밀접하게 다가오는 원격 기술과 5G 인프라를 통한 디지털 삶이 우리에게 익숙하게 가속화되면서 균형화된 일과 삶을 추구하고 그런 생활을 살면서 여행하는 맞춤형 여행 서비스가 새로 생겨날 수 있다. 그 속에 한 달 살기도 새로운 변화를 가질 것이다.

# 나트랑, 한달 살기

베트남은 비자가 없으면 15일 이내에 돌아와야 하지만 30, 90일 비자를 받으면 오래 머물 수가 있다. 베트남 비자를 받는 것은 어렵지 않다. 신청을 하면 대부분 비자를 발급받는 것에 이상이 없다. 여행을 하면 짧은 기간에 많은 것을 보고 오는 단기여행이 대세였던 것에 비해 최근에는 오랜 기간 한 곳에 머물며 여유를 가지고 지내는 한 달 살기가 최근에 인기를 끌고 있다. 태국의 방콕, 치앙마이나 발리의 우붓Ubud이 한 달 살기의 원조로 인기를 끌었다면 최근에는 다양한 지역으로 확대되고 있는 중이다.

베트남도 최근에 한 달 살기를 하는 여행자가 늘어나고 있다. 베트남 중부의 호이안Hoi An이나 남부의 나트랑Nha Trang, 달랏Dalat이 한 달 살기 도시로 머무는 여행자가 늘고 있다. 시대가 변하면서 짧은 시간의 많은 경험보다 한가하게 여유를 가지고 생각하는 한 달 살기의 여행방식은 많은 여행자가 경험하고 있는 새로운 여행방식이 되고 있다.

내가 좋아하는 도시에 마음껏 머무르며 하고 싶은 것을 무한정할 수 있다는 것이 한 달 살기의 최대 장점이다. 그래서 서서히 여행지를 알아가면서 현지인과 친구를 사귀고 여행지가 사는 장소로 바뀌면서 새로운 현지인의 삶을 알아갈 수 있는 한 달 살기는 장기여행의 새로운 트랜드가 되고 있다. 저자도 베트남의 호이안, 무이네, 나트랑Nha Trang,에 한 달 이상을 머무르면서 그들과 같이 이야기하고 지내면서 베트남 사람들을 이해하고 사랑하게 되었다.

베트남의 한 달 살기는 바쁘게 지내는 것이 아닌 여유를 가지고 지낼 수 있다는 생각과 저렴한 물가로 돈이 부족해도 걱정이 없어진다. 나트랑Nha Trang,은 규모가 큰 도시가 아니기 때문에 한 달 살기를 하면서 지내기 좋은 도시이다. 여행자 거리에서 거의 모든 레스토랑과 식당에서 음식을 먹어보며 나의 입맛에 맞는 단골이 생기고 단골 쌀국수와 레스토랑에서 짧게 이야기를 나누다가 점점 대화의 시간이 늘어났다. 나트랑Nha Trang,이 지루해질 때면 가까이 있는 비치로 나가 탁 트인 해변에서 생각을 하고 해변에서 비치발리볼도 즐기고 선베드에 누워 낮잠을 즐기기도 했다. 여유를 즐기면 즐길수록 마음은 편해지고 행복감은 늘어났다.

나트랑은 1년 내내 화창한 날씨를 가진 도시이다. 그래서 비가 오는 날이면 커피 한 잔의 여유를 즐기는 순간이 즐거웠다. 바쁘게 무엇을 해야 하는 것이 아니기 때문에 신발에 빗물이 들어가도 집에 돌아가는 길이 짜증이 나지 않고 슬리퍼를 신고 빗물이 발가락사이를 타고 살살 들어오는 간지러움을 느끼며 우산을 쓰고 돌아다녔다. 어린 시절의 느낌을 다시 가지게 되는 순간이었다.

장 점

## 1. 저렴한 물가

베트남의 물가가 저렴하다는 것은 '사실이 아니다'라는 말이 있지만 베트남이 비싸면 도대체 어디가 물가가 저렴한지 물어보고 싶다. 관광객의 물가는 높을 수 있지만 매일같이 고급 레스토랑에서 해산물 요리를 먹지 않는 한 베트남 물가는 상당히 저렴하다.
쌀국수는 40,000동(약 2,000원)이며, 반미는 20,000동(약 1,000원)으로 한 끼 식사는 원화로 3천원 이하면 맛있게 해결이 가능하다. 특히 오랜 기간을 여행자거리의 음식을 먹기 때문에 나의 입맛에 맞는 쌀국수와 반미, 미꽝, 반꿈 등을 맛있게 먹었다는 만족도도 높다.

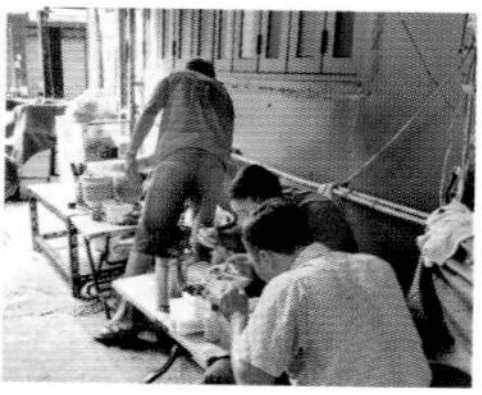

## 2. 풍부한 관광 인프라

나트랑Nha Trang,은 도시 곳곳에 해변이 있고 인근에 포나가르 탑 등의 문화유산이 있어서 관광 컨텐츠가 풍부한 편이다. 여유를 즐긴다고 해도 매일 같은 것을 즐기는 것이 지루해지기 때문에 나트랑Nha Trang의 문화유산을 즐길 수 있다. 만약 인접한 도시로 시야를 넓히면 3~4시간이면 갈 수 있는 달랏Đà Lạt과 4~5시간이면 도착하는 무이네Mũi Né로 여행을 다녀오기도 좋은 도시가 나트랑Nha Trang이다.

## 3. 쇼핑의 편리함

나트랑Nha Trang은 인근에 롯데마트가 있고 도시 내에는 빈콤 프라자Vincom Plaza와 나트랑 센터Nha Trang가 있다. 한 달 살기를 하려면 필요한 물건들이 수시로 발생한다. 가장 저렴한 쇼핑을 하려면 롯데마트를 가야 하지만 많은 물품을 구입할 것이 아니기 때문에 걸어서 갈 수 있는 빈콤 프라자를 가장 많이 이용한다.
필요한 물건이 있을 때마다 힘들게 구입을 할 수 밖에 없거나 비싸게 구입한다면 기분이 좋지 않아진다. 그런데 나트랑에는 쉽고 저렴하게 구입이 가능하다.

## 4. 문화적인 친화력

2018년 박항서 감독이 베트남 축구에서 거둔 성과는 축구에만 머무르지 않았다. 베트남 사람들은 대한민국 사람들을 친근하게 느끼고 대한민국이라면 무조건 좋아하는 효과까지 거두게 만든 인물이 박항서 감독이다. 대한민국의 제품들은 베트남 어디에서든 최고의 제품으로 평가받고 친근하게 느끼고 있다.

중국 사람들과 중국 제품들이 베트남인들의 저평가를 받는 것과 대조적인 상황이다. 또한 유교를 받아들인 베트남은 음식이 우리가 먹어왔던 것과 은근히 비슷한 것이 많아서 사람들의 생각도 비슷하다는 느낌이 많다. 친밀도가 높아지면서 친구를 사귀기도 쉽고 금방 친해지기 좋은 나라가 베트남이 되었다.

## 5. 다양한 한국 음식

나트랑Nha Trang에는 한국 음식을 하는 식당들이 꽤 있다. 나트랑Nha Trang에 있으면서 한식에 대한 필요성을 느끼지 못하지만 한 달을 살게 되면서 가끔은 한국 음식을 먹고 싶을 때가 있다. 그럴 때 한식당을 찾기 힘들다면 음식 때문에 고생을 할 수 있다. 하지만 나트랑Nha Trang에는 다양한 한식당과 뷔페가 있어서 한식에 대한 고민은 하지 못했다.

## 6. 다양한 국적의 요리와 바(Bar)

나트랑Nha Trang에는 러시아 사람들이 가장 먼저 관광을 오기 시작했다. 러시아는 베트남과 우호관계를 오랫동안 지속하고 있으므로 러시아인들은 나트랑Nha Trang과 무이네Mũi Né로 장기 여행을 오는 최초의 해외 여행자였다. 그 이후에 중국인들이 오기 시작했다. 그들은 단기여행을 오고 중국인들이 가는 식당과  레스토랑이 있어서 한 달 살기를 하면서 중국인들 때문에 여행을 하기 싫어진다는 생각을 하는 경우는 별로 없다. 그보다 최근에 유럽의 배낭 여행자가 늘어나면서 여행자거리에는 다양한 나라의 음식들을 먹을 수 있는 장점이 생겼다.

그리스요리부터 러시아, 프랑스요리까지 원한다면 먹을 수 있으며 최근에는 저렴한 펍Pub까지 생겨나서 소박하게 맥주 한 잔을 하면서 밤  늦게까지 즐길 수 있다. 또한 루프탑 바 등의 나이트라이프가 가능한 다양하게 생겨나 밤에도 지루하지 않다.

## 단 점

# 부족한 관광 컨텐츠

나트랑Nha Trang이 해변에 위치한 1년 내내 화창한 날씨가 지속되는 도시이기는 하지만 경제적으로 성장하고 있는 중이어서 관광 컨텐츠가 다른 나라나 도시에 비해 부족한 것은 사실이다. 나트랑Nha Trang은 해안에 있는 도시이므로 해양 스포츠를 즐긴다면 상관이 없지만 문화적인 관광지를 찾는다면 나트랑Nha Trang보다는 호이안Hội An이나 달랏Đà Lạt에서 한 달 살기를 권한다.

# NHA TRANG

## 나트랑

## 나트랑 IN

대한민국의 여행자는 까다롭게 여행지를 선택한다. 여행지를 선택하는 것에 있어서 여행 경비가 중요한 선택 요소로 작용하기 때문에 최근 베트남여행을 선택하는 여행자들은 더욱 늘어나고 있다. 현지 물가만 저렴하다고 선택하지 않는다.
관광지와 휴양지가 적절하게 조화가 되어야 여행지로 선택되고 여행을 떠나게 된다. 그 중에서도 소개할 나트랑Nha Trang이 다낭을 이어 신흥 강자로 떠오르고 있다. 1월부터 8월까지가 여행하기에 좋은 건기, 9월부터 12월까지가 우기이기 때문에 대한민국이 추운 겨울일 때 따뜻한 베트남으로 떠나는 관광객은 계속 늘어나고 있다. 현지에서는 '냐짱'으로 불리며 전 세계 여행자들을 유혹하는 베트남 나트랑 여행자는 대한민국을 넘어 전 세계로 확대되고 있다.

### 비행기

인천에서 출발해 나트랑까지는 약5~5시간 15분이 소요된다. 대한항공은 20시 35분이며 제주항공은 22시 10분으로 저녁에 출발한다.
비엣젯항공은 새벽 1시 50분에 출발하므로 직장인도 퇴근하고 바로 공항으로 이동해 출발할 수 있는 일정이지만 나트랑에 도착하면 23시 45분, 1시 35분, 5시 25분으로 밤 늦거나 새벽에 도착하여 공항에는 아무도 없을 때에 도착하는 단점이 있다. 그래서 공항버스를 이용하는 경우가 거의 없고 택시나 그랩Grab을 이용하거나 차량 픽업서비스를 이용할 수밖에 없다. 피곤한 시간에 도착하므로 최근에 미리 연락을 해두고 차량픽업서비스를 이용하는 관광객이 많아졌다.

국내에서 베트남 나트랑Nha Trang으로 가는 비행기는 대한항공과 제주항공으로 모두 직항으로 가능하다.

베트남 국적기인 베트남항공과 최근 새롭게 인기를 끌고 있는 저가 항공사로 비엣젯 항공Vietjet Air이 있다. 저가항공은 합리적인 가격을 무기로 계속 취항하는 항공사가 늘어날 것으로 보인다. 앞으로 나트랑Nha Trang을 지속적으로 운항하는 항공사와 항공 편수는 지속적으로 늘어날 것으로 보인다.

## 깜 란(Cam Ranh) 국제 공항

나트랑Nha Trang은 베트남 남부에 위치한 카인호아 성의 성도로, 호치민에서 북동쪽으로 약 450㎞ 떨어져 있다. 깜 란Cam Ranh 국제공항이 나트랑Nha Trang 베트남 카인호아 성과 깜라인 만에 위치한 국제공항으로 시내에서 남쪽으로 35km 정도 떨어져 있다.

깜 란Cam Ranh 국제공항의 새로운 공항이 면적이 13,995㎡으로 현대적이면서도 환경 친화적으로 설계되었다. 주차장

### 베트남 항공(Vietnam Airlines)

대한항공이 대한민국의 국적기라면 베트남항공은 베트남의 국적기이다. 베트남 전역의 19개 도시와 아시아, 호주, 유럽, 북미 등 19개국 46개 지역에 취항하고 있는 항공사이다. 의외로 기내식이 맛있고 좌석도 넓은 편이라서 편하다는 느낌을 받는다. 새벽6시10분에 출발해 9시 20분(월, 수, 목, 일)에 도착, 밤 21시40분에 출발해 새벽 4시 30분(화, 수, 토, 일)에 도착하는 2편을 운항하고 있다. 오전에 도착하는 유일한 항공편이다. 하노이나 호치민을 거쳐서 1회 경유하는 항공편도 매일 운항하고 있다. 돌아오는 항공편은 21시 40분에 나트랑에서 출발해 인천 국제공항에는 새벽 4시 30분에 도착한다.

### 비엣젯 항공(Vietjet Air.com)

베트남의 저가항공사인 비엣젯 항공은 베트남의 경제성장과 함께 무섭게 동남아시아의 저가항공의 강자로 부상하고 있는 항공사이다. 2007년 에어아시아의 자회사로 시작해 2011년 에어아시아에서 지분을 매각하자 비엣젯Vietjet으로 사명을 변경하고 난 후에 베트남을 대표하는 저가항공사로 성장했다. 에어아시아와 로고와 사이트, 빨강색의 '레드'컬러를 강조하는 것도 비슷하다. 새벽에 출발하기 때문에 나트랑에 도착하면 아침까지 기다렸다가 시내로 들어가는 여행자도 있어서 불편한 시간대라는 여행자도 있지만 돌아오는 항공편은 오후4시 5분으로 무난하다.

과 면적이 33,920㎡으로 완료하여 2018년 6월에 오픈되었다. 러시아워에 승객의 이용인원은 800명 정도 된다. 그중에 국내역에 러시아워 시간에 승객의 600명, 국제 역에 200명이 된다.

현재 깜 란Cam Ranh 국제공항에는 국내 항공회사 3개와 국재 항공회사의 4개가 사업을 하고 있다. 대한항공, 제주항공과 베트남 저가항공인 비엣젯 항공, 베트남 항공이 운항을 하고 있다. 공항 주변에는 두옌하 리조트, 노보텔, 더아남 리조트, 미아 리조트, 나트랑 빈펄리조트 풀빌라 선착장 등 나트랑의 인기 호텔 및 리조트를 하차 포인트로 지정해 편의성을 높였다.

**이전의 나트랑 국제공항**

과거 공군 비행장으로 이용되었으며 2004년 민간공항으로 전환되었다. 나트랑의 활주로 길이는 3,048m이며 2007년 국제공항으로 승격되었다. 새로운 공항이 생기면서 국내선 공항으로 활용하고 있다.

### 공항버스(18번 / 50,000동)

공항에서 50,000동(약2,500원)으로 가장 저렴하게 시내로 가는 방법은 공항버스를 이용하는 것이지만 버스가 운행하지 않는 시간에 도착하는 대부분의 대한민국 관광객은 이용률이 낮다.

배차간격이 20~30분 간격으로 길어서 한번 버스를 놓치면 기다리는 시간이 길다는 단점과 정차회수에 따라 1시간까지 소요되는 시내도착 시간은 상당히 지루하다. 새벽 5시부터 밤 10시까지 48회를 운행한다고 한다. 막차는 비슷한 시간대에 도착하는 항공편이 늦더라도 30분 정도는 기다리기 때문에 유동적으로 막차 시간은 달라진다.

버스를 타면 차량에 있는 버스직원이 숙소나 목적지를 물어보고 목적지 근처에서 직원이 알려주며 출, 퇴근 시간대가 아니면 약 40분 정도면 시내에 도착하므로 택시와 도착시간이 상당히 달라지지는 않는다는 것과 생수 1병을 제공하는 장점이 있다.

**티켓구입**

공항을 나와 횡단보도를 건너 오른쪽으로 돌아가면 빨간색 원으로 티켓 구입 장소에 책상이 있고 여성이 의자에 앉아 판매한다고 표시되어 있다.

### 택시

나트랑 깜란 국제공항은 나트랑 시내와 35㎞정도 떨어진 상당히 먼 공항이다. 그래서 시내까지 이동비용이 비싸다. 보통 450,000~550,000동까지 금액을 택시기사들은 부르고 있다. 호치민이나 하노이에 비해 2배정도의 금액이다. 그 이유는 공항이 시내에서 멀기 때문에 비용이 비싼 것이다. 금액도 비싼 데 바가지까지 쓴다면 정말 화가 날 수 있다. 그러므로 사전에 택시비를 준비하고 그 금액에서 흥정을 해야 한다. 또한 잔돈을 미리 준비해 택시기사에게 정확한 금액을 주는 것이 좋다. 대부분 잔돈은 돌려주지 않으려고 한다.

### 차량 픽업 서비스

나트랑 깜란 국제공항은 나트랑 시내와 35㎞정도 떨어진 상당히 먼 공항이다. 그래서 시내까지 이동비용이 비싸다. 인원이 5명 이상이라면 차량픽업 서비스도 비용이 비싸기는 하지만 택시와 비슷하여 이용하면 편리하고 차량이 미리 와서 대기를 하고 있기 때문에 기다리지 않는 장점이 있다.

가격이 450,000동이기 때문에 비싸다고 생각하지만 5명 정도면 나누어서 5천 원 이내의 비용이기 때문에 비싸다는 느낌이 없다면 사용할 만하다. 나트랑에 늦게 도착하여 피곤할 것 같다면 미리 예약을 하고 이용하는 것도 좋은 방법이다.
공항 픽업 서비스는 택시보다 저렴하면서 동시에 그랩Grab보다 안전하다는 장점이 있다. 늦은 밤이나 새벽에 도착하는 여행자는 피곤하여 숙소로 바로 이동하고 싶을 때에 기다리므로 쉽고 편안하게 이용이 가능하다는 장점이 있다.

#### 픽업서비스 회사, 베나자

여행 프로그램인 KBS의 배틀트립에서 이용한 후에 급격하게 사용률이 늘어난 차량 픽업 서비스회사이다. 미리 카카오톡이나 전화(ID : HSH1010 / 070-7436-1111~2)로 신청을 하고 입금을 하면 만나는 장소를 알려주고 기다리기 때문에 편리하다. 전화보다는 카카오톡으로 대화를 나누고 현지에서 찾지 못하면 톡으로 연락하는 것이 편리하다. 출발날짜, 도착시간, 항공편명, 대표성함, 연락처, 전체 인원을 알려주면 된다. 편리하다는 장점과 지연되거나 출발 전날까지 일정과 시간변경이 자유롭기 때문에 안전하다.

픽업서비스 요금

| | 4인승 | 7인승 | 16인승 | 30인승 | 45인승 |
|---|---|---|---|---|---|
| 픽업 | 20＄ | 30＄ | 45＄ | 70＄ | 90＄ |
| 샌딩 | 20＄ | 30＄ | 45＄ | 70＄ | 90＄ |
| 왕복 | 36＄ | 55＄ | 80＄ | 130＄ | 160＄ |

#### 샌딩 버스 서비스

여행을 마치고 공항으로 이동하는 여행객들을 위한 샌딩 버스 서비스도 주목할 만하다. 단, 샌딩(Sanding) 서비스는 픽업과 달리 나트랑(Nha Trang) 센터, 빈펄(Vine Pearl) 선착장의 2지점에서만 탑승할 수 있다. 따라서 사전에 동선을 파악해 미리 계획해두는 것이 좋다.

#### 골프 여행자의 장비 이동

추가 요금을 지불해야 하지만 골프 장비나 유모차를 실을 수도 있어 짐이 많은 관광객이나 어린아이와 함께하는 가족여행자도 이용할 수 있다.

# 나트랑 캄란 국제 공항 미리보기

현재 개발 중인 나트랑 캄란 국제공항은 커다란 도로가 뻥 뚫려있어 시원스러운 느낌이다.

환영한다는 문구가 있는 공항

**베트남 공항 입국시 주의사항**

1. 베트남 출입국시에는 출입국신고서 작성 없이 여권으로만 출입국심사 받으면 된다. 단 귀국하는 항공편은 반드시 발권이 되어 있어야 한다. 가끔씩 입국시 왕복하는 리턴 티켓을 보여 달라는 세관원이 있으므로 리턴 티켓을 스마트폰으로 찍어서 가지고 있는 것이 좋다.
2. 최종 베트남 출국일로부터 30일 이내에 다시 방문하는 경우에는 반드시 비자를 새로 발급 받아야 한다.
3. 만 14세 미만 아동과 유아 입국 시에는 부모와 함께 동반해야 한다. 제3자와 입국하는 경우에 반드시 사전에 부모동의서를 번역과  공증 후 지참해서 입국해야 한다.
4. 종종 영문등본을 보여 달라는 세관원도 있으므로 지참하는 것이 좋다.

나트랑 캄란 국제공항에는 롯데면세점이 입점해 있어 마치 대한민국의 공항에 도착하는 느낌을 받는다.

입국 심사를 하고 내려오면 짐을 찾을 수 있는 레일이 보인다.

심카드 구매처

현금인출기에서 돈을 인출하려고 해도 어디인지 혼동되는 ATM은 밖으로 나가 4번의 오른쪽으로 보면 나온다.

## 새롭게 바뀌고 있는 공항, 무인화 시스템

비엣젯 보딩패스 무인화 시스템

베트남은 저가항공사인 비엣젯 항공(Vietjet Air)이 지속적으로 성장하고 있다. 국토가 남북으로 긴 베트남은 도시 간 이동에서 중요한 역할을 하고 있고 그 비중이 늘어나고 있는 것이 항공수요의 증가이다. 심지어 하노이에서 나트랑(Nha Trang)까지의 이동비용은 기차보다 항공기가 저렴하다. 그러나 비용이 저렴하다고 마냥 좋아할 것이 아니다. 공항에서 보딩패스를 비롯해 심지어 짐을 싣는 순간까지 무인화시스템으로 만들어져 있다. 무인화에 익숙하지 않은 저가항공 승객들은 당혹해 하는 데 사전에 사용방법을 확인하고 공항으로 이동하는 것이 좋다.

## 무인화 시스템 사용방법

1. 순서를 기다렸다가 무인화 기계에서 받은 태그(Tag)를 가방에 부착하고 끝에 있는 조그만 짐 번호표를 1개는 가방에 붙이고, 2번째는 자신이 소지하며, 3번째는 태그(Tag)에 붙어 있어야 한다.

2. 짐을 레인에 올리면 무게가 확인되면서 20㎏을 넘으면 절대 이동되지 않는다. 그러므로 20㎏이 넘었다면 빨리 여행용 가방에서 일부 짐을 빼서 무게를 맞추어야 한다.

3. 태그(Tag)의 바코드를 기계로 스캔시키면 읽혀지면서 가방은 안으로 이동한다. 다 들어가는 순간까지 기다렸다가 확인하고 출국심사장으로 이동하면 된다.

# 주요 항공사 운항 정보

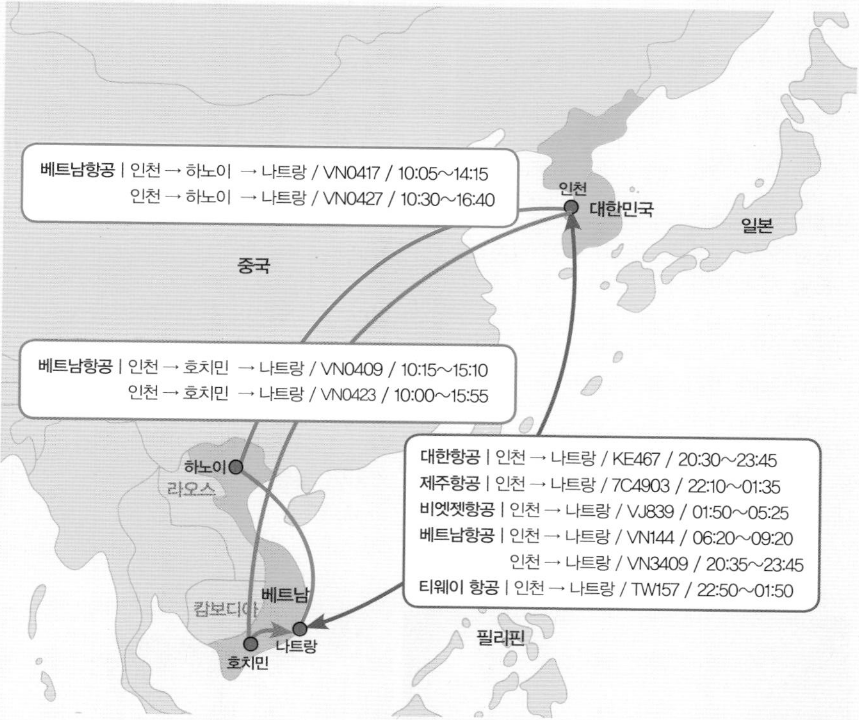

비엣젯 항공

베트남 항공

제주 항공

대한항공

## 시내교통

여행자들의 관심은 대부분 시내와 해변에 몰려 있다. 시내를 다닐 수 있는 교통수단은 다양하고 장단점이 분명하다. 여행자의 이동 목적에 따라 교통수단을 선택하는 것이 좋다.

### 시내버스

나트랑Nha Trang 버스 노선이 많지 않지만 나트랑 시내를 다니는 시내버스는 1, 2, 7번 버스이다. 대부분의 나트랑Nha Trang 시민들은 나트랑 시내 도심에서 떨어져 있는 외곽에서 살기 때문에 대부분 시민들이 사용하고 있다.

오토바이를 이용해 출 퇴근을 하는 경우도 있지만 먼 거리라면 오토바이 대신 시내버스를 이용하고 있다.

버스 정류장이 있어서 손을 흔들어 세울 수 있고 원하는 정류장에서 내릴 때는 미리 차장에게 말을 하면 세워준다. 버스는 콤비버스 크기로 크지 않고 에어컨도 나오지 않는다. 또한 자리가 부족하기 때문에 서 있거나 바닥에 앉는 경우도 상당수다.

버스는 많은 시민들이 타기 때문에 복잡하고 물건도 많이 가지고 탑승한다. 그래서 내려달라고 'Stop'이라고 크게 외쳐야 한다. 또한 간혹 혼잡한 버스에서 현금이나 지갑을 잃어버리는 일도 발생하므로 현금만 일정금액을 가지고 탑승하는 것이 좋다.

01, 02, 07번 버스 노선도

1번 버스

2번 버스

## 택시

베트남에서 실질적으로 여행자의 발이 되는 가장 편한 교통수단은 택시이다. 나트랑Nha Trang 택시의 특징은 택시의 종류가 많아서 마일린Maillin이나 비나선Binasun 택시만 있는 것이 아니다. 아시아 택시, 꿕테 택시도 있다.

마일린Maillin이나 비나선만 바가지를 쓰지 않는 택시라고 알려져 있기도 하지만 이

아시아택시

모든 택시가 나트랑Nha Trang에서 운행하고 있다. 실제로 택시를 오래타면 미터기로 제대로 오가는 택시기사는 회사와 상관이 없다는 사실이다. 오히려 미터기를 정확하게 보고 그 비용만 지불하는 것이 좋다. 물론 미터기까지 조작한다면 당해낼 수 있는 방법은 없다.

### 택시의 종류

**비나선**(Binasun)

하얀 색과 빨강, 초록 무늬로 친숙한 대표적인 베트남의 택시회사로 뒷문에 광고가 있다. 마일린(Maillin)과 함께 베트남 택시의 대명사로 나트랑(Nha Trang)에서 가장 많이 타는 교통수단이다.

**마일린**(Maillin)

비나선(Binasun)과 함께 베트남에서 가장 많이 볼 수 있는 택시회사로 바가지가 없는 택시로 알려져 있다. 4, 8인승 택시가 있으며 공항에서부터 볼 수 있는 친숙한 택시이다. 관광지에는 택시를 잡아주는 직원이 있을 정도로 대표적인 택시라고 볼 수 있다.

꿕테 택시(Quóc Té)

파란색 줄무늬가 있어 일반 택시와 혼동하는 관광객도 있지만 나트랑(Nha Trang) 공항부터 시내까지 많이 볼 수 있는 택시이다. 기본요금이 5,000동부터 시작해 다른 택시에 비해 비싸다고 알려져 있다. 공항에서는 택시에 탑승할 때 미리 금액을 결정하고 탑승하면 택시비는 비싸지 않다. 또한 시내에서는 택시비의 기본요금이 비싸다고 택시비가 과도하게 비싸게 나오지는 않는다.

**택시미터기 바로 보기**

베트남여행에서 가끔씩 미터기로 계산을 한다고 했는데 과도하게 계산이 되는 경우도 있다고 하지만 매우 드문 상황이다. 오히려 택시미터기 보는 방법을 잘 몰라서 과도한 택시비를 지불하는 경우가 발생한다.

택시 미터기에는 점이 찍혀 있는데 '50.'이라고 보았다면 천 단위를 삭제한 50,000동이 택시요금이다. 물론 미터기에 천 단위까지 표시되는 택시도 있다. 그래서 소수점이 어디에 있는지를 보는 것이 중요하다.

**택시 바가지 쓰지 않는 방법**

1. 흥정

반드시 택시를 탑승할 때는 흥정을 해서 금액을 정하고 이동하는 것이 좋다.

2. 잔돈

잔돈은 대부분 주지 않으려고 한다. 택시에 탑승할 때는 사전에 잔돈을 준비하는 것이 기분이 나쁘지 않다. 간혹 50,00동의 택시비에 10만 동만 있다고 택시비를 주면 잔돈은 주지 않고 떠나버리는 경우도 있다. 공항에서 택시를 탑승할 때도 환전한 베트남 돈에서 상점을 들어가 저렴한 물품을 구입하고 잔돈을 준비하자.

### 씨클로(CYCLO)

자전거를 개조하여 앞부분에 손님을 태우고 관광객을 태우는 교통수단이다. 오토바이를 개조해 만들기도 하지만 대부분은 자전거를 개조해 다니는 데 관광객을 태우는 관광 상품이 되었다. 길 가에 대기하고 있거나 골목 모퉁이에 씨클로Cyclo 기사가 대기하는 장면을 쉽게 보게 된다. 더운 한 낮에 힘들어 씨클로Cyclo 의자 위에서 낮잠을 청하는 기사도 쉽게 보게 된다. 또한  왜소한 씨클로Cyclo 기사가 무거운 관광객을 태우고 가는 장면을 볼 때는 안타까운 생각이 들 때도 있다.

나트랑Nha Trang에는 다른 베트남의 도시보다 더 많은 씨클로Cyclo를 보게 된다. 왜냐하면 대부분의 관광지는 씨클로Cyclo로 여행을 할 수 있으므로 쉽게 베트남을 느끼면서 여행하는 기분을 만끽할 수 있기 때문이다. 5번 정도 씨클로를 타봤지만 요금은 구간과 기사에 따라 다르기 때문에 정확한 금액은 알 수 없다.

**택시 이용시 주의사항**

타기 전에 요금을 흥정하고 타야 하는데 기사가 제시한 금액의 절반 정도에서 흥정을 하라는 것은 옛날 베트남 이야기이다. 대부분은 다 금액이 결정되어 있으므로 몇 명의 기사에게 가격을 물어본 후 대략의 타는 금액을 파악하고 나서 흥정을 해야 한다. 주의해야 할 것은 터무니  없는 금액을 부른다면 무조건 절반 이하로 금액을 부르고 흥정을 해야 금액이 줄어들기 시작하니 흥정을 잘해야 한다. 아니면 사기 당했다는 기분이 드는 것은 어쩔 수 없는 일이다.

# 나트랑 자전거 여행 VS 오토바이 투어

나트랑 시내를 다니다보면 유럽여행자들은 자전거로 관광지를 오고 가는 장면을 쉽게 보게 된다. 그래서 자전거를 무료나 유료로 빌려주는 숙소도 많다. 그러나 동양의 여행자들은 자전거 여행을 많이 이용하지 않는다.

나트랑의 시내뿐만 아니라 먼 거리의 관광지까지 다닐 수 있는 오토바이 투어도 인기 상품이다. 오토바이를 대여해 다닐 수도 있지만 어디인지 모르기 때문에 오토바이는 대여만 하지 않고 투어로 몇 명의 여행자가 같이 다녀온다. 1일 투어로(250,000동~ ) 진행되며 여행사마다 다양한 코스로 만들어져 있어서 투어상품을 상담하고 예약하면 된다. 다만 오토바이는 위험성이 높은 교통수단이므로 주의를 기울여야 하며 속도를 높이면 다칠 확률이 더욱 높다는 사실을 인지하고 적당한 속도로 여행하기 바란다.

# 나트랑 거리의 다양한 모습들

씨클로

거리에는 자동차와 오토바이, 자전거가 혼재되어 달리고 있지만 나름대로의 질서가 있다.

쩐푸거리에는 1, 2번 버스가 지나가는 데 나트랑 외곽에 사는 시민들이 출퇴근을 위해 이용한다.

2번 버스는 롱선사와 롯데마트를 지난다.

4번 버스는 나트랑 시내를 관통하는 데 나트랑 대성당과 덤시장, 포나가르 탑을 지나가기 때문에 관광객이 많이 타는 버스이다.

공항버스

# 나트랑 거리의 다양한 택시

깐 후아 택시

퀵테택시

마이린택시

선택시

선택시

딴 홍

아시아택시

에마스코 택시

# 택시(Taxi) VS 그랩(Grab)

베트남의 공항에 도착하면 어떻게 숙소까지 이동할 것인지 고민스럽다. 공항버스가 발달되어 있지 않은 베트남에서는 택시를 타고 숙소로 이동하는 경우가 많다. 나트랑Nha Trang도 마찬가지여서 40분 정도 택시를 타고 이동해야 하는데 베트남 택시에 대해 좋지 않은 이야기를 많이 들었기 때문에 고민스러워한다. 이에 요즈음 공항에서 차량공유서비스인 그랩Grab을 이용해 숙소로 이동하는 경우가 많아졌다.
상대적으로 바가지요금을 내지 않아도 되는 특성상 고민할 것 없이 타고 이동하면 되는데 어떻게 그랩Grab을 이용할지에 대해 걱정하는 여행자가 있다. 특히 나이가 40대를 넘어 새로운 어플 서비스를 막연하게 어려워하는 경우가 많다.

### 택시

바가지가 유독 심한 베트남에서 택시를 탑승하면서 기분이 썩 유쾌하지 않은 것이 현실이다. 첫 기분을 좌우하는 택시와의 만남이 나쁘면서 베트남에 온 것을 후회하게 만들기도 한다. 하지만 나트랑Nha Trang은 호찌민이나 하노이에 비하면 택시는 비교적 양호한 편이다. 물론 나트랑Nha Trang에도 당연히 바가지 씌우는 택시가 있지만, 우리가 아는 공인된 비나선Vinasun과 마일린Mailinh회사의 택시를 이용하면 불쾌한 일은 어느 정도 사라지고 있는 것이 많이 개선된 베트남 택시의 위로가 아닐까 생각한다.
누구나 추천하는 택시 회사는 비나선Vinasun과 마일린Mailinh인데 가끔씩 비슷한 글자를 사용한 택시가 있다. 정확하게 안 보고 대충 보는 여행자들을 노리고 바가지를 씌우는 일도 있으니 조심하자. 택시기사들은 여행자에게 양심적이고 친절하게 다가가 택시에 대한 안 좋은 이야기를 없애고 싶어 하지만 당분간 없어질 일은 아니다.

▶기본요금 14,000동~ ▶비나선 www.vinasuntaxi.com, 마일린 www.mailinh.vn

### 그랩(Grab)

차량 공유서비스인 그랩Grab을 이용할 때에 어플로 차량을 불러서 확인하고 만나야 하는데 문제가 발생한다. 그랩Grab은 일반 공항 내의 주차장을 사용하지 못한다. 그래서 그랩이 주차를 할 수 있는 위치로 이동해야 한다. 대부분 공항의 주차장 내에 그랩Grab의 기사와 만나는 위치가 있다. 나트랑Nha Trang은 3층의 주차장에서 만나야 한다.

### 그랩 사용방법

1. 스마트폰에 설치를 하고 핸드폰 인증을 해야 한다.

2. 나트랑Nha Trang에서 그랩 어플을 실행하면 나트랑Nha Trang위치를 잡아서 실행을 하므로 이상 없이 사용할 수 있다. (대한민국에서 실행하면 안 된다고 걱정할 필요가 없다. 그랩Grab은 동남아시아에서 사용할 수 있어서 한국에서는 실행이 안 돼서 'Sorry, Grab is not available in this region'이라는 문구가 뜨기 때문에 걱정하지만 한국에서는 사용이 안 된다는 것을 알아야 한다.)

3. 출발, 도착지점을 정해야 한다. 출발지는 현재 있는 위치가 자동으로 표시되므로 출발지 아래의 도착지만 지명을 정확하게 입력하면 된다.
   숙소이름을 미리 확인하여 영어로 입력하면 되므로 위치는 확인하지 않아도 된다. 영어철자를 입력하면 도착지에 대한 검색을 할 수 있는 창이 나타나면서 자신의 숙소를 확인하고 터치를 하면 된다.

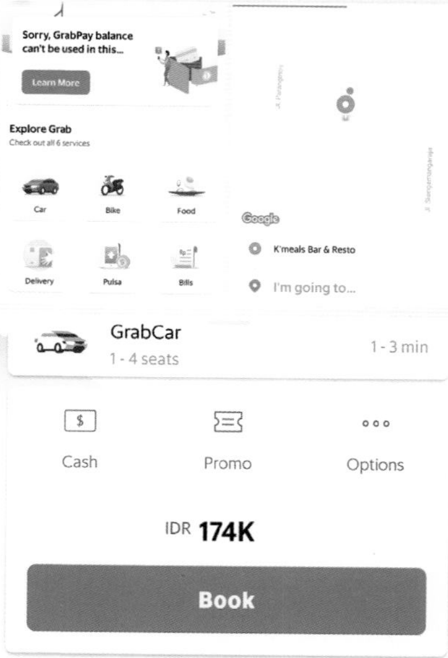


4. 1~5분 사이에 도착할 수 있는 차량들이 나오면서 보이므로 선택하면 차량번호, 기사이름 등이 표시되고, 전화를 하거나 메시지를 나눌 수 있도록 되어 있다. 대부분 메시지를 통해 확인할 수 있다.
   영어로 대화를 나눈다고 걱정할 필요가 없다. 한글로 표시가 되기 때문이다.

# 나트랑(Nha Trang) 한눈에 파악하기

나트랑Nha Trang은 베트남에서 가장 유명한 해안 도시 중 하나로 카페, 역사 유적지, 맛있는 별미를 제공하는 식당 가까이에 백사장과 청록색 바다가 있다. 나트랑Nha Trang은 20세기 동안 인기 있는 해변 휴가지가 되어, 오늘날에는 전 세계에서 관광객들이 찾아오며 최근에 급격히 성장했다. 고층 건물과 고급 호텔은 이제 나트랑Nha Trang 해변과 관광지에서 흔히 볼 수 있는 광경이지만, 조금만 걸어가면 좁은 골목길과 냐짱의 오래된 집들을 찾을 수 있다.

나트랑Nha Trang의 해변은 지금도 가장 큰 자산이며, 명성에 걸맞은 아름다움을 지니고 있다. 오히려 인파를 피하고 싶으면, 다리를 건너 바이 둥 해변으로 가면 된다. 이곳 바다는 더 잔잔하고, 모래는 훨씬 깨끗하며, 사람도 적어 풍경을 감상하기도 좋다.

파도 밑 세계를 탐험하고 싶다면 또는 파도를 따라 다니고 싶다면, 서핑이나 다이빙 교실이 많이 있으므로 해양스포츠를 배울 수 있는 것도 큰 장점이다. 강사들은 뛰어나지만 비용은 저렴하다. 스노클링을 하러 보트를 타고 가까운 섬으로 나가서 다양한 해양 생태계를 직접 눈으로 볼 수 있다. 서핑은 가장 쉽게 해양 스포츠를 접할 수 있는 방법이므로 해보고 싶다면 누구나 강습을 받으러 가면 된다. 하루만 배워도 보드를 빌려서 바다로 뛰어들 수도 있게 될 것이다.

나트랑Nha Trang의 기후는 10월부터 12월 중순까지를 제외하면 따뜻하고 무난하다. 겨울을 포함한 우기에 방문하면, 비 정도는 신경 쓰지 않아도 될 정도로 다양한 실내의 명소와 활동이 기다리고 있다. 베트남 국립 해양 박물관과 세균학자 알렉상드로 예르생에게 헌정한 박물관은 가장 유명한 박물관이다.

8세기 참Cham 문명의 유적인 포 나가르 사원에는 아직도 참배하러 찾아오는 사람들이 있다. 인상적인 건축물인 롱손 탑과 뛰어난 프랑스 신고딕 양식 건축물인 나트랑 대성당에는 항상 관광객이 넘쳐난다.

밤에는 많은 식당과 바를 마음껏 즐겨야 한다. 10시 30분만 되도 하나둘씩 문을 닫기 시작해 11시면 대부분 영업이 종료되기 때문이다. 나트랑Nha Trang은 뜨거운 여름날 해변에서 시간을 보내거나 카페에 앉아 시원한 음료를 홀짝이기 좋은 곳이다. 해변에서 벗어나 휴식을 취하고 싶으면, 안쪽에도 언제든지 보고 즐길 거리가 수없이 많다.

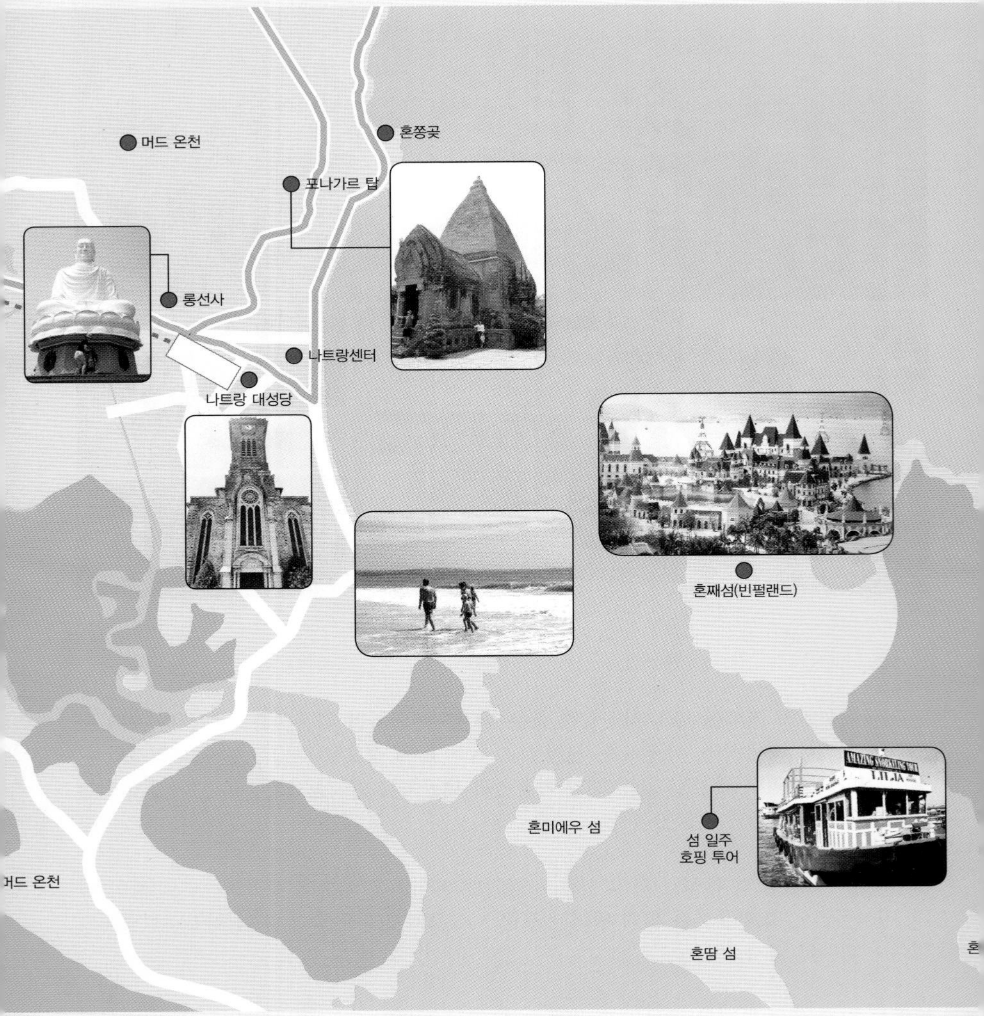
머드 온천
혼쫑곶
포나가르 탑
롱선사
나트랑센터
나트랑 대성당
혼째섬(빈펄랜드)
혼미에우 섬
섬 일주
호핑 투어
혼땀 섬

락깐
덤 시장
퓨어 베트남
넴느엉 부탄안
미켈리아 호텔
롯데마트
알렉산드르 예르생 박물관
롱선사
센 스파
선라이즈 호텔
나트랑 센터
콴퍼
KFC
KFC
나트랑 대성당
앨티큐드 루프톱 바
쉐라콘 호텔
미아하우스
주스 & 커피
인터컨티넨탈 해산물 뷔페
인터컨티넨탈 호텔
퍼홍
보데
프리미어 하바나 호텔
아이스드 커피
나트랑 로지 호텔
리빈 콜렉티브
레인포레스트
싱글핀 서프 스쿨
홍 왕 사원
그린월드 호텔
노보텔
랑응온
리버티 센트럴
호텔
스타 시티 호텔
나트랑 해변
루이지애나
브루하우스
스토리 비치 클럽
아나만다라 리조트

# 나트랑 여행을 계획하는 5가지 핵심 포인트

나트랑Nha Trang은 의외로 여행을 계획하기가 쉽지 않다. 시내는 둘러봐도 고층빌딩에 많은 사람들은 왔다 갔다 하지만 어디를 가야할지는 모르겠다. 숙소에 물어보니 역사유적지는 시내에서 떨어져 있다는 답변에 "그럼 어디를 가야하냐"는 물음에는 투어를 소개하는 팜플렛을 내민다. "어떤 것이 좋아요?"는 질문에 "다 좋다"라는 답만 온다. 어떻게 나트랑Nha Trang을 여행해야 하는 것일까?

나트랑Nha Trang은 2차 세계대전의 초기인 1940년대에 일본군이 주둔하면서 '나트랑Nha Trang'이라고 부르고 태평양 전쟁의 물자를 조달하기 위한 전초기지로 개발하면서 해안가는 하루가 다르게 변하게 되었다. 밀레니엄 시대를 맞아 남부 휴양도시로 개발을 시작하여 초기에는 러시아 관광객이 많았지만 지금은 중국인 관광객이 가장 많이 방문하는 도시이다. 나트랑Nha Trang 시내에 있는 고층 빌딩에는 호텔과 오피스, 쇼핑센터들이 들어서 있다. 이 많은 건물들이 모자를 정도로 나트랑Nha Trang은 발전을 거듭하고 있다. 2000년을 맞아하며 허허벌판인 해변에 도시를 만들기 시작한 것이 나트랑Nha Trang 도시개발의 시작이다.

그래서 쇼핑이나 앞에 보이는 비치를 즐기는 것이 시내에서 하는 관광이다. 역사유적지는 대부분 나트랑Nha Trang 북부와 외곽에 있다. 호핑 투어는 혼쫑 곶의 잔잔한 파도에 깨끗한 휴양지로 개발된 포인트에서 즐기게 된다. 이곳은 현재 빈펄 랜드Vinpearl Land가 들어서 있어 빈펄 랜드Vinpearl Land에서만 즐기다가 나오는 관광객도 상당히 많다.

# 1. 시내 관광, 쇼핑

시내는 노보텔 나트랑 호텔이 남북을 나누는 구분 건물이라고 생각하면 된다. 거리로는 누옌 티 민 카이Nguyên Thi Minh Khai가 구분하는 도로이다.
북부에는 유명호텔이 해변을 중심으로 자리를 잡고 있고 기차역이 있는 르 탄 톤Lê Thành Tôn거리를 중심으로 롱선사Chùa Long Sôn와 나트랑 대성당Nhà thờ Chánh Tòa Kitô Vua이 기차역을 사이에 끼고 자리하고 있으며 롯데마트, 빅C 마트 같은 쇼핑가가 형성되어 있다.
노보텔 남부는 해안과 안으로 형성된 거리에는 여행자거리라고 부르는 곳으로 다양한 호스텔, 호텔, 아파트들이 즐비하고 맛집들이 많다. 랜턴스Lanterns, 옌스Yen's, 갈랑가Galangal, 아이스드 커피Iced Coffee, 콩 카페Công Càphê 등이 몰려 있어 여행자거리에서만 오랫동안 머무는 여행자도 많다.

## 2. 나트랑(Nha Trang) 비치 즐기기

대부분의 숙소는 해변과 가깝게 형성되어 있어서 숙소와 가까운 해변에서 즐기는 것이 좋다. 여행자거리가 있는 남부 해안에는 서핑이나 카이트 서핑, 윈드서핑을 배우는 여행자도 늘고 있는 추세이다. 세일링 클럽 인근 비치에는 나트랑Nha Trang에서 많이 알려진 레스토랑과 카페들이 많다.

동양의 나폴리라 불리며 끝없이 펼쳐진 백사장과 푸른 바다로 매년 이곳을 찾는 여행자들이 늘고 있다. 때 묻지 않은 자연을 만날 수 있는 신비로운 도시, 나트랑Nha Trang에서도 나트랑Nha Trang 해변은 나트랑Nha Trang 여행에서 빼놓을 수 없는 필수 코스로 알려져 있다.

약 6㎞ 길이의 백사장을 가진 나트랑Nha Trang 해변은 코코넛 나무가 선사하는 시원한 그늘 아래에서 달콤한 휴식을 취할 수 있다. 신비로운 분위기와 천혜의 자연환경을 자랑하는 나트랑Nha Trang 해변은 헤엄치기에 딱 좋은 물 온도를 가지고 있다. 또한 근처 로컬 식당과 바, 카페 등이 많이 생겨 휴식하기에 그만인 곳이다.

북부해변

남부해변

멀리 보이는 포나가르 사원

## 3. 역사 유적지

참파가 통치하던 까우타라Kauthara로 알려진 나트랑에는 참파족에 의해 세워진 유명한 포나가르 사원이 있다. 시내에서 가장 멀리 떨어진 곳이기에 택시나 그랩Grab을 이용해서 날씨가 무더운 특성상 오후에는 이동하는 것이 힘들어서 오전에 가서 보는 것이 가장 좋다. 이어서 롱선사Chùa Long Sôn, 기차역Train Station, 나트랑 대성당Nhà thờ Chánh Tòa Kitô Vua는 걸어서도 이동하며 볼 수 있다.

인근의 ABC베이커리에서 쉬었다가 알렉상드르 예르생 박물관Bào Tàng Alexandre Yersin과 담 시장Dam Market을 보면 마무리된다. 최소 3시간 이상 소요되므로 날씨가 무더울 때는 무리하게 걸어서 이동하기보다는 택시 등을 이용하는 것이 좋다.

# 4. 호핑 투어(Hopping Tour)

호핑 투어Hopping Tour는 투어상품으로 만들어져 있기 때문에 예약(1일 투어 13,000~15,000원)을 하면 숙소로 오전 7시~7시 30분에 픽업을 하여 8시에 버스를 타고 선착장으로 이동한다. 10분 정도를 이동해 모두 모이면 출발한다. 호핑 투어Hopping Tour가 시작되는 데 혼문 섬Hòn Mun Island에서 스노클링과 다이빙을 하면서 즐긴다. 카약이나 바나나보트 제트스키 등의 해양스포츠를 원하는 대로 선택하여 즐기게 되는데 조용히 베드에 누워 한적함을 즐겨도 된다.

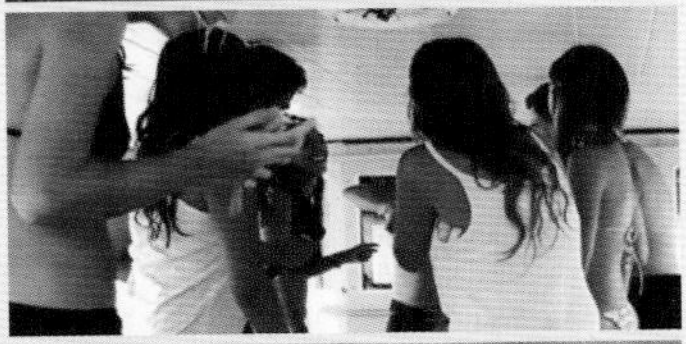

호핑 투어Hopping Tour의 하이라이트는 점심 식사를 하고 댄스타임이 시작되면서 댄스 시간이 끝나고 다들 바다로 뛰어드는 다이빙 후에 맥주를 바다에서 마실 수 있다. 다른 지역에서는 맛보기 힘든 나트랑 호핑 투어Hopping Tour만의 색다른 경험이라 배낭 여행자가 꼭 해야 하는 투어로 인식되고 있다.

## 5. 빈펄 랜드(Vinpearl Land)

자녀나 부모님과 함께 가는 나트랑 가족여행에서 가장 선호되는 빈펄 랜드Vinpearl Land는 나트랑의 인상을 바꾸고 있는 곳이다. 워터파크와 놀이동산에서 하루 종일 즐기는 관광객이 대부분이기 때문에 오전에 이동해 저녁이 돼서야 돌아온다. 아니면 1박 2일이나 2박 3일 동안 빈펄 랜드에서만 머무는 관광객도 많다.

3,320m, 높이 115m의 케이블카를 타고 바다를 건너면서 시작된다. 약 13분을 이동하면 놀이동산과 워터파크, 동물원, 식물원, 아쿠아리움 등에서 즐길 수 있는 나트랑 최고의 휴양시설이다. 최근에 워터파크도 시설을 새로 정비하고 놀이기구도 추가로 설치하였다. 베트남의 놀이동산 수요는 끊임없이 늘어나고 있는 중이다. 계속 새로운 놀이기구나 워터파크의 즐거움은 증가될 것이다.

**통합입장권**

모두 추가비용 없이 880,000동(어린이, 60세 이상 700,000동)에 이용할 수 있다. 1m이하의 어린이는 무료로 이용이 가능하고 16시 이후에 입장하면 50%할인을 받을 수 있다.

# 나의 여행스타일은?

나의 여행스타일은 어떠한가? 알아보는 것도 나쁘지 않다. 특히 홀로 여행하거나 친구와 연인, 가족끼리의 여행에서도 스타일이 달라서 싸우기도 한다. 여행계획을 미리 세워서 계획대로 여행을 해야 하는 사람과 무계획이 계획이라고 무작정 여행하는 경우도 있다.
무작정 여행한다면 자신의 여행일정에 맞춰 추천여행코스를 보고 따라가면서 여행하는 것도 좋은 방법이다. 계획을 세워서 여행해야 한다면 추천여행코스를 보고 자신의 여행코스를 지도에 표시해 동선을 맞춰보는 것이 좋다. 레스토랑도 시간대에 따라 할인이 되는 경우도 있어서 시간대를 적당하게 맞춰야 한다. 하지만 빠듯하게 여행계획을 세우면 틀어지는 것은 어쩔 수 없으니 미리 적당한 여행계획을 세워야 한다.

### 1. 숙박(호텔 VS YHA)

**잠자리가 편해야(호텔, 아파트) / 잠만 잘 건데(호스텔, 게스트하우스)**

다른 것은 다 포기해도 숙소는 편하게 나 혼자 머물러야 한다면 호텔이 가장 좋다. 하지만 여행경비가 부족하거나 다른 사람과 잘 어울린다면 호스텔이 의외로 여행의 재미를 증가시켜 줄 수도 있다.

### 2. 레스토랑 VS 길거리음식

**카페, 레스토랑 / 길거리 음식**

길거리 음식에 대해 심하게 불신한다면 카페나 레스토랑에 가야 할 것이다. 그렇지만 베트남은 쌀국수를 길거리에서 아침 일찍 현지인과 함께 먹는 재미가 있다. 물가가 저렴하여 어떤 음식을 사먹든지 여행경비에 문제가 발생할 경우는 없다. 관광객을 상대하는 레스토랑은 위생문제에 까다로운 것은 사실이어서 상대적으로 길거리 음식을 싫어한다면 굳이 사먹을 필요는 없다.

### 3. 스타일(느긋 VS 빨리)

**휴양지(느긋) 〉 도시(적당히 빨리)**

자신이 어떻게 생활하는 지 생각하면 나의 여행스타일은 어떨지 판단할 수 있다. 물론 여행지마다 다를 수도 있다. 휴양지에서 느긋하게 쉬어야 하지만 도시에서는 아무 것도 안하고 느긋하게만 지낼 수는 없다. 나트랑Nha Trang은 휴양지와 도시여행이 혼합되어 있어 앞으로 여행자에게 더욱 인기를 끌 것이다.

### 4. 경비(짠돌이 VS 쓰고봄)

**여행지, 여행기간마다 다름(환경적응론)**

여행경비를 사전에 준비해서 적당히 써야 하는데 너무 짠돌이 여행을 하면 남는 게 없고 너무 펑펑 쓰면 돌아가서 여행경비를 채워야 하는 것이 힘들다. 짠돌이 여행유형은 유적지를 보지 않는 경우가 많지만 나트랑Nha Trang에서는 유적지 입장료가 비싸지 않으니 무작정 들어가지 않는 행동은 삼가는 것이 좋을 것이다.

### 5. 여행코스(여행 VS 쇼핑)

여행코스는 여행지와 여행기간마다 다르다. 나트랑Nha Trang은 여행코스에 적당하게 쇼핑도 할 수 있고 여행도 할 수 있으며 맛집 탐방도 가능할 정도로 관광지가 멀지 않아서 고민할 필요가 없다.

### 6. 교통수단(택시 VS 뚜벅)

여행지, 여행기간마다 다르고 자신이 처한 환경에 따라 다르지만 나트랑Nha Trang은 어디를 가든 택시나 그랩Grab 차량공유서비스로 쉽게 가고 싶은 장소를 갈 수 있다. 나트랑Nha Trang에서 버스를 탈 경우는 많지 않다. 나트랑Nha Trang의 도심 자체가 크지 않아서 걸어 다니는 것이 대부분이다.

# 나 홀로 여행족을 위한 여행코스

홀로 여행하는 여행자가 급증하고 있다. 나트랑Nha Trang은 혼자서 여행하기에 좋은 도시이다. 먼저 물가가 저렴하고 유럽의 도시처럼 멀리멀리 가는 코스가 많지 않아서 여행을 할 때 물어보지 않고도 충분히 가고 싶은 관광지를 찾아갈 수 있다. 혼자서 머드팩이나 각종 투어를 홀로 즐겨보는 것도 좋은 코스가 된다.

주의사항

1. 숙소는 위치가 가장 중요하다. 밤에 밖에 있다가 숙소로 돌아오기 쉬운 위치가 가장 우선 고려해야 한다. 나 혼자 있는 것을 좋아한다면 호텔로 정해야겠지만 숙소는 호스텔도 나쁘지 않다. 호스텔에서 새로운 친구를 만나 여행할 수도 있지만 가장 좋은 점은 모르는 여행 정보를 다른 여행자에게 쉽게 물어볼 수 있다.

2. 자신의 여행스타일을 먼저 파악해야 한다. 가고 싶은 관광지를 우선 선정하고 하고 싶은 것과 먹고 싶은 곳을 적어 놓고 지도에 표시하는 것이 가장 중요하다. 지도에 표시하면 자연스럽게 동선이 결정된다. 꼭 원하는 장소를 방문하려면 지도에 표시하는 것이 좋다.

3. 혼자서 날씨가 좋지 않을 때 해변을 가는 것은 추천하지 않는다. 걸으면서 해안을 봐야 하는 데 풍경도 보지 못하지만 의외로 해변에 자신만 걷고 있는 것을 확인할 수도 있다. 돌아오는 길을 잊어서 고생하는 경우가 발생할 수 있다.

4. 나트랑의 각종 투어를 홀로 즐기면서 고독을 즐겨보는 것이 좋다. 투어는 시간이 7시간 이상 정도는 미리 확보하는 것이 필요하다. 사전에 숙소에서 투어를 미리 예약하고 출발과 돌아오는 시간을 미리 계획하여 하루 일정을 확인할 것을 추천한다.

5. 쇼핑을 하고 싶다면 사전에 쇼핑품목을 적어 와서 마지막 날에 몰아서 하거나 날씨가 좋지 않을 때, 숙소로 돌아갈 때 잠깐 쇼핑하는 것이 좋다.

## 3박 5일 여유로운 나 홀로 나트랑 여행

# 여유로운 시내 투어 + 빈펄 랜드 + 머드 온천코스

### 1, 2일차 여유롭게 빈펄 랜드

나트랑에서 하고 싶은 것을 모두 하고 싶다면 4일은 있어야 가능하다. 대한항공은 23시45분에, 티웨이 항공은 2시 50분, 제주항공은 01시 35분에 도착해 택시나 그랩Grab을 타고 숙소로 이동해 휴식을 취한다. 2일차에 빈펄 랜드로 가서 나만의 테마파크를 즐겨볼 수 있다. 놀이기구를 즐길 수 있는데, 놀기 기구는 기다리지 않아서 우선순위를 정해 즐기면 여유롭게 자신이 원하는 것을 즐길 수 있다.

일찍 숙소를 출발해 놀이기구를 먼저 즐기고 나서 시간이 가능하다면 워터파크를 즐기는 것도 좋다. 워터파크가 싫다면 동물원이나 식물원에서 산책을 천천히 즐기다가 돌아오자. 돌아와 마사지로 피로를 풀고 저녁식사를 하고 나트랑 비치에서 저녁 바다를 보고 돌아오면 하루가 금방 지나간다.

**공항 →숙소로 이동 → 휴식(1일차) → (2일차 시작)빈펄 랜드 이동 → 놀이기구 → 동물원, 식물원 → 나트랑 시내로 이동 → 마사지 → 저녁 식사 → 저녁 바다 즐기기 →휴식**

### 3일차 시내 관광 + 머드 온천

2일차에는 시내위주로 둘러보는데 아침에 해뜨는 나트랑 비치를 보는 것도 힐링이 된다. 조용한 바다에서 떠오르는 바다는 아름답다. 아침에 여유롭게 하루의 여행을 생각하며 베트남 커피를 마시는 것도 바쁜 일상을 벗어나 여행을 즐기는 방법이다.

시내 외곽의 포나가르 사원부터 시작해 시내 중심으로 이동해 여행하는 코스로 정한다. 머드 온천을 가서 뜨거운 햇빛을 피해 피로를 풀어도 좋다. 저녁에는 야시장을 둘러보면서 저녁식사로 해산물을 즐기고 마사지나 스파로 피로를 풀어도 좋다. 뜨거운 밤 문화를 즐기고 싶다면 루프 탑 바Bar로 가자.

**해뜨는 바다 바라보기 → 베트남 커피로 여유 즐기기 → 포나가르 사원 → 롱선사 → 기차역 → 머드 온천 → 야시장 등의 나이트 라이프**

### 4, 5일차 호핑 투어(Hopping Tour)

나 홀로 단기 여행에서 새로운 친구를 사귀는 것은 어려운 일이다. 그러므로 활기찬 하루를 보내려면 호핑 투어Hopping Tour에 참가해 즐거운 시간을 보낼 수 있다. 8시 30분 정도에 숙소로 픽업을 오면 9시 정도에 이동해 투어 참가자들이 모이면 아쿠아리움(90,000동 개인 부담)을 관람한다. 못 섬으로 이동해 스노클링을 즐기고 밴드의 공연을 보면서 점심 식사를 하고 투어 참가자들이 장기자랑을 하면서 점점 흥이 오른다.

바다로 뛰어 들어 맥주와 함께 바다에서 휴식을 취하거나 즐기면 된다. 추가적으로 해양스포츠를 즐기고 싶다면 추가비용(35,000동)을 부담하고 개인별로 신청해 즐긴다. 17시 정도에 시내로 돌아와 마지막으로 마사지를 받고 몸의 피로를 풀고 나서 저녁에는 시내의 맛집을 찾아 식사를 마치고 나트랑 공항으로 이동하자. 새벽에 도착하는 비행기이므로 공항에는 너무 일찍 이동하지 않아도 된다.

**픽업 후 이동 → 호핑투어(아쿠아리움, 스노클링, 공연, 장기자랑, 무료 맥주나 칵테일 즐기기) → 마사지 → 저녁식사 → 쇼핑 → 공항**

## 자녀와 함께하는 여행코스

자녀와 함께 나트랑Nha Trang여행을 떠나는 가족여행지로 급부상하고 있다. 유럽여행에서 아이와 여행을 하다보면 무리하게 박물관을 많이 방문하는 것은 아이들의 흥미를 떨어뜨려 여행의 재미를 반감시키는데 나트랑Nha Trang은 그럴 가능성이 없다.
자녀와 여행을 하면 실패하는 요인은 부모의 욕심으로 자녀가 싫어하는 것이 무엇인지 모르는 것이다. 자녀와의 여행에서 중요한 것은 많이 보는 것이 아니고 즐거운 기억을 남기는 것이라는 사실을 인식해야 한다. 특히 나트랑Nha Trang의 빈펄랜드는 다낭이나 푸꾸옥의 빈펄랜드만큼 재미가 있기 때문에 아이들은 다시 오고 싶은 여행지가 될 가능성이 많다.

### 주의사항

1. 숙소는 나트랑Nha Trang 시내의 호텔로 정하는 것이 이동거리를 줄이고 원하는 관광지로 쉽게 이동할 수 있다.

2. 비행기로 들어온 첫날 외곽으로 이동하면 아이는 벌써 힘들어한다는 것을 인식하자. 코스는 1일차에 빈펄랜드VinPearl Land에서 같이 즐기고 해산물을 먹는 것이 아이들이 가장 좋아하는 코스이다.

3. 2일차에 외곽으로 이동할 계획을 세우는 것이 좋다. 사전에 유적지 투어를 신청하면 숙소까지 픽업을 하기 때문에 힘들지 않다. 미리 시원한 물과 선크림을 준비해 이동하면서 아이들이 강렬한 햇빛에 노출되어도 아프지 않도록 준비하는 것이 좋다. 하루 종일 너무 많은 햇빛에 노출되는 것은 좋지 않다.

4. 유적지에서 아이가 걷는 것을 싫어한다면 사전에 물이나 먹거리를 준비해서 먹으면서 다닐 수 있도록 해주는 것이 아이의 짜증을 줄이는 방법이다. 오전에 일찍 출발하면 중간에 점심까지 먹고 유적을 보면 의외로 시간이 오래 소요된다. 이럴 때 유적지를 그냥 보지 말고 간단하게 설명을 해서 이해를 넓힐 수 있도록 도와주는 것이 앞으로 여행에서도 관심을 증가시킬 수 있다.

5. 돌아오는 날에는 쇼핑을 하면서 원하는 것을 한꺼번에 구입하면서 공항으로 돌아가는 시간을 잘 확인하는 것이 좋다. 버스보다는 택시를 이용해 시간을 정확하게 맞추는 것이 좋다.

## 시내 투어 + 빈펄 랜드 + 머드 스파코스

### 1, 2일차

대한항공은 23시 45분에, 제주항공은 01시35분에 도착해 택시나 그랩Grab을 타고 숙소로 이동해 휴식을 취한다. 2일차에는 시내위주로 둘러보는데 되도록 시내 외곽의 포나가르 사원부터 시작해 시내 중심으로 이동해 여행하는 코스로 정한다.

머드 온천을 가서 뜨거운 햇빛을 피해 피로를 풀어도 좋다. 아니면 호핑투어를 신청해 스노클링을 즐겨도 좋다. 저녁부터 해안의 나이트 라이프를 즐기거나 야시장을 둘러봐도 좋다. 뜨거운 밤 문화를 즐기고 싶다면 루프 탑 바Bar로 가자.

**공항 →숙소로 이동 → 휴식(1일차) → (2일차 시작)포나가르 사원 → 롱선사 → 기차역 → 머드 온천 → 야시장 등의 나이트 라이프**

### 3일차 빈펄 랜드

3일차에 빈펄 랜드의 모든 것을 즐기는 날이다. 놀이기구부터 워터파크까지 즐길 수 있는 빈펄 랜드는 자녀가 가장 좋아하는 여행의 순간이 될 것이다. 최대한 일찍 숙소를 출발해 놀이기구를 먼저 즐기고 나서 워터파크를 즐기는 것이 좋다. 워터파크부터 시작하면 금새 피로가 몰려온다. 워터파크의 피로는 동물원이나 식물원에서 산책과 함께 천천히 즐기다가 돌아오자.

**빈펄 랜드 이동 → 놀이기구 → 워터파크 → 동물원 → 식물원 → 나트랑 시내로 이동 → 저녁 식사 → 휴식**

### 4, 5일차

시내의 주요 관광지를 둘러봤다면 해변에서 즐겨봐야 한다. 나트랑에 와서 비치에서 즐겨봐야 휴식의 즐거움을 알 수 있다. 햇빛이 강하므로 오전에 즐기고 오후에는 빈콤 프라자나 롯데마트에서 쇼핑을 하면서 햇빛을 피하는 것이 좋다. 저녁에는 시내의 맛집을 찾아 식사를 마치고 나트랑 공항으로 이동하자. 새벽에 도착하는 비행기이므로 공항에는 너무 일찍 이동하지 않아도 된다.

**해변 휴식 → 점심 식사 → 빈콤 프라자 또는 롯데마트 쇼핑 → 나트랑에서 못해본 시내 투어 → 저녁 식사 → 공항 이동 → 나트랑 공항 출발 → 인천공항 새벽 도착**

# 연인이나 부부가 함께하는 여행코스

연인이나 부부가 여행을 와서 즐거운 추억을 남기려면 남자는 연인이나 부인이 좋아하는 맛집을 미리 가이드북을 보면서 위치를 확인하는 것이 좋다. 하루에 2번 정도 레스토랑이나 카페를 미리 상의하는 것도 좋은 방법이다. 여행코스는 기억에 남을만한 명소를 같이 가서 추억을 남기는 것이 포인트이다.

주의사항

1. 숙소는 나트랑Nha Trang 시내의 호텔로 내부 시설을 미리 확인하는 것이 좋다.
2. 베트남으로 가는 항공권은 대부분 저녁에 출발하기 때문에 비행기로 들어온 첫날은 숙소로 빠르게 이동해 쉬고 다음날부터 여행일정을 시작하는 것이 좋다. 낮에 도착했다면 시내를 둘러보면서 도심 바로 옆에 있는 해변이나 발마사지 같은 휴식을 취하는 일정이 좋다. 특히 해변의 일몰 풍경은 같이 보는 것이 중요하다.
3. 나트랑Nha Trang의 대표적인 레스토랑인 랜턴Lanterns을 가려고 한다면 조금 일찍 가는 것이 좋다. 해산물은 끝나는 시간대에 맞춰서 구입하면 조금 더 저렴하게 많은 해산물을 먹을 수 있다.
4. 나트랑의 옛 골목길에는 현지인들이 길 옆에서 목욕탕의자를 놓고 먹는 장소가 많으므로 한번 정도는 길거리 음식으로 쌀국수를 먹는 것도 나트랑Nha Trang 여행의 재미이다.
5. 여행을 하다가 길을 잃어버릴 수도 있으니 사전에 구글맵을 사용해 숙소의 위치를 확인해 두는 것이 좋다. 더운 날 길을 혹시라도 잊어버려서 헤맨다면 분위기가 좋을 수 없다.
6. 쇼핑할 시간이 필요하다면 식사를 하고 소화를 시키면서 쇼핑을 하는 것이 편하다. 인근에 롯데마트를 비롯한 다양한 대형마트가 있다. 오전이나 폐장하기 1시간 전에 들어가서 할인이 되는 제품을 확인하고 쇼핑하는 것이 좋다. 베트남 커피나 소스 등 한국인이 많이 구입하는 제품에는 인기품목이라는 표시를 해두었다.
7. 우기에 여행을 한다면 날씨를 미리 확인해야 한다. 우기에는 소나기성 비인 스콜이 갑자기 내리기 때문에 우산이 없으면 한순간에 비 맞은 생쥐 꼴이 될 것이다.

## 3박 5일 연인, 부부가 함께 즐기는 나트랑 여행

**시내 투어 + 빈펄 랜드 + 머드 스파코스**

### 1, 2일차 빈펄 랜드

대한항공은 23시 45분에, 제주항공은 01시 35분에 도착해 택시나 그랩Grab을 타고 숙소로 이동해 휴식을 취한다. 2일차에 빈펄 랜드의 놀이기구부터 워터파크까지 즐길 수 있다. 빈펄 랜드는 연인들이 같이 즐기기에 좋은 장소로 모든 시설을 다 즐기려고 하지 말고 우선 순위를 정해 즐기면 연인이나 부부가 가장 좋아하는 여행의 순간이 될 것이다. 최대한 일찍 숙소를 출발해 놀이기구를 먼저 즐기고 나서 워터파크를 즐기는 것이 좋다. 워터파크부터 시작하면 금새 피로가 몰려온다. 워터파크의 피로는 동물원이나 식물원에서 산책과 함께 천천히 즐기다가 돌아오자.

**공항 →숙소로 이동 → 휴식(1일차) → (2일차 시작)빈펄 랜드 이동 → 놀이기구 → 워터파크 → 동물원 → 식물원 → 나트랑 시내로 이동 → 저녁 식사 → 휴식**

### 3일차 시내 관광 + 머드 온천

2일차에는 시내위주로 둘러보는데 되도록 시내 외곽의 포나가르 사원부터 시작해 시내 중심으로 이동해 여행하는 코스로 정한다. 머드 온천을 가서 뜨거운 햇빛을 피해 피로를 풀어도 좋다. 저녁에는 야시장을 둘러보면서 저녁식사로 해산물을 즐기고 마사지나 스파로 피로를 풀어도 좋다. 뜨거운 밤 문화를 즐기고 싶다면 루프 탑 바Bar로 가자.

**포나가르 사원 → 롱선사 → 기차역 → 머드 온천 → 야시장 등의 나이트 라이프**

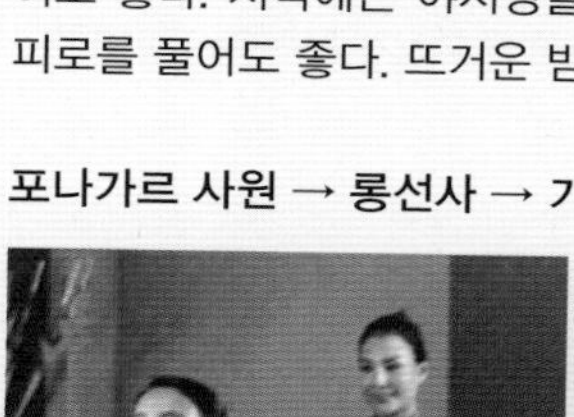

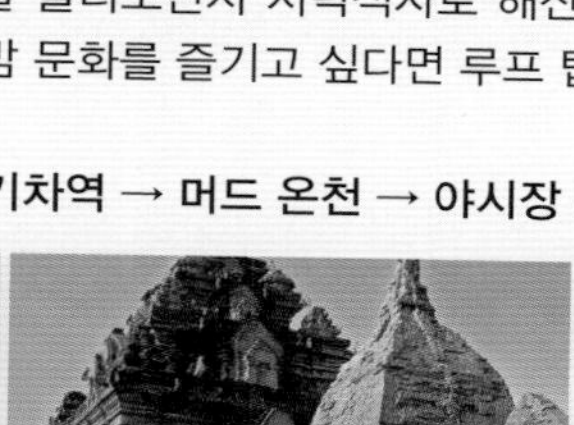

4, 5일차

시내의 주요 관광지를 둘러봤다면 해변에서 즐겨봐야 한다. 나트랑에 와서 비치에서 즐겨봐야 휴식의 즐거움을 알 수 있다. 햇빛이 강하므로 오전에 즐기고 오후에는 빈콤 프라자나 롯데마트에서 쇼핑을 하면서 햇빛을 피하는 것이 좋다. 저녁에는 시내의 맛집을 찾아 식사를 마치고 나트랑 공항으로 이동하자. 새벽에 도착하는 비행기이므로 공항에는 너무 일찍 이동하지 않아도 된다.

**해변 휴식 → 점심 식사 → 빈콤 프라자 또는 롯데마트 쇼핑 → 나트랑에서 못해본 시내 투어 → 저녁 식사 → 공항 이동 → 나트랑 공항 출발 → 인천공항 새벽 도착**

나트랑 2박 3일 나트랑 시내 + 빈펄랜드 여행코스

나트랑으로 출발하는 대부분의 항공편은 저녁에 출발하기 때문에 한밤 중에 나트랑 공항에 도착하므로 빨리 시내의 숙소로 이동해야 한다. 빠르게 휴식을 취하고 2일차부터 본격적인 여행을 시작한다. 2일차에 나트랑의 포나가르 사원을 비롯해 롱선사 등의 유적지를 둘러보고 머드 온천을 즐기면서 피로를 푸는 일정이다. 저녁에는 롯데마트나 빈콤 프라자에서 쇼핑을 하고 밤 해변을 즐기거나 나이트 라이프를 즐긴다.

1, 2일차

**공항 → 나트랑 시내 숙소이동 → 취침(1일차) → 포나가르 사원 → 롱선사 → 기차역 → 머드 온천 → 쇼핑 → 밤 해변 즐기기 → 나이트 라이프 즐기기**

마지막 3일차에는 빈펄 랜드(Vin Pearl Land)에서 오전부터 오후까지 즐기는 것인데 뜨거운 햇빛에서 즐기는 빈펄 랜드(Vin Pearl Land)는 정신적으로 즐겁지만 체력적으로 힘들다. 저녁에 돌아와 해변이나 여행자거리의 많은 레스토랑과 마사지숍에서 하루의 피로를 푼다. 이어서 돌아가는 시간에 맞추어 공항으로 이동해 돌아가는 일정으로 바쁘지만 짜임새 있는 여행을 할 수 있다.

# 친구와 함께하는 여행코스

친구와 여행하는 것은 평소에 못해 보는 경험을 하기 위한 것이다. 날씨가 좋다면 해변에서 해양스포츠를 하면서 풍경을 보고 이야기 나누는 것을 추천한다. 또한 힘들게 운동을 하고 나서 같이 발마사지 등을 받으면 피로도 풀고 추억도 만들 수 있다.

주의사항

1. 숙소는 시내로 정해 위치를 확인하는 것이 좋고 호스텔도 나쁘지 않다.
2. 친구와 가고 싶은 곳을 서로 이야기로 공유하고 같이 하고 싶은 곳과 방문하고 싶은 곳이 일치하는 곳을 위주로 코스를 계획하고 서로 꼭 원하는 장소를 중간에 방문하는 것이 좋다.
3. 남자끼리의 여행이라면 해변을 걸으면서 풍경을 보고 이야기 나누는 것을 추천한다. 날씨가 좋으면 풍경이 아름다운 해변에서 서핑도 배우면서 좋은 추억을 남길 수 있다.
4. 마사지를 즐겨보는 것이 좋다. 발마사지는 가장 쉽게 받을 수 있는 마사지이고 타이마사지나 보디마사지는 1시간 정도는 미리 확보하는 것이 충분히 마사지를 즐기는 방법이며 사전에 마사지숍을 돌아보면서 가격을 흥정하면서 청결한지를 같이 확인하는 것이 좋다.
5. 쇼핑을 하려고 하면 인근에 롯데마트를 비롯한 다양한 대형마트가 있다. 오전이나 폐장하기 1시간 전에 들어가서 할인이 되는 제품을 확인하고 쇼핑하는 것이 좋다. 베트남 커피나 소스 등 한국인이 많이 구입하는 제품에는 인기품목이라는 표시를 해두었다.

## 3박 5일 친구와 함께 재미있는 엑티비티를 즐기는 여행코스

### 1, 2일차

1일차에 나트랑에 입국심사를 마치고 나면 택시나 그랩Grab을 타고 숙소로 향한다. 오전에는 나트랑 비치에서 해변을 즐기고 오후에는 머드 온천에서 피로를 푼다. 투어 회사에 들러 다음날 스쿠버 다이빙이나 서핑을 배우거나 호핑 투어를 신청한다. 저녁에는 여행자거리의 다양한 레스토랑에서 저녁식사를 하고 나이트라이프를 즐기며 하루를 마무리한다.

**공항 → 숙소로 이동 → 휴식(1일차) → 해변 즐기기 → 머드 온천 → 저녁식사 → 나이트라이프**

### 3일차(Activity)

엑티비티는 7~8시 사이에 픽업을 하고 나서 투어 참가자가 모이면 이동해서 배우게 된다. 스쿠버 다이빙은 혼문 섬으로 이동하고 서핑은 자이 해변에서 배운다. 햇빛에 노출되면서 배우기 때문에 선크림을 바르고 아침을 든든하게 먹는 것이 좋다.

배우다 보면 어느덧 점심을 지나 3시 정도가 되면 나트랑 시내로 돌아온다. 숙소에서 휴식을 취한 후 여행자 거리의 맛집을 찾아 저녁식사를 하고 야시장을 둘러보며 쇼핑을 해보자. 시원하게 쇼핑을 하고 싶다면 빈콤 프라자나 롯데마트에서 선물을 구입해 보는 것도 좋은 방법이다.

**아침 식사 → 엑티비티 장소로 이동 → 엑티비티 즐기기(~15시) → 휴식 → 저녁식사 → 야시장이나 쇼핑**

### 4, 5일차 호핑 투어(Hopping Tour)

호핑 투어Hopping Tour에 참가해 즐거운 시간을 보낸다. 8시 30분 정도에 숙소로 픽업을 오면 9시 정도에 이동해 투어 참가자들이 모이면 아쿠아리움(90,000동 개인 부담)을 관람한다. 못 섬으로 이동해 스노클링을 즐기고 밴드의 공연을 보면서 점심 식사를 하고 투어 참가자들이 장기자랑을 하면서 점점 흥이 오른다.

바다로 뛰어 들어 맥주와 함께 바다에서 휴식을 취하거나 즐기면 된다. 추가적으로 해양스포츠를 즐기고 싶다면 추가비용(35,000동)을 부담하고 개인별로 신청해 즐긴다. 17시 정도에 시내로 돌아와 마사지를 받고 나서, 저녁식사를 하고 쇼핑을 하면서 여행을 마무리 한다. 새벽 비행기이기 때문에 1시간 30분 전 정도에 도착해도 출국심사에 문제가 발생하지는 않는다.

**픽업 후 이동 → 호핑투어(아쿠아리움, 스노클링, 공연, 장기자랑, 무료 맥주나 칵테일 즐기기) → 저녁식사 → 쇼핑 → 공항**

# 부모와 함께하는 효도 여행코스

나의 부모님와 함께 나트랑Nha Trang 여행도 미리 고려해야 할 것을 생각하고 있으면 좋은 여행이 될 것이다. 나의 부모와 여행을 하려면 무리하게 볼 것을 코스에 많이 넣기 보다 인상적인 관광지 등을 방문하는 것이 흥미를 유발한다. 옛 분위기를 연출하는 나트랑Nha Trang의 길거리 분위기와 쌀국수. 분위기 있는 레스토랑에서 먹는 해산물은 부모님께서 좋아하신다.

부모님과 여행을 하면서 주의해야 할것은 너무 많이 걸으면 피곤해 하시기 때문에 동선을 줄여 피곤함을 줄이고 여행의 중간 중간 마시고 조금씩 먹어서 기력을 회복하시고 여행할 수 있도록 하는 것이다. 다만 요즈음 건강관리를 잘하신 부모님은 자식보다 잘 걷는 경우가 발생하기도 하기 때문에 부모님의 건강을 미리 가늠하고 출발하는 것이 좋다.

주의사항

1. 숙소는 나트랑Nha Trang 중심가의 호텔로 정하는 것이 좋다. 이동거리를 줄이는 것뿐만 아니라 호텔의 시설도 좋으면 만족도가 높다. 한국인 민박이나 아파트보다 호텔을 좋아하신다.
2. 비행기로 들어온 첫날 숙소가 관광지와 가까워야 여행이 쉽게 시작된다. 걷다가 레스토랑이나 해산물을 직접 보고 들어가면 맛있는 음식에 부모님이 좋아하시는 것을 경험하였다. 코스는 1일차에 시내에서 같이 즐기고 다양한 맛집을 좋아하시는 경향이 있다.
3. 2일차에 외곽으로 이동한다면 해양스포츠 같은 몸으로 활동하는 것보다는 해변이나 롱선사, 포나가르 탑 등의 유적지를 보는 것을 더 좋아하신다.
4. 나트랑Nha Trang 근처의 머드 온천을 즐겨보는 것이 좋다. 몸에 좋은 머드를 직접 바르면서 오랜 시간 머무르는 머드 스파는 부모님이 몸에도 좋아서 만족하시는 경향이 높다. 머드 온천은 시간이 5시간 정도는 미리 확보하는 것이 충분히 머드를 즐기는 방법이며 사전에 식사를 할 수 있는 장소를 미리 알아두는 것이 부모님을 즐겁게 해줄 것이다.
5. 외곽으로 이동할 때는 그랩Grab 어플로 차량을 미리 예약하고 출발과 돌아오는 시간을 미리 계획하는 것이 부모님의 피로를 미리 고려하는 방법이다.
6. 돌아오는 날에는 쇼핑을 하면서 원하는 것을 한꺼번에 구입하면서 공항으로 돌아가는 시간을 잘 확인하는 것이 좋다. 버스나 택시보다는 공항기차를 이용해 시간을 정확하게 맞추는 것이 좋다.

## 3박5일 부모님과 함께 즐기는 효도 여행

# 시내 투어 + 빈펄 랜드 + 머드 온천코스

### 1, 2일차 여유롭게 빈펄 랜드

나트랑에서 부모님과의 여행을 일정을 여유롭게 계획해야 탈이나지 않는다. 대한항공은 23시 45분에, 티웨이 항공은 2시 50분, 제주항공은 01시 35분에 도착해 택시나 그랩Grab을 타고 숙소로 이동해 휴식을 취한다. 2일차에 빈펄 랜드로 가서 동물원이나 식물원에서 산책을 천천히 즐긴다. 의외로 놀이 기구는 기다리지 않기 때문에 우선순위를 정해 즐기면 여유롭게 원하는 놀이기구를 부모님과 할게 즐길 수 있다.
일찍 숙소를 출발해야 하므로 부모님의 건강을 확인하고 출발한다. 빈펄 랜드를 즐기고 돌아와 마사지로 피로를 풀고, 저녁식사를 하고, 나트랑 비치에서 저녁 바다를 보고 돌아오면 하루가 금방 지나간다.

**공항 → 숙소로 이동 → 휴식(1일차) → (2일차 시작)빈펄 랜드 이동 → 동물 · 식물원 → 놀이기구 → 나트랑 시내로 이동 → 마사지 → 저녁 식사 → 저녁 바다 즐기기 →휴식**

### 3일차 시내 관광 + 머드 온천

3일차에는 시내위주로 둘러보는 일정으로 여행의 피로를 풀면서 한가로운 시간을 만끽하면서 지내보자. 조용한 바다에서 떠오르는 태양은 아름답다. 여유롭게 하루의 여행을 생각하며 베트남 커피를 마시는 것도 바쁜 일상을 벗어나 여행을 즐기는 방법이다.
시내 외곽의 포나가르 사원부터 시작해 시내 중심으로 이동해 여행하는 코스로 정한다. 머드 온천을 가서 뜨거운 햇빛을 피해 피로를 풀어도 좋다. 저녁에는 야시장을 둘러보면서 저녁식사로 해산물을 즐기고 마사지나 스파로 피로를 풀어도 좋다.

**베트남 커피로 여유 즐기기 → 포나가르 사원 → 롱선사 → 기차역 → 머드 온천 → 야시장 → 마사지**

4, 5일차

아침에 현지인들이 먹는 쌀국수를 먹으면서 나트랑 시민들의 하루시작을 같이 느껴보고, 카페에서 커피를 마시면서 여행의 마지막을 만끽하자. 부모님이 살아왔던 시절을 쌀국수를 같이 먹으면서 이해할 수 있는 시간이 될 수 있다. 시내의 주요 관광지를 둘러봤다면 해변에서 즐겨봐야 한다.

나트랑에 와서 비치에서 즐겨봐야 휴식의 즐거움을 알 수 있다. 햇빛이 강하므로 오전에 즐기고 오후에는 빈콤 프라자나 롯데마트에서 쇼핑을 하면서 햇빛을 피하는 것이 좋다. 마지막으로 마사지를 받고 몸의 피로를 풀고 나서 저녁에는 시내의 한국 식당을 찾아 부모님의 입맛을 돋우어 활기를 찾아 돌아가는 것이 좋다. 식사를 마치고 나트랑 공항으로 이동하자. 새벽에 도착하는 비행기이므로 공항에는 너무 일찍 이동하지 않아도 된다.

**쌀국수로 하루 시작하기 → 카페에서 커피 즐기기 → 해변 휴식 → 점심 식사 → 빈콤 프라자 또는 롯데마트 쇼핑 → 나트랑에서 못해본 시내 투어 → 마사지로 여행의 피로 풀기 → 저녁 식사 → 공항 이동 → 나트랑 공항 출발 → 인천공항 새벽 도착**

# 나트랑 북부해변
## NHA TRANG North Beach

서쪽에는 드높은 산, 동쪽은 다도해와 모래사장으로 둘러싸인 나트랑Nha Trang은 푸르고 따뜻한 세계인의 휴양지로 바뀌고 있다. 남북으로 이어진 해변을 따라 도시가 형성되어 북부는 한적한 호텔과 비치가 있고, 남부는 여행자거리가 위치하여 북적이는 분위기가 느껴진다.

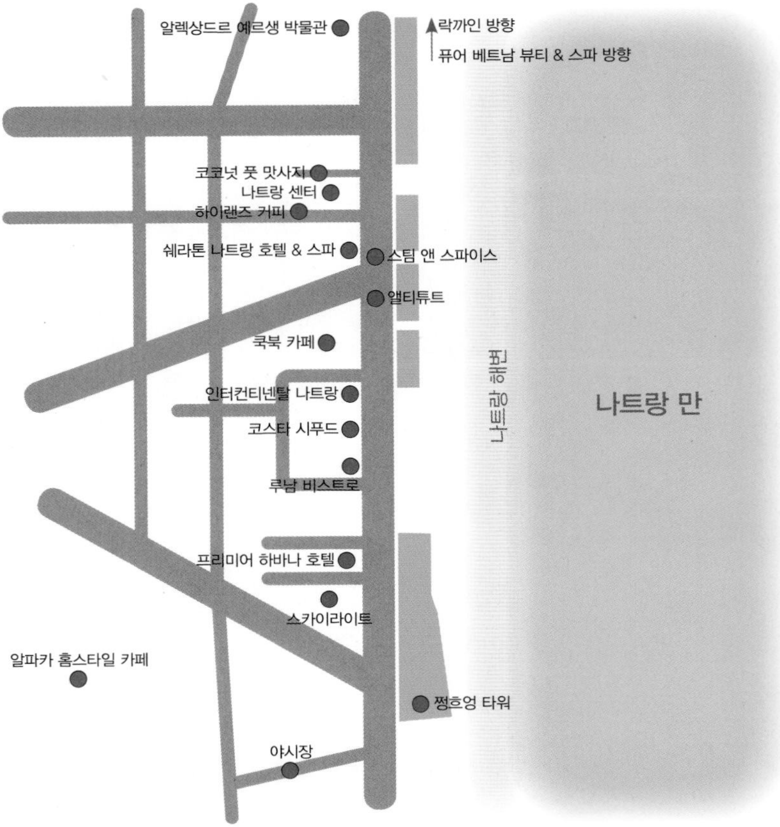

## 포나가르 탑
### Po Nagar Cham Tower

포나가르 탑Po Nagar Cham Tower은 나트랑Nha Trang 강의 북쪽 화강암 언덕 위 꾸 라오Cư Lao 산에 9세기경에 세워진 사원이다. 매일 수많은 여행자와 신도들이 찾는 나트랑Nha Trang의 대표적인 유적지이다. 포나가르, 시바 신의 부인을 모시는 사원으로, 포나가르Po Nagar는 '10개의 팔을 가진 여신'이라는 뜻이다. 탑 내부의 가운데에는 인도의 힌두교 시바 신을 형상화한 '링가'가 자리하고 있다.

대한민국의 전설에도 한번은 들었을 법한 내용인 아들을 점지해주는 효험이 있다고 알려져 있어서 절을 올리는 참배객이 눈에 보이기도 한다. 탑 꼭대기에는 나트랑Nha Trang 시내의 전경도 볼 수 있다. 나트랑Nha Trang 여행자의 거리에서 꽤 떨어져 있어 걸어가기에는 상당히 멀기 때문에 택시를 이용하는 것이 좋다. 포나가르 사원은 강과 바다가 보이는 끝에 나트랑 시내의 모습을 볼 수 있어 아침 일찍 가는 것이 좋다.

**위치_** 나트랑 시내에서 차로 10분 / 4번 버스로 20분
**주소_** 2 Tháng 4, Vĩnh Phước, Thành phố Nha Trang
**시간_** 6~18시 **요금_** 25,000동

미니 상식

**간략한 참족 역사**

2세기경부터 약 1300년간 베트남의 중, 남부에서 참(Cham)족은 살아왔다. 7~12세기 말에는 베트남의 중남부를 지배하면서 참파 왕국에 의해 지어진 곳으로 힌두교의 발원지라고 할 수 있다. 참파 왕국은 베트남이 아닌 캄보디아의 영향을 많이 받은 왕국이기 때문에 힌두교와 캄보디아 건축 양식을 경험할 수 있다. 지금까지 현존하는 가장 오래된 참파 유적지로 알려져 있다.

**관람순서**

1. 매표소를 지나 입구를 지난 후 낮은 언덕 위로 올라가면 3개의 층으로 이루어진 사원이 보인다. 3개의 탑이 있고 왼쪽에 작은 탑이 더 있다.
2. 힌두사원의 모습
   포나가르(Po Nagar) 여신이 다리를 꼬고 앉아 있는 25m의 탑 안에는 두르가 여신의 능력을 보여주는 12개의 팔로 이루어진 상이 있다. 사원의 외부에서 위를 바라보면 소를 타고 있는 4개의 팔을 가진 여신이 자귀와 연꽃, 곤봉을 들고 있는 여신상을 볼 수 있다.

**무카링가(Mukhalinga)와 천사의 얼굴**

금은보화로 장식이 된 시바의 상징물은 누군가 훔쳐가고 링가는 파괴되었으나 여러 차례 보수를 했지만 다시 파괴되어 있다가 결국 복원작업을 거치면서 석상을 만들어 놓았다.

## 롱선사
Long Son Pagoda

오전에 포나가르 사원을 보고 나서 시내 외곽에 위치한 롱선사Long Son Pagoda로 발길을 돌린다. 베트남 나트랑에서 가장 오래된 불교사찰 롱선사Long Son Pagoda는 중국인들에게 나트랑Nha Trang에서 가장 깊은 인상을 받는다고 알려진 곳으로 손꼽히며 많은 여행자들이 찾고 있다.

나트랑Nha Trang 기차역에서 약 500m 떨어진 곳에 위치하고 있으며 1886년에 세워져 몇 번의 보수공사를 거친 후 지금의 모습을 갖추었다. 본당 안 불상은 태국에서 선물 받은 것으로 연꽃에 둘러싸인 모습이다. 본당 오른편의 152개 계단을 오르면 롱선사Long Son Pagoda의 상징인 높이 14m의 대형 불상을 만나볼 수 있다.

거대한 불상도 인상적이지만, 불상 뒤의 계단을 올라가면 내려다보는 나트랑 시내와 해변의 모습이 더욱 아름답다. 나트랑Nha Trang 시내 전경을 한눈에 볼 수 있어 지친 여행의 피로를 아름다운 풍경과 함께 날려버릴 수 있다.

**위치_** 나트랑 시내에서 차로 5분
**주소_** 6 23 Tháng 10, Phương sơn, Thành phố Nha Trang
**시간_** 8~11시 30분, 14~16시 **요금_** 무료

미니 상식

과거 태국으로부터 선물로 받았다는 누워있는 와불상과 앉아있는 좌불상으로 백색의 불상이 압도적인 절이다. 중국의 영향을 많이 받은 베트남은 불교 역시 중국 불교와 비슷한 형태를 보인다.

**주의사항**

1. 호의는 사절
이제는 너무 조심하라고 잘 알려진 것이지만 사원을 올라가는 입구에서 무료라고 하면서 향을 나눠주고 향 값을 요구하는 베트남 사람을 보면 대꾸도 하지 말고 지나쳐가면 된다. 또 불상의 위치를 알려준다는 호의도 무시하면 된다. 불상의 위치를 알려주고 돈을 요구하기도 하는데 롱선사에서의 호의는 다 무시하고 관람하면 문제가 발생하지 않는다.

2. 사원 내부 관람
신발과 모자는 벗고 내부를 관람해야 한다.

## 나트랑 대성당

Nhà thờ Chánh Tòa Kitô Vua

1934년에 프랑스 고딕 양식으로 세워진 베트남에서 가장 큰 가톨릭 성당 중 하나이다. 나트랑Nha Trang 기차역에서 가까운 낮은 언덕에 자리하고 있다. 프랑스의 지배를 받으며 가톨릭교가 전파된 베트남의 도시들은 대부분 유명한 성당이 하나씩은 있다.

나트랑도 베트남의 다른 도시처럼 고딕 양식의 나트랑Nha Trang 대성당은 100% 돌로 지어져서 현지인들은 '돌 교회'로 부르고 있다. 교회 입구에 있는 시계탑과 3개의 종이 인상적인데, 1789년 프랑스에서 제작되어 나트랑Nha Trang으로 옮겨온 것이다.

내부 스테인드글라스가 인상적인 곳으로, 새벽과 오후 미사(미사시간 평일 04:45, 17:00/일요일 05:00 07:00 09:30 16:30 18:30) 때는 관광객에게 개방된다. 스테인드글라스가 장식된 내부는 유럽의 다른 성당처럼 웅장한 모습을 갖추고 있다.

묘지는 약 4천개의 무덤이 있던 자리에는 기차역이 확장하면서 교회 내부로 이전하였다.

**홈페이지_** www.giaoxugiaohovietnam.com

**위치_** 나트랑 여행자의 거리에서 걸어 20분, 택시로 5분, 나트랑 기차역에서 도보 5분

**주소_** 1 Thái Nguyên, Phước Tân, Thành phố Nha Trang

## 담 시장
Dam Market

베트남 여행의 재미 중 하나는 바로 전통시장을 구경하는 것일 것이다. 현지어로 '쩌담Chớ Dám'이라고 하는 나트랑Nha Trang 최대 재래시장인 담 시장Dam Market은 사람 냄새 가득하다. 갖가지 먹거리와 로컬 분위기를 한 번에 느낄 수 있는 진정한 여행자의 거리 분위기를 느낄 수 있다.
전형적인 재래시장에서는 신선한 과일과 건어물은 물론 다양한 잡화, 의류까지 재래시장에서 볼 수 있는 모든 것이 구비되어 수준 높은 기념품까지 얻을 수 있다.

얼음을 동동 띄운 시원한 열대과일 주스 한 잔에 담긴 베트남의 정을 느끼며 더위를 달래보는 것도 좋은 추억이 된다. 나트랑Nha Trang에서 느낄 수 있는 로컬 푸드에 현지인들의 생생한 모습을 체험하고 싶다면 주저하지 말고 담 시장으로 향하면 된다. 밤이면 더욱 많은 여행객이 몰리는 담 시장Dam Market에는 흥까지 넘치는 야시장의 다른 재미를 만날 수 있다.

**시간_** 새벽5~18시30분
**위치_** 나트랑 대성당에서 걸어서 10분
**주소_** Vạn Thạnh, Thành phố Nha Trang

## 쩜흐엉 타워

Tháp Thăm Húóng

나트랑Nha Trang을 대표하는 상징물로 만들기 위해 제작되었으나 아직 그 역할을 하지 못하고 있다. 베트남의 국화인 연꽃을 형상화한 건물은 3층처럼 보이지만 내부는 6층으로 설계되었다. 1층은 정원과 그 옆에서 파도가 치는 조각 작품과 2층에는 분홍색 꽃잎이 표현되고 3층에는 탑으로 등대역할을 한다. 꼭대기에는 봉우리를 상징하는 데 경제, 문화적으로 발전한 나트랑Nha Trang의 발전상을 보여주기 위해 만들어졌다. 밤에는 탑의 불빛이 화려해 사진을 찍으려는 관광객이 많다.

**위치_** 인터컨티넨탈 호텔 앞

**주소_** Trán Phư, Lôc Tho, Tp Nha Trang

# 탑바온천
Thap Ba Hot Spring

포나가르 사원Ponagar Temple을 방문한다면 바로 이어서 방문하는 코스가 탑바온천Thap Ba Hot Spring이다. 시내에서 떨어져 있고 포나가르 사원Ponagar Temple과 가까이에 있기 때문이다.
베트남 나트랑Nha Trang 여행에서 추천하는 베트남의 유일한 야외 온천 탑바온천Thap Ba Hot Spring이다. 이곳은 유명한 머드온천으로 머드를 사용한 사람들은 피부가 윤기 있고 투명해지는 효과가 있다고 입소문이 나 있다. 나트랑Nha Trang 시민들도 즐겨 찾는 곳으로 시내 관광을 하고 나서 피곤한 관광객들이 피로를 풀기에 제격인 여행지이다. 천연 머드 목욕, 수영, 온천욕, 사우나를 각각 선택해서 즐길 수 있으며 모두 이용 가능한 패키지도 선택 가능하다.

**주소_** Ngọc Hiệp, Nha Trang, 칸호아 베트남
**시간_** 7~19시
**전화_** (+84) 99-654-2680

머드베스(Mudbath)

고대 그리스 시대부터 사람들은 목욕 요법을 통해 긴장을 풀고 건강을 증진시키는 기능을 가진 미네랄 진흙으로 알고 있었다. 지금도 미네랄 진흙은 관절, 피부의 뼈 질환의 미용과 치료에서 사용되곤 한다.
과학적 연구에 따르면 뜨거운 미네랄워터와 천연 미네랄 진흙은 심장, 신경계, 관절과 피부 아름다움에 도움이 되는 에너지가 풍부하고 미네랄이 녹아있는 가스와 라돈이 풍부하다고 알려져 있다. 나트랑Nha Trang으로 오는 관광객들은 진흙 목욕을 경험하고 천연 미네랄워터를 흡수하기 위해 머드 온천을 방문한다.

**Thap Ba 온천 센터**
- Nha Trang, Ngoc Hiep, Ngoc Son 15
- (+84)258~3835, 345~3834 939

**Nha Trang 온천-Resort**
- Nha Trang Vinh Ngoc Xuan Ngoc 19
- (+84)258~3838 838

**Tram Trung 머드배스 여행지**
- Nha Trang, Phuoc Dong, Phuoc Trung, Nguyen Tat Thanh
- (+84)258. 3711 733

**갈리나 머드 배스 & 스파Galina Mudbath & Spa**
- Nha Trang, Hung Vuong 5
- (+84)258. 3529 998

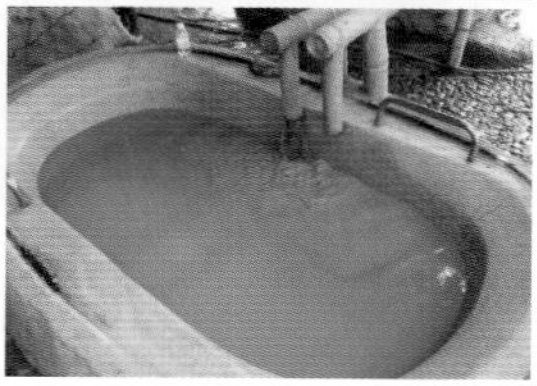
머드온천과 사우나도 가능하다

THÁP BA
tắm bùn THÁP BA

tắm bùn THÁP BA
ÔI KHOÁNG NÓNG THÁP B

## 혼쫑곶
Hòn Chõng

나트랑Nha Trang 비치 끝에 포나가르Po Nagar 사원이 있고, 바다 쪽으로 걸어가면 혼쫑곶Hòn Chõng이 있다. 시간이면 다녀올 수 있는 혼쫑Hòn Chõng은 해안도로를 자전거를 타고 갈 수 있다. 낮은 산들이 병풍처럼 둘러져 있고, 아름답게 잘 보존되어져 있는 해변이 펼쳐져 있는 혼쫑곶Hòn Chõng은 나트랑 비치가 지루해졌다면 찾을 만하다. 혼쫑곶Hòn Chõng은 동해안의 바닷가에서도 본 것과 비슷한 풍경으로 경치가 좋은 바다는 아니다.

나트랑Nha Trang에서 따가운 햇살을 피해 바위 그늘에 앉아 바다를 보며 시간을 보내기 좋은 곳으로 일상을 떠나 할 일이 없는 여행자가 유유자적 즐길 수 있는 장소이다.

언덕을 내려가면 커다란 바위가 있는 중간에 바위가 끼어 있는 신비한 모습을 보게 된다. 이곳이 사진을 찍는 포인트이다. 이곳을 올라가 곶의 모서리부분까지 가면 바다가 보이는 저편에는 해안전망이 아름답다.

안개 낀 혼쫑곶

바위의 전설

1. 오래전부터 전해 내려오는 이야기가 있다. 이곳을 여행하던 거인 혼쫑(Hon Chong)은 에덴동산에서 온 아름다운 요정들이 헤엄치는 모습을 넋 놓고 훔쳐보던 중 미끄러져 넘어지면서 산허리에 매달렸다. 하지만 그 무게를 못 이겨 산이 무너지는 바람에 결국 바위 더미와 다섯 손가락 자국만 남게 되었다고 한다.
2. 전설 속 술에 취한 거인이 목욕을 하던 여인을 보게 되었고, 사랑에 빠진 거인은 신이 시기해 여인이 병에 걸리고 말았다고 한다. 슬픔에 잠긴 거인이 코티엔산(Núi Cô Tiên)으로 변했다고 전해지는 전설이 있다.

**돌아오는 길**

자전거를 타고 돌아가는 길에는 혼조섬 (Hon Do Island) 에 있는 투톤 파고다(Tu Ton Pagoda)를 찾아보는 것도 좋다. 항구에서 무료로 운항하는 배를 타고 섬으로 건너갈 수 있다. 섬 안에 놓여있는 길을 따라가다 보면, 종교적 제단을 볼 수 있고, 암벽에 서서 바다전망을 감상할 수도 있다.

## 족렛 비치
Dõc Lët Beach

하얀 백사장을 가지고 있어 아름다운 해변으로 유명한 곳으로 쩐푸다리를 건너 40~50분정도를 자동차로 달리면 나온다. 비교적 여유롭게 해변을 즐길 수 있는 곳으로 사진을 찍기 위해 많은 관광객이 찾고 있는 곳으로 변하고 있다. 수심이 얕아서 가족 관광객이 찾아서 즐기고 있는 모습을 볼 수 있다.

## 혼 코이 염전
Hon Khoi Salt Fields

혼 코이 염전Hon Khoi Salt Field은 나트랑Nha Trang 시내에서 자동차로 45분 정도 거리에 있다. 건기인 1~6월까지 여자들이 새벽 4시부터 아침 9시 정도까지 일하는데, 얕은 구덩이에서 채취한 소금이 담긴 무거운 바구니를 어깨에 짊어지고 가서 트럭에 쌓아올린다. 그 소금이 전국으로 유통된다. 잊지 못할 장관을 찍고 싶다면 해 뜨기 전에 도착하는 것이 좋다.

베트남 다른 지역의 소금밭과 다르게 혼 코이 염전Hon Khoi Salt Fields을 봐야 하는 이유는 중년 여성들에 의해 수행되는 격렬한 노동 때문이다. 뜨거운 햇빛과 소금으로부터 자신을 보호하기 위해 작업자는 원추형 모자, 고무장갑, 부츠, 안면 마스크를 착용한다. 혼 코이 염전Hon Khoi Salt Fields은 염전의 사진 촬영으로 인기가 있는 장소로 인근의 언덕 꼭대기에 있는 탑처럼 쌓아 올린 소금산과 노동자들의 무거운 바구니를 볼 수 있다.

독 렛 해안Doc Let Beach를 따라 수작업으로 수확한 천연소금을 직접 수확한다. 소금생산은 베트남의 긴 해안선을 따라 만들어진 염전 산업으로 나트랑Nha Trang의 중요한 산업으로 매년 약 737,000톤을 생산한다.

**사진을 찍고 싶다면?**

칸 호아(Khanh Hoa) 소금 회사의 허가를 받아야 한다. 나트랑(Nha Trang)의 산업이기 때문에 관광객은 혼 코이 염전(Hon Khoi Salt Fields)에서 관광 시설을 기대해서는 안 된다. 이른 아침에 주민들이 일하는 것을 보는 것은 문화적으로 좋은 경험이다.

**준비물**

원추형 모자, 고무장갑, 부츠, 안면 마스크를 착용해야 한다. 뜨거운 뙤약볕에 있어야 하는 상황은 가혹하지만 곁에서 보는 모습은 친근하다.

**주소_** Ninh Au Co Quang An Tay Ho

**시간_** 4~9시

## 투반 파고다

Tu Van Pagoda(조개탑 : Shellfish Pagoda)

투반 조개 탑Tu Van Pagoda은 나트랑Nha Trang에서 60㎞ 정도 떨어져 있다. 1968년 무렵에 세워진 탑은 바다에서 나는 자재로 건설되어 유명해졌다. 39m에 달하는 바오틱Bao Tich 타워는 1995년부터 5년에 걸쳐 건설되었다. 타워는 완전히 산호만을 이용하여 세워지고, 조개로 장식되어 Chua Oc(조개 탑)이라는 이름을 얻게 되었다. 1985년부터 10년 동안 승려들은 탑을 건설하기 위해 해변을 따라 어디서나 볼 수 있는 바다의 재료를 수집했다. 후에 여러 개의 탑과 동굴, 터널, 다리를 설계하고 건설한 뒤 해변에서 찾은 재료들로 장식했다.

**주소_** 3 Thang 4 Street, Cam Ranh, Khanh Hoa

사진을 찍고 싶다면?

수년 동안 파고다의 수도승들은 죽은 산호와 조개껍질을 사용해 여러 작품을 만들어 파고다의 공간을 산호와 조개박물관으로 만들었다. 불교에 따르면, Mitreya Buddha가 항해 한 배로 사망 후 불행의 바다를 가로 질러 관대함을 가진 사람들을 운송했다. 보트의 돛에는 불교도의기도 책이 있다. 기도는 방문객을 진정시켜 조용한 영혼을 가진 탑에 들어갈 수 있도록 하기 위한 것이다. 정원을 지나면 방문자는 40m 높이의 바오 티치 타워(Bao Tich Tower)에 도달한다. 부처와 신의 동상의 수백은 탑 안쪽에 자비의 여신상, 각 종려에 천 팔, 천개의 눈과 더불어 탑 자체에 설치된다.

타워 옆에는 커다란 그늘진 나무들로 가득한 정원인 박트 나 호아 비엔 (Bat Nha Hoa Vien)과 동물과 바다 생물의 동상이 아름다운 조화를 이루고 있다. 그러나 방문자의 호기심을 일으키는 것은 '지옥으로의 통로Duong Xuong Dia Nguc'라는 작품이다. 지옥을 상징하는 동굴로 이어지는데, 둘 다 죽은 산호와 조개껍질을 사용하여 건설되었다. 지옥의 12층을 상징하는 동굴에는 12개의 문이 있으며, 각 문에는 사람이 평생 동안 저지를 수 있는 죄에 대한 묘사가 있다.

## 알렉산드르 예르신 박물관

Alexandre Yersin Museum

알렉상드르 예르신 파스퇴르 연구소Pasteur Institute에 있는 예르신Yersin의 집에서 8~10분 떨어진 트란 푸 거리Tran Phu boulevard에 위치해 있다.

박물관에는 예르신Yersin의 장비와 서신이 많이 수집되어 있으며 일반적으로 세균학과 과학에 기여한 바를 묘사하고 있다. 불어로 설명이 되어 있지만 영어와 베트남어로 번역이 제공되고 있다.

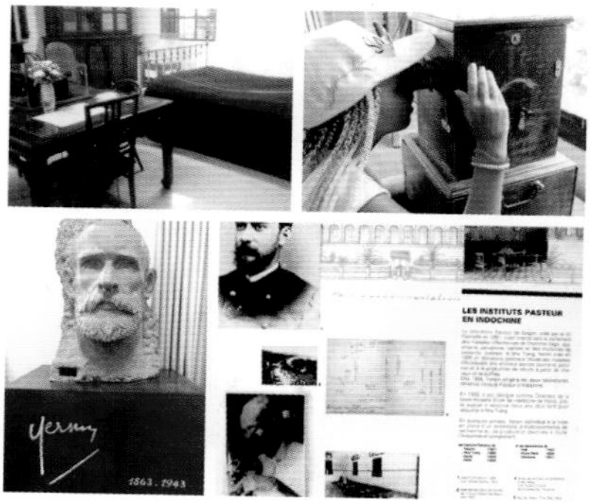

**주소_** 11~14시 16시30분(주말 휴관)

**요금_** 22,000

**알렉산드르 에밀레 진 예르신(Alexandre Emile Jean Yersin:1863 ~ 1943)**

예르신(Yersin)박사는 1893년에 달랏(Dalat)을 발견한 것으로 베트남에서 유명한 학자이다. 고도가 높고 유럽과 같은 기후 때문에 달랏(Dalat)은 후에 프랑스인들의 휴양지가 되었다.

스위스 인으로 프랑스로 귀화한 프랑스 의사이자 세균 학자였다. 나중에 그의 명예 'Yersinia pestis'에서 지명된 전염병이나 해충의 발견자로 기억되고 있다. 예르신(Yersin)은 1863년에 태어나 1883~1884년까지 스위스 로잔에서 의학을 전공했다. 루이스 파스퇴르(Louis Pasteur)의 에콜 노마 스페르이에르(École Normale Supérieure) 연구소에 입사하여 광견병 치료제 개발에 참여했다 . 1888년에 박사 학위논문을 받았다. 최근에 만들어진 파스퇴르 연구소(Pasteur Institute)에 1889년 공동 작업자로 참여하여 디프테리아 독소(Corynebacterium diphtheriaebacillus)를 발견했다.

프랑스에서 의학을 연습하기 위해 예르신은 1888년에 프랑스국적을 신청하고 취득했다. 1890년, 그는 동남아시아의 프랑스 인도 차이나의 의사로 만주의 폐렴을 조사하기 위해 프랑스 정부와 파스퇴르 연구소의 요청에 의해 홍콩으로 갔다. 이후 그는 인도차이나로 돌아와 나트랑(Nha Trang)에 작은 실험실을 설치하여 혈청을 제조했다. 1905년 이 연구소는 파스퇴르연구소의 한 부서가 되었다.

## 토스티아나
Toastina

쉐라톤 호텔 1층에 위치한 카페로 달달한 케이크와 코코넛 커피가 호텔 가격으로는 저렴한 편이다. 화려하지만 정갈한 인테리어가 먼저 눈길을 사로잡고, 곧이어 미소가 아름다운 직원들이 손님을 맞는다. 케이크와 함께 커피가 낮에는 인기이지만 풍미 있는 와인과 함께하는 도심에서 즐기는 만찬도 더할 나위 없이 좋다.

**홈페이지_** m.facebook.com.dining/sheration
**주소_** 26~28 Tràn Phú Sheration, Nha Trang
**시간_** 7~23시
**전화_** +84-91-288-7214

## 파빌리온
Pavilion

나트랑 시내에 자리한 리조트에 있는 아나 만다라에 있는 베트남 레스토랑이다. 쉽게 맛보기 어려운 다양한 고급 베트남 요리를 맛깔나게 먹을 수 있다.
특히 갓 잡은 싱싱한 해산물 요리가 베트남 특유의 향신료가 들어간 로브스터와 대형 새우인 '랑고스티노'요리가 자랑하는 요리이다. 로맨틱한 기타 연주가 들려오고 레스토랑 앞의 해변에서 벌어지는 BBQ 파티는 기분 좋은 추억을 남길 수 있다.

**홈페이지_** www.sixsenses.com
**주소_** Beachside, Tràn Phú Boulevard, Nha Trang
**시간_** 7~10시 30분 / 18~22시 30분
**전화_** +84-58-352-2222

# 쩐푸 거리
## Trãn Phú Eating

활기 넘치는 쩐푸거리Trãn Phú Boulvard는 하얀 모래사장을 따라 코코야자 나무의 그늘 아래로 뻗은 나트랑 시의 중심가이다. 많은  레스토랑과 바, 호텔이 들어선 이 거리에는 새벽부터 밤까지 많은 사람들로 붐빈다.

### 그린 가든
Green Garden

쩐푸거리Trãn Phú에서 스토리 풀을 가려고 도로를 따라 내려가면 큰 규모의 해산물 요리 레스토랑이 보인다. 450명을 수용할 수 있는 규모이니 상당한 크기인데 매일 이곳이 많은 사람들로 북적이는 사실도 놀랍게 느껴진다.

220,000동의 가격에 랍스터를 제외하고 모든 해산물요리를 무제한으로 즐길 수 있어 저렴하게 많은 양의 해산물을 먹고

싶은 관광객과 시민들이 찾고 있다. 과일, 아이스크림 등 종류는 다양하지만 고기의 신선도가 떨어지는 단점이 있으나 해산물을 저렴하게 먹을 수 있어 유명한 시프드 뷔페이다.

**주소_** 1호점 : Biệt Thú Lộc Tho, Tp. Nha Trang
**시간_** 17~22시
**전화_** 90-807-9077

## 코스타 시푸드
Costa Seafood

인터컨티넨탈 호텔 옆에 있는 나트랑 해산물 레스토랑이다. 나트랑에서 해산물 요리 맛이 가장 좋다고 알려져 있는 레스토랑으로 직원들의 친절한 서비스로도 만족도가 높다. 고급 레스토랑의 장점을 살린 룸이 있어 사전에 예약을 하면 15명 정도까지 조용히 가족이나 일행이 식사를 할 수 있다. 내부의 테이블도 많아 찾는 고객이 많아도 내부는 조용하지만 외부 테이블은 차량의 소음 등이 있어 조용하지는 않다. 어느 메뉴를 주문해도 기본적인 맛을 보장해주는 레스토랑이다.

**홈페이지_** www.costaseafood.com.vn
**주소_** 32~34 Trần Phú Lộc Tho, Nha Trang
**시간_** 7~14시, 17~22시
**요금_** 크랩 미트 샐러드 120,000동, 타이커 새우 튀김 240,000동
**전화_** 258-3737-777

## 루이지애나 브루하우스
Louisiane Brewhouse

나트랑Nha Trang의 밤은 뜨겁다. 관광객이 많은 도시인만큼 저녁식사를 끝낸 관광객은 야시장을 즐기다가 밤에도 즐기고 싶은 생각이 많다. 비치 바로 옆에 있는 루이지애나 브루하우스Louisiane Brewhouse는 생맥주를 마시면서 라이브 공연과 무료 풀장을 이용하고 즐길 수 있다.
가장 핵심인 맥주의 맛은 천연재료와 정화한 지하수로 만드는 생맥주의 맛이 다시 찾도록 만든다. 로맨틱한 시간을 보내고 싶은 나트랑 연인들도 즐겨 찾는 명소로 자리 잡고 있다.

**홈페이지_** www.louisianebrewhouse.dom.vn
**주소_** 29 Trần Phú Lộc Tho, Nha Trang
**시간_** 7~24시
**요금_** 메인요리 150,000~360,000동
생맥주 테스팅set 130,000동
생맥주 330ml 50,000동,
칵테일 130,000~180,000동
**전화_** 258-3521-948

## 스토리 나트랑 브루어리

Story Nha Trang Brewery

스토리 풀이 수영장과 휴식이 결합되었다면 생맥주를 마실 수 있는 장소가 새롭게 생겨났다. 루이지애나 브루하우스Louisiane Brewhouse의 인기가 높아지면서 근처에 바다를 보면서 맥주를 즐길 수 있는 곳은 계속 생겨날 것 같다.

현재 2잔에 1잔을 무료로 주는 서비스를 진행하고 있다. 정통 유럽 맥주를 선보이는 점이 루이지애나 브루하우스Louisiane Brewhouse와의 차이점이다. 루이지애나 브루하우스Louisiane Brewhouse보다 남쪽으로 걸어가야 하지만 오히려 더 한가하게 밤바다를 즐길 수 있다.

**홈페이지_** www.skylightnhatrang.com

**주소_** 38 Trần Phú Lộc Thọ, Nha Trang **시간_** 8~14시(레스토랑) / 16시 30분~24시

**요금_** 스카이덱 입장료 50,000동 / 클럽입장료 150,000동

(주류 1잔 포함, 20시 이전 / 이후는 200,000동 / 주말 250,000동)

**전화_** 258-3528-988

## 스카이라이트
Skylight

나트랑에서 가장 유명한 나이트 라이프의 대명사는 누가 뭐라고 해도 스카이라이트이다. 반짝이는 빛과 흥겨운 음악으로 늦은 밤까지 유흥을 즐기는 곳이다.
베스트 웨스턴 하바나 호텔 21층 옥상에 만들어놓은 나이트클럽은 사방이 뚫려있어 밤바다의 아름다운 풍경을 보면서 루프탑 바의 생생한 음악을 들으면서 춤을 추고 보낸다. 특히 주말에는 많은 사람들로 붐비기 때문에 일찍 입장해야 하며 시끌벅적한 분위기를 싫어한다면 추천하지 않는다.

**홈페이지_** www.skylightnhatrang.com
**주소_** 38 Trần Phú Lộc Tho, Nha Trang
**시간_** 8~14시(레스토랑) / 16시 30분~24시
**요금_** 스카이덱 입장료 50,000동
클럽입장료 150,000동
(주류 1잔 포함, 20시 이전 / 이후는 200,000동
주말 250,000동)
**전화_** 258-3528-988

## 알티튜드 루프탑 바
Altitude Rooftop Bar

쉐라톤 나트랑 호텔 28층에 위치한 루프탑 바로 아름다운 해변을 보면서 칵테일을 즐길 수 있어 인기이다. 특히 루프탑 바인 스카이라이트가 시끌벅적해 싫어하는 관광객이 조용하게 아름다운 음악과 함께 로맨틱한 분위기를 원하여 많이 찾는다.
스카이라이트는 큰 규모이지만 반대로 작은 규모라서 좌석의 숫자가 적어서 17시의 시작과 함께 찾는 사람들이 많으니 미리 와서 자리에 앉아 있는 것이 좋다. 17~19시까지 해피아워Happyhour로 칵테일 주문을 하면 1잔의 칵테일을 무료로 제공해 주기 때문에 17시 입장이 유리하다.

**주소_** 26~28 Trần Phú Lộc Tho, Nha Trang
**시간_** 17~23시
**요금_** 칵테일 120,000동~, 맥주 85,000동~
**전화_** 258-3880-000

## 세일링 클럽
Sailing Club

쩐푸거리Trần Phú의 빈콤 프라자Vincom Plaza를 기점으로 남쪽은 로맨틱한 밤을 즐길 수 있고 빈콤 프라자 근처의 해변은 활기찬 젊음의 분위기를 느낄 수 있다.
낮에는 해변의 레스토랑이지만 밤에는 나트랑 젊은이들과 관광객이 찾아 에너지를 발산한다. 성수기인 7~8월, 12~3월 초까지 파티를 열고 이벤트를 벌이면서 세일링 클럽Sailing Club을 모르는 관광객도 알 수 있을 정도로 유명하게 밤 문화를 이끌고 있다.

**홈페이지_** www.sailingclubnhatrang.com.vn
**주소_** 72~74 Trần Phú Lộc Thọ, Nha Trang
**시간_** 8~24시
**요금_** 버거 250,000동, 맥주 30,000~50,000동, 칵테일 160,000동
**전화_** 258-3524-948

## 와이 낫 바
Why not Bar

러시안 인들이 많이 찾는 모스크바, 레몬그라스 옆에 있어서 저녁식사를 하고 나이트 라이프를 즐기려는 관광객이 많다. 러시아인들이 많지만 활기찬 분위기를 느끼고 싶지만 스카이라이트가 가격적으로 부담스러운 유럽 배낭 여행자들이 많다. 소리가 커서 한밤중에도 인근의 호텔에서는 잠을 청하기 힘들 정도이다. 다소 조용한 분위기를 원한다면 야외테이블에서 즐기면서 모히토 한잔으로 하루를 마무리해도 좋다.

**주소_** 26 Trần Quang Khải, Lộc Thọ, Tp. Nha Trang
**요금_** 모히토 90,000동, 생과일 주스 35,000동
**전화_** 0258-3811-652

# 배낭여행자 거리
## (나트랑 남쪽 해안)

배낭 여행자 거리라고 해도 호치민의 배낭 여행자 거리와는 다르다. 부이비앤Bùi Viên 거리 하나를 통째로 부르는 것과 다르게 다양한 숙소가 모여 있는 거리로 나트랑이 개발이 덜 되었을 때부터 여행자가 모여들면서 부르던 이름이다. 지금도 콩 카페Còng CàPHê, 랜턴스Lanterns, 아이스드 커피Iced Coffee, 갈랑가Galangal 등의 맛집들이 모여 있고 해가 질 때면 모여드는 세일링 클럽Sialing Club의 나이트 라이프가 존재하는 나트랑의 대표적인 장소이다.

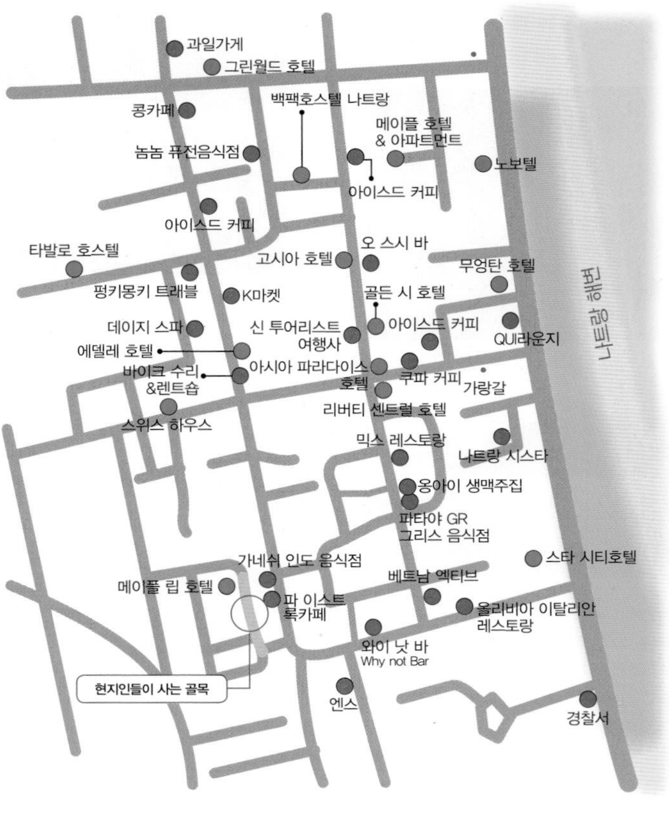

## 나트랑 비치
Nha Trang Beach

나트랑Nha Trang의 대표적인 해변으로 남북으로 가로지르는 쩐푸Tran Phu거리와 동쪽을 따라 위치한 해변으로, 길이가 5㎞에 달한다. 노보텔 호텔부터 세일링 클럽이 있는 해안까지가 배낭여행자 거리에서 만나는 해안가이다.

바다는 항상 수영과 서핑 등의 해양 스포츠를 즐기는 관광객으로 붐비고 해변은 일광욕을 즐기는 휴양객들로 가득 차 있다. 저녁이 되면 시원한 바닷바람을 맞으며 해변을 즐기기 위한 관광객과 현지인들로 모래사장은 여유롭지는 않은 해변이다.

## 스토리 풀

Story Pool

스토리 비치 클럽에 있는 야외 수영장으로 나트랑Nha Trang 해변의 새로운 명소가 되고 있다. 복합쇼핑몰로 만들겠다는 계획에 따라 레스토랑과 스파Spa가 나트랑 중심 해변에 수영장과 함께 있어 더욱 인기를 끌고 있다. 특히 가족 여행자가 많이 찾고 있다. 아이들은 하루 종일 수영장에서 놀고 그 옆의 선베드에서 쉬고 있는 부모가 함께 즐기고 쉬기 좋은 곳이다.

**홈페이지_** www.centralpark.vn
**주소_** 100 Trần Phú, Lốc Tho
**요금_** 선베드 & 타올 250,000동 구명조끼 35,000동
**시간_** 7~18시

## 자이 해변
Bãi Dài

끝없이 펼쳐진 백사장과 푸른 바다로 고급 리조트들이 들어선 자이 해변이 동양의 나폴리라고 불리는 이유가 아닐까라는 생각이 드는 해변이다. 깜란 국제공항에서 20분 정도 지나면 나오는 해변은 고급 호텔과 리조트가 계속 지어지고 있어 매년 이곳을 찾는 여행자들이 늘고 있다.

때 묻지 않은 자연을 만날 수 있는 신비로운 도시, 나트랑Nha Trang의 해변 중에서도 빼어난 경관을 자랑한다. 약 4km 길이의 백사장을 가진 자이 해변Bãi Dài은 코코넛 나무가 선사하는 시원한 그늘 아래에서 달콤한 휴식을 취할 수 있다. 신비로운 분위기와 천혜의 자연환경을 자랑하는 자이 해변Bãi Dài은 헤엄치기에 딱 좋은 물 온도를 가지고 있다.

# 나트랑 센터
Nha Trang Center

롯데마트가 품목이 다양하고 세련되어 있지만 외곽에 있어서 찾아가기 힘이든다. 나트랑 센터는 도심 내에 있고 품목도 다양해 관광객이 많이 찾는 쇼핑센터이다.
1층에 현금 인출기(ATM)와 옆에 환전소가 있고 2층에는 슈퍼가 자리하고 있다. 3층의 푸드 코트에 다양한 음식을 주문할 수 있고 푸드 코트에서 보는 바다의 풍경이 아름다워 찾게 된다. 또한 저녁에는 볼링장이 있어 연인이나 가족과 함께 시간을 보내기에도 좋다. 3층의 푸드 코트는 메뉴를 원하는 곳에서 고르고 가격이 적혀있는 종이를 가지고 계산대로 이동해 계

산을 한 후, 영수증을 받아서 다시 음식점으로 이동하여 번호가 적혀있는 플라스틱을 받고 기다리면 음식을 직접 가져다준다. 3층의 오락실과 볼링장이 있으므로 가족여행객에게 특히 추천한다.

**주소_** 20 Trần Phú, Nha Trang
**시간_** 9~22시
**전화_** 0258-6261-999

빅C 마트(Big C Mart)

나트랑 시내에서 가장 멀리 있는 마트로 관광객이 찾기보다 현지인들이 찾는 마트이다. 롯데마트와 빈콤 프라자가 세련된 내부 인테리어를 보여주지만 빅 C 마트는 세련된 분위기는 아니고 조금은 시장분위기의 마트이다. 입구를 통해 들어가면 비어있는 판매대가 있어 관광객이 자주 찾는 마트는 아니므로 외곽까지 가서 쇼핑을 하지 않는다.

## XQ 자수박물관

XQ Sú Quàn

세계적인 베트남 전통자수박물관인 XQ 자수박물관XQ Sú Quàn은 약 300년의 전통을 이어 온 베트남 전통자수의 명가로 연간 30여만 명의 관람객이 관람하는 곳으로 베트남 달랏Đà Lạt에 본관을 두고 있다. 배낭여행자 거리의 하이랜드HighLands 커피 건너편에 위치해 있는 박물관은 다양한 공예작품이 전시되어 있다. 무료이기 때문에 쉬어가는 장소로 잠시 들러 베트남의 공예수준을 확인할 수 있는 곳이다.

베트남자수를 대표하는 XQ 자수박물관XQ Sú Quàn은 베트남 전국에 자수를 놓는 사람만 3,500명에 이르는 대규모 문화기업과 같은 곳으로, 특히 달랏 본관은 각종 자수와 더불어 베트남의 전통문화 양식의 건축물과 조각, 조경들로 가득 채워져 '베트남 문화의 보고'로 알려져 있다.

**주소_** 64 Trần Phú, Lộc Tho, Tp. Nha Trang
**시간_** 8~21시 30분
**전화_** 0258-3526-579

**베트남 자수의 역사**

베트남 전통자수는 14세기 중국의 명나라로부터 전해져 온 것으로 베트남 사람의 특별한 손재주에 베트남의 문화가 겹쳐져 베트남을 대표하는 문화상품이 되었다. 자수 작품들은 비단실로 수를 놓아 작품마다 섬세한 정교함이 극치에 달해 소품에서부터 5명이 1년 동안 작업한 대작에 이르기까지 다양한 작품들이 세계 각국으로 팔려나가고 있다.

## 롱비치
Long Beach

나트랑 캄란 국제공항Cam Ranh International Airport에서 아름다운 경치를 감상할 수 있는 해안도로를 따라 약 40분간 이동을 하게 되면 현대적인 해변휴양지가 나온다. 현지인들은 바이자이 비치Bãi Dài Beach로 부르는 곳이다.
인근 바다를 돌아보는 것도 즐거운 경험이 될 수 있으며, 쇼핑, 관광명소, 레스토랑, 바 등이 모두 호텔에서 도보로 이동 가능 한 거리에 위치해 있다.

## 혼로 항구
Hon Ro Fish Port

나트랑 시내에서 자동차로 약 15분 이동하면 나트랑 최대의 항구인 혼로 항구Hon Ro Fish Port에 도착한다. 매일 수많은 어선들이 항구에 정박하는 항구에는 이른 아침이면 현지 상인들이 줄을 지어 밤새 고기를 잡고 돌아오는 어선을 기다린다.
항구는 신선한 해산물을 구매하는 현지인들로 생기가 넘치고, 한쪽에서는 수천 톤의 멸치가 도시 전역으로 팔려 나가기를 기다린다.

# 스쿠버 다이빙(Scuba Diving)

스쿠버 다이빙Scuba diving은 물속에서도 숨을 쉴 수 있게 해주는 장비를 착용하고 수중 다이빙underwater diving을 하는 것이다. 1년 내내 따뜻한 기온과 잔잔한 파도를 가진 혼문 섬 근처에서 스쿠버 다이빙을 즐기게 된다.

영어의 'SCUBA'는 원래 잠수 장비를 가리키는 명사였지만 기구를 사용하는 잠수 활동 자체를 스쿠버로 일컫고 있다. 일반인들이 스킨스쿠버를 즐기는 경우, 잠수가 가능한 깊이는 최대 40m 정도이고 잠수를 하는 최대 시간은 3시간 30분 정도이다. 단, 잠수를 깊게 할수록 잠수 시간은 짧아지게 된다.

일반적인 인식과는 달리 사고율이 높지 않고, 여행에 대한 관심이 늘어남에 따라 즐기는 인구가 늘어나는 추세이다. 하지만 물속에서 이루어지는 스포츠이기 때문에 위험 요소를 가지게 되는 것은 당연한 것이다. 물속 압력의 변화에 따른 변화가 감압 병, 공기색전증을 일으키기도 하고 체온이 저하되거나 피부 외상이 일어날 수 있으므로 안전에 주의해 즐겨야 한다.

**최대 허용 수심이 40m인 이유**

물속에서는 수심 10 m마다 1 atm씩 더 가중된다. 40m에서는 5 atm의 압력이다. 압력의 영향으로 신체 내 질소 용해량이 올라가게 되며, 갑작스럽게 압력이 낮아질 경우 용해되어 있던 질소가 거품이 되어 혈관과 신경 등을 막아버리는 잠수병에 걸리게 된다. 혈액 속 산소 분압이 1.6을 넘어서는 경우 산소중독에 의한 의식불명 상태를 야기한다.

### 스쿠버다이빙 투어

1. 7~8시에 숙소로 픽업을 하고 나서 선착장에 모든 투어 참가자가 모이면 배를 타고 혼문 섬으로 이동한다.
2. 혼문 섬까지 이동하는 배에서 스쿠버 장비의 사용법을 알려주는 데 이때 잘 듣고 이해가 안 가는 부분이 있다면 물어보고 알고 있어야 한다.
3. 강사 1명당 2~3명으로 강사가 책임질 수 있는 인원이 그룹으로 나뉘게 된다.
4. 혼문 섬에 도착하면 초보자를 위해 2~3m 깊이의 바다에서 전문 강사가 장비 사용법이나 스쿠버 다이빙에 대한 설명을 하고 실습을 하게 된다.

**보트다이빙(혼문 섬)**

보트를 타고 원하는 다이빙 포인트로 이동해서 입수하는 것을 말한다. 바로 깊은 수심으로 떨어질 수 있어 비치다이빙에 비해 체력소모가 적다. 보트를 이용하므로 비치다이빙에 비해 투어 비용이 높을 수 밖에 없다. 보트에는 직원가 남아서 대기하다가 다이버가 SMB를 띄우면 그것을 육안확인하고 해당 위치로 이동하여 다이버들이 물밖으로 나올 수 있도록 돕는다.
조류 등으로 다이버들이 멀리 이동해버리면 보트에서 SMB를 보지 못하는 경우가 있으므로 다이버용 호루라기를 이용하여 청각신호를 보내거나, 반사경을 갖고 있다면 본인들이 타고 온 보트를 향해 햇빛을 반사시켜 보트를 호출한다.

5. 실습을 통해 물속으로 들어갈 수 있다고 판단을 하면 조금 더 깊은 바다로 이동하여 본격적인 스쿠버 다이빙을 하게 된다.
6. 1번의 스쿠버 다이빙을 하고 점심식사를 한다. 한번 물속에서 스쿠버 다이빙을 하면 수영을 하지 못해도 다이빙 장비가 물속에서 돌아다닐 수 있도록 추진력을 만들어 주기 때문에 물속에서 돌아다니는 재미를 알게 된다.
7. 추가적으로 스쿠버 다이빙을 하고 나머지 시간에는 스노클링을 하면 1일 스쿠버다이빙 투어는 마치게 된다.

**장비 확인**

| | |
|---|---|
| 수트 | 몸에 맞는지, 내가 들어가려는 다이빙 사이트의 수온과 맞는 두께인지, 찢어진 데는 없는지, 후드/장갑/부츠가 필요에 따라 있는지 확인한다. |
| 웨이트 | 웨이트 버클이 제대로 되어 있고 허리에 맞는지, 필요 시 쉽게 풀어버릴 수 있는지 확인한다. 정신없이 챙기다보면 웨이트를 뒤집어 끼우는 경우도 있으니 주의한다. |
| 핀 | 짝이 맞는지, 풀 풋 핀이라면 신고 / 스트랩 핀이면 스트랩 차고 편안한지 확인한다. |
| 물안경/스노쿨 | 물안경의 경우 얼굴에 잘 밀착이 되는지, 스커트 쪽에 문제는 없는지, 신제품이라면 김서림 방지가 제대로 되었는지 확인한다. 스노클은 물고 숨을 쉴 때 문제가 없는지 확인한다. 이후 BC에 공기탱크와 호흡기 결합하고 확인한다. |
| BC | 가장 중요한 확인사항으로 몸에 맞는지, 스트랩을 죄었을 때 빈 틈이 생기지 않는지, 인플레이터를 연결하고 주입버튼 눌렀을 때 문제없이 빵빵해지고 비상 디플레이터에서 방구 뿡뿡 소리가 나면서 여분의 공기가 배출되는지, 배출버튼 눌렀을 때 공기가 제대로 나오는지, 혹시 BC 안에 지난 번 잠수 때 들어간 물이 남아있는지를 확인한다. |
| 호흡기 | 가장 중요한 체크사항이다. 제공되는 공기탱크와 정상적으로 결합되는지, 잔압계에 표시되는 압력이 정상적인지, 새는 부분은 없는지, 2단계로 옥토퍼스 물고 정상적으로 공기가 빨리는지, 배출 버튼을 눌렀을 때 공기가 제대로 빠지는지 확인한다. |
| 공기탱크 | 남아 있는 압력이 제대로 200bar 또는 3000psi인지, 입으로 빨아 마신 공기에서 이상한 맛이나 냄새가 안 나는지 확인한다. |

공기 호흡기(breathing apparatus)는 스쿠버 장비로 수중 호흡기(Rebreather), 송기식 잠수, SCBA(Self-contained breathing apparatus), 우주복, 잠수용 호흡기(Underwater breathing apparatus)이다.

### 준비물

수건과 선크림 수영복을 입고 가야 한다. 수트를 벗게 되면 따로 옷을 갈아입기는 쉽지 않다. 또한 방수 가방에 자신의 귀중품은 따로 넣어두고 핸드폰에 물이 들어가지 않도록 조심해야 한다.

### 주의사항

물속으로 들어갈 때 강사는 깊이를 체크하면서 들어가지만 물속으로 깊이 들어갈수록 귀가 아프거나 눈이 아플 수가 있다. 이때 손으로 이상신호를 보내면 약간 위로 올라갔다가 다시 내려가야 압력이 조절이 된다. 무턱대고 아래로만 내려가는 일이 없도록 조심해야 한다.

### 투어회사

**베트남 엑티브(Vietnam Active)**

- 주소 : 115 Hùng Vúong, Nha Trang
  (리버티 센트럴 호텔 남쪽)
- 시간 : 6시 30분~21시
- 요금 : 스노클링 35$, 초보다이빙 65$,
  스쿠버 다이빙(2회), 스노클링(2), 점심식사, 물, 장비 일체
- 전화번호 : 0258-3528-119
- 홈페이지 : www.vietnamactive.com
  vietnamactive@gmail.com

**나트랑 시스타(Nha Trang Seaster)**

- 주소 : 64 Trãn Phú, Lôc Tho, Nha Trang
  (Aquatic Ocean Hotel)
- 요금 : 스노클링 30$, 초보다이빙 75$,
  스쿠버 다이빙(2회), 스노클링(2), 점심식사, 물, 장비 일체
- 전화번호 : 090-5380-315
- 홈페이지 : www.nhatrangseaster.com / nhatrangseaster@gmail.com

## 현지인이 추천하는 반미 맛집

베트남은 길거리 샌드위치인 반미의 천국이다. 사람들이 지나는 거리 어디든 반미 노점들이 모여 있다. 하지만 나트랑은 상대적으로 반미를 파는 노점들이 적다. 관광객이 많은 도시로 외국인 관광객을 대상으로 다양한 햄버거나 케밥 등이 더 많기 때문에 배낭여행자 거리에는 숫자가 적은 편이다. 현지인들의 인기를 얻고 있는 반미가게들을 선별해 보았다.

### 반 미 띳 누옹(Bánh mì thịt nướng)

절인 돼지고기가 바삭 바삭한 빵과 약간 매운 칠리소스와 조화를 이루고 오이 슬라이스로 나오는 반미는 10대에게 사랑을 받고 있다. 이른 아침의 시원한 공기에서 구운 고기의 희미한 연기 냄새가 매력적인지 지나가는 행인을 붙잡고 시선을 끌게 만든다.
반미를 만드는 공간이 크지 않고 깨끗하지 않은 것 같아서 맘에 들지 않을 수도 있지만 구워진 빵은 나쁘지 않다.

**주소_** 17 Phan Chu Trinh, Phuong Xuong Huan **요금_** 13,000~20,000동 **시간_** 6~21시 **전화_** 093-576-80-59

## 반 미 냔 후롱(Bánh mì ngàn hương)

이곳을 발견 한 이래로 나는 다른 곳에서 먹고 싶지 않다고 말할 정도로 나트랑Nha Trang 시민들이 사랑하는 반미 맛집이다. 여기에 있는 빵은 자체적으로 만들기 때문에 다른 반미 빵보다 작지만 두껍고 뜨거워서 맛있다.

가격도 10,000~15,000동으로 맛은 아주 좋고, 절인 고기는 맵고 짠맛이 나는 소스가 어울려 내는 반미 맛이다. 아침부터 저녁까지 쉽게 먹을 수 있지만 가끔은 빵이 없어서 문을 닫는 경우도 있다. 또한 가게는 맛있는 국수를 값싸게 판매하고 있다. 식당이 혼잡 할 때는 포장해서 가지고 가야한다고 한다.

**주소_** 8 Hõng Bàng, Phuóc Tiên Thành phõ
**요금_** 10,000~15,000동
**전화_** 093-526-4339

## 반 미 쩐 후롱(Bánh mì nguyên hương)

향기로운 소시지 빵에 자극적인 고수와 양파가 매운 고추와 간장이 어우러져 뜨겁고 신선한 버거는 환상적이다. 쩐 후롱Nguyen Huong 빵이 나트랑Nha Trang 시민들에게 많은 사랑을 받게 만든 이유이다.

친절하고 빠르게 나오는 반미는 빨리 일렬로 늘어서는 고객에게는 큰 장점이다. 뜨겁고 갓 구운 빵은 그냥 먹어도 맛있을 만큼 빵의 퀄리티는 높다. 소박한 종이에 둘러싸여 들어있는 빵 한 덩어리로 아침의 차가워진 손을 데우면서 먹는 맛은 잊을 수 없다.

**주소_** 1 Tô Hiên Thành
**요금_** 12,000~20,000동 **시간_** 7~21시
**전화_** 093-3833-4570

# 나트랑(Nha Trang)의 노점 쌀국수

나트랑Nha Trang은 유명관광지임에도 불구하고 호이안Hoi An이나 다낭에 비해 노점의 쌀국수를 파는 가게들이 적다. 중부 지방의 대표적인 미꽝에 비해 면발이 얇은 쌀국수가 대부분이다. 관광객용 레스토랑이 아닌 나트랑 현지인들이 먹는 쌀국수를 찾는 여행자라면 골목길의 허름한 가게도 아닌 작은 의자에서 먹는 쌀국수 한 그릇 만큼 정이 담긴 쌀국수도 없을 것이다. 나트랑 시민들을 단골손님으로 거느린 허름한 가게에서 파는 국수 한 그릇은 푸짐한 양에 맛까지 푸짐하다.

## 아이스드 커피가 있는 골목

헝부옹Hùng Vúong 거리의 아이스드 커피가 있는 골목에 위치한 완탕이 생각나는 가게이다. 가게이름조차 불분명한 쌀국수집이지만 국수 맛을 알게 된 관광객이 서서히 찾고 있다. 다행히 맛을 찾아 나선 많은 여행자가 알려 주면서 인기를 끌고 있다. 얇은 면발 때문에 자칫 밋밋할 수 있는 쌀국수의 국물이 살려주어 맛이 업그레이드가 되었다.
또한 외국인이 오면 미리 고수를 빼놓아 관광객을 배려하고 있다. 짜지 않고 구수한 국물에 고기를 올리고 파를 송송송 썰어 넣어서 다른 채소가 없는 데도 땀이 나게 되는 개운한 맛이 된다. 라임을 짜 넣어서 깔끔하게 먹는 외국 관광객이 많다. 관광객과 다르게 나트랑Nha Trang 시민들은 완탕을 좋아하여 먹는 메뉴에 차이가 있다.

**요금_** 쌀국수(3종) 40,000동, 완탕 75,000동 **시간_** 7~21시

## 소피아 호텔 건너편 코너에 있는 아침 쌀국수

따뜻한 국물이 가득한 국수와 고명이 얹어진 국수는 취향에 따라 허브를 넣어 먹을 수 있다. 숙주와 칠리소스를 넣어서 자신의 입맛에 맞는 국물을 만들 수 있다. 관광객보다 현지인을 상대하고 아침에만 장사를 하기 때문에 늦게 일어나는 관광객에게 많이 알려지지 않았다.
그렇지만 아침에 일찍부터 일을 시작하는 나트랑Nha Trang 시민에게 맛있는 쌀국수를 제공해 주기 때문에 아침마다 조그만 의자에 앉아 하루의 일과를 시작하는 시민에게 도움을 주는 쌀국수집이다.

**요금_** 쌀국수 40,000동　**시간_** 7~10시

# EATING

나트랑 남쪽 해안은 다양한 해산물을 푸짐하게 먹을 수 있는 천국이다. 미식에서 베트남도 복을 받은 나라 중 하나일 것이다. 그 정도로 풍부한 식재료에 다양한 나라의 관광객이 몰려오면서 중국, 인도, 프랑스 등의 요리가 나트랑Nha Trang에서 요리되고 있다.

## 세일링 클럽
SailingCiub

아름다운 나트랑Nha Trang 해변을 바라보며 식사와 커피 등의 음료를 부담 없이 즐길 수 있는 레스토랑이다. 여행자거리에서 가까워 접근성이 좋은 것이 가장 큰 장점이다. 일몰의 풍경이 아름다워서 해 질 무렵이면 테이블마다 은은한 촛불이 켜지고, 그림 같은 해변과 분위기가 서로 조화를 이뤄 나트랑Nha Trang의 밤을 아름답게 물들인다.

5시 정도만 되도 만찬을 즐기기 위해 모여드는 관광객들로 테이블이 다 차게 된다. 세일링 클럽Sailingclub의 '캔들 디너'라고 하는 저녁식사가 끝이 나고 9시를 넘어서면 레스토랑이 시끄러운 클럽으로 변신한다. 레스토랑과 연결된 해변에서 다양한 공연이 펼쳐지고 시끌벅적한 분위기를 북돋우는 흥겨운 음악은 밤이 깊도록 계속된다.

**홈페이지_** www.sailingclubvietnam.com
**주소_** 72~74 Tràn Phú, Lôc Tho, Tp Nha Trang
**시간_** 7시 30분~새벽 2시
**요금_** 파스타 290,000동, 비프 버거 270,000동, 샌들스 셰프 샐러드 290,000동
**전화_** +84-93-558-0205

## 가랑갈
Galangal

베트남 음식을 현대화하여 성공한 대표적인 레스토랑으로 빈콤 프라자 건물에 들어서 있다. 대체로 평은 음식은 무난하나 서비스가 좋지 않다는 것이다.
직접 음식을 주문하니 사람들이 많아서 기다리는 시간이 길었고 음식은 반쎄오에 기름이 많이 들어가 맛은 나쁘지 않았다. 다만 쌀국수는 맛이 담백하지 않아서 좋은 맛은 아니다. 음식의 양이 작아서 하나로 부족할 것 같은 느낌이 강하다.
가리비구이를 가장 많이 주문하는 데 길거리에서 먹는 해산물이 위생적이지 않다는 인식이 강해 먹지만 양이 작아서 다른 음식을 주문하는 데에 같이 주문하여 한번 먹어본다고 생각해야 먹을 만하다.

**홈페이지_** www.galangal.com.vn
**주소_** 1A Biệt Thú, Tàn Lập, Nha Trang
**시간_** 10시~23시
**요금_** 반쎄오 68,000동, 포보 79,000동, 가리비 구이 90,000동
**전화_** +84-58-3522-667

## 레퓨제
Refuge

나트랑Nha Trang 해변에 있는 레스토랑으로 유럽 관광객을 대상으로 프랑스요리를 전문으로 요리하는 곳이다. 새우요리와 스테이크를 하우스 와인과 함께 즐기는 관광객이 많다.
프렌치 코스를 주문해도 가격이 저렴하여 나트랑Nha Trang을 찾는 많은 러시아 관광객에게 최근에 인기를 끌고 있다. 간단하게 소시지와 맥주에 악어고기, 치킨, 타조고기, 소고기 등의 스테이크는 매우 맛있는 저녁식사가 된다. 악어고기나 타조고기는 알고 먹지 않으면 소고기 스테이크와 다를 바 없어서 낯선 재료에 대한 선입견이 없어지게 만든다.

**홈페이지_** www.lanternsvietnam.com
**주소_** 148 Hùng Vúông Quànt Tràn, Tp Nha Trang
**시간_** 8~22시
**요금_** 스테이크 150,000동, 소시지 60,000동, 크림소스와 감자 55,000동
**전화_** +84-122-808-7532

## 쭉 린 2
Ttúc Linh 2

바다와 접해 있는 나트랑Nha Trang으로 여행을 온 관광객은 한번쯤은 해산물 요리를 먹어보고 싶어한다. 이곳은 여행자거리에서 유명한 해산물 요리 레스토랑이다. 동남아시아 어디를 가든 해산물 레스토랑의 주무하는 시스템은 다 같다.
입구에 있는 랍스터나 타아거 새우, 조개, 오징어 등을 고르면 원하는 대로 요리를 해서 가져다준다.
2010년대에 들어 저렴하게 해산물을 요리해주었던 쭉린은 이제는 규모를 갖춘 레스토랑이 돼서 저녁에는 관광객으로 넘쳐난다. 그러므로 주문을 해도 늦게 나오는 경우도 있고 손님들의 요구가 많아 불친절하기도 해 호불호가 점차 갈리고 있다. 특히 중국인 관광객이 최근에 많이 찾아오면서 인기를 끌고 있다. 핫팟Hot Pot이 대한민국의 탕과 비슷한 요리여서 국물을 먹고 싶다면 추천한다.

**홈페이지_** www.facebook.com/truclinhrestaurant
**주소_** 18 Biêt Thú, Lôc Tho, Tp Nha Trang
**시간_** 7~22시
**요금_** 랍스터 200,000동, 오징어 60,000동, 타이거 새우(100g 당) 50,000동 핫팟(2인) 250,000동
**전화_** +84-058-521-089

## 분짜 하노이
Bún Chà Hà Nôi

카페 거리에 있는 작고 허름한 식당이지만 맛만큼은 최고의 분짜Bún Chà를 먹을 수 있다. 할머니와 아저씨가 운영하는 테이블 6개의 식당에는 분짜Bún Chà와 분넴Bún Nêm을 최고의 맛으로 즐길 수 있고 고수를 빼달라고 하면 빼주기 때문에 자신의 기호에 맞추어 먹을 수 있다. 게다가 관광객이라고 불친절하게 대우하지 않고 친절하게 맞아주기 때문에 아침에 일어나서 산책하고 들어가면 현지인처럼 반겨주는 친절함은 현지인의 친절을 느끼게 해주어 하루가 즐겁게 된다. 매일 먹어도 맛있는 곳으로 적극 추천한다.

**홈페이지_** www.monngonhanoi.business.site
**주소_** 1 Ngô Thòi Nhiêm, Tân Lâp, Tp Nha Trang
**시간_** 7~21시
**요금_** 분짜 35,000동, 분넴 35,000동
**전화_** +84-168-242-6789

## 랑응온
Làng Ngon Vietnamese Cuisine Restaurant

콩 카페에서 왼쪽으로 나와 500m정도를 가면 만날 수 있는 맛집이다. 레스토랑이름에도 나와 있는 것처럼 베트남 전통음식을 저렴하지만 깨끗한 분위기에서 맛볼 수 있다.
레스토랑 내부는 한적한 시골 전원 식당처럼 꾸며져 있어 시원한 바람을 맞으며 식사를 할 수 있다. 연못 옆에서 반쎄오와 분짜를 먹고 커피나 차를 마시면서 한적하게 대화를 나누어도 좋은 장소이다.
최근에 중국인 관광객이 많아지면서 저녁식사시간에는 한적함이 떨어지고 혼잡함이 남아 씁쓸하지만 저녁시간대만 피하면 맛있는 한 끼 식사를 저렴하게 먹고 만족하게 되는 레스토랑이다. 다만 낮 시간에는 에어컨이 없어서 뜨거운 햇빛에 노출될 수 있으니 시간대를 잘 맞추어 가도록 하자.

**홈페이지_** www.langngon.com
**주소_** Hem 75A Nguyen Thi Minh Khai, Nha Trang
**시간_** 10시 30분~14시 / 16~22시
**요금_** 분짜 59,000동, 반쎄오 39,000동
**전화_** +84-91-350-4319

## 포 홍
Phở Hồng

쌀국수 맛집을 관광객이나 현지인에게 물어보면 가장 먼저 대답하는 곳이 포 홍Phở Hồng일 것이다.
베트남여행에서 추억을 이끌어 내는 것이 바로 쌀국수일 것이다. 특히 베트남에서 어디를 가나 먹을 수 있는 대표적인 쌀국수는 이제 필수 코스가 되었다.
많은 여행자들이 단 하나의 쌀국수라고 치켜세울 정도이므로 한번 먹어보고 평가를 해보길 바란다. 현지 나트랑Nha Trang 시민들도 자주 찾는 편인데, 단 하나의 메뉴인 쌀국수만 판매하고 있다. 보통으로 먹을 것인지, 큰 사이즈로 먹을 것인지만 선택하면 된다.

**주소_** 40 Lê Thánh Tôn, Tân Lập, Thành phố Nha Trang
**시간_** 6~21시
**요금_** 55,000동

## 믹스 레스토랑
Mix Restaurant

나트랑Nha Trang은 유럽 배낭 여행자들이 많은 여행지이기 때문에 쌀국수 집뿐만 아니라 다양한 국가의 음식들이 현재 영업 중이다.
장기 여행자들이 쌀국수나 베트남 음식만 먹으면서 지낼 수 없기에 유럽의 음식은 나트랑Nha Trang에 많이 판매되고 있다. 색다른 메뉴를 먹어보고 싶다면 도전해도 좋은 레스토랑이다.
베트남 나트랑Nha Trang에서 가장 성공한 유럽 레스토랑으로 알려진 믹스 레스토랑은 그리스 지중해 음식을 소개하고 있다. 베트남 물가보다 비싸지만 어디에도 소개할 수 있을 정도로 맛있는 그리스 음식을 맛볼 수 있다. 빈티지 인테리어에 고기와 해산물, 그리스 대표 음식인 수블라키Subulaki가 관광객을 유혹한다. 항상 많은 손님으로 붐비기 때문에 점심이나 저녁 시간을 약간 피해가는 것이 기다리지 않고 들어가는 방법이다. 가장 인기 많은 메뉴인 해산물 미트와 그리스 대표 음식 수블라키Subulaki이다. 색다른 메뉴 그리스음식을 경험할 수 있는 믹스 레스토랑Mix Restaurant이다.

**주소_** 77 Hùng Vương, Lộc Thọ, Tp. Nha Trang
**시간_** 11~22시
**전화_** (+84) 165-945-9197

## 반 칸 꼬 하
Bánh canh Co Hà

나트랑에서 현지인이 자주 찾는 쌀국수 가게로 국수는 포 국수pho noodle와 같다. 둥근 수프가 아니라, 생선으로 만드는 국물은 오랜 시간이 소요된다.
아침 식사와 점심에 파는 것이기 때문에 아침 식사 전에 6시부터 만들기 시작한다. 생선과 물, 양파만으로 끓여 육수를 만든다. 양파가 굉장히 많아 양파의 단맛이 강한 편이다. 친절하지 않아서 불만이 있는 식당이지만 접시에 양파와 채소를 가져다준다. 약간 옅은 국물과 작고 깨끗하지 않은 내부 인테리어와 의자가 불만인 사람들도 있다.

**주소_** 14 Phan Chu Trinh
**요금_** 15,000~28,000동
**시간_** 7~19시 30분
**전화_** +84-258-3562-148

## 반 깐 누엔 로안
Bánh canh Nguyên Loan

생선으로 만든 국물은 대담하지 않지만 진한 맛이 나오는 곳으로 평가받고 있다. 레스토랑에서는 생선 구이와 생선요리 등도 판매하고 있다.
맛있는 수프의 맛은 생선 소스를 오랜 시간 끓이면서 나오게 된다. 달고 시큼한 갈비가 달린 생선에 나오는 생선 소스는 새우, 고추 페퍼와 함께 다양한 맛을 내게 된다.

**주소_** Ngô Gia Tú, Phuóc Tien Thanh Phõ
**요금_** 30,000~35,000동
**시간_** 7~21시
**전화_** 058-351-5634

## 분 보 후에 100
100Bún bò Huế 100

암소를 이용하는 쇠고기 국물은 맛있다. 신선하고 맛있는 국물이 분 보 후에의 맛을 좌우하는 데 신선한 야채로 자신이 원하는 맛을 추가해 먹을 수 있다.
육류, 튀긴 고기, 후추, 찐 야채 등과 칠리 소스를 붓고 맛있는 요리를 할 수 있다. 하노이 같은 대도시에서는 공장화된 분 보 후에를 식당에서 팔고 있지만 이곳은 많은 지방을 가진 고기를 사용하면서 신선도를 유지하고 있다.

**주소_** 100 Ngo Gia Tu
**요금_** 33,000동
**시간_** 7~22시
**전화_** +84-258-3511-129

# ABC 베이커리
ABC Bakery

베트남의 '파리바게뜨'라고 부르는 ABC 베이커리는 나트랑에 2개의 지점이 있고 호치민, 다낭 등의 대도시에 있는 전문 베이커리이다. 하지만 아직 많은 지점을 가지지는 못했다. 안으로 들어서면 다양한 빵이 내뿜는 냄새가 구수하다.
베트남 반미도 있지만 나트랑 시민들에게 사랑받는 것은 케이크이다. 다양한 조각케이크와 머핀뿐만 아니라 생일 케이크도 판매하고 있다. 현지 브랜드이지만 유럽 관광객도 많이 찾는 브랜드로 바뀌고 있다.

**주소_** 78A Ly Thanh Ton, P.Phuong Sai
**시간_** 7~22시
**전화_** 58-381-5607

# 현지인이 추천하는 여행자거리 맛집

## 티 티 레스토랑
Ti ti restaurants(Beef Steak)

호치민Hochimin과 나트랑Nha Trang에서 오픈한 유명한 레스토랑이다. 레스토랑은 응우엔차이Nguyen Trai와 박당Bach Dang 거리 모퉁이에 위치해 있다.
맛있는 음식, 후추 소스, 절인 연어가 들어있는 쇠고기, 싱싱한 감자튀김, 신선한 샐러드 등이 인기 메뉴이다. 음식을 주문하면 빠르게 요리해 나오고 아늑하고 편안한 레스토랑 인테리어에 친절한 직원은 분위기를 더해준다. 쇠고기스테이크 가게이지만 암소는 호주산 쇠고기와 달리 부드럽고 건조하지 않아 먹기에 좋다.

겉이 단단하고 건조한 빵은 먹기가 어렵지만 소스에 찍어 먹으면 딱딱함이 누그러져 괜찮다.

**주소_** 89 Nguyèn Trài, Nha Trang
**요금_** 쇠고기 스테이크 75,000동 양BBQ 90,000동, 미국산 쇠고기 스테이크 130,000동
**시간_** 9시 30분~21시 30분
**전화_** +84-90-343-6061

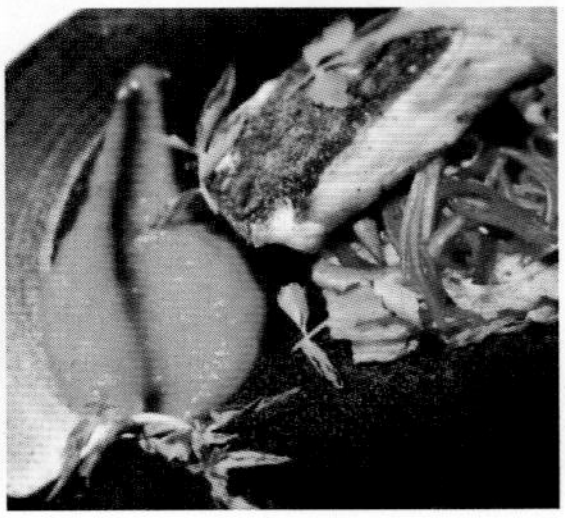

## 놈 놈 레스토랑
Nôm nôm restaurant

골목에 위치한 작은 상점이지만 찾기가 쉽다. 작지만 고급스러운 내부 인테리아, 조용한 분위기로 젊은이들이 특히 좋아한다. 현지인들은 치즈 피자가 가장 맛있다고 추천하고 있다.
관광객은 커리Curry를 가장 좋아한다. 피자는 맛있고 빵은 바삭하지는 않지만 싱싱하다. 저렴하고 좋은 서비스가 음식 맛에 더해 인기를 얻고 있다.
메뉴는 애피타이저와 메인 요리, 모든 종류의 음료를 제공하지만 저렴한 가격의 맛있는 음식이 장점이다.
28cm의 피자, 라자냐와 타이 패드 등 인기요리는 대부분 80,000동이다. 특히 직원들이 손님이 붐비는 점심에도 친절하다. 너무나 붐비지 않을 식사시간 이후나 이전에 가는 것이 좋다. 다만 베트남에서 신선하게 유지해야 하는 굴 요리는 추천하지 않는다.

**홈페이지_** www.nomnom.bakery.burger
**주소_** 17/6 Nguyền Thi Minh Khai, Lôc
**요금_** 28cm의 피자, 라자냐와 타이 패드 80,000동
**시간_** 7~22시
**전화_** +84-129-2914-606

## 올리비아 레스토랑
Olivia Restaurant

러시아 관광객이 초기에 많이 가던 피자집이었으나 지금은 전 세계의 관광객이 몰리고 현지인에게는 약간 높은 가격이지만 이곳에서 데이트 인증샷을 찍어 올리는 대표적인 피자와 이탈리아 레스토랑으로 정평이 나있다. 특히 빵과 파스타는 맛있고 베트남사람들의 취향에 어울린다고 이야기한다.
피자와 이탈리아 음식이 메인으로 구성되어 있고 현지 음식은 부수적으로 구성되어 있는 듯한 느낌으로 주문도 대부분 피자와 이탈리아 파스타에 몰려 있다.
피자를 굽는 화덕을 지나 2층으로 올라가면서 피자가 구워지는 과정을 볼 수 있어 위생적으로 관리되고 있다.
피자는 작은 사이즈나 큰 사이즈의 가격 차이가 10,000동으로 대부분 큰 사이즈를 주문하고 피자에 덧붙여 와인과 칵테일을 같이 먹는 관광객이 많다.

**주소_** 14B Trăn Quang Khài Phuong Lôc Thò
**요금_** 피자 120,000동~
**시간_** 10~22시
**전화_** +84-90-8480-736, 0258-3522-752

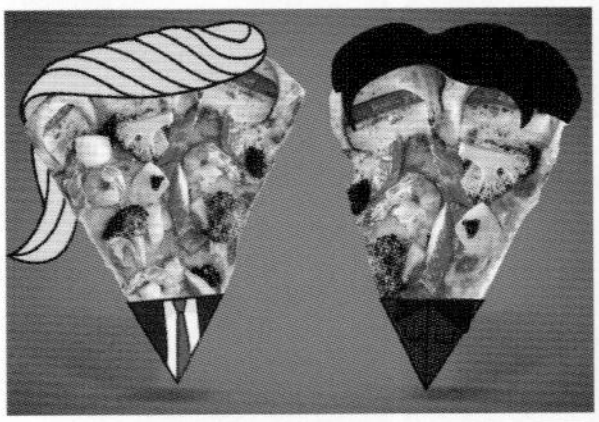

## 피자 컴퍼니
Pizza Company

나트랑Nha Trang에는 의외로 피자 가게가 많은데, 그 중에서 대중적이면서 음식서비스의 질에 만족해 유명하며 인기가 있다. 특히 해산물을 토핑으로 새우, 천 섬 소스, 조개 등이 올라간 피자는 두껍지 않아 먹기에 좋다.
피자의 치즈는 쫄깃하게 늘어진 진한 향이 있다. 내부는 깨끗하고 직원은 친절하여 베트남 음식을 먹기 싫을 때에 찾으면 나쁘지 않은 선택이다. 칠리소스를 곁들여서 만든 토마토소스가 훌륭하다.
가격은 다른 피자집보다 비싸지만 품질은 일반적으로 만족할 만하다.

**주소_** 30A Nguyễn Thiên Thuât, Lộc Tho, Tp Nha Trang
**요금_** 스몰 80,000동~ 미디엄109,000동~
라지 139,000동 스프라이트, 콜라 55,000동
**시간_** 7시~23시
**전화_** +84 58 2471 674

## 껌 땀 수온 뀌
Cơm tấm sườn que

넓고 깨끗하며 앉아서 먹는 것이 편한 인기 있는 장소이다. 전형적인 껌 땀인 쌀밥에 고기를 얹은 껌 땀 리브 스틱은 30,000동으로 저렴하다.
쌀밥의 양은 많지 않지만 매우 맛 좋은 쌀밥으로 정평이 나있다. 고기는 소스의 짠맛과 단맛이 매력적으로 어울린다. 절인 고기로 맛있지만 약간 질기기 때문에 소스로 잡아주고 있다.
길거리 음식 중 나트랑Nha Trang에서 오랜 시간을 사랑받는 음식이었다. 나트랑Nha Trang 최고의 밥 1 위로 인정 받았다. 식당을 찾는 오랜 단골 고객은 땅콩 향기와 향기로운 밥 냄새를 맡으면 배가 고파온다.

주소_ 66 Ngo Gia Tu - Nha Trang
요금_ 껌 땀 리브 스틱 30,000동
시간_ 10~21시(다 팔리면 문을 닫는 데 20시면 문을 닫을 때가 많다)
전화_ 058-351-4195

## 껌 땀 둥
Cơm tấm Dung

맛있고 깨끗한 갈비와 섞인 주먹밥인 껌 땀은 밥맛이 중요하다. 밥 위에 올리는 고기는 다양하게 원하는 대로 선택할 수 있지만 바로 구워 먹어야 밥과 어울리는 고기에 소스를 뿌려 먹는 고기가 맛의 처음과 마지막을 결정하게 된다. 튀기지 않으면 금방 식어버려서 대부분의 식당에서는 튀겨서 올려준다. 이곳은 가격에 비해 질적으로 높은 고기와 쌀밥의 맛을 보장하는 곳으로 나트랑 시민들이 지속적으로 찾는 식당이다. 식사시간에는 상점이 매우 혼잡하지만 서비스가 빠르므로 걱정할 필요가 없다.
고기에 얹어 먹는 생선 소스는 달콤하고 짠 맛이 아니어서 상큼하다. 가장 저평가 받고 있는 메뉴는 쌀 립 플레이트+튀긴 계란으로 달걀의 신선함이 떨어진다고 이야기해주지만 내가 먹었을 때는 신선하여 평가를 잘 모르겠다는 생각을 했다.

주소_ 20 Phan Dinh Giot, Phuong Sai Ward
요금_ 30,000동~, 껌 땀 비프 41,000동, 껌 땀 튀긴 계란 33,000동
시간_ 16시30분~21시(다 팔리면 문을 닫는데 20시면 문을 닫을 때가 많다)

# 베트남 사람들이 해산물을 저렴하게 즐기는 방법

베트남은 남북으로 길게 뻗어 해안을 끼고 있는 국토를 가지고 있는 나라이다. 그래서 베트남의 해산물과 생선요리는 저렴할 것이라고 생각하지만 실제로 해산물 요리를 먹으려고 레스토랑에 가면 비싼 가격에 놀라게 된다. 그런데 관광객에게만 해산물 요리가 비싼 것이 아니다. 베트남 사람들에게도 해산물 요리는 매우 비싼 요리로 쉽게 먹을 수 있는 요리는 아니다. 그래서 해안에 사는 베트남 사람들이 해산물과 생선요리를 저렴하게 먹는 방법이 있었다. 그들과 함께 오랜 시간을 보내면서 어촌 마을의 하루를 알 수 있었다.

매일 새벽 해안에서 잡은 해산물은 작고 동그란 배들이 다시 싣고 바닷가로 가지고 온다. 그 전에는 TV다큐멘터리에서 이런 장면이 베트남 중부의 무이네Muine에만 나와서 무이네의 고유한 것들이라고 알고 있었지만 베트남의 해안에는 어디를 가든지 비슷한 장면이 어촌 마을에는 보인다. 무이네Muine, 나트랑Nha Trang, 푸꾸옥Phu Quoc 등의 어촌에서 비슷하다.

해안에 도착한 생선들과 해산물은 많은 여성들이 받아서 경매를 하기 시작한다. 크고 신선한 생산과 해산물은 인근의 유명하고 인기 있는 레스토랑과 음식점에서 매일 판매를 해야 하므로 경매로 구입을 한다.

다음으로 작은 식당에서 다시 해산물을 구입하고 나면 아침의 판매는 끝이 난다. 여성들은 빠르게 집으로 돌아가 아침을 자식들을 먹여야 하기 때문에 집으로 돌아간다. 이때가 처음으로 저렴하게 해산물과 생선을 저렴하게 구입할 수 있는 때이다. 잘 흥정을 하면 그냥 돌아가느니 저렴하게라도 팔고 싶은 판매자에게 해산물을 저렴하게 구입할 수 있다.

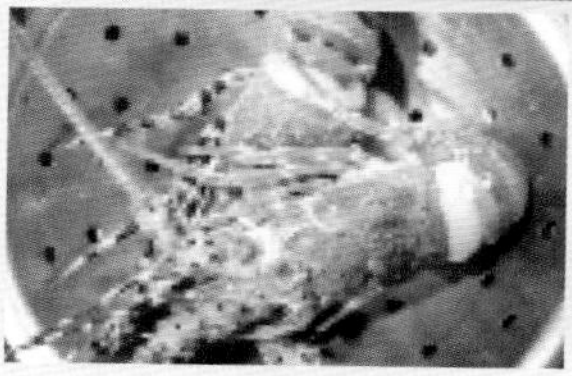

그렇게 끝이 나는 아침의 경매시장에도 남아 있는 사람들이 있다. 이들은 결혼하지 않은 여성들이 대부분으로 조금 늦게 일어나서 아침을 먹고 나온 여성들이다. 남아있는 생선과 해산물은 계속 판매를 한다. 아직은 크고 신선한 해산물과 생선요리가 필요한 상인들과 레스토랑이 있기 때문에 판매를 한다.

시간이 지나면서 판매를 하고 남아있는 생선과 해산물은 신선도가 떨어지면서 가격이 떨어지고 점심식사를 하고 나면 거의 해산물과 생선은 없어진다. 오후가 되면 해산물을 먹고 싶은 근처에 살고 있는 사람들이 오면서 남아있는 조개나 크랩 등을 구입하게 된다. 생선은 대부분 오전에 판매를 하고 오후에는 상할 수 있으므로 판매를 하지 않는다.

남아있는 해산물은 모두 떨이로 판매를 하므로 커다란 바구니에 담아 판매를 한다. 신선도는 떨어지고 크지도 않은 해산물이 같이 있지만 바구니채로 판매를 하므로 양이 많고 저렴하다. 대부분 현지에 사는 사람들에게 판매를 하기 때문에 저렴하게 빨리 팔고 돌아가려는 판매자들도 가격을 비슷하게 부르기만 하면 주게 된다. 흥정이 많이 필요하지 않다. 왜냐하면 여기서 못 팔게 되면 어차피 상하여 버리게 될 수밖에 없기 때문이다.

100,000~200,000동(약 5,000~10,000원)에 엄청난 양의 해산물을 먹을 수 있다. 구입한 해산물은 인근 레스토랑에서 요리를 해 온다. 오후가 되면 인근의 레스토랑은 저녁 장사를 하기 위해 판매를 준비하고 요리를 할 수 있도록 불도 피워놓기 때문에 저렴하게(30,000~50,000동) 요리를 해준다. 그렇게 요리까지 되면 가족들이 모두 모여 해산물을 먹으면서 이야기꽃을 피운다. 내가 이들과 같이 흥정하기도 하지만 베트남어를 못하는 내가 이 장소에 있다는 것만으로 현지인들은 신기해하고 원하는 가격에 해산물이 가득 찬 바구니를 주었다. 오히려 나에게 더 저렴하게 주기 때문에 내가 흥정에 나서는 것이 더 저렴할 때도 많아지는 신기한 경험을 할 수 있었다.

# 베트남 라면, 쌀국수

베트남은 500개 이상의 라면 상품이 경쟁하는 라면 소비국이다. 베트남의 총 라면 소비량은 50억 6천만 개로 세계에서 5번째로 라면 소비를 많이 하고 있다. 연간 1인당 라면 소비량은 1위인 대한민국이 73.7개에 이어 53.5개인 베트남이 2위이다. 베트남은 봉지라면 시장이 컵라면 시장보다 압도적으로 높았지만 최근에 편의점 증가로 컵라면 소비가 증가할 것으로 전망하고 있다.

## 하오하오(Hao Hao)

베트남 사람들에게 가장 사랑받는 라면 브랜드는 하오하오Hao Hao라고 한다. 1993년 베트남 라면시장에 진출한 일본의 에이스쿡 베트남Acecook Vietnam은 하오하오Hao Hao 브랜드를 포함한 라면 브랜드를 만들어내면서 베트남 라면시장의 절대 강자로 알려져 있다.
일본에서 온 기업이 일본의 기술로 안전하고 위생적으로 만든 제품이라는 점을 부각시키면서 베트남 소비자들에게 크게 다가왔기 때

하오하오(Hao Hao)의 다양한 라면들

**새우라면**

새우 라면은 "Hao Hao Tom chua cay"라고 써 있다. 'Tom chua cay'은 새콤하고 매운 새우 라면이라는 뜻으로 베트남을 여행하는 한국인 관광객에게 가장 인기 많은 라면이다. 라면을 맛보면 고수 맛과 신맛이 느껴지는 전형적인 베트남 라면이다. 국물은 조금 매콤하고 면발은 쫀득쫀득한 느낌이 든다.

**돼지고기라면**

돼지고기라면은 'Thit bam bi đo'이라고 적혀있다. 잘게 썰어진 돼지고기가 들어가 있는데, 개인적으로 베트남 라면 중에서 가장 좋아하는 맛이다. 투명한 봉지 안에 돼지고기 국물 맛을 내기 위해 들어있는 소스에서 참기름 같은 냄새가 나서 고소한 맛이 느껴진다. 면발이 탱글탱글하게 유지되어 더 맛있게 느낀다. 맵지 않고 돼지고기 같은 진한 국물이 느껴져 무난하게 추천할 수 있는 라면이다.

문이다. 저렴한 제품가격으로 시장경쟁력을 높이고 성공을 거두었으나 48.2%에 달하던 시장 점유율이 최근에 32.2%까지 떨어졌다.
'새우 향이 들어간 시고 매운 맛vi tom chua cay'의 제품을 가장 먼저 출시했고, 변화하는 현지의 라면 트렌드에 맞춰 다양한 맛과 향의 제품을 개발해 현재 7가지 맛의 하오하오Hao Hao 라면이 출시되어 있다.

## 오마치(Omachi)

프리미엄 라면 시장에는 마산Masan이 코코미Kokomi⊠ 친수Chinsu⊠ 브랜드를 출시했으나, 시장에서 호응을 얻지 못했다. 오랜 연구개발 끝에 오마치Omachi가 성공을 거두었다. 베트남 사람들은 밀가루가 함유된 음식을 많이 섭취하면 신체의 온도가 높아져 피부 트러블이 생기므로 건강에 해롭다는 인식이 라면 소비를 꺼리게 만드는 원인이었다. 감자전분으로 만든 라면 오마치Omachi는 '맛있으면서 열도 나지 않는다Ngon ma khong so nong(응온 마 콤 써 놈)' 문구로 베트남 인들을 사로잡았다.

> **짝퉁 라면 하오 항(Hao Hang)**
>
> 기존의 라면보다 작은 크기로 포장돼 나오는 하오하오Hao Hao 디자인을 아시아 푸즈Asia Foods사가 도용해 유사 라면인 하오 항Hao Hang을 만들어 일시적으로 성공을 거두었으나 소비자의 외면을 받으면서 현재 생산을 중단한 상태이다.

## 쇠고기 쌀국수

### 비폰(Vifon)

'Thit Bo'는 '쇠고기'라는 뜻으로 비폰Vifon의 쇠고기 쌀국수는 베트남 마트에서 인기가 많은 쌀국수로 알려져 있다. 비폰Vifon의 쇠고기 쌀국수는 베트남 식당에서 파는 쌀국수의 맛과 비슷하게 만들기 위한 흔적이 보인다.

쌀국수 면과 쇠고기, 분말스프, 소스를 넣어 국물을 만드는 스프와 칠리소스, 채소가 들어가 있다. 쌀국수 면이 넓고 두꺼워 골고루 익을 수 있도록 1~2분 정도 더 시간을 두고 나서 먹으면 더욱 맛이 좋다.

### 마이 마이 포 보(Nho Mai Mai Pho Bo)

에이스쿡Acecook은 '오래가는 기억Nho Mai Mai Pho Bo'이라는 문구로 소비자에게 어필을 하고 있다. 오래 간직할 수 있는 베트남의 전형적인 쌀국수 맛을 담도록 만들었다. 비폰Vifon의 쌀국수가 소고기 맛이 진하게 느껴진다면 에이스쿡Acecook의 쌀국수는 피시소스 맛이 느껴지는 것이 차이점이다.

### 포24(Pho24)

포24PHO24는 베트남에서 유명한 쌀국수 체인점이다. 대표적인 베트남의 쌀국수를 집에서도 간단하게 조리해 먹을 수 있도록 개발되었다. 포24Pho24의 쌀국수에는 체인점과 동일하게 채소, 쌀국수 면, 국물을 그대로 담도록 노력했다고 한다.

양념도 4가지나 들어가 있어서 개인적인 입맛에 맞도록 양념을 넣으면 된다. 다른 쌀국수 제품과 비교했을 때 국물과 향은 평범해서 식상해질 수 있는데 면으로 쫄깃한 맛을 느낄 수 있어 씹는 느낌이 좋다.

## SLEEPING

RENT

### 빈펄 콘도텔 비치프론트 나트랑
Vinpearl Condotel Beachfront Nha Trang

2018년 9월에 빈펄 체인의 호텔로 비치프론트에 있는 빈콤프라자 건물에 있어 쇼핑과 해변과의 거리는 너무 가깝고 시내관광에 최적이다. 황금빛 골드로 된 내부 인테리어는 고급스러운 분위기를 풍기고 천장은 높아서 시원스러운 느낌이다.

1층의 로비 바가 23시까지 운영 중이라 다른 루프탑 바보다 쾌적하게 나이트라이프를 즐길 수 있다.

**주소_** 78~80 Trần Phư, Lôc Tho, Tp Nha Trang
**요금_** 킹 스튜디오 시내 전망 176,000원(159$~),
트윈 스튜디오 도시 전망 207,000원(180$~)
**전화_** +84-258-3598-900

## 식스센스 닌반베이
Six Senses Ninh Van Bay

나트랑 북동부에 자리한 최고급 5성급 리조트로 나트랑 해안의 복쪽, 외진 곳에 위치해 있다. 식스센스 닌반베이 리조트는 사람의 손길이 많이 닿지 않아 더 매력적으로 다가온다. 전통적인 베트남의 건축이 때 묻지 않은 정글과 만나 태초의 자연 속에서 고품격 휴식이 가능하도록 설계되었다.

앞에는 넓게 펼쳐진 해변과 백사장이 있고, 뒤에는 산과 수풀이 리조트를 병풍처럼 둘러싸고 있어서 안정감이 느껴진다. 나트랑 최고의 명당으로 평가받는 위치로 사람들의 발길이 드물어 조용하게 휴가를 즐기려는 관광객이 주고객이다. 환경 친화적으로 설계된 우아한 건축은 큼

직하고 넓은 선 데크를 갖추고 있어 개인 사생활을 확실하게 보장한다. 총 58개의 풀 빌라에 앞으로는 바다가 있고, 개인 풀이 갖춰진 최고의 리조트이다.

**홈페이지_** www.sixsenses.com
**주소_** Ninh Van Bay, Ninh Hoa, Khanh Hoa, 57000
**전화_** +84-58-3524-268

### 식스센스 닌반베이 안에 있는 레스토랑 다이닝 바이 더 록스
Diningby the Rocks

식스센스 닌반베이 리조트에 있는 최고의 음식을 만들어내는 레스토랑이다. 닌반베이 앞쪽의 제일 높은 곳에 위치해 시원한 바람을 맞으면서 식사를 할 수 있는데, 주로 해가지는 저녁에 식사를 많이 한다.
압도적인 풍경이 펼쳐지는 우든데크Wooden Deck에서의 저녁 만찬은 로맨틱한 분위기가 연출된다. 6개의 코스 메뉴와 고품질 음식을 선보인다. 주방이 오픈된 구조로 나트랑 만에서 잡히는 싱싱한 해산물 요리가 인기이다.

**홈페이지_** www.sixsenses.com/resorts/ninh-van-bay/destination
**주소_** Ninh Van Bay, Ninh Hoa, Khanh Hoa, 57000
**시간_** 19~22시 30분
**전화_** +84-58-3524-268

## 빈펄 리조트
Vinpearl Resort

베트남에서 가장 친숙하게 다가오는 단어인 빈 그룹의 나트랑 지점으로 시내에서 바다를 보면 보이기도 한다. 혼째Hon Tre 섬을 모두 리조트로 만들어 육지와 섬을 케이블카로 연결했고 보트로도 이동이 가능하도로 시스템을 완성시켰다.
울창한 산림을 뒤로하고 앞으로는 드넓은 바다가 펼쳐진다.
4개의 리조트에는 빈펄 나트랑 리조트, 빈펄 럭셔리 나트랑, 빈펄 나트랑 베이 리조트 & 빌라, 빌펄 골프랜드 리조트 & 빌라가 있다. 키즈 클럽과 수영장, 해양스포츠가 가능하도록 한 곳에 모두 모아 놓은 휴양단지이다. 대자연의 한가운데서 느긋한 휴식을 만끽할 수 있다.

**홈페이지_** www.vinpearl.com/nha-trang-resort
**주소_** 혼째(Hon Tre) 섬
**요금_** 스탠다드 145,000원~(120$~ )
**전화_** +84-258-3598-222

## 시타딘스 베이프런트
Citadines Bayfront

나트랑 비치 중심에 위치한 호텔로 빈콤 프라자와 세일링 클럽 등의 레스토랑과 식당, 해변이 모두 가까워서 도보로 이용하기 좋은 아파트 호텔이다.

현대적인 내부 룸은 아파트같은 분위기를 자아내서 집에서 묶는 듯한 느낌을 받게 한다. 해변을 바라보는 전망은 아름다워서 아침, 저녁으로 머물게 만든다.

**주소_** 62 Trán Phư, Lôc Tho, Tp Nha Trang
**요금_** 스탠다드 도시 전망 90,000원(80$~ ),
바다 전망 100,000원(90$~ )
**전화_** +84-258-3517-222

## 쉐라톤 호텔
Sheraton Nha Trang Hotel & Spa

쉐라톤 호텔Sheraton Hotel의 최대 장점은 어느 룸에 숙박을 해도 바다 전망을 볼 수 있는 것이다. 나트랑 비치 앞에 있어서 나트랑 어디로든 걸어서 이동이 가능한 호텔이다. 스위트룸부터 침대 사이즈가 킹 사이즈로 커지지만 디럭스와 클럽 룸도 쾌적한 숙박이 가능하다.

6층의 인피니티 풀은 여유롭게 바다를 보면서 수영을 즐기고 음료를 즐기면 기분이 좋아지게 만드는 풀장이다. 쉐라톤 호텔의 최대 장점은 루프탑 바인 얼트튜드 바Altitude Bar가 같은 호텔 내부에 있어 아침부터 저녁까지 호텔에서만 머물러도 지루하지 않게 지낼 수 있다는 점이다.

**홈페이지_** www.sheratonnhatrang.com
**주소_** 26~28 Trán Phư, Lôc Tho, Tp Nha Trang
**요금_** 디럭스 180,000원(130$~ ),
클럽 230,000원(190$~ )
**전화_** +84-258-3880-000

## 노보텔 나트랑
Novotel Nha Trang

현대적인 분위기의 4성급 호텔로 나트랑 시내 어디로도 걸어서 이동할 수 있는 위치가 좋은 것이 장점이다. 아름다운 바다 전망을 자랑하는 호텔은 야외 수영장과 식사는 만족스럽고 객실은 무채색으로 꾸며져 단조롭지만 깨끗한 분위기이다.
자연 채광을 하도록 전용 발코니를 갖추고 있다. 세련된 스파는 해변에서 놀고 피로한 몸을 편안하게 만들어준다. 비치타올이 없어도 빌려주기 때문에 해변에서 즐기는 데 도움을 주고 직원들의 친절한 행동은 투숙객의 마음을 여유롭게 도와준다.

**주소_** 50 Trán Phu, Lôc Tho, Tp Nha Trang
**요금_** 스탠다드 90,000원(83$~ ),
수페리어 110,000원(100$~ )
**전화_** +84-258-6256-900

## 선라이즈 나트랑 비치 호텔 & 스파
Sunrise Nha Trang Beach Hotel & Spa

나트랑에서 가성비 높은 5성급으로 알려진 선라이즈 호텔은 안락하고 편안한 침구와 웅장한 풀장과 해변 전망까지 만족도가 높다. 베트남 자체 5성급 호텔로 다낭과 호치민에도 체인을 가지고 있는 호텔그룹이다.
다른 5성급 호텔에 비해 시설이 떨어질 수 있지만 가격은 4성급 호텔과 동일한 가격에 지낼 수 있어 가성비를 따지는 고객에게 만족도가 높다. 12개의 기둥에 둘러싸인 호텔 풀장은 웅장한 신전에서 수영하는 느낌이다.

**주소_** 12~14 Trán Phu, Lôc Tho, Tp Nha Trang
**요금_** 스탠다드 95,000원(88$~ )
**전화_** +84-258-3820-999

# 인터컨티넨탈 호텔
InterContinental Nha Trang

5성급 호텔이 대부분 시내에서 떨어진 위치에 있어서 접근성이 낮지만 쩐푸 거리에 위치해 나트랑의 모든 곳을 쉽게 걸어서 이동할 수 있다. 고급스럽고 우아한 갈색톤의 객실은 인상적이다.
바다 전망은 기본이며 친절한 직원서비스에 넓은 발코니와 대리석 욕실은 최고의 호텔로 손색이 없다. 개인적으로 조식 뷔페가 다양하고 맛이 좋아 매일 푸짐하게 먹을 정도로 좋았다.

**주소_** 32~34 Trán Phư, Lôc Tho, Tp Nha Trang
**요금_** 스탠다드 145,000원(120$~ )
**전화_** +84-258-3887-777

RENT

## 스타시티
StarCity

나트랑 비치에 있어서 빈콤 프라자와 세일링 클럽 등의 레스토랑과 식당, 해변이 모두 가깝다. 가격이 저렴한 데도 방음이 잘 되고 깨끗한 내부 분위기로 가성비가 높은 호텔로 알려져 있다.
도보로 이용하기 좋고 전용 해변 구역과 스파를 이용할 수 있어 여성들의 만족도가 높다. 개인적으로 직원들이 친절하게 진심으로 도와준다는 인상을 받아 다시 오고 싶은 호텔이다.

**주소_** 72~74 Trán Phư, Lôc Tho, Tp Nha Trang
**요금_** 수페리어 65,000원(59$~ ),
수페리어 킹룸 73,000원(65$~ )
**전화_** +84-258-3590-999

## 아나 만다라 리조트
Ana Mandara Resort

나트랑Nha Trang 유일의 해변 리조트로 나트랑Nha Trang 시내 남쪽의 번화가에서 가까워 편리하게 지낼 수 있는 리조트이다. 게다가 전용해변이 있어 한적하게 해변을 거닐고 밤에도 유유자적하며 쉴 수 있다. 작지만 아름다운 풍경의 수영장과 앤틱 분위기의 빌라와 정원이 조화를 이루고 있다. 호텔 투숙객을 위해 자체적으로 수상스포츠를 운영하여 스노클링이나 스쿠버 다이빙의 프로그램을 제공하는 리조트이다. 오토바이를 대여해 나트랑Nha Trang 시내를 둘러볼 수 있도록 편의성을 높여 만족도가 높다.

부대시설로는 야외수영장(2개), 키즈클럽, 레스토랑, 바(2개), 식스센스 스파, 피트니스 센터, 테스니장 등이 있다.

**요금_** www. sixsenses.com/evasion-resorts/ana-mandara/destination

**주소_** 102 Trán Phư, Lôc Tho, Tp Nha Trang

**요금_** 스탠다드 정원 전망 340$~
슈페리어 바다 전망 440$~

**전화_** +84-258-3522-222

RENT

## 퓨전 리조트

Fusion Resort Cam Ranh

최근 노보텔에서 이름이 바뀐 퓨전 리조트는 완벽한 베트남 남부 휴양을 위해 만들어졌지만 나트랑 시내 중심에서 차로 5분 거리에 있는 것이 단점이다.

오랜 기간 휴양을 원하는 러시아 여행자들이 많이 찾고 있다. 리조트 전용 비치, 수영장, 테니스 코트, 농구 골대까지 있어, 다양한 스포츠를 즐길 수 있는 장점이 있다. 투숙객들이 가장 좋아하는 장소는 역시 전용 비치 앞에 놓인 선베드로 추운 러시아에서 온 여행자들이 이른 아침부터 점령해 선베드는 부족할 수 있다. 바람과 파도가 세고, 햇빛도 강해 선베드에서 태닝을 즐기는 이들이 많다. 조식 메뉴도 훌륭하고 만족할 만한 부대시설을 구비해놓았다.

**주소_** Lô D10b Bâc Dào Cam Ranh,
Dai Lô Nguyên Tăt Thành, Cam Lâm, Tp. Nha Trang

**요금_** 스탠다드 260$~, 슈페리어 340$~

**전화_** +84-258-3989-777

## 퓨전 리조트
Fusion Resort Cam Ranh

배낭여행자 거리에 있는 로사카 호텔Rosaka Hotel은 전망은 좋지 않지만 깨끗한 내부와 직원들의 친절한 행동은 다시 머물도록 만드는 힘이다.

여행자거리에 있는 호텔 중에는 저렴한 호텔은 아니지만 나트랑Nha Trang의 다른 호텔에 비하면 상당히 저렴한 호텔이다. 22층에 있는 루프탑 수영장이 있지만 관리는 잘되고 있지 않지만 바다를 볼 수 있어 인기가 있다.

**홈페이지_** www.rosakahotel.com
**주소_** 107A Nguyên Thiên Thuât, Lôc Tho. Tp. Nha Trang
**요금_** 수피리어 85,000원~(70$~ )
**전화_** +84-258-3833-333

## 리버티 센트럴 호텔
Liberty Central Hotel

배낭여행자거리에서 해변으로 나가는 코너에 있는 호텔로 해변은 보이지 않지만 나트랑의 약속장소로 잡을 만큼 위치가 좋다. 해변도 3분 정도 걸으면 보이기 때문에 접근성이 좋고 건너편에는 하이랜드 커피와 다른 레스토랑이 즐비해 맛집 탐방하기에 최상의 조건을 가지고 있다. 4층에 야외수영장이 있고 루프탑에는 스카이라운지가 있어 야경을 보기 좋다.

**주소_** 9 Biêt Thú, Lôc Tho. Tp. Nha Trang
**요금_** 스탠다드 85,000원~(70$~ )
**전화_** +84-258-3529-555

## 안 남 호텔
An Nam Hotel

나트랑 해변까지 5분 정도의 거리에 여행자거리에 있는 다양한 레스토랑과 맛집을 쉽게 찾을 수 있으며 친절한 직원의 소개로 다른 도시로 버스 예약도 쉽다. 다만 골목 안에 있어서 처음에 찾아가기가 쉽지 않고 룸 내부에 가끔씩 개미들이 보이는 단점이 있다. 저렴한 가격에 깔끔한 내부 인테리어는 가성비가 높은 호텔로 알려져 있다.

**주소_** 111/05 Húng Vuông, Nha Trang
**요금_** 스탠다드 35,000원~(28$~ )
**전화_** +84-258-3529-555

## 백팩 아보데 호스텔
Backpack Abode Hostel

나트랑에서 배낭 여행자들이 가장 많이 찾는 호스텔로 저렴한 가격과 깔끔한 시설로 인기를 끌고 있다. 작고 웃는 얼굴로 맞이하는 여성 스텝이 영어를 잘해 여행자들과 수다를 떨고 친절하게 상담을 잘해준다.

6층 건물에 6~8명의 도미토리 룸이 편안하게 2층 침대로 준비되어 있다. 오후 6시에는 1시간동안 무료로 비어타임이 있고 아침에는 조식까지 먹을 수 있다. 또한 나트랑에서 할 수 있는 다양한 투어를 저렴하게 예약할 수 있다.

**주소_** 79/1 Nguyên Thiên Thuât, Lôc Tho. Tp. Nha Trang
**요금_** 도미토리 6,100원~(5$~ )
**전화_** +84-258-3529-139

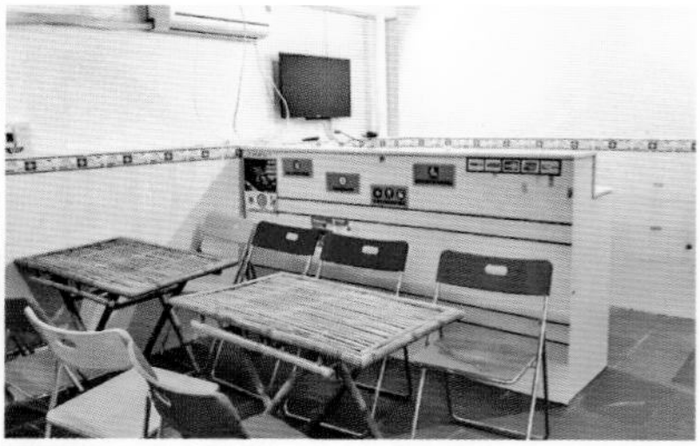

# 러시아 관광객이 찾는 맛집

베트남과 러시아는 오래 전부터 우방국이어서 러시아에 베트남의 나트랑Nha Trang과 무이네Mui Ne가 휴양지로 알려져 있다. 러시아 여행자들은 베트남에서 2~3주 동안 휴가를 즐기고 있다. 그래서 나트랑에는 러시아 관광객이 찾는 레스토랑과 카페가 많다. 러시아인들을 대상으로 하는 레스토랑은 주로 해산물 요리와 볶음밥, 쌀국수가 러시아인들의 입맛에 맞게 바뀌어 있는 것이 특징이고 메뉴가 서양요리부터 베트남요리까지 다양해 주문하기가 힘들다는 단점이 있다.

## 카페 미나우카(Cafe Minauca)

클러스터 64 주변의 트란 푸 거리Tran Phu Street에 있는 카페로 오래전부터 러시아인에게 유명한 카페이다. 많은 호텔이 있고 붐비는 거리인 헝 부옹Hung Vuong으로 돌아 가야한다. 시원하고 조용한 멜로디의 음악이 흘러나오고 양질의 저렴하고 맛있는 음식을 맛볼 수 있는 카페이다. 또한 맛이 다양한 음료가 많다. 좋은 전망과 내부는 시원하고 조용한 분위기라서 친구, 동료, 가족과 이야기를 나누기 좋다.

나무가 있어 내부는 크고 시원한 느낌이고 직원들은 친절하다. 좋은 커피원두를 사용하지만 조금. 달콤한 맛이 나는 원두이므로 호불호가 갈린다. 차가 향기로워서 마시기에 좋다.

**주소_** 111 Hung Vuong **요금_** 16,000~50,000동 **시간_** 8~23시 **전화_** 058 352 6027

**주소_** 22 Trãn Quang, Khài, Lôc Tho, Thành phố **요금_** 40,000~150,000동 **시간_** 9~23시 **전화_** 058-352-5983

## 모스크바(MOCKBA)

양질의 저렴한 음식가격과 크고 멋진 공간, 직원이 친절하여 러시아 관광객이 특히 많이 찾는다. 넓고 개방적인 공간에 음식은 합리적인 가격이다. 보통 코스 요리로 디저트와 차를 마시는 러시아 관광객이 대부분이다. 코스요리 전체를 잘 주문하지 않는 손님에게는 또한 불친절하기도 하다.

여행자거리 남쪽에 나트랑 해변으로 가는 길에 큰 도로에 있어 쉽게 찾을 수 있는 가게위치도 장점이다. 친절하고 열정적인 직원의 서비스도 기분이 좋아지도록 만들어준다. 조개스프가 있고, 찐 생선이 가장 인기 있는 메뉴이다. 바로 왼쪽 옆에 해산물 바가 있어 나이트 라이프를 즐기는 러시아인들이 많다.

# 메카 레몬그라스(Mecca Lemongrass)

한국어로 된 메뉴판이 있을 정도로 러시아인뿐만 아니라 한국인 관광객에게도 유명하다. 깨끗하고 정돈되고 조용한 분위기는 음식을 즐기기에 좋다. 해산물 요리가 주 메뉴에 코스 요리로 주문을 많이 하므로 단품에 익숙하지 않아 처음에는 불친절하기도 했지만 점차 늘어나는 한국인 관광객의 특징에 따라 단품 요리도 이제는 주문하기 쉬워졌다. 해산물 샤브샤브와 비비큐가 인기가 많다.

**주소_** 22 Trần Quang, Khải, Lộc Thọ, Thành phố **요금_** 50,000~250,000동 **시간_** 9~22시 **전화_** 058-352-5269

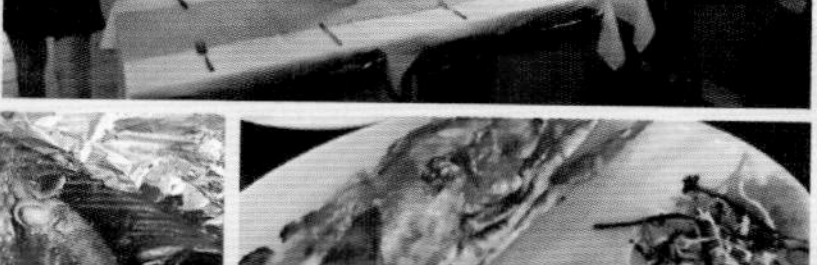

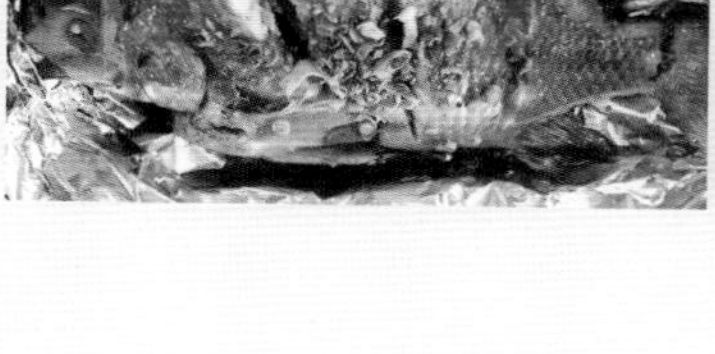

# 나트랑 쇼핑몰

## 빈콤 프라자(Vincom Plaza)

세계 최고의 디자이너 브랜드들이 입점해 있는 건물은 나트랑의 가장 큰 쇼핑 중심지이다. 롯데마트가 시내에서 떨어져 있는 것에 비해 빈콤 프라자Vincom Plaza는 유일하게 도심 내에 있는 쇼핑몰이다. 빈콤 쇼핑몰 안에 있는 브랜드 플래그십 스토어에서 쇼핑을 즐기고 푸드 코트에서 판매하는 식사를 하거나 쇼핑몰 내 베이커리에서 갓 구운 맛있는 빵을 맛볼 수 있다.

빈콤 쇼핑몰Vincom Plaza은 시내의 번화한 중심가와 해변이 서로 마주보고 있는 건물에 있다. 창문 아래로 다양한 신상품 의류, 보석, 향수들이 진열되어 있고 새로운 옷 한 벌로 스타일을 바꿔보거나 소중한 사람을 위한 선물을 준비할 수 있어 많은 관광객이 찾는다.

갖고 싶었던 휴대폰, 최신 태블릿, 노트북, MP3 플레이어 등을 볼 수 있고 넓은 면적의 홈데코 전시관과 1층의 푹 롱에 들러 매일 갓 구워 판매하는 다양한 페이스트리, 빵, 디저트 등도 먹을 수 있다. 4층의 갈랑가, 홍대, King BBQ 등의 다양한 한국 음식점도 있다.

## 롯데마트(Lotte Mart)

국내 유통업체 최초로 베트남 시장에 진출한 롯데마트는 롯데그룹이 베트남 시장 확대에 공을 들이며 만든 대형마트이다. 나트랑 롯데 면세점이 베트남에서 2번째로 문을 열었다. 2008년 12월 호치민 남 사이공점을 시작으로 다낭, 나트랑 등 13개 지점을 운영하고 있다. 롯데마트는 베트남에서의 실적이 좋고, 2020년까지 베트남 점포를 87개로 늘릴 계획이므로 앞으로 베트남 여행에서 롯데마트는 여행의 중요한 장소로 부곽이 될 것이다.
들어가면 왼쪽에 락커 데스크가 있는데 베트남에서 물품 절도가 많아 가방이나 짐을 맡기고 입장해야 한다. 가방 입구에 고리로 채우는데 계산하면서 가위로 잘라 주므로 걱정할 필요는 없다.
롯데마트는 한마디로 대한민국의 롯데마트와 똑같다. 친숙한 분위기 때문에 물건을 찾기가 쉽고 깔끔하게 되어있어서 여성들이 특히 좋아한다. 길거리의 물건이나 시장의 제품들보다는 깨끗해 보이지만 가격이 더 비싼 단점이 있다. 둘러보면 베트남 제품과 한국 제품이 동일할 정도로 많기 때문에 여행의 막바지에 꼭 들르는 장소가 되고 있다. 먹거리와 생활용품 등 또한 많고 쇼핑 품목을 모른다면 물어보고 살 수 있어서 편리하다.
1층에 식품, 음료수, 맥주 등의 코너가 있고 2층에는 커피, 기저귀 등이 있다. 환전소가 1층에 있는데 환전 율이 좋으므로 많이 이용한다. Tag에 한글로 뚜렷하게 적혀 있어 베트남어를 몰라도 쇼핑에 문제가 없다. 대한민국보다 저렴하지만 베트남 물가수준과 비교하면 비싼 편일 수 있으므로 비교하고 구입하는 것이 좋다. 다만 대한민국의 제품은 수입품이므로 당연히 더 비싸다는 생각을 하고 물품을 보아야 한다.
숙소 가까이 있다면 장보는 재미도 있고, 종류도 다양해서 커피, 치약, 베트남 라면, 망고과자 등 선물용도 많이 사갈 수 있다.

**많이 구입하는 품목**

게리 코코넛, 망고와 두리안 과자, 노니 가루, 아티초크 차(아티소), 달리 치약, 캐슈넛, 아치 카페 커피, 콘삭 커피, G7커피, 게리치즈, 케리코코넛, 포보 쌀국수, 칠리소스, 비엣 코코

# 나트랑 편의점

나트랑에서 거리를 지나가다가 보이는 작은 아 마트A mart와 79 마트79 mart는 늦은 시간인 23시 30분까지 영업을 하고 있다. 이 두 마트는 나트랑의 대표적인 편의점으로 알려져 있는데 실제로 24시간을 영업하지는 않는다. 늦게까지 영업을 하는 작은 슈퍼마켓이라고 생각하는 것이 더 맞는 것 같다. 빈 마트나 롯데마트가 밤까지 운영을 하지 않으므로 밤에 필요한 물건은 이 두 마트를 이용하게 된다. 대한민국의 관광객보다 중국인들이 실제로 많이 이용하고 있으며 일부 물품의 가격은 빈 마트나 롯데마트와 차이가 나지 않는 물건들도 있다. 나트랑 시내에만 약 15개의 편의점과 미니 슈퍼마켓이 있다. 특히 여행자거리에는 5~6개의 아 마트A mart 매장이 있고 79 마트79 mart도 2개나 있다. 미니마트Minimart, 777 store, Ngoc Thach shop, 79 Mart 등이다. 미마트Mimart, 브이 마트V Mart, 지 마트G Mart와 같은 새로운 편의점이나 미니 슈퍼마켓이 계속 생겨나고 있다.

## 아 마트 나트랑(A mart Nha Trang)

합리적인 가격을 표방하고 있는 아 마트A mart는 식량, 음료, 가정 물품, 화장품 등 품질이 보증된 품목이 많다. 아 마트A mart는 나트랑에만 16개의 매장을 가지고 있으므로 어디에서든 쉽게 찾을 수 있는 마트이다. 여행할 때 필요한 물건을 준비하여 판매하는 전략으로, 여행 중에 필요한 개인용품에 대한 판매가 가장 많다.
음식, 음료, 가정용품, 개인용품, 화장품 등이 대부분이며 베트남 커피도 구비해 놓고 있다. 늘어나고 있는 관광객의 요구를 충족시키기 위해 24시간 영업을 하려고 하지만 직원을 채용하기가 어려워 새벽 2시가 가장 늦은 영업시간이다.

**영업시간_** 7시 30분~23시 30분

## 79 마트(79 mart)

모두 작은 크기의 매장을 가지고 있지만 아 마트A mart보다 매장의 크기는 큰 편으로 매장마다 동일한 특성을 지니고 있다. 영업시간은 8~23시까지지만 매장마다 영업시간도 조금씩 차이가 있는데, 주말에는 손님을 끌어들이기 위해 새벽 1, 2시까지 영업하기도 한다. 편의점보다 미니 슈퍼마켓에 가까워 아 마트A mart보다 품목의 수가 많고 저렴한 가격도 상당수이고 매장 판매 서비스를 늘려나가고 있다.

나트랑 시민의 마트

**맥시 마크(Maximark) 슈퍼마켓**

2010년에 시작한 슈퍼마켓으로 나트랑 시민들이 주로 이용하고 있다. 나트랑 시민에게 크고 현대적이며 넓은 슈퍼마켓으로 알려져 있다. 작고 좁은 구식 슈퍼마켓을 대체하는 막시마크(Maximark) 쇼핑센터는 현대적인 매장을 가지고 있다. 대부분은 관광객이 아니고 현지 시민들이 사용하는 물품을 판매하고 있다. 1 층은 자체 매장을, 2, 3층은 패션 의류, 화장품, 신발, 시계, 보석 등의 일반적인 품목이다.

현대적인 매장을 갖춘 슈퍼마켓을 베트남 사람들에게 가져다 주는 것이 목표라고 한다. 냉동 가공식품, 생선, 고기, 야채와 같은 신선한 식품을 고객에게 제공하는 대규모 냉동고 시스템이 대표적이다. 제품은 다양하고 가격이 비싸지 않으며 샴푸, 비누, 치약 같은 많은 화장품도 있다. 매장의 통로를 넓게 배치하고 품질이 보증된 다양하고 신선한 야채로 신선 식품을 판매하고 있다.

# 배낭 여행자 거리 지도

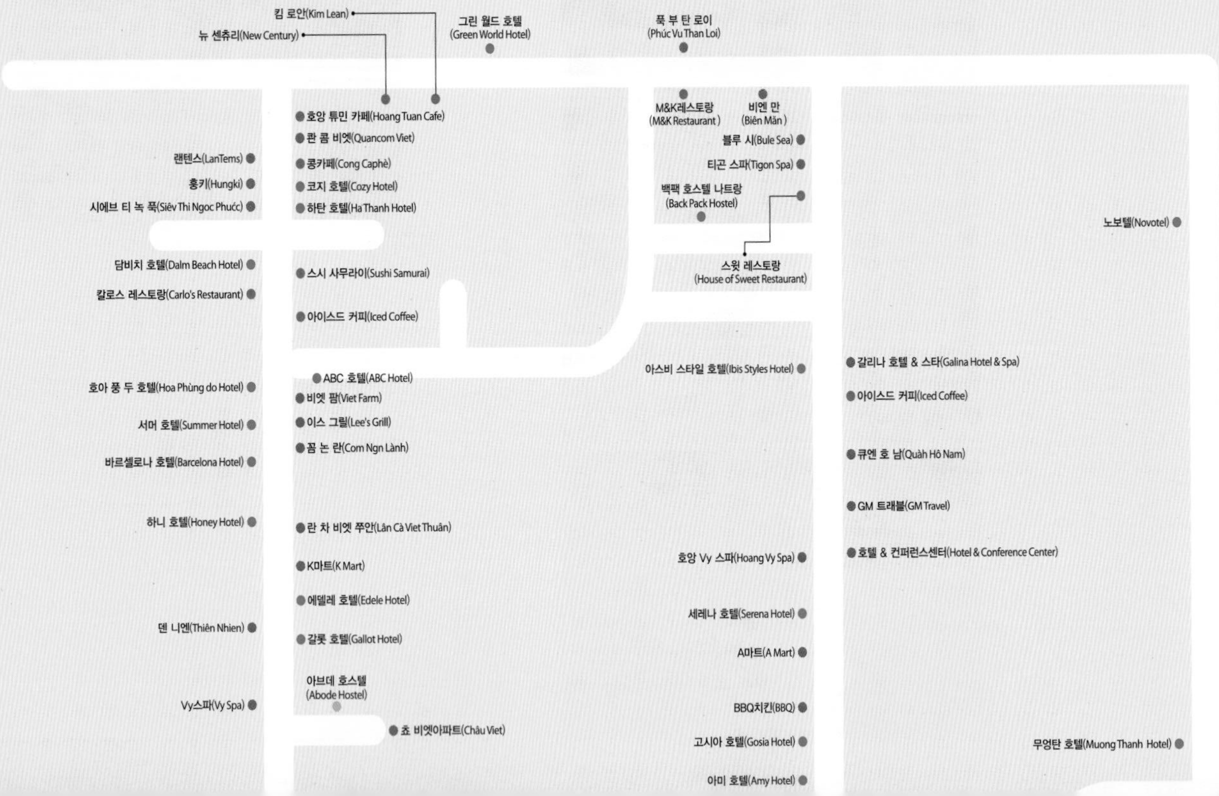
킴 로안(Kim Lean)
뉴 센츄리(New Century)
그린 월드 호텔
(Green World Hotel)
푹 부 탄 로이
(Phúc Vu Than Loi)
M&K레스토랑
(M&K Restaurant)
비엔 만
(Biên Mân)
블루 시(Bule Sea)
티곤 스파(Tigon Spa)
백팩 호스텔 나트랑
(Back Pack Hostel)
스윗 레스토랑
(House of Sweet Restaurant)
노보텔(Novotel)
호앙 튜민 카페(Hoang Tuan Cafe)
콴 콤 비엣(Quancom Viet)
콩카페(Cong Caphè)
코지 호텔(Cozy Hotel)
하탄 호텔(Ha Thanh Hotel)
랜텐스(LanTems)
홍키(Hungki)
시에브 티 녹 푹(Siêv Thi Ngoc Phućc)
담비치 호텔(Dalm Beach Hotel)
칼로스 레스토랑(Carlo's Restaurant)
스시 사무라이(Sushi Samurai)
아이스드 커피(Iced Coffee)
아스비 스타일 호텔(Ibis Styles Hotel)
갈리나 호텔 & 스타(Galina Hotel & Spa)
아이스드 커피(Iced Coffee)
큐엔 호 남(Quàh Hô Nam)
GM 트래블(GM Travel)
호텔 & 컨퍼런스센터(Hotel & Conference Center)
ABC 호텔(ABC Hotel)
비엣 팜(Viet Farm)
이스 그릴(Lee's Grill)
꼼 논 란(Com Ngn Lành)
호아 풍 두 호텔(Hoa Phùng do Hotel)
서머 호텔(Summer Hotel)
바르셀로나 호텔(Barcelona Hotel)
하니 호텔(Honey Hotel)
란 차 비엣 쭈안(Lân Cà Viet Thuân)
K마트(K Mart)
에델레 호텔(Edele Hotel)
갈롯 호텔(Gallot Hotel)
아브데 호스텔
(Abode Hostel)
쵸 비엣아파트(Châu Viet)
덴 니엔(Thiên Nhien)
Vy스파(Vy Spa)
호앙 Vy 스파(Hoang Vy Spa)
세레나 호텔(Serena Hotel)
A마트(A Mart)
BBQ치킨(BBQ)
고시아 호텔(Gosia Hotel)
아미 호텔(Amy Hotel)
무엉탄 호텔(Muong Thanh Hotel)

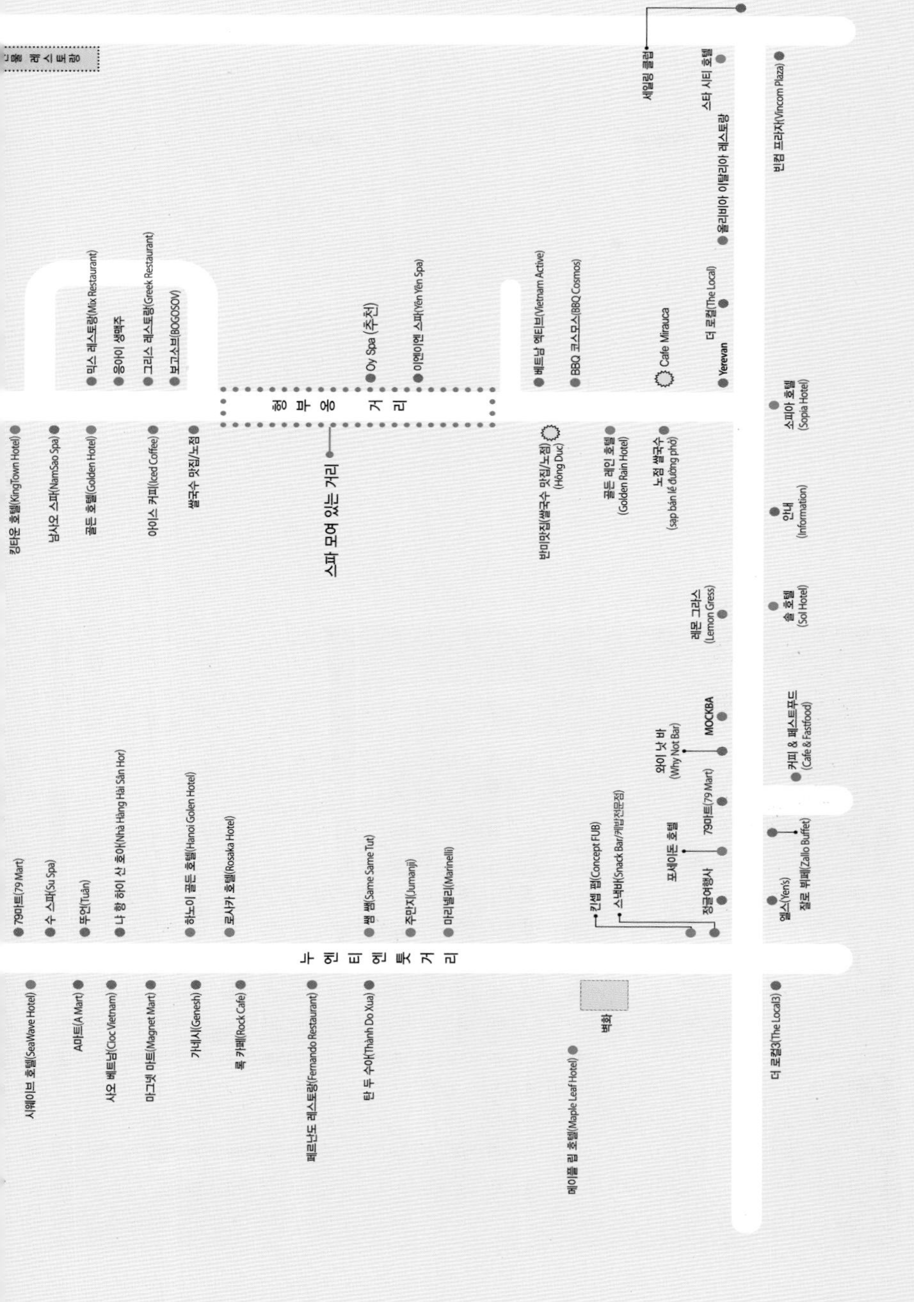
렌 레스토랑
세일링 클럽
스타 시티 호텔
올리비아 이탈리아 레스토랑
빈컴 프라자(Vincom Plaza)
믹스 레스토랑(Mix Restaurant)
응아이 생맥주
그리스 레스토랑(Greek Restaurant)
보고소브(BOGOSOV)
Oy Spa (추천)
이옌이옌 스파(Yến Yến Spa)
베트남 엑티브(Vietnam Active)
BBQ 코스모스(BBQ Cosmos)
Cafe Miruaca
더 로컬(The Local)
Yerevan
항 부 옹 거 리
소피아 호텔 (Sopia Hotel)
킹타운 호텔(KingTown Hotel)
남사오 스파(NamSao Spa)
골든 호텔(Golden Hotel)
아이스 커피(Iced Coffee)
쌀국수 맛집/노점
스파 모여 있는 거리
반미맛집(쌀국수 맛집/노점) (Hồng Đức)
골든 레인 호텔 (Golden Rain Hotel)
노점 쌀국수 (sạp bán lề đường phở)
안내 (Information)
레몬 그라스 (Lemon Gress)
솔 호텔 (Sol Hotel)
MOCKBA
와이 낫 바 (Why Not Bar)
커피 & 패스트푸드 (Cafe & Fastfood)
79마트(79 Mart)
포세이돈 호텔
컨셉 펍(Concept FUB)
스낵바(Snack Bar/케밥전문점)
정글여행사
옌스(Yen's)
잘로 뷔페(Zallo Buffet)
79마트(79 Mart)
수 스파(Su Spa)
뚜언(Tuấn)
나 항 하이 산 호아(Nhà Hàng Hải Sản Hor)
하노이 골든 호텔(Hanoi Golen Hotel)
로사카 호텔(Rosaka Hotel)
쌤 쌤(Same Same Tut)
주만지(Jumanji)
마리넬리(Marinelli)
누 엔 티 엔 톳 거 리
시웨이브 호텔(SeaWave Hotel)
A마트(A Mart)
시오 베트남(Cioc Vietnam)
마그넷 마트(Magnet Mart)
가네시(Genesh)
록 카페(Rock Cafe)
페르난도 레스토랑(Fernando Restaurant)
탄 두 수아(Thành Đo Xua)
벽화
메이플 립 호텔(Maple Leaf Hotel)
더 로컬3(The Local3)

# 커피 & 카페 BEST8

## 1. 하이랜드 커피(Highlands Coffee)

베트남 어디를 가든 볼 수 있는 가장 대중적인 인기를 누리는 프랜차이즈 카페이다. 진한 커피 향기와 다양한 케이크, 반미로 나트랑 관광객의 발길을 사로잡는 카페이다. 실내가 크지만 항상 사람들로 북적이는 커피색 디자인이 눈에 띈다. 우리가 마시는 친숙한 맛의 커피를 주문할 수 있어서 주문 후에 진동 벨을 받아 기다리면 벨이 울리고 받아오는 방식이 익숙해 서울 한복판에 있는 것 같기도 하다.

수도 하노이에서 시작된 하이랜드 커피는 베트남의 스타벅스라는 별명으로 베트남 인들에게 가장 성공한 커피 브랜드로 알려져 있다. 롯데마트에도 같이 있어 마치 롯데가 운영하는 커피 전문점처럼 생각하는 관광객도 많다.

**홈페이지_** www.highlandscoffee.com.vn **주소_** Trần Phú, Lôc Tho, Tp. Nha Trang
**요금_** 아메리카노 44,000동~ **시간_** 7~23시 **전화_** +84-258-6261-999

**주소_** 97 Nguyễn Thiện Thuật, Tân Lập, Tp. Nha Trang
**요금_** 코코넛 커피 스무디 45,000동~ **시간_** 7~23시 30분 **전화_** +84-129-829-0990

## 2. 콩 카페(Công Càphê)

베트남에 가면 누구나 들르는 콩 카페Công Càphê는 이제 관광명소처럼 느껴지기도 한다. 베트남 커피전문점하면 대한민국 여행자에게 가장 알려진 콩 카페Công Càphê는 대한민국에서 먹기 힘들지만 베트남에서만 맛볼 수 있는 가슴속까지 시원한 코코넛 밀크 커피를 마시기 위해서이다.

랜턴스Lanterns에서 저녁식사를 하고 나서 후식으로 콩 카페를 방문하는 관광객이 많다. 내부로 들어가면 호치민 같은 낡은 베트남 전쟁에서나 나올법한 분위기를 기대했는데, 의외로 현대적인 베트남 분위기라서 놀랐다. 코코넛 커피 스무디를 마시는 고객이 대부분이지만 코코넛 밀크 위드 코코아도 상당히 많다고 한다.

## 3. 아이스드 커피(Iced Coffee)

어디에서나 볼 수 있는 전형적인 카페여서 깨끗하고 정돈된 프랜차이즈 커피 전문점이지만 우리가 마시는 커피와 다르게 맛이 진하기 때문에 특색이 있다. 나트랑에 3개의 지점이 있는 나트랑 커피 전문점이라고 생각하면 된다. 세일링 클럽에서 가까워서 덥고 힘들어 지친 관광객이 찾으면 시원한 에어컨에 마음을 빼앗긴다.
아침에는 카페 쓰어다에 패스츄리 메뉴로 한적하게 즐겨도 좋다. 라떼, 마끼아또 등은 달달하므로 단맛을 싫어한다면 커피를 주문하면 된다. 커피 이외에 다양한 식사 메뉴도 있어서 커피 전문점이 아닌 듯한 인상을 받기도 한다.

**홈페이지_** www.icedcoffee.vn **주소_** 49 Nguyễn Thiên Thuật, Tân Lập, Tp. Nha Trang
**요금_** 카페 쓰어다 45,000동~, 바닐라 라떼 55,000동~ **시간_** 7~22시30분 **전화_** +84-258-6524-524

**홈페이지_** www.rainforest.com **주소_** 146 Võ Trú, Tân Lập, Nha Trang
**요금_** 아메리카노 45,000동~, 생과일 스무디 55,000동~ **시간_** 7~22시 **전화_** +84-98-698-0629

## 4. 레인포레스트(Rianforest)

TV프로그램인 〈배틀트립〉에 소개되면서 유명해진 곳이다. 맛보다 숲속 분위기를 연출한 인테리어로 SNS에서 인기를 끄는 장소이다. 커피와 생과일 스무디도 판매하지만 햄버거와 쌀국수도 판매하고 있다.

부모님이나 자녀와 함께 나트랑으로 여행 온 관광객은 커피가 아니어도 아이들은 미끄럼틀에서 시간을 보낼 수 있고 부모님은 쌀국수로 한끼 식사를 할 수 있어 가족여행자가 많이 찾는다. 고급스러운 분위기이지만 에어컨이 없어서 낮에는 습하여 오랜 시간을 머물기가 힘들다. 또 직원들도 같이 짜증을 내기도 하여 기분이 나쁘다는 관광객도 있다.

**홈페이지_** www.trungnguyen.com.vn **주소_** 148 Võ Trú, Tân Lập, Nha Trang
**요금_** 카페 쓰어다 59,000동~, 카페라떼 55,000동~ **시간_** 7~22시 **전화_** +84-258-3816-279

## 5. 쯩웅우엔 레전드(Trung Nguyên Legend)

베트남 사람들이 커피 맛으로 인정하는 프랜차이즈 커피전문점이다. 하이랜드 커피는 외국인들을 위한 맛이라고 하고 쯩웅우엔 레전드는 베트남인들을 위한 커피 전문점이라고 할 정도로 맛이 다르다. 달랏에서 재배한 신선한 원두만을 사용해 직접 추출한 커피맛이 진하여 처음에는 쓴 맛만 느껴질 수 있다.
단순한 인테리어에 커피를 한잔 마시기 좋은 정통 베트남의 커피를 내준다. 넓은 공간에 높은 천장이라서 트인 느낌으로 연인과 친구와 커피를 마시며 밀린 이야기를 하기 좋은 장소이다. 3층 건물을 모두 사용하는 카페는 1층에 G7커피 같은 커피들을 판매하고 2층부터 테이블에 사람들이 주로 앉아 있다.

## 6. 루남 비스트로(RuNam Bistro Nha Trang)

하노이와 호치민을 시작으로 다낭 등의 대도시에 문을 연 고급 카페 브랜드인 루남은 유럽 스타일의 세련된 분위기를 연출한다. 앤틱하고 유니크한 인테리어는 베트남에서는 볼 수 없는 세련미가 더해져 베트남의 카페라고 생각이 들지 않는다.
최근의 커피에 디저트를 좋아하는 베트남 젊은이들은 식사와 커피, 디저트를 한꺼번에 열리는 활기찬 느낌의 카페를 좋아한다. 메뉴의 종류도 다양하고 식사와 디저트까지 동시에 즐길 수 있는데 커피도 정통 베트남커피의 진한고 쓴 커피가 아니고 에스프레소 느낌의 커피 맛이 나온다.

**주소_** 32~34 Trần Phú, Lộc Thọ, Tp. Nha Trang
**요금_** 카페 쓰어다 65,000동, 레드벨벳케이크 90,000동~ **시간_** 8~23시 **전화_** +84-258-3253-186

## 7. 안 카페(An Cafe)

나트랑에서 2개의 카페를 운영하고 있는데, 마치 서울 인사동의 카페가 나트랑으로 옮겨간 것 같은, 작은 숲 같은 조용한 카페이다. 현지인들이 쉬어가는 카페이다 보니 간판도 없고 안으로 들어가야 카페인지 확인이 된다. 안에서 밖을 바라볼 수 있는 테이블은 도심 속의 한적하게 만든 휴식 공간 같다. 커피뿐만 아니라 케이크도 상당히 달고 맛있다.
테이블, 의자, 천장의 분위기는 운치 있도록 구성하였고 파란 하늘을 볼 수 있도록 뚫어 놓은 천장은 오히려 상쾌한 공기를 마실 수 있어 상쾌하다. 많은 사람들로 붐비지 않는 낮 시간에 갈 것을 추천한다. 커피의 맛을 진하게 우려내는 이곳은 나트랑의 진한 여행 추억을 만들어 낼 수 있다.

**주소_** 1호점 : 40 Lè Dài Hành, Phúôc Tiên, Tp. Nha Trang 2호점 : 24 Nguyen Trung Truc, Tp. Nha Trang
**요금_** 카페 쓰어다 45,000동, 케이크 35,000동~ **시간_** 6~22시
**전화_** 1호점 : +84-258-3510-588 2호점 : +84-258-3510-109

**주소_** 4C Biêt Thú, Lôc Tho, Nha Trang
**요금_** 아이스 아메리카노 45,000동, 아이스 카페 라떼 50,000동~, 크레페 40,000동
**시간_** 7~17시
**전화_** +84-258-3254-114

## 8. 쿠파 커피(Cuppa Coffee)

우리가 즐겨먹는 아메리카노를 쉽게 주문할 수 있는 커피 전문점으로 빵과 바케뜨, 크레페 등과 진한 커피 맛을 제공한다. 러버티 센트럴 호텔 건너편에 있어 해변에서 강렬한 햇빛으로 휴식을 취하기 위해 많이 찾는다. 전형적인 로컬 카페가 현대화된 것 같은 느낌의 커피 전문점으로 9시까지 조식도 판매하고 있다. 바게뜨 빵과 커피가 일품이며 현지인이 주로 찾는다.

# 새롭게 뜨는 커피(Coffee) & 차(Tea) 전문점

## 커피 브로미데 호미스(Coffee bromide homies Nha Trang)

나트랑 시민들이 새로이 찾는 커피와 티Tea전문점으로 내부 인테리어는 아름답고 낭만적이라서 SNS를 위해서도 찾는 곳이다. 다만 몰려드는 고객에 응대하는 직원들은 전문성이 부족하여 친절하지 않다는 것이 단점이다. 가격이 저렴하고 맛있는 치즈 밀크 케이크와 티는 인기 메뉴이고 맛있는 케이크, 크림치즈 우유 차는 특히 여성들이 자주 주문한다. 티라미수는 가끔 오래된 것들도 있으므로 냄새로 확인을 하는 것이 좋다.
이곳이 커피 전문점이지만 다른 커피전문점과 다른 점은 저렴하게 선택할 수 있는 케이크가 많다는 것이다. 치즈 케이크와 함께 우유 차는 조금 달콤하여 단맛을 싫어하는 사람들은 좋아하지 않을 수 있다.

**홈페이지_** www.nhatrangclub.vn
**주소_** 52 Ly Tu Trong
**요금_** 커피 20,000~40,000동, 작은 사각형 케이크 30,000동, 크림 치즈케이크 39,000동
**시간_** 9~21시
**전화_** +84-702-404-646

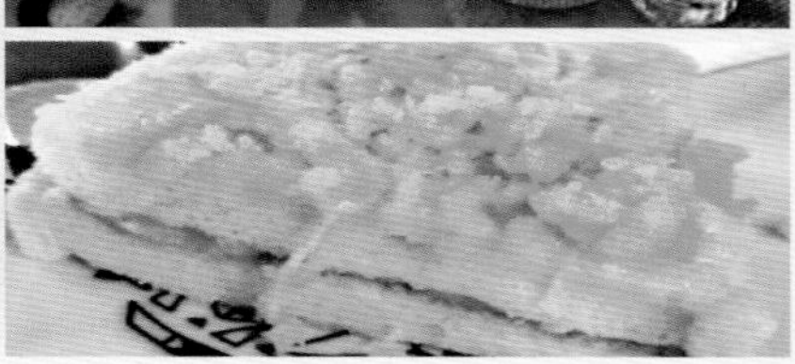

## 푹 롱 커피(Phuc Long Coffee)

녹차와 프리미엄 커피 원두를 50년 동안 관리한 경험을 바탕으로 호치민에 본사를 두고 2018년부터 베트남 전역으로 확장하고 있는 커피 브랜드이다. 커피 맛은 대한민국에서 먹던 커피 맛과 다르지 않아서 베트남 커피의 쓴맛보다는 친숙한 맛이 장점이다. 또한 다양한 차Tea 메뉴가 있어서 한 곳에서 커피와 차를 즐길 수 있다.

브랜드의 바탕이 스타벅스와 같은 초록색인 것도 특징이다. 베트남의 대표적인 커피 브랜드인 하이랜드 커피Highlands처럼 퍼져나가는 커피 전문점으로 나트랑의 빈콤 프라자 1층에 입점하였다. 푹 롱Phuc Long은 차와 커피 산업의 선도자가 되려는 브랜드로 앞으로 베트남 여행을 하면서 친숙한 커피전문점이 될 듯하다.

**홈페이지_** www.nhatrangclub.vn

**주소_** L1 06 Vincom Plaza Tran Phu

**요금_** 커피&차 20,000~70,000동, 우유 차 45,000동, 케이크 35,000동

**시간_** 7~22시 30분

**전화_** +84-258-3524-777

## 뜨라 수아 레오 티(Trà sữa Leo tea)

학생들에게 익숙한 밀크 티 브랜드로 좋은 품질과 저렴한 가격으로 인기를 끌면서 점차 대중적인 차Tea 브랜드로 나트랑Nha Trang에 알려져 있다. 우유 차로 가장 인기를 끌고 있는 브랜드로 신선한 우유는 소문만큼 좋다. 여러 곳에서 우유 차를 마셔보았지만, 레오티Leotea는 최고라고 말하는 나트랑 사람들이 많다.
차는 중간 정도의 맛과 다른 상점만큼 달지 않아서 좋다. 복숭아 차와 검은 설탕을 섞은 신선한 우유도 인기가 많다. 작은 공간이지만 사람들이 몰리는 점심시간 때에도 직원들은 친절하다.

**주소_** 62 Nguyên Thi Minh Khai Tân Lâp
**요금_** 커피 & 차 12,000~20,000동 밀크티 15,000동
**시간_** 8~22시 30분
**전화_** +84-90-804-61-88

# 음식주문에 필요한 베트남 어

## 매장

커피숍 | QUÁN CÀFÊ | 관 까페
약국 | TIỆM THUỐT | 뎀 톳

## 음식

햄버거 | HĂM BƠ CƠ | 함 버 거
스테이크 | THỊT BÒ BÍT TẾT | 틱 버 빅 뎃
과일 | HOA QUẢ | 화 과
빵 | BÁNH MÌ | 바잉 미
케이크 | BÁNH GA TÔ | 바잉 가도
요거트 | SỮA CHUA | 스으어 주으어
아이스크림 | KEM | 갬
카레라이스 | CƠM CÀ RI | 껌 까리
쌀국수 | PHỞ | 퍼
새우요리 | MÓN TÔM | 먼 덤
해산물요리 | MÓN HẢI SẢN | 먼 하이 산
스프 | SÚP | 습

## 육류

고기 | THỊT | 틱
쇠고기 | THÍT BÒ | 틱 버
닭고기 | THỊT GÀ | 틱 가
돼지고기 | THỊT HEO | 틱 해오

## 음료

커피 | CÀ FÊ | 까 페
콜라 | CÔ CA | 꼬 까
우유 | SỮA TƯƠI | 스으어 드이
두유 | SỮA ĐẬU | 스으어 더오
생딸기주스 | SINH TỐ DÂU | 신 또 져우

## 술

생맥주 | BIA TƯƠI | 비아 뜨으이
병맥주 | BIA CHAY | 비아 쟈이
양주 | RƯỢU MẠNH | 르으우 마잉
와인 | RƯỢU VANG | 르으우 반

## 양념

간장 | XÌ DẦU | 씨 져우
겨자 | MÙ TẠC | 무 닥
마늘 | TỎI | 더이
소금 | MUỐI | 무오이
고추 | ỚT | 엇
소스 | NƯỚC XỐT | 느읏 솟
설탕 | ĐƯỜNG | 드으엉
참기름 | DẦU MÈ | 져우 매
된장 | TƯƠNG | 뜨 응

# 베트남 로컬 식당에서 주문할 때 필요한 베트남어 메뉴판

베트남에서 현지 식당에서 주문을 할 때 가장 애로사항이 되는 것은 무엇인지를 몰라 주문을 제대로 했는지 잘 모르겠다는 것이다. 사진으로 된 메뉴판을 가지고 있다면 관광객이 오는 완전 로컬 식당은 아니다. 로컬 식당은 저렴하기도 하지만 직접 베트남 사람들이 먹는 음식들을 주문할 수 있고 바가지를 쓰지 않게 되므로 보면서 확인하고 주문하면 이상없이 현지인들과 함께 식사를 하고 즐거움을 나눌 수 있다. 메뉴판에 직접 표시하여 현지에서 보면서 주문하면 도움이 될 것이다.

| | |
|---|---|
| Bạch Tuộc (낙지) | 59,000 |
| Con Tôm (새우) | 59,000 |
| mực (오징어) | 59,000 |
| Cá trứng (삶은 계란) | 50,000 |
| Ếch (개구리) | 60,000 |
| Lòng Non (곱창) | 49,000 |
| Ba Chỉ Heo (돼지) | 59,000 |
| Sườn Heo (새끼 돼지 갈비) | 59,000 |
| Bao Tử Cá Ba Sa (물고기 내장) | 59,000 |
| Sụn Gà (닭 연골) | 59,000 |
| Mề gà (닭 똥집) | 59,000 |
| Vây Cá hồi (연어 지느러미) | 49,000 |
| Sườn cá sấu (악어 갈비) | 59,000 |
| Heo Tộc Nướng (구운 돼지고기) | 59,000 |
| Nai Nuối Nướng (구운 사슴고기) | 59,000 |
| Vú dê (염소 가슴) | 59,000 |

오징어

돼지고기

| | |
|---|---|
| Bò Luộc (삶은 소고기) | 59,000 |
| Bò Nướng Cục (양념 소고기 구이) | 59,000 |
| Bò Nướng Tảng (양념 육우 구이) | 59,000 |
| Bò Lụi Sả (소고기 레몬그라스 꼬치) | 50,000 |
| Sườn Nướng (개구리) | 60,000 |
| Bắp Nướng (옥수수 구이) | 49,000 |
| Thăn Bò Nướng (소고기 안심 구이) | 59,000 |
| Gân Hấp Sả (레몬 그래스 & 힘줄) | 59,000 |
| Nấm Sữa Nướng (구운 소세지) | 59,000 |
| Bò Lá Lốt Mỡ Chài (소고기 & 물고기 기름) | 59,000 |
| Gân Bò Tiềm (소고기 힘줄) | 59,000 |
| Lá Sách, Tổ Ong, Thăn Long Hấp | 49,000 |
| Lẩu Duôi Bò (소꼬리 전골) | 59,000 |
| Lẩu Dụng Bò (암소 전골) | 59,000 |
| Lẩu Bò (소고기 전골) | 59,000 |

닭똥집

| | |
|---|---|
| Cá Viên Ran Củ (야채 생선 꼬치) | 59,000 |
| Tôm Viên Saté (새우 꼬치구이) | 59,000 |
| Hồ Lô Nướng (소세지 꼬치구이) | 50,000 |
| Đậu Bắp (오크라) | 60,000 |
| Bò Viên Sa Tế (소고기 완자) | 49,000 |
| Thanh Cua Nướng (게살 구이) | 59,000 |
| Tôm Hùm Viên (바다 가재) | 59,000 |
| Chạo Sả (어묵 레몬그라스 꼬치) | 59,000 |
| Chạo Thịt Cuộn Mía Lau (다진 고기롤 & 사탕수수) | 59,000 |
| Xúc Xích Đức (독일 소세지) | 59,000 |
| mực Viên (먹물 오징어) | 49,000 |
| Ốc Viên (달팽이) | 59,000 |
| Bò Muối Ớt (매운 소고기) | 59,000 |
| Ba Chỉ Cuộn Nấm (버섯 롤) | 59,000 |

| | | |
|---|---|---|
| Gà Thả Vườn | + Hấp Hành (찐 양파) | 145,000 |
| | + Nướng (그릴) | 145,000 |
| | + Tiềm Ớt Sim (삶은 닭) | 160,000 |
| Cơm Chiên | + Trứng (계란 후라이) | 145,000 |
| | + Bò Bằm (잉소) | 145,000 |
| | + Gà Xé (닭고기) | 160,000 |
| | + Cá Mặn (생선) | 160,000 |
| Mì Xào | + Xào Bò (소고기 튀김) | 145,000 |
| | + Xào Rau (야채 볶음) | 145,000 |
| | + Salad Trộn Trứng (삶은 달걀 샐러드) | 160,000 |
| | + Salad Trộn Bò (소고기 샐러드) | 160,000 |
| | + Salad Cá Hộp (참치 샐러드) | 160,000 |

소고기

악어고기

염소고기

# 빈펄 랜드(Vinpearl Land)

베트남에 가면 워터파크의 대명사가 빈펄 랜드Vinpearl Land이다. 현재 휴양지로 성장하는 다낭, 푸꾸옥과 함께 나트랑에서 관광객을 맞이하고 있다. 아직 대한민국의 워터파크처럼 크지는 않지만 상대적으로 이용하는 고객이 적어 쾌적하게 워터파크를 이용할 수 있는 장점이 있다.

빈펄 랜드Vinpearl Land는 3,320m, 높이 115m의 케이블카를 타고 바다를 건너기 때문에 케이블카를 타고 들어가는 입구부터 마치 빈펄 랜드Vinpearl Land를 가는 것 같은 기분이 들게 된다. 아이들은 이 케이블카부터 "와~~"라는 소리와 함께 들뜨는 기분을 만끽하게 된다. 케이블카는 해상 리프트 전문회사인 프랑스의 포마Poma사가 만들었기 때문에 안전하다고 판단해도 된다. 13분 정도 케이블카를 타고 가면 밑에 보이는 놀이동산과 워터파크, 동물원, 식물원, 아쿠아리움 등이 보이고 기대감은 더욱 커지게 된다.
통합입장권을 구입하면 게임기까지 모두 추가비용 없이 880,000동(어린이, 60세 이상 700,000동)에 이용할 수 있다. 1m이하의 어린이는 무료로 이용이 가능하고 16시 이후에 입장하면 50%할인을 받을 수 있다.

최근에 워터파크도 시설을 새로 정비하고 놀이기구도 추가로 설치하였다. 베트남의 놀이동산 수요는 끊임없이 늘어나고 있어서 시설이 노후화되는 문제는 발생하지 않는다. 아직도 이동을 하다보면 새롭게 공사를 하고 있는 현장을 볼 수 있으므로 계속 새로운 놀이기구나 워터파크의 즐거움은 증가될 것이다.

## 워터파크 (Water Park)

더운 나트랑에서 빈펄 랜드에 도착하면 가장 먼저 이용하는 것이 워터파크이다. 그래서 당일치기로 이용하면 워터파크에서 대부분 시간을 보내기 때문에 워터파크를 이용하면 피곤하여 놀이동산 이용시간은 줄어들게 된다. 놀이기구와 커다란 워터풀이 있는 워터파크는 바다와 인접해 전용비치도 같이 이용할 수 있어 생생한 느낌이 더 다가온다. 6개의 라인을 자랑하는 멀티 슬라이드는 15m 높이에 100m 길이로 아이들이 가장 좋아하는 놀이기구이며 2017년에 문을 연 스플래시 베이Splash Bay가 물 위에서 즐기는 시설로 인기를 새롭게 끌고 있다.

워터파크는 어디든 비슷한 구조를 가지고 있다. 연령에 상관없이 즐길 수 있는 파도풀Wave Pool과 워터파크에서 만들어 놓은 물길을 따라가는 레이지리버Lazy River, 커다란 튜브를 이용해 지그재그로 내려오는 슬라이더로 만들어져 있는데 빈펄 랜드도 같은 구조이다. 다만 파도풀이 대한민국에서 즐기던 것과 비교해 재미가 떨어지는 것은 사실이다.

▶이용시간 9~18시

주의사항

아이들이 가장 좋아하는 워터파크는 바다와 가까워 시원한 바람이 불어오므로 시원하게 즐기는 장점이 있다. 하지만 이것도 더운 여름에는 뙤약볕에서 너무 오래 있으면 일사병 증세를 보일 수 있으므로 적당히 즐겨야 한다.

VinPearlLand
Nha Trang
Đường đi Vinpearl Nha Trang Bay Resort & Spa
Đường đi Vinpearl Resort Nha Trang
23 - Coming soon

VINPEARL
09 ~ 14 실내 게임장
15 ~ 16 푸드 스트리트
17 ~ 24 패밀리 랜드
25 ~ 31 오션 스퀘어
32 ~ 52 버블 랜드(워터파크)
55 ~ 56 쇼핑 거리
57 ~ 62 킹스 가든(동물원)
63 ~ 74 놀이동산
75 ~ 83 블루밍 힐(식물원)
04 스피드보트 선착장
27 아쿠아리움
28 음악분수
38 탈의실, 사물함
47 파도풀
52 스플래시 베이
59 동물쇼 공연장
61 롯데리아
71 익스트림 런처
86 스카이 휠
90 조류관
화장실
응급실
사진 키오스크
안내센터
툭툭 정류장
기념품 상점
휴식 공간

## 놀이동산 (Amusement)

워터파크와 함께 가장 인기 있는 장소이다. 1박을 한다면 하루는 워터파크에서 즐기고 하루는 놀이동산에서 즐기는 것이 일반적이다. 놀이동산은 뜨거운 햇빛이 비치는 낮에는 이용하기 힘들기 때문에 2일차에 아침 8시 30분에 시작과 동시에 기구를 타는 것이 가장 효율적으로 즐기는 방법이다. 1인용 롤러코스터라고 부르는 알파인 코스터Alpine Coaster가 가장 인기 있는 놀이기구이다. 놀이동산에서 보는 빈펄 랜드와 나트랑 만을 보면서 즐기는 놀이동산은 어른들에게도 시원한 느낌을 받으며 어린 시절로 돌아갈 수 있다.

### 알파인 코스터(Alpine Coaster)

1인용 롤러코스터인데 베트남 전역에서 가장 인기가 있는 놀이기구이다. 속도는 개인적으로 조절할 수 있기 때문에 개인이 원하는 대로 속도를 늘이거나 줄일 수 있다. 스틱을 뒤로 올리면 브레이크작용을 하여 멈추고 앞으로 내리면 속도가 올라간다. 다만 안전상 문제가 발생할 수 있으므로 안전벨트를 반드시 하고 앞 알파인 코스터와의 간격을 25m이상 유지해야 하는 점은 주의해야 한다.

**주의사항**

1. 몸이 앞으로 나가기 때문에 아이와 함께 탑승하면 안전벨트를 착용하고 천천히 내려가야 한다.
2. 속도만을 즐기려고 무리하게 앞으로 스틱을 내리면 과한 속도를 탑승자가 유지하기 힘들어 롤러코스터를 이탈할 수 있으므로 적당한 속도를 유지한다.
3. 앞 사람과의 간격은 최소 25m를 유지해야 한다.

### 스카이 휠(Sky Wheel)

120m 높이의 거대한 관람차이다. 다른 곳에서 본 관람차보다 크지는 않지만 세계 10대 대관람차에 선정되었다고 하는데 크기보다는 관람차에서 보는 풍경이 아름다운 이유가 아닐까 생각한다. 60개의 관람차에 총 480명을 수용할 수 있다고 한다.

강렬한 햇빛이 사라지고 선선한 바람이 불어오는 저녁에 연인이나 부부가 함께 하는 멋진 야경을 같이 보는 것을 추천한다.

### 범퍼카(Bumper Car)

놀이동산의 어디를 가든 무섭고 짜릿한 놀이기구를 원하지만 초등학교 4학년 이하의 아이들은 의외로 무서움에 못타는 아이들도 많다. 이때 가장 아이와 교감을 나누면서 재미를 느낄 수 있는 것이 범퍼카이다. 또한 햇빛에 너무 많이 노출되었다면 그늘에서 쉬면서 휴식을 취하는 순기능도 있으니 잘 활용하자.

▶**이용시간** : 9~18시

### 오션 무비 캐슬(Ocean Moive Castle)

200석 규모의 4D 영화관으로 3개의 대형스크린에서 나오는 입체감 있는 4D 영상을 실감나게 느낄 수 있어 아이들이 특히 좋아한다.

▶**이용시간** : 9~21시(9~5월은 11~19시까지)

## 아쿠아리움 (Underwater World)

워터파크 옆으로 가면 동굴 모양의 입구가 나온다. 이곳이 아쿠아리움 입구인데 크지 않아 실망하는 관광객도 있다. 아이들을 위한 해양 동물을 볼 수 있으나 큰 기대는 금물이다. 11, 15시에 10분씩 인어 쇼가 펼쳐지므로 아이와 함께 왔다면 시간에 맞춰보면 아이가 좋아 할 것이다.

### 돌고래 쇼(Dolphin Show)

아쿠아리움 옆에서 돌고래 쇼를 하는 데 대단한 쇼는 아니기 때문에 큰 기대 없이 보면 즐길만하다. 아이들은 돌고래가 뛰어 오를 때마다 환호성을 지른다.

▶**시간** : 15시 30분~16시(월요일)
11시 30분~12시(화~일요일)

### ▶공연종목과 시간

**돌고래 공연(Dolphins Show)** | 11:30, 15:30(월요일은 15:30 1회 공연, 각 30분간)
**새 공연(Bird Show)** | 10:30, 14:30(20분간)
**인어 공연(Mermaid Show)** | 11:30, 15:00(10분간)
**먹이 주기 시연(피딩 쇼)** | 10:00, 17:00(각 15분간)
**음악분수(뮤직 워터 파운틴 쇼)** | 19:00(25분간)
**길거리 퍼레이드(유로파카니발)** | 16:15(30분간)
**길거리 밴드공연(스트릿 밴드)** | 19:15(1시간간)

#### 빈펄 리조트

1. 빈펄 리조트에 숙박을 한다면 무료로 이용이 가능한 정책이 바뀌어 티켓은 따로 구입해야 한다.
2. 빈펄 랜드 입장권을 구입하지 않으면 케이블카를 이용할 수 없으므로 사전에 반드시 구입하고 케이블카를 탑승하러 가야 한다.
3. 보트로 섬에 도착하면 전동차가 대기하고 있으므로 빈펄 랜드로 쉽게 이동이 가능하다.
4. 빈펄 랜드만 이용하는 관광객은 빈펄 리조트 전용 스피드보트는 이용할 수 없다. 빈펄 리조트 숙박하는 관광객이 나이가 많은 숙박객이 많기 때문에 티켓을 구입하면 케이블카를 무조건 탑승하는 것은 아니고 고소공포증을 가진 관광객을 위해 스피드보트로 이동할 수도 있다.

## 킹스가든 (King's Garden(동물원))

빈펄 랜드의 오른쪽 언덕에 위치한 동물원은 크지 않다. 하지만 어린 아이들은 기린이나 호랑이를 보고 좋아한다. 특히 조류관의 새들이 사람에게 다가오는 것을 특히 신기해한다. 항상 새들은 눈 가까이에서 마주치는 것을 부리로 공격을 할 수 있으므로 조심해야 한다.

▶ 이용시간 : 10~18시

## 블루밍 힐 (Blooming Hill(식물원))

대관람차 뒤에는 카페가 있고 바오밥 나무를 심어놓은 아프리카 사막분위기로 연출한 식물원은 어른들이 더욱 신기해 한다. 선인장, 화려한 꽃들을 볼 수 있다.

▶ **이용시간** : 10~18시(주말, 공휴일 9시부터 시작)

## 빈펄 랜드 비치 (Vinpearl Land Beach)

비치 의자들이 가지런히 놓여있고 해상 놀이기구인 스플래시 베이가 설치되어 있는 상태에 안전을 대비해 안전요원은 항상 상주하고 있다. 이곳만의 다양한 해양 스포츠를 즐길 수 있는 데 비용이 저렴한 편은 아니다. 해 뜨는 선라이즈 풍경과 해 지는 선셋 풍경은 항상 아름답다.

## 스플래시 베이 (Splash Bay)

대형 튜브에 공기를 주입해 얕은 바다에 설치해 만들어 놓은 놀이시설이다. 어린이들은 평범하게 건너가는 것과 미끄럼틀에도 좋아하지만 어른들은 정글짐과 트램펄린을 특히 재미있어한다.

▶**이용시간** : 9시 30분~17시 30분

## 레스토랑

워터파크와 놀이동산에서 놀다보면 금방 배가 고파진다. 바비큐와 패스트푸드가 가장 인기가 높은 데 우리에게 익숙한 브랜드인 롯데리아가 있어 거부감이 덜하다.

빈펄랜드의 다양한 모습

# Mui Ne

## 무이네

KITE

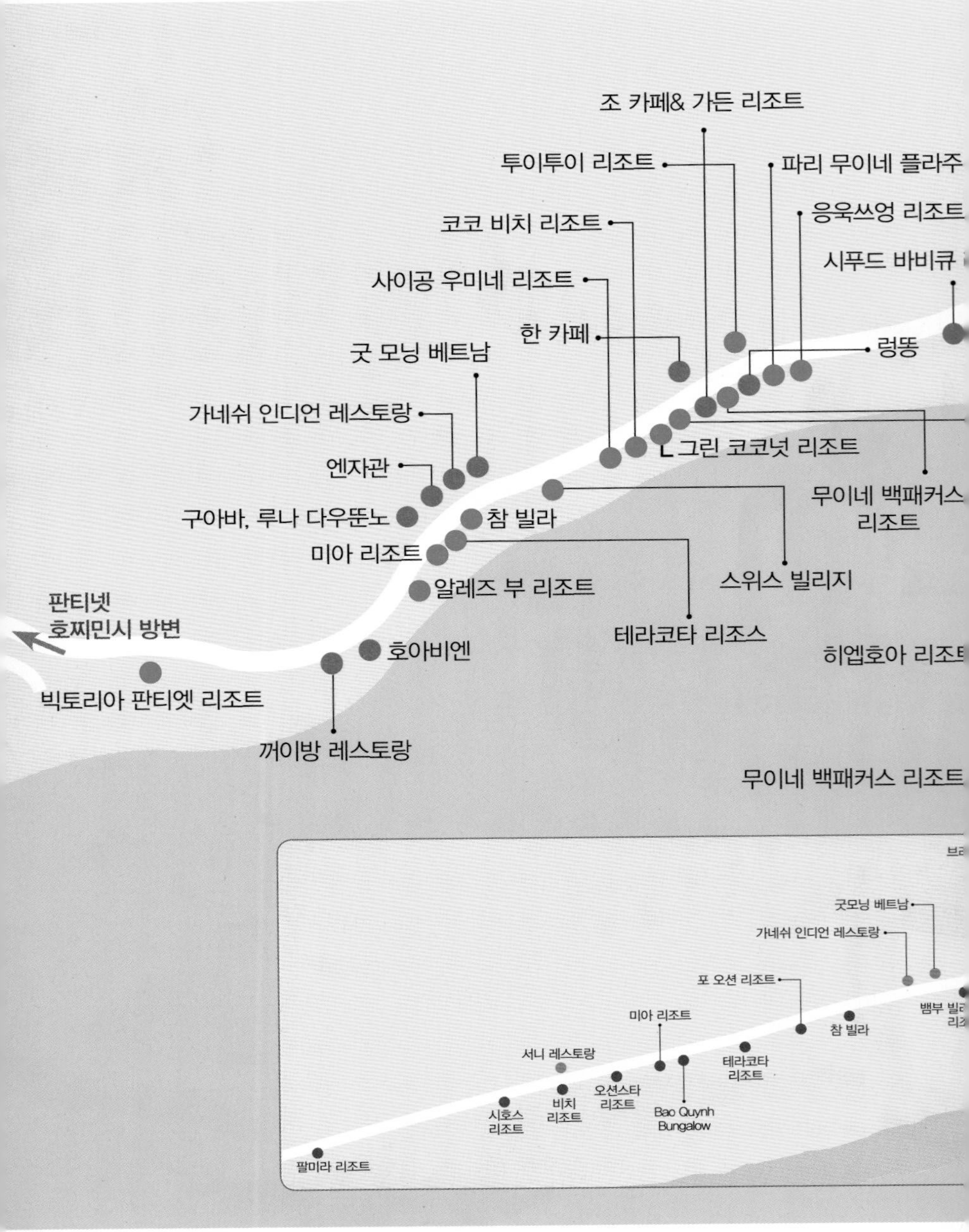
조 카페& 가든 리조트
투이투이 리조트
파리 무이네 플라주
응욱쓰엉 리조트
코코 비치 리조트
시푸드 바비큐
사이공 우미네 리조트
한 카페
렁똥
굿 모닝 베트남
가네쉬 인디언 레스토랑
그린 코코넛 리조트
엔자관
무이네 백패커스 리조트
구아바, 루나 다우뚠노
참 빌라
미아 리조트
스위스 빌리지
알레즈 부 리조트
판티넷
호찌민시 방면
테라코타 리조스
호아비엔
빅토리아 판티엣 리조트
꺼이방 레스토랑
무이네 백패커스 리조트
굿모닝 베트남
가네쉬 인디언 레스토랑
포 오션 리조트
미아 리조트
참 빌라
서니 레스토랑
테라코타
리조트
오션스타
리조트
비치
리조트
시호스
리조트
Bao Quynh
Bungalow
팔미라 리조트

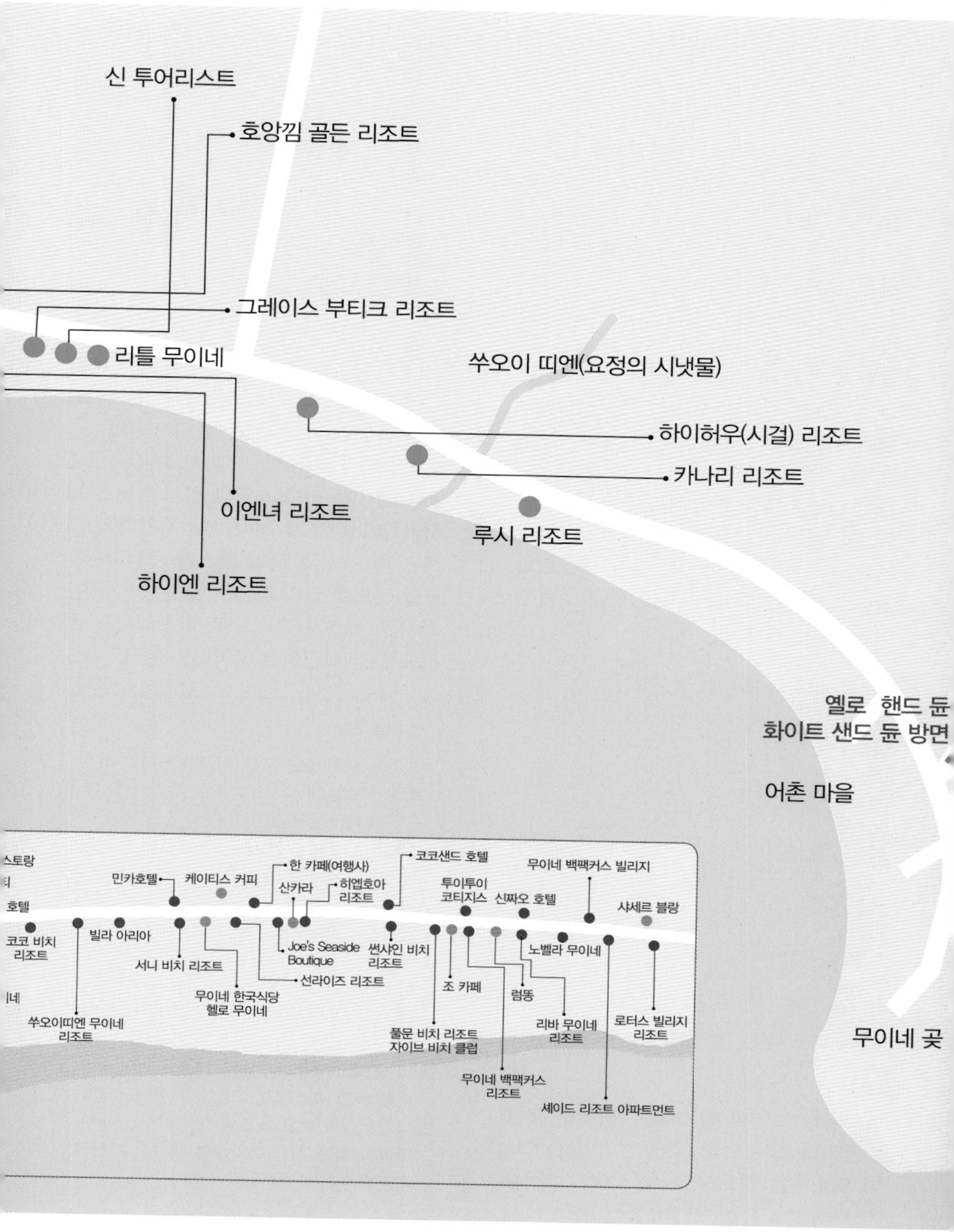
신 투어리스트
호앙낌 골든 리조트
그레이스 부티크 리조트
리틀 무이네
쑤오이 띠엔(요정의 시냇물)
하이허우(시걸) 리조트
카나리 리조트
이엔녀 리조트
루시 리조트
하이엔 리조트
옐로 핸드 듄
화이트 샌드 듄 방면
어촌 마을
무이네 곶
스토랑
호텔
코코 비치 리조트
쑤오이띠엔 무이네 리조트
빌라 아리아
민카호텔
케이티스 커피
서니 비치 리조트
무이네 한국식당 헬로 무이네
한 카페(여행사)
산카라
히엡호아 리조트
Joe's Seaside Boutique
선라이즈 리조트
코코샌드 호텔
썬샤인 비치 리조트
투이투이 코티지스
신짜오 호텔
조 카페
풀문 비치 리조트 자이브 비치 클럽
무이네 백팩커스 리조트
럼똥
무이네 백팩커스 빌리지
노벨라 무이네
리바 무이네 리조트
샤세르 블랑
로터스 빌리지 리조트
셰이드 리조트 아파트먼트

## 무이네 IN

무이네Mui Ne를 가는 방법은 버스와 기차인데 기차는 판티엣Phantiet에서 하차하기 때문에 다시 무이네Mui Ne까지 버스를 타고 이동해야 한다. 그래서 대부분은 버스를 이용해 무이네로 이동한다. 호치민에서 207㎞ 떨어진 무이네Mui Ne에 도착했다는 신호는 판티엣에 도착했을 때이다.

판티엣Phantiet에서 706번 도로를 타고 20㎞만 가면 무이네Mui Ne 해변을 만날 수 있다. 나트랑Nha Trang에서 출발했다면 216㎞ 떨어진 거리를 5시간 정도면 도착하는데 해변이 보이기 시작하면 거의 도착했다는 표시라고 생각하면 편리하다.

약 10㎞에 이어지는 긴 해변을 따라 형성된 무이네Mui Ne 중심 도로에는 리조트와 호텔, 다양한 가격대의 레스토랑이 줄지어 있다.

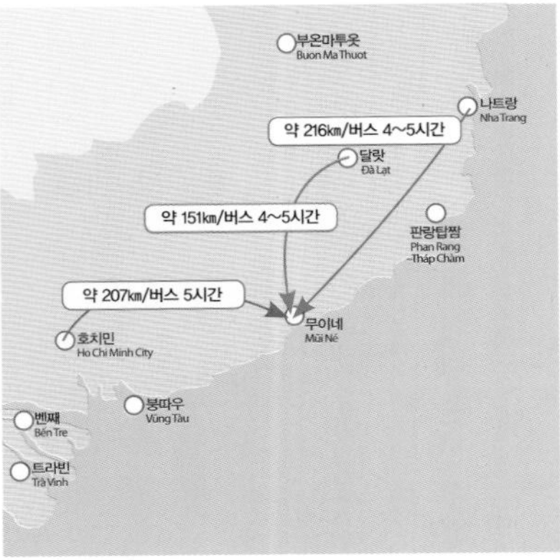


### 버스

베트남을 여행할 때 버스는 중요한 교통수단이다. 남북으로 길게 뻗어있는 베트남 도시들은 하노이, 다낭Da Nang, 나트랑Nha Trang, 호치민Hochimin이 중심 거점 도시

이다. 무이네Mui Ne는 나트랑Nha Trang과 호치민 사이에 있어 약 5시간 정도면 이동할 수 있다. 대부분의 여행자가 버스를 이용해 여행할 정도로 활성화되어 있다.

호치민에서 무이네Mui Ne까지 4편(7, 11, 14, 20시)만 이동한다고 알고 있지만 버스 회사가 늘어나면서 회사마다 시간대가 다르기 때문에 몇 편의 버스가 운행하는지 모를 정도로 많이 다닌다. 달랏Dalat까지는 매시간 버스가 다니므로 버스회사의 시간표를 잘 확인하고 예약하면 된다.

#### 슬리핑 버스

버스는 코치버스의 개념이지만 슬리핑 버스라고 부르는데 140도 정도로 누워서 잘 수 있도록 개조된 버스이다.

침대버스라고 하여 야간에만 잠을 자면서 이동하는 버스를 슬리핑버스라고 불렀으나 최근에는 낮에 이동하는 버스의 대부분도 슬리핑버스와 구조가 동일하다.

**버스 예약**

동남아시아 대부분의 이동하는 버스나 투어는 숙소와 연결이 되어 있어 투어사무실에서 예약과 구입이 가능하지만 약간의 수수료를 받고 숙소에서 대행하고 있어서 굳이 나가서 알아보고 버스를 예약하지 않는다. 다만 기차는 직접 예약해야 하므로 사전에 확인해야 하는 번거로움이 있다.

### 대중교통

무이네Mui Ne는 해변을 따라 길게 뻗어있는 타운이라서 706번 도로를 왔다 갔다 하는 버스가 운행하고 있다. 짧은 거리는 6,000동부터 시작하고 판티엣Phantiet(빨강색 9번 버스)까지는 18,000동에 다녀올 수 있다. 판티엣을 가는 경우는 대부분 롯데마트를 다녀오기 위해 판티엣Phantiet행 버스를 탑승한다.

### 오토바이

대중교통이 좋지 않은 무이네는 많은 여행자가 오토바이를 대여해 타고 다닌다. 1일 렌트 비용은 7~10$이며 자전거(50,000동)는 숙소에서 렌트할 수 있지만 도로가 좁아서 잘 이용하지 않는다.

# 무이네 투어(Mui Ne Tour)

강력한 열대풍의 침식 작용으로 형성된 경이롭고 광활한 사막 위를 걸어서 둘러보거나 사륜차로 질주해 보는 장면을 상상해본 적이 있는가? 사륜 오토바이를 타고 무이네Mui Ne 모래 언덕의 붉고 하얀 모래 언덕을 달려 보거나 관광객이 즐겨 이용하는 모래 썰매에 도전할 수 있다. 사구 사이의 굽이진 하천을 따라 높다란 모래 언덕으로 올라가 아름다운 노을을 감상하는 것은 새로운 감동이다.

무이네Mui Ne 모래 언덕은 사구로 이루어져 있다. 한쪽에는 붉은 모래 언덕이 다른 쪽에는 흰 모래 언덕이 펼쳐져 있다. 이 두 사구가 만나는 지점은 걸어서도 쉽게 돌아볼 수 있다. 두 모래 언덕의 아름다운 경관을 만끽할 수 있는 다양한 방법이 있다.

무이네투어는 일출과 일몰투어가 있는데 대부분은 일출의 풍경이 더 아름답기 때문에 일출투어를 선택한다. 또한 투어를 예약하면 지프차가 배정이 되어 투어를 진행하기 때문에 투어는 다 동일하게 진행된다는 사실을 알고 있어야 한다.

**개인만의 투어가 있나요?**

프라이빗 투어와 동일하게 진행되므로 개인만의 투어를 선택했다는 것은 사실이 아니다. 누구나 투어는 4명을 기준으로 투어가 진행되고 투어 회사에서 지프차를 배정하게 되는 시스템이다.

# 일출투어 VS 일몰투어

### 일출투어(Sunrise)

새벽 4시에 숙소에서 기다리면 지프차가 도착하여 4명을 채워 이동하면 시작이 된다. 어둠을 뚫고 4시에 이동하는 이유는 화이트 샌듄White Sand Dune 거대한 모래언덕에서 일출의 아름다운 장면을 보기 위해서이다.

### 일몰투어(Sunset)

일몰투어는 지프차나 버기카 등을 타고 즐길 수 있는 장점이 있다. 지프차를 타고 이동하면 해가 질 때까지 시간적인 여유가 있어서 지프차를 타고 사막을 달린다거나 버기카를 타고 바람을 가르며 속도를 직접 만끽할 수 있는 장점이 있다.

## 1. 화이트 샌듄(White Sand Dune)

하얀 모래 언덕에 올라가 바람이 남기고 간 인상적인 모래 언덕을 보고 있으면 사막이 떠오른다. 사륜 오토바이나 버기카dune buggy를 빌려 타고 모래 언덕을 달리면서 바람에 머리가 날리는 짜릿함을 만끽할 수 있다. 좀 더 여유롭게 즐기고 싶다면 걸어서 사구를 둘러보면 일몰과 일출의 아름다운 풍경을 사진에 담을 수 있다.
일몰보다는 일출의 광경이 더 아름답다. 오후에 화이트 샌듄White Sand Dune에 온다면 무이 네 모래 언덕은 가급적 늦은 오후에 둘러보도록 일정을 세워야 한다. 끝없이 펼쳐진 사구 너머로 지는 노을은 그야말로 장관을 이룬다.

일몰투어(Sunset Tour)

낮에는 모래 온도가 몹시 뜨거울 수 있기 때문에 샌들보다는 운동화를 착용하는 편이 좋다. 흰 모래 언덕에 있는 가판대에서는 음식과 음료를 구입해 먹을 수도 있다.

**주의사항**

일출투어에서 새벽을 가르며 도착한 처음 내리자마자 사람들이 다가오면서 버기카를 탈 거냐고 물어본다. 잠에서 깬지 얼마 안 된 관광객들은 영문을 모르고 가격을 물어본다. 대부분 20만 동이지만 한국인이 많은 투어에서는 30만 동을 부르게 된다. 20만 동이 적정가격인데 한국인만 가격을 높이고 절대 낮춰주지 않는다.

**걸어서 올라가도 될까?**

투어비용이 265,000동인데 버기카를 타는 가격이 20~30만 동이라는 것은 기분이 썩 좋은 일은 아니다. 그래서 버기카 흥정이 안 되거나 버기카 타는 비용이 불합리하다고 생각하는 관광객은 걸어서 올라가기도 한다. 실제로 걸어서 올라가도 20~30분 정도면 올라갈 수 있다. 모래로 된 언덕을 올라가는 것이지만 완만한 언덕이 처음에 시작되고 경사가 급한 언덕은 마지막에 나타나기 때문에 대단히 힘들지는 않다. 다만 사전에 물을 준비해가면 힘들어도 마시면서 올라갈 수 있다. 또한 새벽이라 해가 뜨지 않아서 생각만큼 힘들지 않을 것이다.

**지프차 VS 버기카**

화이트 샌듄에서 즐기는 또 다른 즐거움은 지프차나 버기카를 타고 사막을 가로지르는 짜릿한 속도감이다.

얼굴로 직접 맞는 속도감은 빠른 속도는 아니지만 실제 느끼는 속도는 100km/h이상의 속도를 느끼고 얼굴에 바람에 찌그러지는 얼굴을 느끼게 된다. 하지만 그 짜릿한 즐거움은 무이네만의 특별한 맛이다.

## 2. 레드 샌듄(Red Sand Dune)

좀 더 신나게 즐기고 싶다면 붉은 모래 언덕으로 발걸음을 옮겨 모래 썰매에 도전한다. 이곳은 모래 입자가 단단해서 플라스틱 썰매를 타고 사구 아래로 미끄러져 내려가기 화이트 샌듄White Sand Dune보다 더 좋다. 장판을 잘라서 만든 썰매를 빌려 탈 수 있다. 단 썰매를 이용하기 전에 요금을 정확히 정해야 한다는 점은 잊지 말자.

**왜 레드샌듄인가?**

레드샌듄에서는 화이트 샌듄보다 색이 더 진해서 마치 빨강색으로 보인다고 붙여진 이름이다.

**모래 썰매**

빨간 사막이라고 해도 화이트 샌듄보다 규모가 작고 언덕이 높지 않아서 실망하기가 쉬우나 모래썰매를 즐기는 맛도 있다. 레드 샌듄에 도착하면 아주머니들이 썰매를 타라고 이야기하기 시작한다. 비용을 지불하는데 협상이 중요하다. 썰매를 타게 되면 아주머니들이 위에서 밀어주기 때문에 썰매타기를 도와주는 비용까지 포함된다고 생각하면 된다.

## 3. 피싱 빌리지(Fishinf Village)

베트남 전통의 작고 동그란 고기잡이배들이 어촌 마을 인근에 조화롭게 떠 있는 모습은 너무도 따뜻한 풍경으로 다가온다. 예부터 먼 바다로 나간 커다란 배들이 새벽 물고기 잡이를 하여 가지고 온 싱싱한 물고기가 큰 배들은 따로 부두가 없어 물고기를 나를 방법이 없었다.

대나무로 만든 베트남 고유의 둥근 배를 바다에 띄워 고기잡이배까지 다가가 어부가 잡아온 물고기를 받아오는 방식이 무이네Mui Ne만의 특이한 어촌 풍경을 만들어냈고 이것이 투어상품으로 이어져 관광객의 관심을 받게 된 것이다. 그리고 그 고기를 갖고 즉석에서 어시장을 열어 흥정하는 모습까지 전통 모자 논Non을 쓴 무이네Mui Ne 어촌 사람들의 삶이 그대로 전해온다.

## 4. 요정의 샘(Fairy Spring)

가장 인기 있는 경로를 따라가다 보면 사구 꼭대기에서 바다를 향해 흘러 내려가는 요정의 샘Fairy Spring이라는 하천이 나온다. 해변에서 출발해 울창한 소나무 숲과 흥미진진한 몇 군데 암석 지대를 지나간다. 요정의 샘을 완주하려면 가는 데에만 30분 이상 걸어가야 한다.

## 화이트 샌듄

White Sand Dunes

TV프로그램인 '짠내 투어' 호치민 편에서 호치민이 주목을 받은 것이 아니고 베트남 사막에서 나온 장면이 더 인상 깊었다. 당시 방송을 보며 '다들 베트남에 사막이 있다'는 사실이 놀랍기만 했다. 정확한 이유는 모르겠지만 분명한 건 모래언덕이었는데 지금은 정말 사막처럼 모래언덕이이 점점 넓어지고 있다는 사실이다. 동 서풍에 의해 바닷가의 모래가 날아와 쌓이는 것인데 그 규모가 해가 갈수록 꽤 크게 진행되고 있다고 한다.

어느새 높은 모래 언덕이 여러 개 생긴 화이트 샌듄White Sand Dunes은 여행자들 사이에서는 최고의 일출 장소로 정평이 나있다. 동이 트기 전 올라가지 않으면 한낮에는 모래가 달궈져 쉽게 올라갈 수가 없어서 투어상품도 일출과 일몰 투어만 판매하고 있다. 모래 언덕이기에 신발을 신고 올라가면 신발에 들어오는 모래들은 어쩔 수 없어서 맨발로 올라가는 관광객이 많고, 스포츠 샌들이나 신고 올라가기가 쉽다. 모래 언덕에 올라가야 일출이든 주위 경관을 내려다볼 수 있어서 도착하여 지프차에서 내리면 버기카를 타라고 호객하는 경우가 다반사다.

새벽 5시에서 6시 사이에 어김없이 해가 뜨기 때문에 이때에 맞춰 모래 언덕에 도착하는 게 포인트이므로 투어상품은 새벽4시에 시작이 된다. 새벽 4시에 숙소 앞에서 기다리고 있으면 지프차 운전기사와 만나야 하는 것은 여행자 입장에서는 꽤 부담스러워 전날에는 대부분 일찍 잠자리에 든다. 지프차에 타는 4명의 관광객을 태우고 가장 먼저 화이트 샌듄White Sand Dunes으로 이동하여 일출을 보게 된다. 하지만 사막 투어를 마치고 나면, 일찍 일어난 새가 더 많은 벌레를 잡는다는 속담을 실감하면서 만족감을 나타낸다. 누가 찍든 사진작가가 못지않은 멋진 풍경을 카메라에 담을 수 있기 때문이다. 사막 언덕을 내려온 후 입구에 있는 로컬 카페에서 시원한 아이스커피 한잔을 마시려고 해도 다른 투어 고객이 동의해야만 가능한데 대부분 새벽잠을 쫓고 싶기에 동의하게 된다.

사막 지프 투어

일출 장소와는 확연히 다른 감동을 체험하게 된다. 일출 후에는 사륜구동이나 샌드보드를 이용해 사막 액티비티에 도전하는 것도 좋다. 대부분 인근 지역의 청소년과 아이들이 장사에 나서는데, 적절한 선에서 흥정해야 한다. 종종 샌드 보딩을 하려고 옆에 놔둔 가방 등이 없어지는 경우도 생기기 때문에 동행인과 차례로 사막을 즐기는 것이 중요하다.

개별적으로 찾는 나홀로 여행자

무이네(Mui Ne)를 개별적으로 찾는 나홀로 여행자를 위해 수많은 여행사에서 지프 사막 투어 상품을 내놓았다. 대부분 오토바이를 끌고 찾아가고 싶으나 너무 멀고 찾기 힘든 유럽이나 호주의 장기 배낭 여행자가 많다. 다행히 화이트 샌듄(White Sand Dunes)은 개별적으로 찾아갈 수 없기에 지프 사막 투어는 장기 배낭 여행자가 가장 좋아하는 상품이다. 하지만 2017년부터 투어상품도 개별적으로 찾아가는 나홀로 여행자의 상품가격과 차이가 없어진 후에 대부분 나홀로 찾아가는 여행자는 사라지고 있다. 여행사마다 가격과 투어 시간이 조금의 차이는 있지만, 대부분 4명이 한 지프에 타는 4시간 투어에 265,000동이 적정한 가격이다.

무료옵션

각 여행사의 프로그램에 따라 사막 투어 외에 무료 옵션으로 무이네(Mui Ne) 관광도 포함될 수 있으니 비교한 후 예약하는 것이 좋다. 여행사는 무이네(Mui Ne) 도로를 걷다보면 어디에서든 만날 수 있다.

## 레든 샌듄
Rad Sand Dunes

베트남에 사막이 있는 것도 신기한데, 붉은 빛깔의 모래언덕은 더 경이롭게 다가온다. 모래 입자가 훨씬 작아 맨발에 부드럽게 닿는 감촉이 기분을 좋게 한다. 2~3㎞ 규모의 붉은 모래언덕은 흰 사막 언덕보다 작지만, 이곳도 점차 규모가 커지고 있다고 한다.

화이트 샌듄White Sand Dunes에서 자동차로 10분 정도 이동하면 만날 수 있는 레드 샌듄Rad Sand Dunes은 무이네Mui Ne 중심에서 얼마 떨어져있지 않아 누구나 쉽게 찾아갈 수 있다. 언덕을 내려오면 간단한 식사

를 할 수 있는 식당과 카페가 있고, 그 바로 옆으로 기념품 상점을 둘러보는 일도 꽤 흥미롭다. 나무 그늘이 있는 언덕 위에서 바다를 내려다보며 한참을 앉아 있을 수도 있고, 인근의 베트남 사람들이 파는 건어물 종류의 간식과 시원한 차도 마실 수 있다.

**위치_** 무이네 중심 도로에서 약 5km 떨어져 있다. 약 10분 소요.

### 샌드 보딩? 화이트 샌듄 VS 레드 샌듄

어린 아이들이나 여성들이 샌드 보딩을 하라며 끈질기게 호객행위를 하는데, 참고로 샌드 보딩을 하기에는 화이트 샌듄(White Sand Dunes)이 경사가 급해 더 다이내믹하다. 하지만 워낙 모래 빛깔이 이색적이고 아름다워 베트남 예비부부들의 웨딩 촬영 장소로 인기가 있다. 뜨거운 태양 아래 서서히 달궈지는 붉은 모래 위에서 하얀 웨딩드레스를 입고 서 있는 예비 신부의 모습은 수많은 여행자의 카메라 세례를 받을 만큼 이색적이다.

### 일몰

해가 지는 시간이면, 사막 전체가 노을과 어우러져 불타오르는 장관을 보기 위해 바쁘게 언덕으로 올라가 사진을 찍는 것으로 유명하다.

## 요정의 샘

Fairy Stream

베트남 남부에 미국의 '그랜드 캐니언' 못지않은 붉은 협곡이 있다는 말을 누군가 나에게 한적이 있다. 그때 나는 "뻥 좀 치지마"라고 답했는데 내가 틀렸다. '수오이 띠엔Suoi Tien'이라고 부르는 요정의 샘Fairy Stream이 그랜드 캐니언의 규모를 따라갈 수는 없어도 분위기는 따라갈 수 있다. 계곡을 직접 발로 누빌 수 있다는 점에서 친근감이 더 높은 '리틀 그랜드 캐니언'이라고 할 것이다.

수오이 띠엔Suoi Tien을 찾으면 쉽게 길을 찾을 수 있다. 베트남 남부에서는 주소보다는 현지어로 된 정확한 지명을 말하면 쉽게 의사소통이 된다. '요정의 샘' 표지판도 도로에 표시가 되어 있으니 주의만 기울이면 찾을 수 있다.

침식작용으로 붉은 모래언덕이 내려앉은 곳에 석회수가 흘러내려 긴 계곡을 이루고 있고, 발목까지 오는 깊이로 얕아서 누구나 걸어서 다닐 수 있다. 시작점에서부터 약 850m의 계곡을 따라 걷다보면 작은 샘이 나오는데, 약 450m 지점에서 깊이가 갑자기 깊어져, 끝까지 도달하기에 쉽지 않은 거리라서 대부분은 중간에 돌아오게 된다. TV 프로그램 짠내 투어에서도 중간에 언덕으로 올라가고 대부분의 화면은 드론촬영으로 채웠었다.

중간에 돌아온다고 해도 계곡 사이로 모래와 바람, 시간이 만들어놓은 자연 조형물을 눈으로 확인하고 돌아올 것을 조언한다. 작은 물길 어딘가에서 요정들이 내려다볼 것 같은 신비하기만 한 풍광이 관광객을 홀리게 된다.

발바닥에 착착 감기는 계곡물과 모래 바닥은 모래언덕의 뜨거움을 자연스럽게 진정시켜주는 효과가 있다. 주의할 점은 기암괴석처럼 보이는 풍경이 대부분 물과

바람이 만든 모래라는 점을 생각하면 아무렇게나 올라가는 일은 조심해야 한다. 비가 많이 온 다음날에는 붉은 협곡 양옆을 올라가는 것도 붕괴의 위험이 있으니 자제하는 것이 좋다. 그저 개울을 따라 올라갔다 내려오는 것만으로도 아름다운 요정의 샘을 충분히 체험할 수 있다. 400여 미터를 걷다보면 오른쪽으로 작은 카페도 발견할 수 있는데, 이곳에서 시원한 열대 과일 음료를 마시며 쉬었다고 대부분 돌아오게 된다.

**요정의 샘(Fairy Stream)이라는 이름은?**

현지 사람들은 요정에게 소원을 말하면 이루어준다는 전설을 듣고서 '요정의 샘(Fairy Stream)'이라는 이름을 지었다고 한다. 아직도 그것을 믿고 있는 사람들도 있다고 한다. 게다가 열대 조류의 울음소리는 작은 협곡을 더울 리얼하게 해주는 자연 효과음이다.

**신발 주의**

들고 있던 신발이 물에 떠내려가는 것도 모를 정도이니 신발을 들고 다니기 귀찮다면 입구에서 맡기면 된다.

**주소_** 무이네Mui Ne 중심에서 동쪽에 위치
**요금_** 10,000동

## 무이네 어촌 마을
Mui Ne Fishing Village

사막 투어에도 포함된 것이 바로 무이네 어촌 마을Mui Ne Fishing Village 방문이다. 쉽게 말해 무이네 어촌 마을Mui Ne Fishing Village을 둘러보는 것인데, 말로만 들었을 때와 달리 실제로 눈앞에 펼쳐진 바닷가 풍경은 신기하다 못해 황홀하기까지 하다. 우리네 어촌에서 보던 고기잡이배와는 완전히 다른 동그란 장난감 배 같은 느낌이다.

베트남 전통의 고기잡이배들이 어촌 마을 인근에 조화롭게 떠 있는 모습은 신기하고 따뜻하게 다가온다. 따로 부두가 없어 대나무로 만든 베트남 고유의 둥근 배를 바다에 띄워 고기잡이배까지 다가가 어부가 잡아온 물고기를 받아오는 방식으로 무이네 어촌은 고기를 가져다 팔기 시작한 것이 이제는 관광 상품이 되었다.

배들은 가져온 고기를 가지고 즉석에서 어시장을 열어 흥정하는 모습까지 전통모자 논Non을 쓴 무이네Mui Ne 어촌 사람들의 삶은 보기만 해도 체험 그대로 전해온다. 여행자의 카메라 세례가 귀찮기도 하지만 아직까지 순박한 사람들의 얼굴은 마냥 친근하다. 어촌마을Mui Ne Fishing Village은 수산시장과 같은 역할을 하는 바닷가이므로 비린내는 감수해야 한다.

**저렴하게 구입이 가능할까?**

한국에서는 쉽게 볼 수 없는 다양한 수산물을 한자리에서 확인할 수 있고 직접 구입도 가능하다. 관광객이 구입한다고 하면 싱싱한 물고기 가격이 저렴할 거라고는 생각하지 말자. 가장 저렴하게 구입하는 방법은 오후 3시정도에 어촌 마을에 가면 다 팔고 지금 팔지 못하면 버려야 하는 순간이 가장 저렴하다. 해산물은 인근 식당에 가져가면 요리를 해준다.

**주소_** 무이네 중심도로에서 동쪽으로 10km 남짓.
약 20분 소요

## 무이네 비치
Mui Ne Beach

베트남 남부에 자리 잡은 무이네 비치Mui Ne Beach에서 청정 해변의 야자수 그늘 아래에 누워 휴식을 취하거나, 서핑이나 카이트서핑 같은 짜릿한 스포츠를 경험할 수 있다. 아름다운 무이네 비치Mui Ne Beach에서 다양한 수상 스포츠에 도전해 보자. 아니면 자연 그대로의 모래사장에 누워 일광욕을 즐기거나 리조트 호텔에서 음료와 식사를 하면서 봐도 좋다.

해변에 수많은 리조트 호텔이 모여 있는데도 평온하고 아름다운 무이네 비치Mui Ne Beach에서는 목가적인 분위기가 그대로 유지된다. 해변 양옆으로 조금만 걸어 나가면 거의 언제나 5㎞에 걸쳐 펼쳐진 모래사장에서 마음에 드는 자리를 찾아 나만의 해변을 즐길 수 있는 것은 특혜이다. 최근 무이네 비치Mui Ne Beach는 짜릿한 모험을 찾는 관광객 사이에서 큰 인기를 얻고 있다. 온화한 바람이 계속 불어와서 카이트서핑을 즐기기에 안성맞춤인 곳이기 때문이다. 따뜻하고 수정처럼 맑은 바다에서 카이트서핑이나 서핑을 배울 수 있다. 해변의 여러 강습소에서는 개인/단체 교습 과정을 운영하고 있다. 숙련자라면 해변에 있는 매장에서 장비를 대여해 직접 즐길 수도 있다.

무이네Mui Ne는 파도가 일정하고 잔잔해서 초중급자에게 적합한 베트남 최고의 서핑 명소이기도 하다. 해변에서 강습을 예약하거나 보드를 대여할 수 있다. 몇 시간 정도 파도를 즐긴 뒤 고운 모래사장에서 휴식도 취하거나, 바다 위에서 놀라운 묘기를 선보이는 재주 많은 현지인들

의 모습을 구경하거나 선 베드에 누워 낮잠에 빠진다. 나만의 시간을 원한다면 리조트 호텔 앞 해변에서 벗어나 위쪽이나 아래쪽 지역으로 산책에 나서는 관광객도 많다.

무이네 비치Mui Ne Beach는 하루에 몇 번씩 정기 버스가 운행되기 때문에 자신이 원하는 비치가 숙소에서 멀다면 한번은 현지 시내버스를 이용해보는 것도 좋을 것이다. 비치 리조트에서는 선 베드와 파라솔을 대여해 주고, 대부분의 리조트에서 바를 운영하고 있어서 밤에도 숙소 앞에서 한적한 휴가를 누릴 수 있다.

무이네 해변(Mui Ne Beach)이 유명한 이유

카이트 서핑과 서핑을 할 수 있다는 것이다. 아시아에서 가장 강력한 해풍과 육풍이 교차해 불고 있다는 무이네Mui Ne는 다양한 수상 스포츠를 즐기기에 최적의 환경이다. 그래서 수상 스포츠 업체들이 여행자를 상대로 호객행위도 없이 바람이 잘 불기만 기다리면 많은 관광객이 서핑이나 카이트 서핑을 배우기 위해 몰려온다.

## 무이네 곶
Mui Ne Cape

더없이 평화로운 무이네Mui Ne 해변에 누워 온종일 책을 읽고 낮잠에 빠져 볼 수 있다. 물론 바다에서 수영을 즐겨도 좋다. 해 질 녘이 되면 리조트 바로 앞에 음료와 맛있는 저녁식사를 할 수도 있다. 그 다음 날에도 여유로운 일상이 이어진다.
무이네Mui Ne는 몇 십킬리미터를 따라 자리잡은 동쪽의 무이네 곶에 가면 관광객으로 가득한 인파에서 벗어날 수 있다. 해변을 따라 다양한 숙소와 마을이 형성되어 큰 도시가 형성되지 않아서 무이네Mui Ne는 한적함이 매력이다. 나만의 열대과일 주스를 마시며 천국을 즐기고 싶다면 이 넓고 한적한 모래사장에서 찾을 수 있다.
넓고 고운 모래사장에서 일광욕이나 공놀이를 즐긴 뒤 바다에 들어가 열기를 식히고 앞의 바다에는 카이트서핑과 서핑을 즐기는 마니아들이 즐비하다. 해변 근처 바다는 수심이 얕아서 수영을 하기에 안성맞춤이다. 자주 이는 낮은 파도가 해안에서 부드럽게 부서질 때 파도 위를 뛰어넘는 관광객을 쉽게 볼 수 있다. 무이네 Mui Ne 해변 리조트 중 한 곳에서 카이트서핑이나 서핑 장비를 빌린 뒤 바다로 나가 엑티비티를 즐겨도 좋다.
모래사장을 따라 북쪽으로 걸어가면서 저 멀리 아른거리는 무이네Mui Ne의 모습을 바라보고, 그날 낚은 물고기를 싣고 항구를 오가는 작은 어선들도 구경할 수 있다. 온종일 태양을 만끽한 뒤에는 해변에서 해안가 리조트로 발걸음을 옮겨 보자. 대다수 리조트에는 바가 있는 예쁜 정원이 자리해 있다. 반짝이는 바다 너머로 사라지는 태양을 바라보며 칵테일을 한두 잔을 즐겨 보고 저녁에는 갓 잡은 해산물을 요리한 맛있는 음식도 맛볼 수 있다.
숙소가 해변에서 떨어진 곳에 있다면 택시를 타거나 오토바이, 자전거를 대여해 갈 수 있다. 무이네Mui Ne 비치의 여러 리조트에서는 소정의 요금을 지불하면 선베드와 파라솔을 빌릴 수 있다.

무이네는 다른 베트남의 도시처럼 쌀국수나 레스토랑이 적은 편이다. 해변을 따라 아침마다 잡아온 신선한 해산물로 보케 시장에 있는 해산물 레스토랑에 관광객이 몰린다. 해산물 레스토랑은 많지만 다른 커피점이나 쌀국수 등은 먹을 곳이 많은 편은 아니다. 그래서 1주 정도면 쌀국수 가게와 커피점은 다 갈 수 있다고 보면 된다.

관광객을 대상으로 영업을 하는 레스토랑과 식당이 대부분이기 때문에 다른 베트남 도시보다는 가격이 비싼 편이다. 다만 현지인들이 이용하는 쌀국수와 식당은 저렴하지만 해변에서 떨어져 무이네 시내에 있어 관광객의 이용은 적은 편이다. 인도 레스토랑과 케밥 레스토랑도 한 곳이고 해산물과 서양 관광객을 대상으로 하는 햄버거나 스테이크 레스토랑이 많다.

레스토랑은 오후에 문을 여는 곳이 많아서 점심을 먹을 레스토랑은 더욱 적다. 해산물 레스토랑이 점심에도 이용할 수 있지만 이용하는 손님을 많지 않다.

## 트람 안
Tram An

무이네에 유일하게 있는 케밥레스토랑으로 작은 규모이지만 러시아와 서양 관광객이 주로 찾는다. 케밥은 4~6만 동으로 저렴하지만 햄버거는 다른 레스토랑과

가격이 비슷하다. 맥주는 다른 레스토랑보다 저렴하다. 간판도 '도너 케밥'이라고 한글로 적혀 있어 도로를 걷다보면 쉽게 찾을 수 있다. 저녁에만 영업을 하므로 시간을 맞춰 가야 한다.

**주소_** 133 Nguyen Dinh Chieu
**시간_** 16~23시
**요금_** 케밥 40,000동~ / 햄버거 120,000동~
**전화_** +84-252-3741-047

## 바리스타 바이크
Barista Bike

무이네에는 커피점이 숫자가 작다. 현지인이 즐기는 커피점은 대부분 해변보다는 무이네 시내에 있으므로 관광객이 이용할 가능성은 적은 편이다. 더군다나 커피점이 비싸고 맛이 우리 입맛에 맞지 않아서 보이면 찾아가는 관광객이 많은 데 유일하게 바리스타가 커피를 만들어주는 곳이다.

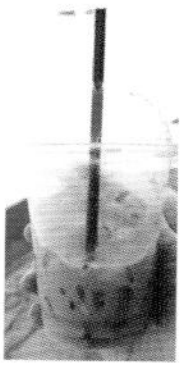

대한민국 관광객을 위해 아이스 아메리카노를 준비해서 편하게 이용한다. 러시아인들은 아침에는 뜨거운 커피를 마시지만 더운 날씨 때문에 점심에는 아이스 커피를 마시는 비율이 높다. 배달도 가능하여 인근에서 배달 수요도 많다. 내부에 테이블이 몇 개 없어서 주문하고 가지고 가는 경우가 많다.

**주소_** 97 Nguyen Dinh Chieu
**시간_** 7~17시
**요금_** 케밥 40,000동~ / 햄버거 120,000동~아메리카노 30,000동(아이스 아메리카노 32,000동), 핫 커피 25,000동~
**전화_** +84-094-391-9441

## SLEEPING

무이네는 해변을 따라 마을이 형성되어 있어서 도시는 아니고 마을 정도로 작은 규모이다. 무이네의 숙소는 바다를 보고 있으면 숙소비용이 비싸고 도로를 건너 바다를 보지 못하면 저렴하다. 저렴한 숙소 중에서 게스트하우스는 수영장은 없고 작은 규모이고 호스텔은 조금 더 규모가 크다. 해변을 따라 형성된 리조트와 호텔은 대부분 이름만 다르고 규모는 비슷하다. 또한 러시아인들이 20년 이상 오랜 시간동안 머물고 있어서 아파트도 있지만 1달 이상의 장기 여행자가 아니면 구하기가 힘들다.

RENT

### 무이네 백팩커 빌리지
Mui-ne Backer Village

호주 인이 운영하는 호스텔로 전 세계 어디에 비교를 해도 호스텔 중에서 가장 시설이 좋을 것이다. 대부분의 손님은 유럽인과 호주 인이지만 최근에 대한민국의 여행자가 찾고 있다. 너무 저렴한 '백팩커'라는 말이 잘 어울리는 숙소이다.

베트남의 호스텔은 저렴하지만 개미도 나오고 청결하지 않지만 1층의 침대와 매일같이 청소를 전문 인력이 하고 있어서 깨끗하다. 100,000동(약 5,000원)의 저렴한 가격이지만 침대도 좋고 아침도 주고 저녁 6시부터는 '프리 비어' 시간이 있어서 1시간 동안 맥주를 공짜로 마실 수 있

는 시간이 있는 데 정말 많이 마셔도 무료인 것이 주머니가 가벼운 여행자에게 희소식일 것이다.

성수기에는 너무 빨리 맥주가 없어져서 30분 정도에는 마감이 되는 경우도 있다. 12~2월, 7~8월의 성수기에는 100% 예약이 마무리 된다. 넓은 면적의 호스텔 부지에는 건물의 중앙에 커다란 수영장이 있어서 매일 선텐을 즐기는 여행자와 수영장에서 다양한 활동을 하고 있다. 옆에는 당구대와 탁구대가 있고 수영장 위에는 식당이 있어서 여행자는 밖으로 나가지 않고 호스텔 내에서 대부분의 시간을 보낸다. 여행상품의 예약도 길거리에 있는 여행사보다 저렴하기 때문에 안내데스크에 이야기를 하면 다른 도시로 이동하기도 수월하다.

**주소_** 137 Nguyen Dinh Chieu
**요금_** 도미토리 97,000동~ / 트윈룸 340,000동~
**전화_** +84-252-3741-047

# 카이트서핑(Kitesurfing)

해상에서 카이트(연)을 사용하여 보드를 탄 상태에서 수상을 활주하는 수상 스포츠이다. 카이트 보드는 카이트 보딩Kite boarding과 카이트 서핑Kite surfing으로 나뉘게 된다. 카이트 서핑은 웨이크 보드처럼 글러브나 롤 등의 사용을 주목적으로 하고, 프리 라이딩 또는 프리 스타일로 불리는 반면에, 카이트 서핑은 서핑과 파도를 타는 것을 주목적으로 하는 것으로 웨이브 라이딩 또는 웨이브 클래스로 불린다.

카이트 보드의 동력은 돛 대신 연Kite을 이용하기 때문에, 카이트 세일링라는 호칭을 사용하는 예는 드물지만, 카이트 보드에서 '활주'를 '항해'라는 표현으로 부르는 경우도 있다. 카이트 보드에서 사용하는 주된 추진력은 캐노피의 표면을 바람이 흐르게 함으로써 생기는 양력이며, 5~15m/s의 풍속에 따라 5~20m²의 캐노피를 사용한다. 캐노피에 연결된 20~27m의 라인을 80㎝ 전후의 컨트롤 막대에 연결하고, 이 컨트롤 막대를 손으로 조작하면서 발로 보드를 조작한다. 최근 도구의 발달로 형태로서는 완성 영역에 들어 가 있다.

카이트 서핑을 즐기는 인구도 초창기인 1998년에는 세계에서 30명을 밑돌았지만, 2018년에는 500,000명이 넘는 것으로 추정되고 있다. 적합한 기상 조건과 지형뿐만 아니라 바람의 힘을 추진력으로 한다는 점에서 윈드서핑과 겹치기도 하지만, 윈드서핑 쪽이 상대적으로 강풍을 선호하기 때문에 풍속에 따라 모두 즐길 수도 있다. 같은 공간에서 플레이를 할 경우 충돌을 포함한 사고의 위험을 따르기도 한다.

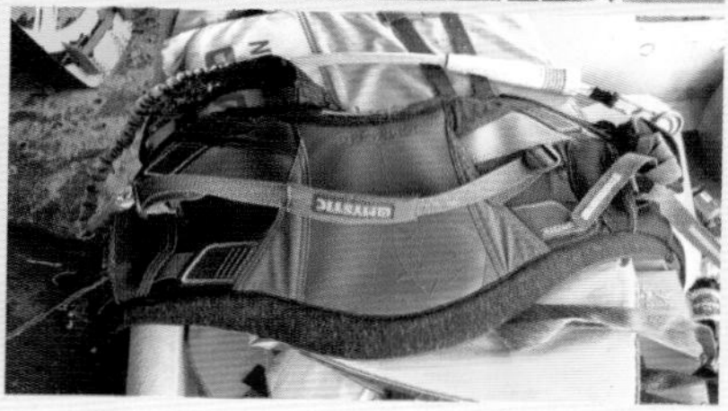

기본적으로는 서핑과 윈드서핑에 우선권이 있는 것을 이해하고 서로 안전하고 좋은 관계를 유지하기위한 교류와 협의가 이루어지고 있다. 무이네Mui Ne도 충돌사고를 방지하기 위해서 카이트 서핑 지역과 서핑 지역은 구분해 놓았다.

카이트 서핑에 사용되는 도구는 카이트 보드, 하네스, 잠수복으로 크게 구분할 수 있다.

캐노피는 패러글라이딩에 이용하는 것과 유사한 소재와 모양이지만, 해상에 낙하할 때 떨어지는 것을 개선하는 등 카이트 보드 전용 소재와 모양으로 발달하고 있다. 날개의 호칭뿐만 아니라 공기가 흐르는 방향을 리딩 엣지, 밑 바람 쪽을 트레이 링 엣지라고 하며, 조작자 쪽을 바텀, 바텀의 반대쪽 면을 서피스, 조작자 측에서 볼 때 왼쪽을 라이트 칩, 조작자 측에서 볼 때 오른쪽을 레프트 칩이라고 부른다. 리딩 에지와 트레일링 에지 이외의 호칭은 일반적으로 배튼이라고 부른다.

### 교습 일정(1시간당 45~50$ / 최소 6~10시간)

무이네Mui Ne에 카이트 서핑을 강습하는 많은 교습소가 있다. 대부분은 러시아인들이 소유하고 무이네 강사가 진행하는 경우가 많지만 유럽에서 건너온 강사들도 늘어나는 추세이다. 빨리 배워서 카이트 서핑을 타는 자신의 모습을 상상하지만 해상에서 이루어지는 스포츠이므로 안전에 더욱 유의해야 사고가 발생하지 않는다.
가장 중요한 사실은 연을 놓지 않는 것이 중요하지 않고 자신이 가장 중요하므로 문제가 발생하면 지체하지 말고 "Let go"시켜서 연을 몸에서 떨어뜨려야 한다. 그래야 다치지 않는다는 사실은 반드시 숙지해야 한다.

**▶1일차(교습시간 1시간)**

카이트 서핑을 이해하기 위해 지상에서 작은 연Kite을 가지고 훈련을 하게 된다.
이 작은 연Kite을 가지고 바람에 따라 조절하는 훈련을 한다. 작은 연Kite을 가지고 하는 훈련에서 잘한다고 빨리 배우는 것은 아니므로 연에 대해 이해하는 것이 중요하다.

**▶2일차(교습시간 2시간~)**

2일차부터 본격적인 시작이다. 처음에 장비를 지급받고 착용하는 법을 배우고, 이제는 실전으로 큰 연Kite을 가지고 지상에서 조절하는 훈련을 하게 된다.
빠르게 배운 수강생은 바다로 직접 나가 파도를 뚫고 연을 강사와 함께 조절하는 훈련을 하기도 한다.

연(Kite)

큰 연(Kite)도 큰 것 중에 작은 연(Kite)이 있고 큰 연(Kite)이 있다. 작은 연(Kite)은 바람에 흔들기기 쉽지만 강한 힘을 내기 힘들고 큰 연(Kite)은 바람에 덜 흔들리지만 큰 힘을 낼 수 있다. 큰 연(Kite)이 반드시 좋지 않은 것은 해상에서 컨트롤을 하지 못하면 다치는 경우가 발생할 수 있기 때문이다.

**▶3일차(교습시간 2시간~)**

어제의 훈련을 바탕으로 바다에서 계속 연을 조절하는 훈련을 하는 데 얼마나 잘 조절하느냐에 따라 보드를 탈 수 있느냐 없느냐가 결정된다. 보드를 탄다고 해서 바로 혼자서 보드와 연을 끌고 나가는 것은 아니고 강사와 함께 보드를 타고 혼자서 조절을 한다. 이때부터 강사와 떨어져서 혼자서 연을 조절하면서 보드를 타게 된다. 바람에 따라 연이 바람을 심하게 타면 바다에서 내동댕이쳐지기도 하므로 조심해야 한다.

**▶4일차(교습시간 2시간~)**

본격적으로 혼자서 얼마나 연을 잘 컨트롤하면서 탈 수 있느냐가 중요하다. 처음부터 잘하는 것보다는 안전에 유의하면서 배우는 것이 좋다. 혼자서 바다에 나가 타게 되는 데 연이 바다에 떨어지게 되면 그 연을 다시 일으켜 세우는 것은 쉬운 일이 아니다. 더군다나 파도는 계속 밀려오고 파도를 헤치고 바람을 보면서 연을 일으켜서 보드를 타고 다시 파도 위로 올라서는 과정은 의외로 힘들고 바닷물을 마시는 것은 기본이며, 위험하기도 하다.

# Dalat

## 달랏

# 달랏 사계절

대한민국이 40도까지 치솟는 폭염이라도 한겨울의 추위 속에 덜덜 떨고 있을 때도 더위를 날릴 여행지로 한파를 피해 갈 새로운 베트남의 뜨는 여행지로 훌쩍 떠나보는 것은 어떨까? 나트랑(3~4시간)과 무이네(5~6시간)와 가까운 위치의 남부 도시 달랏Đà Lạt은 식민시절 프랑스의 휴양지로 개발되어 현재 매력적인 여행지로 각광받고 있다. 베트남의 유럽, 안개 도시, 소나무의 도시, 벚꽃의 도시, 작은 파리 등 여러 가지 이름으로 불리는 달랏Đà Lạt은 전통과 현재가 공존하는 도시이다.

6월부터 시작되는 대한민국은 초여름의 날씨가 이어지고 있어도 한국과 멀리 떨어진 베트남은 찜통더위이지만, 1년 내내 쾌적하고 선선한 날씨를 보여 여름 휴가지로 최적인 도시는 바로 달랏Đà Lạt이다. 한 겨울이 한파로 추위에 덜덜 떠는 대한민국에서 선선한 베트남의 유럽, 파리를 경험하고 싶다면 1년 내내 한국의 봄, 가을 날씨와 비슷한 달랏Đà Lạt으로 가야 한다.

1~4월까지는 건기이고, 8~10월까지는 우기이기 때문에 달랏Dalat을 방문하기에 가장 좋은 시기는 대한민국의 겨울이 시작되는 11월~다음해 4월까지이다. 베트남 사람들의 신혼여행지인 달랏Dalat은 우기를 피해 8~10월에 가장 여행을 많이 온다.

**준비물**

달랏(Dalat)의 날씨가 선선할지라도 햇빛의 자외선차단제는 꼭 챙겨야 한다. 또한 낮에는 햇빛으로 덥지만 저녁이 되면 쌀쌀할 수 있으므로 긴 옷은 꼭 챙겨야 한다. 달랏(Dalat) 시민들은 경량패딩을 대부분 입고 다닌다.

# About 달랏[Đà Lạt]

## 럼비엔(Lâm Viên) 고원에 자리한 달랏(Đà Lạt)

베트남의 람동 성[Lâm Đồng]의 성도로 럼비엔[Lâm Viên] 고원에 자리한 달랏[Đà Lạt]은 해발 1,500m 고도에 넓이는 393.292㎞이며 인구는 21만 명이다. 나트랑[Nha Trang]에서 버스로 4시간 30분~6시간 정도 소요된다.

## 고도에 핀 시원한 휴양지

프랑스 식민지 정부가 달랏Đà Lạt이라는 이름을 정식으로 라틴어로 "어떤 이에게는 즐거움을, 어떤 이에게는 신선함을Dat Aliis Laetitiam Aliis Temperiem"에서 가지고 왔다고 한다. 베트남에서 달랏Đà Lạt은 특히 유럽 관광객에게 인기 있는 관광지로 알려져 있다. 달랏Đà Lạt의 특징적인 풍경은 우거진 소나무 숲과 그 사이로 난 오솔길이며, 겨울에는 트리메리골드가 피어난다. 1년 내내 잦은 안개도 달랏Đà Lạt의 특징 중의 하나이다.

## 생명공학의 명성

달랏Đà Lạt은 생명공학과 핵물리학 분야의 과학 연구 지역으로도 명성이 높다. 고원 지대답게 서늘한 날씨가 1년 내내 이어지며, 배추류나 화훼류, 고구마, 장미 등이 경작된다. 본래 1922년에 지어진 달랏 왕궁Đà Lạt Palace이었던 소페텔 달랏은 현재 호텔로 사용되고 있다.

1890년대 이 지역을 탐사한 박테리아 학자 알렉산드르 예르생과 프랑스 화학자 루이 파스퇴르가 코친차이나의 영토였던 이곳을 보고, 프랑스 식민정부 총독인 폴 두메르에게 고원에 리조트를 만들어 달라고 요청한다. 이후 프랑스의 대통령이 되는 두메르는 흔쾌히 동의를 했다. 1907년 첫 번째 호텔이 지어지고, 도시계획이 어니스트 에브라Ernest Hébrard에 의해 실행되었다. 프랑스 식민정부는 이곳에 빌라와 기지 등을 제공하여 달랏Đà Lạt이라는 도시가 시작되었다. 이곳은 오늘날에도 남아 있다.

## 연중 내내 화창한 시원한 달랏(Đà Lạt)

달랏Đà Lạt은 베트남의 떠오르는 여행지로, 연중 날씨가 상대적으로 온화한 봄에 가깝다. 달랏Đà Lạt은 맑은 날이 300일 가까이 될 정도로, 흐린 날을 손에 꼽는다. 하지만 이로 인해 건조한 사막화현상이 생겨나고 있다. 연중 내내 화창한 날씨는 수많은 여행자를 유혹하는 매력이다.

## 베트남의 유럽

단조로운 사회주의 건축 대신 우아한 프랑스 식민지 시절의 별장이 도시의 언덕을 채우고 있다. 달랏은 식민 시절, 프랑스인들이 휴양지로 이용한 해발 1500m의 도시다. 늘 봄 같은 날씨를 자랑하고 프랑스풍 건물이 많아 매력적이다. 프랑스 점령 시절, 프랑스인들이 사랑한 고원도시 달랏Đà Lạt은 해발 1000m가 넘는 곳에 자리한 도시답게 늘 봄 같은 날씨를 자랑하고 프랑스풍 건축물도 많다.

## 다양한 즐길 거리

예쁜 도시를 여행하거나 주변 산에서 하이킹을 즐기는 여행자가 많다. 달랏 시내에는 근사한 카페, 아기자기한 갤러리도 많다. 베트남의 다낭이나 나트랑Nha Trang은 휴가지로 발전하면서 도시화가 급속히 진행되고 있지만 달랏Đà Lạt는 아직도 옛 분위기 그대로의 아름다운 자연을 잘 간직하고 있다.

밤이 되면 열리는 야시장에서 달랏Đà Lạt 피자, 꼬치구이, 반미 등 저렴한 가격의 길거리 음식을 즐길 수 있다. 파스텔톤의 유럽풍 건물들과 베트남 오토바이 부대의 행렬이 조화를 이룬 신비한 도시는 달랏Đà Lạt이다.

## 융합의 도시

달랏Đà Lạt은 아시아와 프랑스의 문화가 잘 융합된 곳으로 독특한 문화를 경험할 수 있다. 그렇기 때문에 최소한 2일 이상 머물 가치가 있으며, 시간이 멈춘 곳이라는 타이틀에 걸맞은 여유로운 관광을 하기에 좋은 도시이다.

## 베트남의 대표 커피 산지

베트남의 뜨고 있는 또 다른 여행지 '달랏Đà Lạt'은 베트남을 대표하는 고급 커피 산지다. 해발고도 1,400~1,500m의 람비엔 고원지대에 자리한 고산도시다. 1년 내내 18~23도의 쾌적한 날씨를 자랑하는 이곳은 카페 쓰어다로 유명한 베트남 최고의 커피 생산지다. 베트남에서도 고급 아라비카 커피가 많이 나는 지역이어서 카페 문화도 발달했다.

# 크레이지 하우스

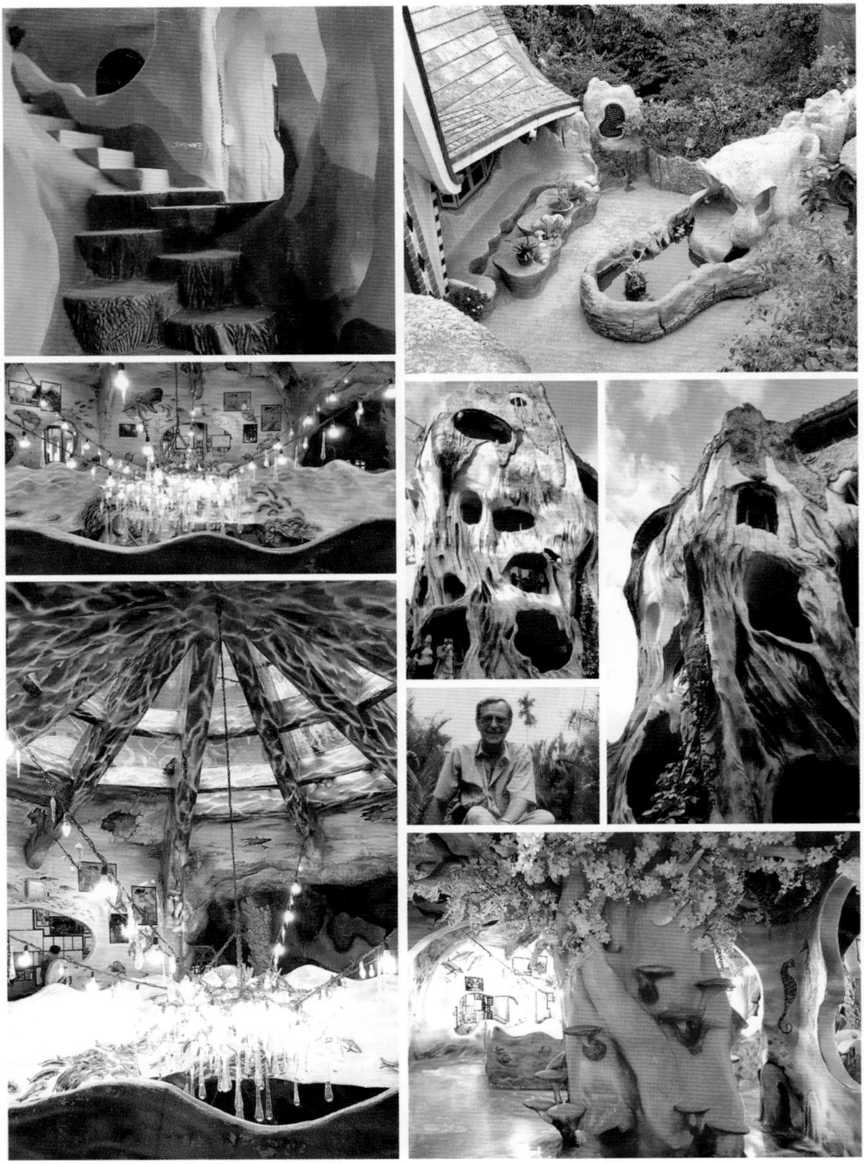

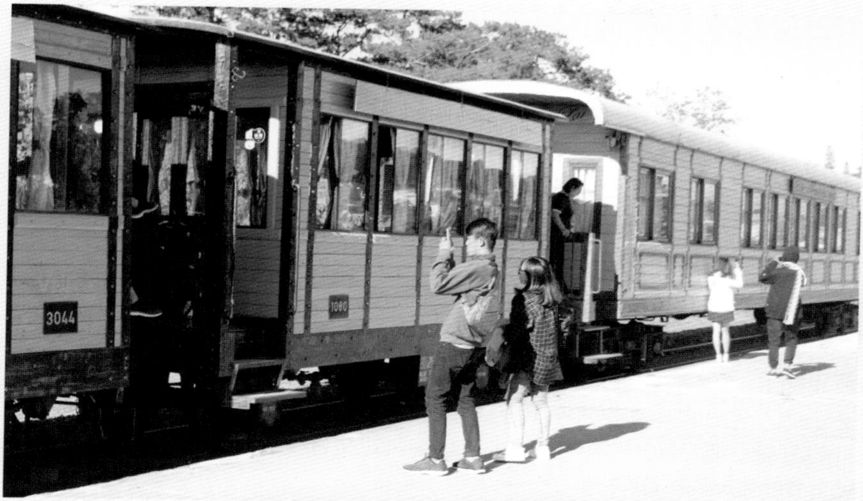

## 달랏Đà Lạt 여행 TIP

1. 낮에는 강한 햇빛으로 겨울에도 따뜻하지만 고원지대여서 저녁만 되면 쌀쌀한 기온으로 체온을 보호해줄 외투를 챙길 것을 추천한다. 현지 시민들은 경량패딩을 주로 입고 다닌다.
2. 대부분의 달랏Đà Lạt 관광지의 이동 거리는 가깝기 때문에 걸어서 다니거나 자전거로 이동이 가능하다. 베트남 여행자는 주로 오토바이를 빌려 관광지를 여행하고 다닌다.
3. 달랏Đà Lạt의 날씨가 선선할지라도 자외선차단제는 꼭 챙겨야 한다.

# 달라도 너무 다른 베트남의 색다른 도시 여행, 달랏[Đà Lạt]

베트남에서 특별한 휴가를 보내고 싶다면, 베트남에서 가장 인기 있는 휴양 도시, 시간이 멈춘 곳으로 특별한 분위기를 자아내는 달랏[Đà Lạt]을 추천한다. 봄꽃으로 새로운 시작이 되었다는 즐거움이 있어야 할 시기에 초미세먼지, 황사로 눈 뜨고 다니기 어렵고 숨 쉬는 것 조차 조심스러워 외부출입이 힘들다. 꽃놀이는 커녕 외출도 자제할 이시기에 시원하게 불어오는 바람을 맞을 수 있는 뜨거운 햇빛이 비추는 해변이 아닌 베트남의 색사른 도시가 있다.

우리가 알고 있던 베트남과 전혀 다른 베트남을 보고 느낄 수 있는 초록이 뭉게구름과 함께 피어나는 깊은 숨을 쉴 수 있어 좋았던 도시는 베트남 남부의 달랏[Đà Lạt]이다. 관광객은 이곳에 오면 누구나 '저 푸른 초원 위에 그림 같은 집을 짓고'라는 가사의 한 구절이 생각날 것이다. 더운 베트남여행에서 패딩과 장갑을 끼고 있던 달랏[Đà Lạt] 사람들의 생소한 모습이 생생하게 눈으로 전해온다.

# 달랏[Đà Lạt]에 관심을 가지게 되는 이유

해발 1,500m의 고원도시이며, 1년 내내 사람이 살기에 좋은 온도인 연평균 18~23도의 기온을 유지하여 베트남 사람들이 가장 살고 싶어 하는 도시로 알려져 있다.

베트남이 프랑스 식민지였을 때 프랑스인들의 휴양지로 개발된 도시 달랏[Đà Lạt]은 그림 같은 유럽풍의 건물과 도시 중심에 자리한 쑤언흐엉 인공호수, 에펠탑과 비슷한 철탑, 쭉쭉 뻗은 울창한 소나무 숲 등 사방을 둘러봐도 유럽도시를 상상하게 된다. 온화한 기후조건 때문에 베트남의 꽃시장과 커피, 와인의 특산지로 베트남을 넘어 전 세계로 뻗어나가고 있다.

한때 대한민국의 신혼여행지는 제주도였던 시절이 있던 것처럼 현재, 베트남 사람들이 가장 가고 싶은 신혼 여행지이자 베트남의 보석산지로 봄과 꽃의 도시, 베트남의 유럽 등 달랏[Đà Lạt]에 붙여진 다양한 별명은 계속 만들어지고 있다. 2016 뉴욕타임지에서 뽑은 '세계에서 가장 매력적인 여행지'에도 선정된 달랏[Đà Lạt]은 대한민국에서 이제 직항으로 갈 수 있는 도시가 되었다.

시내를 가득 메운 오토바이 행렬과 도시 곳곳에서 볼 수 있는 야자수와 골목 가득한 쌀국수가게, 덥고 습기 가득한 날씨를 예상한 관광객은 누구나 여기가 "베트남이 맞아?"라고 하면서 반전의 도시 달랏[Đà Lạt]에 관심을 가지게 된다.

# 달랏 IN

베트남 남부에 위치한 달랏Đà Lạt은 호치민에서 북동쪽으로 약 305㎞ 떨어져 있고 버스로 6시간 30분 정도, 나트랑Nga Trang에서는 약190㎞, 차로 약 3~4시간 정도, 무이네Mui Ne에서 버스로 151㎞, 4~5시간 정도면 도달할 수 있어서 여행자는 다양한 도시에서 달랏Đà Lạt으로 이동한다. 베트남 여행 중, 달랏으로 가는 방법은 아주 간단하다. 호치민Ho Chi Minh, 다낭Danang, 그리고 나트랑Nga Trang과 같은 도시에서 버스를 이용하면 된다.

달랏Đà Lạt으로 가는 길은 매끄럽지 못하다. 주로 산길을 이용하기 때문에 조금은 불편할 수도 있다. 혹여 날씨가 좋지 않은 날에 달랏Đà Lạt으로 가는 버스를 탄다면, '모험'이 될 수도 있다. 이 점이 염려되는 이들은 비행기를 이용할 수도 있다. 호치민과 다낭에서 달랏Đà Lạt으로 가는 국내선 비행기를 이용하면 1시간이면 도착할 수 있다.

달랏 버스터미널

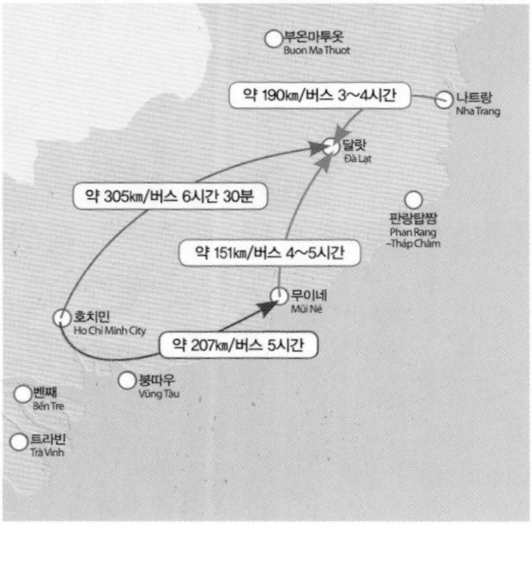


### 항공

비엣젯 항공은 인천~나트랑 구간을 매일 운항하고 있어서 나트랑을 경유하여 달랏으로 갈 수 있는 방법이 유일하였지만 티웨이 항공이 2019년 직항을 띄우면서 대한민국에서 쉽게 갈 수 있는 도시가 되었다.

2019년에 베트남항공의 인천~달랏 항공권을 운항하면서 직항으로 이동이 가능해졌다.

**티웨이 항공**

인천 → 달랏 | VJ839 | 01:50–05:30

달랏 → 인천 | VJ838 | 16:15–22:45

타웨이 항공

베트남 항공

비어젯 에어 항공

## 달랏 한눈에 파악하기

당신의 상상 그 이상의 도시 달랏Đà Lạt에서 프랑스와 유럽의 정취를 느끼고 싶다면 달랏Đà Lạt으로 가야 한다. 영원한 봄의 도시 달랏Đà Lạt을 주저 없이 추천한다. 다낭과는 또 다른 느낌을 찾을 수 있는 곳이다.

베트남 중부 달랏Đà Lạt은 꽃과 숲이 우거지고 1년 내내 봄 날씨 같은 17~24도의 기온으로 여행하기에 적합한 날씨를 가지고 있다. 베트남인들 사이에서 최고의 신혼여행지로 꼽히며 유럽풍의 느낌이 고급 여행지로 알려져 있다.

달랏Đà Lạt의 관광지는 가장 유명하고 큰 폭포인 코끼리폭포, 타딴라 폭포와 캐녀

닝, 2,167m의 달랏Đà Lạt의 지붕이라 불리는 랑비앙 산, 6인승 지프차를 타고 즐기는 소나무 숲길 트래킹, 남녀 사랑이 이루어지는 사랑의 계곡, 꽃향기 그윽한 플라워가든, 베트남 생활상을 볼 수 있는 야시장 등이 있다. 유럽풍의 달랏 기차역과 크레이지 하우스는 기억에 남을 명소이다.

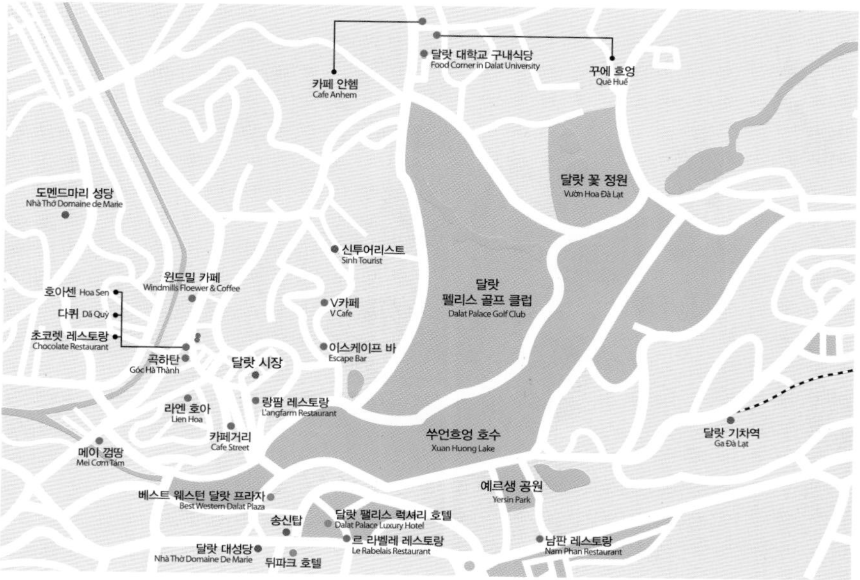

## 크레이지 하우스
Crazy House

베트남의 달랏Đà Lạt은 고원지대로 여름에도 시원한 도시이지만 다양한 볼거리가 있다. 이 중에서 내가 가장 추천하는 달랏Đà Lạt을 여행한다면 추천하는 곳이 크레이지 하우스Crazy House이다. 달랏Đà Lạt에서는 기괴하고 신기한 건물을 보는 재미가 있는 '크레이지 하우스Crazy House'를 가봐야 한다. 크레이지 하우스Crazy House 내에 있는 집들의 지붕에는 길이 있다.
베트남 사람들에게 달랏의 날씨는 추운 날씨로 스웨터, 겨울 모자 등을 판매하는 모습을 쉽게 볼 수 있다.

### 크레이지 하우스Crazy House의 관리
크레이지 하우스Crazy House가 있는 베트남의 달랏Đà Lạt은 베트남 현지 사람들이 찾는 휴양지로 일 년 내내 서늘한 날씨를 느낄 수 있는 곳이라 크레이지 하우스의 관리가 어렵지 않게 유지되고 있다.
한국인에게는 이른 여름 같은 따뜻한 날씨임에도 두꺼운 스웨터와 코드를 입고 다니는 베트남 현지인을 볼 수 있는 것도 신기한 풍경인데 다른 베트남 지방보다 건조한 날씨로 인해 유지 관리가 상대적으로 잘되고 있다.

크레이지 하우스Crazy House 입구에 있는 간판

크레이지 하우스Crazy House의 스토어

### 베트남의 가우디

베트남 총리의 딸 당 비엣 응아가 기존의 건축양식을 파괴하고 숲속의 이미지를 형상화해 기괴스럽고 특이한 구조로 지은 건축물로 마치 동화 속 궁전 같다. 어린이들 뿐만 아니라 모든 관광객들의 흥미를 고조시키는 달랏(Đà Lạt)의 명물로 유명하다.

### 게스트하우스

크레이지 하우스(Crazy House)는 숙소로도 이용할 수도 있고, 관광지로도 볼 수 있는 곳이다. 1층에는 갤러리와 게스트하우스가 있어 숙박도 가능하다. 투숙객이 없는 숙소들은 개방해서 볼 수 있게 해두었는데, 곰, 기린, 호랑이 등 다양한 테마로 숙소를 꾸며뒀다. 새로운 경험을 하고 싶은 관광객들이 찾기 좋은 곳이다.

### 상상력 하우스

기괴하고 신기한 모양의 건물과 터널을 보면서 상상력을 발휘하기 좋은 관광지로 가족여행을 온 관광객이라면 반드시 추천한다. 하나하나의 건물들이 신기한 모양으로 지어졌고, 연결된 통로와 길들 또한 예사롭지 않은 모양을 지니고 있다. 놀이공원을 걷는 기분도 들게 하는 구조다.

# 다딴라 폭포
Datanla Falls

달랏Đà Lạt 시내에서 약 7㎞ 정도 떨어져 있는 곳에 위치한 총 길이 350m의 다딴라 폭포Datanla Falls는 차를 타고 15분만 달리면 울창한 소나무와 대나무 속에 숨어 있는, 선녀들의 비밀 호수, 다딴라 폭포에 도착한다. 1988년 문화재로 지정되어 하이킹과 레펠, 캐녀닝 등으로 유명한 엑티비티 도시로 만든 주인공이 다딴라 폭포Datanla Falls이다.

20m 높이의 크고 작은 폭포가 제1폭포부터 제5폭포까지 협곡처럼 이어져 내려오고 메인폭포인 1, 2폭포는 속도감을 느낄 수 있는 알파인 코스터를 타고 모노레일을 따라 내려가게 된다. 수동으로 운전하는 알파인 코스터는 빈펄랜드에도 있는 은근히 스릴감이 느껴지는 엑티비티이다.

### 선녀들의 비밀 호수

선녀들이 목욕 중에 모습을 들키지 않기 위해 주변 나뭇잎들을 물 위에 뿌렸다고 해서 '다딴라Datanla' 라는 명칭이 생겼다고 한다.

알파인 코스터(루지)를 타고 울창한 소나무 숲속 협곡 사이를 지나면 어느새 웅장한 자연의 물소리가 여러분을 반겨준다. 베트남 밀림의 정기를 받으며 힐링하는 장소로 알려져 있다.

#### 다딴라폭포(Datanla Falls) 즐기기

달랏(Đà Lạt) 시내에서 주황색 버스를 타고 꼬불꼬불 산길을 따라 10분 정도 달리면 '다딴라(Datanla)'라고 적혀 있는 간판이 보인다. 주차장이 나오고 입구가 오른쪽에 있다. 입구의 오른쪽에 알파인 코스터라고 써 있는 매표소에서 티켓을 구입해 알파인 코스터를 타고 내려간다.

물론 걸어서 내려갈 수 있지만 은근 알파인 코스터(80,000동)가 짜릿한 재미가 있으므로 타고 내려가는 것이 좋다. 알파인 코스터는 1인용과 2인용이 있어서 가족이나 연인은 2인승을 타고 간다. 또한 부모님과 같이 왔다면 왕복으로 티켓을 구입해 편안하게 올라올 수 있다.

아래로 내려가면 음료수, 과자, 아이스크림을 파는 상점들이 나오고 전방에 폭포가 보이기 시작한다. 폭포는 크지 않지만 폭포수가 떨어지는 시원함은 관광객의 마음을 편안하게 만들어준다. 폭포의 왼쪽에는 전설에 나오는 인디언 모형이 서 있고 그 뒤에 폭포가 떨어지는 모습이 보인다. 많은 베트남 사람들이 사진을 찍고 있다.  이어서 케이블카와 엘리베이터를 이용하여 시원한 폭포의 물줄기를 따라 이동한다. 실제의 폭포가 크고 높지 않지만 베트남에는 폭포가 많이 없기 때문에 5단으로 떨어지는 폭포에 대해 자부심이 대단하다.

### 다딴라 캐녀닝Datanla Canyoning

계곡 (캐니언)에서 급류를 타고 내려가는 스포츠가 캐녀닝Canyoning이다. 스위스에서 시작된 것으로 알려진 캐녀닝Canyoning은 이후 전 세계의 다양한 코스와 장소에서 이루어지고 있다.

자연 속에서 떨어지고 급류를 타고 내려오고 산을 올라가기 때문에 위험성이 있는 것은 어쩔 수가 없다. 달랏의 캐녀닝Canyoning에서 1명이 사망했다고 알려진 이후로 관광객의 신청은 많이 줄었다고 한다. 그 이후 베트남 정부는 가격을 통제해 저가의 무허가 캐녀닝을 금지하고 안전을 챙기기 시작했다고 한다.

▶요금 : 70$

자연 속에서 이루어지는 격한 스포츠이므로 다칠 위험이 상존해 있다. 그리고 베트남에서 이루어진다고 저렴하지 않다. 캐녀닝Canyoning의 핵심은 폭포를 향해 떨어지는 것인데 절벽을 타고 내려오다가 어느 정도 내려와서 절벽에 붙어 있지 못하면 조금 더 내려온 후 폭포 아래로 떨어진다.

경사가 가파른 산비탈로 가서 가장 먼저 밧줄을 묶어놓고 연습을 하는 데 연습을 할 때 확실하게 배워야 안전하므로 모른다면 영어를 못한다고 그냥 넘어가는 일이 없도록 하자.

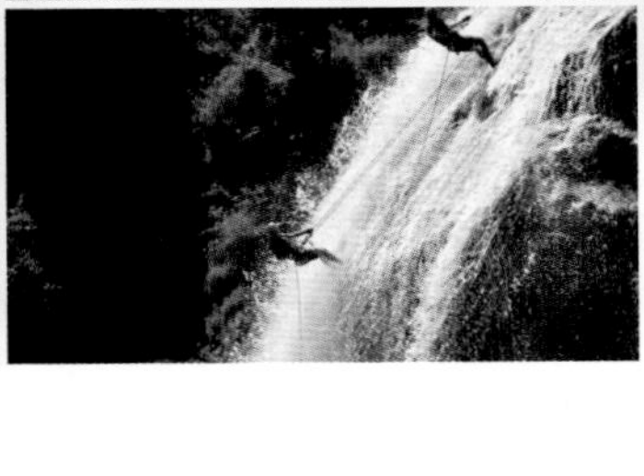

위험성이 상존한 절벽에서 뛰어 내리기 2가지

떨어질 때는 등을 물을 향해서 눕듯이 뛰어 내리거나 절벽에 붙어 있을 수 있다면 뒤로 떨어진다고 생각하면서 서 있는 자세로 떨어져야 안전하다. 개인적으로 서서 떨어지는 것이 물속에 입수한 후에 물을 코로 들어가서 당황하는 일이 적게 되므로 안전하다고 생각한다.

4~5m 정도의 높이에서 다이빙도 하게 된다. 뒤로 몇 걸음 물러섰다가 앞으로 달려 그대로 물로 떨어진다. 순간적인 시간은 5~10초 밖에 안 되지만 개인적으로 느끼는 시간은 오래 지난 것 같은 긴장의 순간을 느끼게 된다.

**준비물**

1. 신고 간  운동화는 당연히 다 젖는다. 그러므로 신고 올 수 있는 슬리퍼나 새로운 운동화가 있어야 한다.
2. 추가적으로 입을 옷도 준비하는 것이 좋은데 이때 피부를 보호할 수 있는 긴 옷이 더 유용하다.
3. 수건도 비치 타올이 아닌 작은 것 2개 정도가 더 유용하다.

# 달랏(Đà Lạt)의 개발 역사

프랑스 식민지 정부시절, 세계적으로 유명한 탐험가인 알렉산드르예르생의 제안에 따라 휴양지로 개발되었다. 20세기 유럽양식의 많은 건축물과 온화한 기후, 아름다운 자연 풍경과 문화유산이 잘 조화를 이루고 있다.

과거 베트남이 프랑스 식민통치를 받던 시절, 달랏[Đà Lạt]은 프랑스인들의 휴양지로 개발되었기 때문에 베트남의 유럽이라는 이미지에 걸맞게 프랑스식 빌라가 많이 들어서 있다. 주요 명소 대부분이 유럽의 분위기와 연관이 있다. 쑤언흐엉 호수, 사랑의 골짜기, 응우웬 왕조 바오다이 황제의 여름 별장, 폭포 등이 있다.

## 달랏(Đà Lạt)의 풍경

뜨거운 햇빛과 덥고 습한 기온을 가진 동남아시아의 다른 나라, 여러 도시와 확연하게 차이가 나는 베트남 남부의 희귀한 도시로 통하는 바로 베트남 럼동Lâm Đồng의 럼비엔Lâm Viên 고원에 위치한 달랏ĐàLạt이 그 주인공이다.

베트남 달랏ĐàLạt은 해발 1,500m 고도에 위치하고 있어 베트남에서 시원한 곳을 찾는다면 모두가 달랏ĐàLạt을 손꼽는다. 그만큼 휴양지로 유명하며, 이미 수많은 여행자들 사이에서 베트남의 유럽로도 유명하다. 온 도시가 꽃과 소나무, 그리고 1,000개가 넘는 프랑스 식민지 시대 양식의 빌라들로 가득하다.

## 달랏 기차역
Đà Lạt Railway Station

넓은 꽃밭을 따라 넓은 정원의 다양한 색이 관광객의 눈길을 끌어당기는 기차역은 유럽이 아닌 베트남에서 가장 아름다운 기차역으로 알려진 달랏 기차역Đà Lạt Railway Station이다. 프랑스 식민지 시기인 1938년에 착공하여 달랏Đà Lạt과 하노이Hanoi를 연결하는 교통수단이었지만 전쟁 등의 이유로 운행이 중단되어 방치되었다.
달랏 기차역을 들어가면 파릇파릇한 녹색과 다양한 색의 꽃들이 관광객을 맞이한다. 입구를 지나 안으로 들어가면 당시에 사용하던 건물 그대로 아직도 옛 분위기를 풍기고 있다. 그래서 더욱 많은 관광객이 찾는 관광지로 변화하였다.
베트남에서 가장 아름답고 유명한 달랏 기차역Dalat Railway Station은 더위를 피하기 위해 만든 힐 스테이션Hill Station이지만 정치와 행정적인 기능을 가지고 있어야 했기 때문에 수도인 사이공(지금의 호치민)과 연결을 위한 철도역이다.

**힐 스테이션 (Hill Station)**
동남아시아의 습하고 뜨거운 더위를 피하기 위해 만든 유럽 제국주의 국가들의 피서용 주둔지

달랏 기차역(Dalat Railway Station) 역사

1903~1932년에 걸쳐 84km에 이르는 수도 사이공과 연결하는 공사기간이 30년이나 걸려 만들어야 할 만큼 달랏Đà Lạt은 고원지대에 위치해 있었다.

철도 연결을 마치고 1938년에 콜로니얼 양식이 가미된 아르데코 양식으로 철도역을 만들었다. 현재 베트남의 국가 문화유산으로 지정되어 보호되고 있다. 기차역을 들어가는 데에도 입장료(50,000동)가 있다. 달랏Đà Lạt이 1964년까지 베트남의 휴양도시로 성장하는 데 1등 공신이었던 달랏 기차역은 베트남 전쟁으로 운행이 중단되었다.

1990년대 기차 2량만 복원해 차이맛Chai Mat역까지 약 8km만 관광열차로 운행하고 있다. 현재 8km 떨어진 린프억 사원이 있는 차이맛 역Chai Mat까지 관광열차로만 운행하고 있다. (왕복 130,000동)

관광열차는 현재 5회에 운행하고 10명 미만일 때는 운행이 중단되며 천천히 운행을 하고 있다. 천천히 달리는 기차에서 시원한 바람을 가르며 차창 밖으로 펼쳐지는 아름다운 풍경은 낭만을 불러일으키는 옛 추억을 떠오르게 하는 시간을 가질 수 있다.

## 달랏 니콜라스 바리 성당
Dalat St. Nicolas of Bari Cathedral

오래된 성당의 건물이 고딕양식으로 첨탑 높이가 47m로 높게 올라가있어 위압감을 주는 것이 아니라 소박한 모습이 아름다운 성당이다. 성모마리아가 성당을 보듬고 있는 것 같은 평화로운 분위기에 사진을 찍기에 좋은 장소이다. 달랏 시장 Dalat Market에서 내려가면 쓰언흐엉 호수 Xuan Huong Lake를 만난다. 호수에서 오른쪽으로 돌아 언덕으로 한참 올라가면 달랏 니콜라스 바리 성당을 볼 수 있다. 1942년에 지은 고딕 양식의 성당으로 베트남 중부지방에서는 가장 큰 규모의 성당이다. 탑의 높이가 47m로 쉽게 성당 전체를 사진에 담기가 쉽지 않다. 언덕 위에서 달랏의 푸르른 시내 전경을 감상하기에 좋은 장소이기도 하다.

성당 꼭대기를 바라보면 십자가 위에 닭이 있는 것처럼 보인다. 십자가 꼭대기에 닭 조형물이 있어 사람들은 별칭으로 '치킨 성당Chicken Cathedral'이라고 부르고 있다. 분홍색 건물이 동화 속에 나올 법한 분위기를 풍긴다고 이야기하는 유럽 관광객도 있어 다시 보니 분홍색 건물이 인상적인 것 같기도 하다.

**미사참가**

주말에 가면 미사에 참가할 수 있었으나 최근에 미사참가를 거부하는 일도 있다. 가톨릭 성당이므로 미사시간이 길기 때문에 참가하려면 잠시 내부사진을 찍기 위해 들어갔다가 나오면 안 된다.

미사 시간 | 평일 05:15, 17:15
토요일 17:15
일요일 05:15/07:15/8:30
16:00/18:00

**주소_** 15 Trăn Phú, Phuòng 3, Thành phõ
**전화_** 263-3821-421

## 린푸옥 사원

Linh Phooc Pagoda

1952년에 건설된 사원은 1990년도에 증축을 하면서 커진 규모와 화려함을 가지게 되었다. 7㎞정도 떨어진 린푸옥 사원은 관광열차를 타고 30분 정도 달려 종착역인 차이맛 역에 내리면 된다. 무료입장이 가능하며 목조와 도자기를 깨서 만든 장식으로 화려하게 꾸며져 있으며 7층 석탑도 관람이 가능하다.

한자로 '영복사(營福師)'라고 씌어 있는 린푸억 사원이 있다. 49m높이의 사원과 7m높이의 용은 모두 도자기 조각들로 만들어져 보기만 해도 화려함에 감탄을 자아낸다. 나란히 세워진 높이27m 7층 종탑은 각 층마다 형형색색 도자기 조각으로 만든 모자이크가 눈길을 사로잡으며 2층에는 8500㎏의 청동종도 진열되어 있다. 삼장법사 이야기를 조형물로 만들어 놓은 것도 찾아보면 볼 만하다.
소원을 종이에 적고 붙이면 종을 울려 기원해 보는 것도 재미있는 추억을 남기기에 좋다.

## 쑤언 흐엉 호수
Xuan Huong Lake

베트남 달랏Đà Lạt의 중앙에 있는 인공 호수인 이곳에서는 아름다운 정원을 따라 산책하거나 배를 타고 호수 주변을 둘러볼 수 있다. 호수 옆으로는 카페와 음식점들도 위치하고 있어 조용한 휴식을 하기에 적합하다.

### 쑤언 흐엉 인공호수가 만들어진 이유
달랏의 중심부에 있는 쑤언흐엉 호수Xuan Huong Lake는 1919년 프랑스가 베트남을 지배하던 시절에 만들어진 인공호수로 둘레만 약 6㎞에 달하는 거대한 호수이다.
당시, 베트남은 여러 차례 크고 작은 전쟁을 겪게 되면서 산림의 대부분이 훼손된 상황이었다. 비가 많이 오는 우기시즌에는 산림이 비를 막아주지 못해 홍수가 발생할 가능성이 높았다.
홍수를 막기 위해서 프랑스 식민정부에서 달랏Đà Lạt에 댐을 건설하기로 했고, 이 댐이 건설되면서 만들어진 인공호수가 바로 쑤언흐엉 호수Xuan Huong Lake이다.
지금의 쑤언흐엉 호수Xuan Huong Lake는 달랏 시민에게 휴식의 역할을 하고 있다. 호수 주변을 산책하거나 카페에 들어가서 한가로운 시간을 보낼 수 있다. 호수에는 서울의 한강에서 타던 놀이용 보트를 탈 수 있으며, 호수 주변은 마차나 자전거를 타고 돌아볼 수  있다.

**이름의 유래**
쑤언흐엉 호수의 유례 쑤언흐엉(Xuan Huong)을 한자로 표현하면 춘향(春香)이란 뜻이다, 17세기에 활동한 유명한 시인의 이름인(Xuan Huong)을 따 붙여졌다.

## 달랏 시장
Dalat Market

달랏 시장은 달랏의 다른 관광지로 이동할 때 기준점 같은 역할을 하기 때문에 달랏 중앙시장Dalat Central Market이라고 부르는 사람들도 있다. 그만큼 중앙에 위치해 있다는 이야기이다. 쑤언흐엉 호수Xuan Huong Lake를 돌아 시내로 들어오면 'Cho Da Lat'이라고 적혀있는 건물과 분수대 조각상이 보이는 곳이 바로 달랏 시장Đà Lạt Market이다. 호치민의 통일궁을 디자인한 응오 비엣투Ngo VietThu가 설계한 건물이다. 베트남에서 유명한 건축가가 디자인할 정도로 시장 같지 않은 외관을 자랑한다. 달랏 시장Đà Lạt Market 정면의 커브를 그리는 디자인을 가지고 있다.

달랏Đà Lạt을 대표하는 시장에서는 달랏Đà Lạt 사람들의 생활자체를 볼 수 있다. 달랏 시장Dalat Market은 밤이면 야시장이 매일 열리기에 더욱 활기를 띄게 된다. 다양한 고랭지 농산물과 달랏Dalat에서 생산되는 채소와 베트남에서 먹기 힘든 사시사철 생산되는 딸기 등을 베트남의 열대과일과 같이 판매하고 있다. 그래서 달랏 시장Dalat Market에는 아티초크 차, 딸기잼, 와인, 커피, 캐슈넛 등 달랏Đà Lạt에서 관광객이 살 품목은 너무 많다. 쇼핑리스트에 적어온 목록들을 저렴하게 구매할 수 있는 달랏 중앙시장Đà Lạt Market에서 쇼핑에 빠져있는 관광객을 많이 볼 수 있다.

ĐỒNG HỒ - MẮT KÍNH
ĐỒNG HỒ ĐỨC
ĐỨC
ĐỒNG HỒ - MẮT KÍNH
DIỄN
ĐO MẮT ĐIỆN TỬ

L'ANGFARM
ĐẶC SẢN ĐÀ LẠT

# 랑비앙 산
## Langbiang

달랏Đà Lạt에서 가장 높은 위치에 있어서 '달랏Đà Lạt의 지붕'이라고 부르는 2,167m(해발 1,970m)의 랑비앙 산Langbiang은 로미오와 줄리엣의 러브스토리와 닮은 '끄랑K'Lang'청년과 '흐비앙Ho Bian'처녀의 전설 같은 사랑이야기가 숨어있다.

달랏Đà Lạt시내에서 그림처럼 펼쳐진 랑비앙 산의 뷰포인트인 전망대까지 지프차를 타고 올라가면 곡예 주행을 하는 것처럼 짜릿하다. 내려오는 약 20여 분도 재미있는 경험일 것이다.

### 랑비앙 산 가는 방법

LAC DUONG 행 버스(12,000동) 타기 → 30~40분 이동 → 지프차(360,000동) 타고 이동하거나 직접 트레킹 하기 → 걸어서 2,167m 정상 오르기

**LAC DUONG 행 버스**

▶버스 시간 : 8:45/10:15/11:15/13:45/15:15
16:4/ 17:15

▶금액 : 12,000동

### '끄랑(K'Lang)'청년과 '흐비앙(Ho Bian)' 처녀의 전설

랑비앙 산에는 랑(Lang)이라는 청년과 비앙(Biang)이라는 처녀의 동상이 있다. 베트남 판 '로미오와 줄리엣'이라고 할 수 있는 애절한 사랑의 전설이다. 산에 랑(Lang)이라는 랏(Lat)족의 남자와 비앙(Biang)이라는 칠리(Chilly)족 여자가 서로 사랑을 했지만 둘은 서로 민족이 다르기 때문에 결혼을 할 수 없었고 결국 서로의 사랑을 유지하기 위해 동반 자살을 택했다. 그 후 비앙(Biang)의 아버지는 딸의 죽음을 너무 후회하면서 두 민족의 결혼을 승낙하게 되었고 두 민족의 젊은 남녀는 서로 사랑을 하게 되었다고 한다. 민족이 다르다는 이유로 결혼을 할 수 없는 두 사람은 사랑을 지키기 위해 죽음을 선택했다는 전설이 두 민족의 화합으로 크호(K'HO)족으로 불리게 되었고 랑(Lang)과 비앙(Biang)을 기리기 위해 랑비앙(LangBiang) 산으로 부르게 된 것이다.

## 코끼리 폭포
Elephant Waterfall

우기에 찾으면 많은 양의 폭포수가 떨어지면서 만들어내는 물안개가 아름답지만 때로는 흑탕물이기 때문에 건기에 가는 것이 더 아름답다. 달랏에서 가장 큰 폭포로 경치가 좋아서 관광객이 많이 찾지만 정비 상태가 좋지 않다.
내려가는 길이 안전시설이나 계단이 정비되어 있고 돌은 물에 젖어 미끄러워서 운동화를 신고 가야 안전하다. 폭포 밑으로 더 내려가면 쓰레기가 많고 난간은 낡아서 폭포 밑으로 이동하는 것이 추천하지 않는다.

우기

건기

위에서 바라본 코끼리 폭포

## EATING

달랏Đà Lạt은 프랑스 식민지 정부가 개발한 도시라서 프랑스 스타일과 서양 문화를 경험할 수 있는 도시이다. 베트남 여행자도 많지만 유럽의 배낭여행자도 많아 유럽과 베트남 요리가 섞인 퓨전 스타일의 레스토랑이 많다. 그래서 달랏Đà Lạt에서는 로컬의 베트남요리와 서양 음식을 동시에 다양하게 맛볼 수 있다.

### 고멧 버거
Gourmet Burger

달랏에서 계속 베트남 음식을 먹어 지겨워졌을 때 햄버거를 먹고 싶다면 적극적으로 추천한다. 호주 인이 직접 만드는 수제 버거로 정통 버거의 맛을 느낄 수 있다. 특히 유럽여행자들이 자주 찾고 있는데 덩달아 달랏 젊은이들도 자주 가는 햄버거 전문점으로 알려지게 되었다.

다만 가격이 보통의 베트남 음식 가격보다는 높은 가격(100,000동~)이라는 점과 넓은 도로에 있지 않기 때문에 찾기가 힘든 단점이 있다.

**주소_** 50/13 Nguyen Bieu
**시간_** 10~14시, 17~21시
**전화_** +82-90-857-8317

## 비앙 비스트로
Biang Bistro

인테리어가 부처님의 얼굴이 있는 특이한 인테리어를 가진 식당으로 브런치나 점심식사에 어울리는 곳이다. 유럽 관광객이 주로 찾는 식당으로 음식의 맛이 좋다고 할 수는 없지만, 친절한 직원은 음식에 대한 설명을 잘해주었다. 유럽의 배낭 여행자에게 좋은 평가를 받아 인기를 얻고 있다.

**주소_** No 94, Ly Tu Trong Street Ward 2
**시간_** 7~22시
**전화_** +82-90-106-6163

## 가네쉬 인디안 레스토랑 달랏
Ganesh Indian Restaurant Dalat

달랏에는 최근 유럽의 여행자들이 급증함에 따라 다양한 국적의 요리가 등장했는데 가네쉬 레스토랑도 인도의 정통 음식으로 인기를 얻고 있다. 대부분의 관광객은 탄두리 치킨과 커리, 난 등을 함께 주문해 먹는다. 특히 주인이 직접 친절하게 설명을 해주기 때문에 기분 좋게 음식을 즐길 수 있어 추천한다.

**주소_** 1F Nam Ky Khoi Nghia
**시간_** 11~14시30분, 17~22시
**전화_** +82-263-3559-599

## 원 모어 카페
### One More Cafe

호불호가 갈리는 카페로 에그베네딕트는 먹을 만하다. 다만 파스타가 맛이 없어서 실망을 하는 여행자가 많다. 차라리 커피와 버거를 주문하면 맛있게 먹을 수 있다. 역시 여행자를 대상으로 하는 카페이므로 가격은 현지인들이 운영하는 카페보다 2배정도 비싸다고 생각하면 이해가 쉬울 것이다.

**주소_** 77 Hai Ba Trung Street Near Tan Da Street T
**시간_** 8~17시
**전화_** 129-934-1835

## 유럽 음식 전문점

베트남에서 달랏 여행의 장점은 베트남 음식뿐만 아니라 다양한 서양 음식을 먹을 수 있다는 것이다. 베트남 사람들도 인정할 정도로 다양한 국적의 음식이 맛있게 요리되어 나오기 때문에 여성들이 특히 달랏Đà Lạt 여행을 좋아한다. 여기에는 그 중에서 인기 있는 레스토랑을 소개한다.

### 르 샬렛 달랏
Le Chalet Dalat

크레이지 하우스 앞에 있는 레스토랑으로 내부인테리어가 현대적이고 깨끗한 식당으로 브런치나 점심식사에 어울린다. 유럽 관광객이 주로 찾는 식당으로 맛은 무난하다는 평을 듣고 있으나 가격은 현지인들이 방문하는 식당보다 2배 정도로 비싼 편이다.

프랑스 전문레스토랑을 표방하고 문을 열었으며 유기농으로 음식을 만든다고 한다. 친절한 직원의 응대에 다시 방문하게 된다고 이야기를 많이 한다. 유럽의 배낭 여행자에게 좋은 평가를 받아 인기를 얻고 있다.

**주소_** 6 Hùynh Thùc Khàng
**시간_** 7~21시
**요금_** 40,000~250,000동
**전화_** +82-96-765-9788

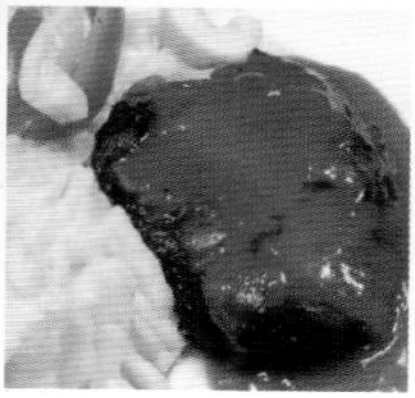

## 아티스트 앨리 레스토랑
Artist Alley Restaurant

달랏Đà Lạt에서 스테이크 전문점으로 유명한 레스토랑으로 분위기가 좋아 최근 여행자들의 방문이 급증하고 있다. 정통 스테이크를 요리한다고 하지만 실제로 먹어보면 호불호가 갈리는 맛으로 역시 베트남 음식과 섞여 퓨전 맛이 난다. 하지만 달랏Đà Lạt에 스테이크 전문점이 많지 않으므로 서양음식으로 인기를 얻고 있다.

대부분의 관광객은 스테이크, 파스타와 와인, 샐러드 등을 함께 주문해 먹는다. 특히 달랏Đà Lạt에서 비싼 레스토랑으로 알려져 있지만 내부 인테리어는 상당히 오랜 시간을 앉아 있을 수 있도록 만드는 원동력일 정도로 잘 꾸며져 있다.

**주소_** 124/1 Phàn Dinh Phùng
**시간_** 10~21시
**전화_** +82-94-166-2207

## 프리마베라 이탈리안 레스토랑
Primavera Italian Restaurant

달랏Đà Lạt에서 가장 맛있는 피자 전문점이라고 생각하는 곳으로 피자는 맛없기도 힘들지만 맛있는 피자를 베트남에서 먹기도 쉽지 않다.

직접 만든 화덕의 높은 온도에서 열을 가진 피자는 정말 맛이 좋다. 토핑은 많지 않으나 적지도 않고 적당하여 먹기도 쉽다.

달랏Đà Lạt에 오는 유럽 여행자들은 반드시 들른다고 할 정도로 유명세를 타고 있다. 직접 면을 만들고 도우를 만들기 때문에 쫄깃한 식감이 맛을 배가 시키고 약간 매운 파스타와 피자는 느끼함을 잡아주는 것 같다. 피자와 파스타, 맥주, 샐러드 등을 함께 주문해 먹는다. 가격도 90,000동 정도로 비싸지 않아 부담 없이 찾을 수 있다.

**주소_** 54/7 Phàn Dinh Phùng
**시간_** 10~21시
**요금_** 40,000~130,000동(특대 450,000동)
**전화_** +82-168-964-8125

## 부옹 피자
Vuong Pizza

달랏Đà Lạt에서 무난한 맛의 피자를 먹을 수 있는 곳으로 대중적인 피자를 만든다. 피자의 종류가 다양하고 가격이 비싸지 않아서 관광객도 많지만 달랏Đà Lạt의 청춘들도 많이 방문한다. 화덕의 높은 온도에서 열을 가진 사각형의 라지 피자를 대부분 주문한다.

파스타와 스파게티 등과 함께 피자를 주문해 맥주와 함께 먹는다. 상대적으로 콜라(29,000동)의 가격이 비싸다고 생각할 정도로 피자나 파스타의 가격은 합리적이다. 가격은 100,000동 정도로 비싸지 않아 데이트 코스도 많이 찾는다.

**주소_** So 7 Ba Thàng Hài Phùong
**시간_** 11~14시, 17~22시
**요금_** 40,000~130,000동
**전화_** +82-63-3595-656

# 달랏의 유명 커피 & 카페

## 르 비엣 커피(La Viet Coffee)

커피를 건조, 결점, 수작업으로 분류해 로스팅을 거쳐 테스팅까지 이루어지는 전 과정을 볼 수 있어 달랏에서 가장 유명한 커피 전문점으로 알려져 있다. 달랏 커피원두의 신맛이 강하고 쓴 맛이 그대로 전해진다. 케이크와 커피가 제공되는 카페이지만 베트남 전통 스타일의 커피는 구비되어 있지 않다.

**주소_** 200 Nguyen Cong Tru **요금_** 카페 쓰어다 45,000동 **시간_** 7시 30분~22시 **전화_** +82-263-3981-189

## 프렌치 터치 캣 카페(French Touch Cat Cafe)

고양이와 함께 커피와 간단한 식사를 할 수 있는 카페로 깨끗한 내부 인테리어가 인상적이다. 가격도 저렴하여 부담없이 커피를 마시고 하루를 시작할 수 있다. 고양이를 데리고 놀다보면 시간가는 줄 모르고 지내게 된다.
프랑스 정통 음식을 표방하고 음식을 판매하는 데 바케뜨 빵을 제외하고 다른 요리와 커피는 무난하다는 평을 듣고 있다.

**주소_** 41 Hai Ba Trung Ward 6 **시간_** 8시 30분~18시 **전화_** +82-166-569-3443

## 안 카페(An Cafe)

달랏에서 르 비엣 커피와 함께 카페의 대명사로 알려져 있다. 나트랑에도 있는 안 카페는 깔끔한 인테리어에 저렴하지만 좋은 커피원두를 사용해 커피 맛이 좋다. 스파게티나 과일요거트도 인기가 많다. 브런치로 아메리칸 브랙퍼스트도 간단한 식사를 원한다면 추천한다.

**주소_** 63 Bis Ba Thang Hai Street
**시간_** 7~22시
**전화_** +82-97-573-5521

## 브이 카페(V Cafe)

쑤언 흐엉 호수 근처에 위치한 조용한 분위기에 아늑하고 라이브 공연까지 즐길 수 있는 카페이다. 친절한 직원에 영어가 가능하고 방달랏 와인과 함께 치킨을 먹으며 즐길 수 있다. 관광객도 적당히 자리를 차지하여 복잡하지 않아 쾌적한 분위기에서 호수를 조망할 수 있다.

**주소_** 1/1 Bui Thi Xuan 17 Bui Thi Xuan
**시간_** 8~22시
**전화_** +82-263-3520-215

# 달랏(Đà Lạt)의 특산품 BEST 3

커피, 와인, 딸기는 다른 베트남 지역에서 순수하게 인정해주는, 달랏이 자랑하는 특산품 BEST 3이다. 베트남은 세계 2위 커피 원두 생산지로 대부분의 커피는 달랏Đà Lạt에서 생산되고 달랏 커피를 최고로 인정하고 있다. 베트남인들은 커피를 자주 마신다. 컵 안에 진한 연유를 넣고 낡아 보이는  하얀 스테인리스 같은 필터기를 컵 위에다 올려놓은 후에 뜨거운 물을 부어 그 자리에서 직접 필터링해서 마신다, 진한 커피와 연유 특유의 단맛이 어울려 베트남에서만 맛볼 수 있는 독특한 커피 맛과 향을 느낄 수 있다. 베트남 커피의 맛과 향이 대부분 달랏 커피의 맛과 향이라고 생각하면 거의 일치한다.

베트남에서 생산되는 것이라고 쉽게 생각되지 않는 유명한 생산품이 바로 와인이다. '방 달랏Vand Đà Lạt'이라는 이름으로 판매되는 와인은 프랑스 식민지 시절의 흔적이다. 커피, 와인과 함께 달랏Đà Lạt으로 대표되는 또 하나의 특산품은 '딸기'이다. 고지대의 서늘한 기온을 가지고 있는 달랏Đà Lạt에서 재배되는 딸기는 베트남 내에서도 최고로 알아주는 특산품이다.

### 다 랏(Dalat)

1999년에 출시된 다 랏[Đà Lạt] 와인은 라도푸드 람 동[Ladofoods Lam Dong] 회사에서 개발한 것이다. 닌 뚜안[Ninh Thuan]에서 재배하고 있는 와인 포도를 구입해 유럽기술로 다 랏[Đà Lạt] 와인을 생산하고 있다. 독일에 있는 세계 와인 박물관에 전시될 정도로 인정받고 있다.

▶Dalat Classic Special : 250,000동(1병)

### 샤토 달랏(Chateau Dalat)

베트남에서 개최된 2017년 APEC에 참석했던 여러 국가 원수와 대표들을 위한 샤토 달랏 시그니처 쉬라즈[Chateau Dalat Signature Shiraz]로 접대를 하였다. 외국으로 수출하고 있는 유일한 와인 브랜드다.

▶750㎖ : 650,000동(1동)

### 히비스쿠스(Hibiscus)

포도가 아닌 중미에서 생산된 아티초크 꽃으로 만든 특별한 와인이다. 히비스쿠스[Hibiscus] 와인은 아티초크의 특유한 자연 빨간색이 깃들인 좋은 와인으로 평가받는다. 안토이사닌[Anthocyanin], 아라비노스[Arabinose], 비타민 A, B, C 등 영양이 많고 심장 건강에 아주 좋 다. 아티초크의 추출물이 암을 방지할 수 있다. 단맛, 떫은 맛, 조금 단맛이 있다. 박 지앙[Bắc Giang], 딴 옌[Tân Yên]의 아티초크 밭에는 히비스쿠스 와인을 생산하고 있다.

▶750㎖ : 65,000동(1병)

### 망 덴(Măng Đen)

망 덴[Măng Đen]은 콘 툼[Kon Tum]지방에 속해 있다. 매년 망 덴[Măng Đen]에 있는 거대한 심Sim 과일 숲에서 100톤의 열매를 수확하여 프랑스의 보르도[Bordeaux] 와인 생산 기술로 심Sim 과일 와인을 생산하고 있다. 심[Sim] 과일 은장에 관한 질환, 당뇨, 빈혈 등을 치료할 수 있다고 한다. 심[Sim] 과일 와인은 향기롭고 떫고 달콤하다. 화이트 와인, 빨간 와인, 증류 와인, 리큐어 와인으로 나누고 있다.

▶750㎖ : 250,000동(1병)

# 달랏(Đà Lạt)에서 한 달 살기

달랏Đà Lạt은 현재 대한민국 여행자에게 생소한 도시이다. 하지만 베트남에서 달랏Đà Lạt은 고지대에 있기 때문에 1년 내내 봄이나 가을 날씨를 가지고 있기 때문에 휴양지로 인기가 높은 도시이다. 베트남의 휴양지는 달랏Đà Lạt과 푸꾸옥을 말하기 때문에 달랏Đà Lạt은 베트남 사람들이 여행을 가고 싶어 하는 도시이다. 유럽의 여행자들이 달랏Đà Lạt에 오래 머물면서 선선한 날씨와 유럽 같은 도시 분위기에 매력을 느끼면서 달랏Đà Lạt의 레스토랑은 전 세계 국적의 요리 경연장이라고 할 정도로 다양한 나라의 요리를 먹고 즐길 수 있어 식도락의 선도적인 역할을 하고 있다. 베트남에서 한 달 살기를 한다면 대도시인 호치민이나 중부의 한적한 호이안Hoi An, 남부의 나트랑Nha Trang에서 머물렀다면 점점 많은 장기여행자들이 달랏을 찾고 있다.

베트남은 현재 늘어나는 단기여행자 뿐만 아니라 장기여행자들이 모이는 나라로 변화하고 있다. 경제가 성장하면서 여행의 편리성도 높아지면서 태국의 치앙마이 못지않은 한 달 살기로 이름을 날리고 있다. 여유를 가지고 생각하는 한 달 살기의 여행방식은 많은 여행자가 경험하고 있는 새로운 여행방식인데 그 중심으로 달랏Đà Lạt이 변화하고 있다.

**장 점**

## 1. 유럽 커피의 맛

달랏Đà Lạt은 1년 내내 선선한 날씨를 가진 베트남에서 유일한 도시이다. 그래서 베트남의 신혼 여행지이자 휴양지로 알려져 있다. 다른 도시에서는 베트남 커피 한잔의 여유를 즐겼다면 달랏Đà Lạt에서는 유럽 커피의 맛을 즐기는 순간이 다가온다.

## 2. 색다른 관광 인프라

달랏Đà Lạt은 베트남의 다른 도시에서 느끼는 해변의 즐거움이나 베트남만의 관광 인프라를 가지고 있지는 않다. 프랑스 식민지 시절에 휴양지로 개발한 도시이기 때문에 모든 도시의 분위기를 유럽을 본따 만들어졌기 때문에 색다른 관광 컨텐츠가 풍부하다. 해변에서 즐기는 여유가 아니라 새로운 관광 인프라를 가지고 있다. 캐녀닝이나 크레이지 하우스 같은 달랏Đà Lạt만의 관광 인프라는 베트남의 다른 도시에서는 즐길 수 없는 것들이다.

## 3. 접근성

나트랑Nha Trang에서 3~4시간, 호치민에서 4~5시간이면 달랏에 도착할 수 있다. 또한 인천공항에서 달랏Đà Lạt으로 향하는 직항이 개설되어 달랏은 이제 접근성이 높은 도시로 탈바꿈하고 있다. 만약에 달랏Đà Lạt이 가기 힘든 도시였다면 달랏은 지금의 '베트남의 휴양지'라는 별명을 가지지 못했을 것이다.

## 4. 유럽 문화

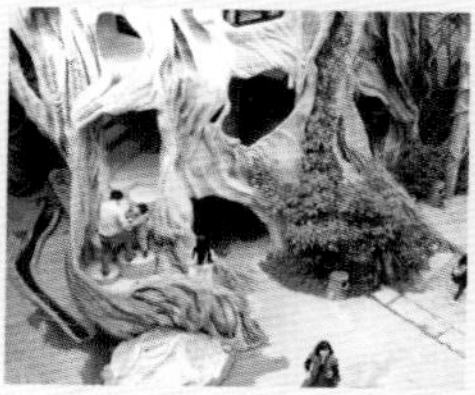

베트남은 경제성장을 매년 7%이상 10년이 넘도록 하고 있는 고성장 국가이다. 베트남 사람들도 경제 성장을 바탕으로 새로운 문화의 유입을 바라고 있다. 그런데 해외여행에 제한이 많은 베트남 사람들이 새로운 유럽 문화를 받아들이는 베트남 유일한 도시가 달랏Đà Lạt이므로 점점 달랏Đà Lạt의 인기는 높아지고 있다.

## 5. 다양한 국가의 음식

달랏Đà Lạt에는 한국 음식을 하는 식당들이 많지 않다. 나트랑Nha Trang이나 다낭Da Nang에는 많은 한국 음식점이 있지만 달랏Đà Lạt에는 많지 않다. 그나마 한국 문화를 접한 사람들이 만든 음식점이다. 가끔은 한국 음식을 먹고 싶을 때가 있지만 달랏Đà Lạt에서는 쉽지 않다. 하지만 전 세계의 음식을 접할 수 있는 레스토랑이 즐비하다. 그래서 달랏Đà Lạt에서는 베트남 음식을 즐기는 것이 아니라 전 세계의 음식을 즐기는 여행자가 많다.

### 단 점

베트남 여행의 장점 중에 하나가 저렴한 물가이다. 하지만 달랏은 베트남의 다른 도시보다 접근성이 떨어지므로 물가는 베트남의 다른 도시보다 상대적으로 물가가 높은 편이다. 그래서 베트남 음식을 즐기는 여행자보다는 다양한 국가의 음식을 즐겨도 비싸다는 인식이 생기지 않는다. 특히 피자나 스테이크, 프랑스 음식을 즐길 수 있는 다양한 레스토랑이 있다. 다양한 국가의 요리를 합리적인 가격으로 즐겼다는 생각 때문에 여행자들이 느끼는 만족도도 높다.

# Ho Chi Minh

## 호치민

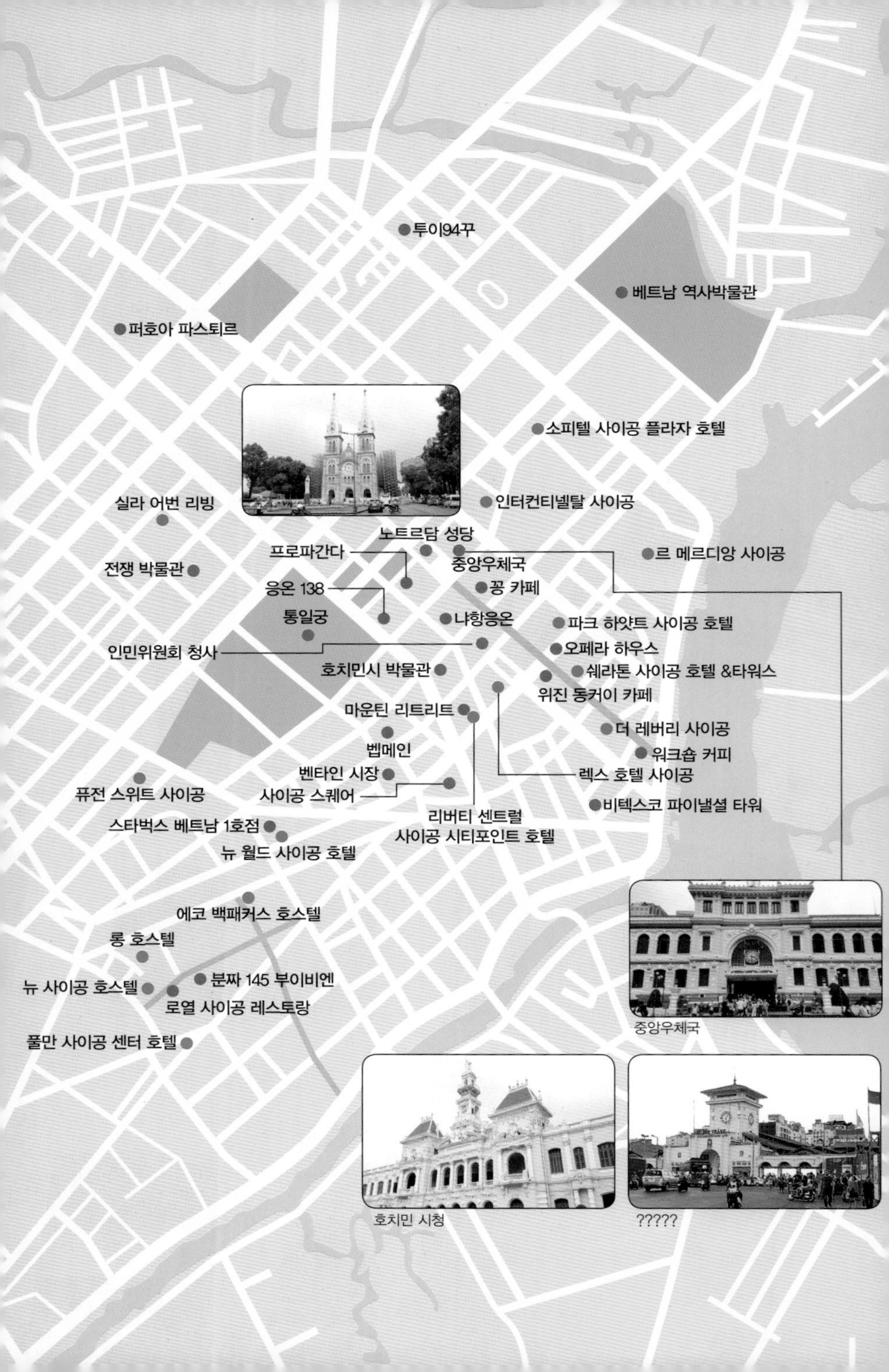
투이94꾸
베트남 역사박물관
퍼호아 파스티르
소피텔 사이공 플라자 호텔
실라 어번 리빙
인터컨티넨탈 사이공
노트르담 성당
프로파간다
중앙우체국
르 메르디앙 사이공
전쟁 박물관
꽁 카페
응온 138
통일궁
냐항응온
파크 하얏트 사이공 호텔
인민위원회 청사
오페라 하우스
호치민시 박물관
쉐라톤 사이공 호텔 &타워스
위진 동커이 카페
마운틴 리트리트
더 레버리 사이공
벱메인
워크숍 커피
벤타인 시장
렉스 호텔 사이공
퓨전 스위트 사이공
사이공 스퀘어
비텍스코 파이낼셜 타워
리버티 센트럴
사이공 시티포인트 호텔
스타벅스 베트남 1호점
뉴 월드 사이공 호텔
에코 백패커스 호스텔
롱 호스텔
분짜 145 부이비엔
뉴 사이공 호스텔
로열 사이공 레스토랑
풀만 사이공 센터 호텔
중앙우체국
호치민 시청
?????

## 호치민 IN

베트남 여행이 처음이므로 공항에 내려 입국심사를 하고 정류장을 찾아 공항버스를 타는 일까지 쉽지 않다. 정류장에 있어도 어떻게 타야하며, 요금은 얼마일지 당황스럽다. 택시를 타려고 해도 택시사기가 많은 호치민이라는 이야기를 들은 여행자는 긴장하면서 택시를 타게 된다.

호객행위를 하는 택시 기사에 차량공유 서비스인 그랩Grab을 타고 시내로 이동하기 위해 스마트폰을 보는 관광객에게 다가와 그랩Grab이라며 보여주는 사람까지 천태만상의 공항이 호치민 탄손 넛 국제공항Tan Son Nhat International Airport이다. 공항에 내리면 가자 먼저 심Sim카드를 구입하고 구글 맵으로 자신의 숙소를 확인하고 이동하는 것이 좋다. 초행길이라면 구글 맵으로 자신의 위치도 확인하고 요금도 검색이 되므로 안심이 된다.

## 공항에서 시내 IN

### 택시

호치민의 탄손 넛 국제공항Tan Son Nhat International Airport에 도착하여 시내로 들어가는 가자 많이 이용하는 방법이 택시이다. 택시의 사기가 많아서 여행의 시작부터 기분이 나쁘고 추가적인 여행비용이 날리는 사고가 있다. 택시 사기를 당하지 않고 안심하고 택시를 타는 방법은 비나선과 마일린 택시를 타는 것이다.
정확하게 택시이름을 확인하고 타는 것이 좋으면 처음에 탑승 하여 미터기가 이상하거나 빙빙 돌아가는 경우를 조심해

야 한다. 깔끔하게 셔츠를 입은 택시기사가 보이고 택시 색깔만 보고 타지는 말자. 특히 택시에서 중간에 요금을 요구하면 잘못 탄 택시라고 생각하면 된다.

### 공항버스

호치민 공항에서 시내로 가는 안전하고 저렴한 방법이 공항버스를 타는 것이다. 호치민 국제공항과 시내를 연결하는 노란색 공항버스가 운행되고 있다. 공항에서 나와 건너편 오른쪽에 티켓 매표소가 있는 109번(20,000동)과 152번(5,000동) 버스가 있다. 109번 공항 전용 버스는 벤탄 시장을 지나 배낭여행자 거리 끝의 23/9 공원Cong Vien 23/9까지 이동한다.

152번 버스는 벤탄 시장까지 정체가 심한 구간이 포함되어 1시간 이상 소요되기도 한다.

데탐거리에서 멀지 않은 곳에 큰 공용버스정류장이 있다. 시내에서 공항으로 이동할 때는 티켓을 정류장에서 사는 것이 아니라 버스 안에서 현금(5,000~20,000동)을 받고 티켓을 준다. 저렴하면서 안전한 방법이지만 버스에서 내려서 숙소 앞까지 다시 이동을 해야 하는 단점이 있다.

## 시내교통

베트남을 여행하는 한국인들에게 베트남어에 익숙하지 않고, 불편하므로 공유차량 서비스인 그랩Grab이나 택시를 주로 이용한다. 최근 들어 차량이 새로운 버스로 대거 교체되고, 이용 방법이 대한한국과 차이가 없어서 시내버스도 여행하는 좋은 방법이다. 버스 요금은 거리와 종류에 따라 3,000~10,000동으로 매우 저렴하다. 목적지에 따라 버스노선을 체크한 후 탑승하면 호치민에서 가장 저렴하고 교통수단이 편리할 수도 있다.

### 시내버스

**(3,000~6,000동(1회) 학생 2,000동)**

호치민 시내버스는 시민들에게 생각보다 장점이 많은 교통수단이다. 총 152개의 노선을 갖춰 호치민 시내 어디든 접근할 수 있다. 호치민 시내버스는 10년 전만 해도 중고 현대자동차 버스가 운행되기도 했지만 최근에는 새 버스가 대거 도입되기 시작했다. 호치민 시내버스 노선을 잘 활용하면 교통비를 줄일 수 있다. 해외여행에서 버스정류장에서 버스는 타면 되지만 버스에서 내리는 것이 쉽지 않다.

정류장 안내 방송이 나와도 내리기가 쉽지 않은데, 안내방송도 없다. 다행히 정류장 이름은 나오므로 잘 들으면 된다지만 베트남어로 나오면 정류장 이름은 잘 들리지 않는다. 호치민 시민들도 버스 안에서 스마트폰으로 지도를 보고 확인한다. 그러므로 구글맵으로 위치를 확인하면서 이동하는 것이 좋다.

### 호치민 버스를 타는 이유

저렴한 버스비 때문이다. 5,000~6,000동(200~300원)만 내면 시내를 이동할 수 있고, 호치민의 교통체증을 생각하면 결코 택시보다 느리지 않기 때문이다. 불편하지만, 호치민 버스에는 대한민국의 30년 전에 버스에 있었던 차장이 존재한다. 차장의 역할은 승객의 승하차를 도우며, 버스비를 징수하는 것이다. 가끔 내리는 정류장을 알려주면 내리기 전에 알려주기도 한다.

대부분의 호치민 버스노선은 벤탄역(Ben Thanh), 쩌런역(Cho Lon), 미엔동(Mien Dong) 등에 터미널을 두고 있다.

▶http://buyttphcm.com.vn/en-us/Route (버스 번호)

▶http://buyttphcm.com.vn/en-us/RouteFinding (노선 검색)

### 주요 버스노선

**147번(쩌런역-떤선녓) / 152번(트렁손주민-떤선녓)**

탄손 엇 국제공항에 정차하며, 시내까지 이동한다. 147번 버스는 쩌런 역으로, 152번 버스는 벤탄 역으로 향한다.

**11번(벤탄 - 담센파크)**

11번 버스는 벤탄 역에서 출발해 호찌민시의 유명 테마파크인 담센 문화공원으로 향한다. 종점까지 40분 정도 소요된다.

**30번(탄후룽 시장-수오이텐 리조트)**

시내 중심부를 지나 북동쪽으로 향하는 노선으로 수오이텐 리조트나 흥사 등 관광지를 거치며 보띠사우(VoTi Sau), 팜응옥텍(Pham Ngoc Tach) 정류장 등에 정차한다.

**19번(사이공-트렁린-국립대)**

벤탄 시장에서 출발해 사이공 오페라 하우스를 지나 1A 고속도로를 통해 호치민 국립대학으로 향한다.

### 쎄옴(Xe Ôm)

'쎄옴[Xe Ôm]'은 오토바이 택시로 'Xe'는 '탈 것이나 차', 'Ôm'은 '껴 안다'는 말을 의미한다. 베트남의 씨클로의 문화가 '쎄옴[Xe Ôm]'으로 발전하였다고 이야기하기도 한다. 호치민 시민들의 택시 역할을 하는 것이다. 관광지에는 호객행위를 하는 '씨클로'가 있지만 빠쁜 시민들이 씨클로[Cyclo]를 이용하는 경우는 드물다. 많은 쎄옴[Xe Ôm] 기사들은 오토바이 택시 영업을 한다. 대부분의 요금은 협상으로 이루어지는데, 택시요금보다 높은 비용을 지불할 수도 있고 안전하지 않으므로 급한 경우가 아니면 추천하지 않는다. 헬맷도 착용하지 않고 이동하다가 엎어지거나 충돌사고가 나면 크게 다칠 수 있다.

쎄옴이 위험한 이유

**1. 신원 확인 불가**

신원확인이 불가능한 운전기사가 많은 쎄옴은 위험한 상황에 처할 수 있다. 쎄옴 영업을 하는 사람은 택시기사 면허증이 없는 운송행위를 하는 것이 아니다. 위험한 상황이 되도 추적은 불가능하다. 납치나 나쁜 일을 당해도 가해자를 찾을 수 없다으므로 자신의 안전은 스스로 챙겨야 한다.

**2. 헬멧 미착용**

쎄옴 영업은 남는 시간에 돈을 벌겠다는 아르바이트로 생각한다. 쎄옴 기사들이 여분의 헬멧을 들고 다니지 않으면 호치민 도로를 헬맷 없이 다녀야 하는데 호치민 도로는 안전하지 않다. 사고가 나면 부상의 위험에서 자유로울 수 없다. 그나마 그랩 오토바이 택시를 호출하면 그들은 여분의 헬멧을 무조건 소지하고 다녀야 한다.

**3. 바가지**

쎄옴 기사와 협상을 하고 목적지에 도착을 해도 더 많은 요금을 요구하는 경우도 발생하고 있다. 이런 상황이면 택시보다 비싼 요금으로 이동하는 결과이므로 상당히 당황스럽다. 특히 여성에게 바가지 요금을 요구하는 상황이 많아서 위협을 느끼는 경우가 많다.

택시 & 그랩

호치민 여행에서 관광객에게 목적지로 이동하는 가장 편리하고 손쉬운 방법은 택시이다. 되도록 택시는 마이린Mailinh과 비나선Vinasun 택시를 이용하고 목적지를 구글 맵으로 확인시켜주면 택시 사기는

막을 수 있다. 기본요금은 택시 회사와 크기(4, 7인승)에 따라 다르다.

택시의 사기까지 생각하면서 탑승하기 싫다면 차량공유 서비스인 그랩Grab을 추천한다. 그랩은 목적지까지 정해진 요금을 고객이 선택하여 탑승하는 것이므로 요금은 달라지지 않으므로 확인하고 탑승하는 장점과 택시보다 저렴하다는 장점이 있다.

# 호치민 한눈에 파악하기

베트남에서 가장 큰 도시인 호치민시는 프랑스와 중국의 영향을 많이 받은 곳으로, 활기찬 시장과 오토바이로 가득한 도로가 유명하다.

호치민시는 유럽인들은 아직까지 '사이공Saigon'이라 부르는 경우가 많다. 복잡한 역사를 가지고 있으며 오늘날까지 그러한 역사의 흔적이 잘 나타나있다. 현대적인 고층건물 주변에 19세기 건축물이 있고, 커피 옆에는 전통 녹차가 있으며, 성당 그늘 아래에는 절이 있는 대조적인 분위기를 가지고 있는 도시이다.

호치민시는 여러 지역으로 나뉘어 있다. 가장 역사가 깊은 곳은 사이공 강 서쪽 강변에 자리한 1군지역이다. 여기에는 통일궁 중앙우체국, 호치민 노트르담 성당 등을 볼 수 있다. 프랑스 식민지였던 탓에 도시에는 프랑스의 느낌이 강하게 느껴진다. 도시 곳곳에 인상적인 19세기 건축물이 서 있는 것을 볼 수 있다. 호텔도 많아서 명소에서 가까운 곳에 숙소를 정하면 된다. 근처의 타오단 공원이나 북쪽의 옥황사는 산책을 즐기기에 좋은 장소이다.

분주한 도시를 잠시 벗어나 담센 워터파크와 담센 공원단지도 가보기 좋은 장소이다. 도시에서 조금 더 벗어나면 베트남 전쟁 당시 사용되었던 악명 높은 구찌 터널이 있다. 전쟁 박물관은 베트남에서 많은 사람들이 방문하는 곳 중 하나로 매년 50만 명 이상의 관광객이 찾는다.
밤이 되면 낮에 후텁지근했던 공기가 시원해져서 여러 지역을 구경하기에 더 좋다. 오토바이들을 피해 1군과 3군 지역의 거리에서 세계 최고 수준의 쌀국수인 포Pho를 먹을 수 있다. 매일 새로 양조되어 배달되는 현지 맥주 비아호이를 맛보고 나서, 즐겁고 저렴한 쇼핑을 즐기려면 벤탄 야시장에 가야 한다.

호치민시는 날씨가 덥고 습하지만 많은 건물에 에어컨 시설이 되어 있고 시내 공원에는 그늘이 많아서 휵식을 즐기기에도 좋은 도시이다. 모든 것이 저렴해서 좋지만 어디를 가든 오토바이가 굉장히 많기 때문에 길을 건널 때는 조심해야 한다.

퍼 24
꿈 마트
피자 포피스
응우옌 반 빈 책 거리
인터콘티넨털
아시아나 사이공 호텔
베트남 전쟁박물관
노트르담 대성당
중앙우체국
더 크래프트 하우스
스파 갤러리
롯데 레전드 호
프로파간다 레스토랑
템플 리프 스타
흄 베지테이언 카페
트리북스 서점
콩 카페
호아 뚝
콴 응온 138
더 리파이너리
통일궁
퍼 24
팍슨
인민위원회 청사
유니언 스퀘어
사이공 헤리티지 스파
호치민 시티 박물관
쉐라톤 사이공 호텔 & 타워스
파스퇴르 거리의
브루잉 컴퍼니
이리-반다꾸어
쯩응우옌 레전드 카페
퍼 24
푹롱 커피
쯩응우옌 레전드 카페
퍼 24
벤탄 스트리트 푸드 마켓
벱미인
쯩응우옌 레전드 카페
리버티 센트럴 사이공
리버사이드 호텔
피자 포피스
사이공 센터
아반티 호텔 사이공
쯩응우옌 레전드 카페
벤탄 시장
호텔 마제스틱 사이공
시클로 레스토랑
사이공 스퀘어
푹롱 커피
환전소(금은방)
비텍스코 파이낸셜 타워
오엠지
반미 37
퍼 2000
하일랜드 커피
호치민 미술관
히말라야 피닉스 사이공 호텔
다이스 사이공 부티크 호텔 & 스파
티엔하이 호텔
사이공 주말 시장
호치민 박물관
푹롱 커피
ABC베이커리
크레이지 버팔로
고투바
파이브 보이 넘버 원
사파 빌리지
콴웃웃
풀만 사이공 센터
선랜드 호텔

# 호치민 핵심 도보여행

호치민은 혁명운동으로 베트남을 통일시킨 베트남 독립의 영웅이며 초대 정부 주석으로 취임한 인물이다. 현재도 '호 아저씨'라 불리며 베트남인들로부터 존경을 받고 있다. 베트남에서 가장 영향력 있는 도시 이름을 그의 이름으로 바꾸었을 정도면 베트남에서 그의 위치가 어느 정도인지 알 수 있을 것이다.

쌀국수와 베트남 커피, 아오자이와 전통 모자 논Non을 쓰고 걷는 젊은 여인들이 베트남의 연상되는 모습이라면 호치민에서는 다른 모습을 보게 될 것이다. 프랑스풍 건물이 가득한 호치민Ho Chi Minh은 베트남에서 가장 큰 도시로 베트남의 경제와 문화의 중심지다. 사이공Saigon으로 불리다 1975년에 호치민 시로 이름이 바뀌었지만 아직도 많은 유럽인들은 사이공Saigon으로 부른다. 관광객이 보고 싶은 관광지는 대부분 1지구에 몰려 있어 걸어서 충분히 여행이 가능하다. 호치민 여행의 시작은 노트르담 대성당에서 시작하는 것이 좋다. 근처에 걸어서 이동하는 중간 위치에 있기 때문이다.

신 로마네스크 양식의 노트르담 대성당Notre Dame Cathedral은 프랑스의 지배를 받은 도시라는 표시같다. 파리와 같은 대성당이 자리하고 파리의 모습과 이름이 흡사하다. 1862~1880년까지 18년에 걸쳐 건축됐으며 40m가 넘는 두 개의 첨탑과 성당 앞에 우뚝 선 성모 마리아상이 눈길을 사로잡는다. 아치와 장미창 하나까지 섬세하게 만든 붉은 벽돌 외관에 사용된 자재는 모두 프랑스에서 공수해왔다.

19세기 건축의 백미라고 부르는 호치민 시청Toa Nha UBND TP은 인민위원회 청사라고 부르기도 한다. 호치민에서 가장 오래되고, 아름다운 프랑스풍 건물로 호치민을 상징하는 랜드마크이다. 원래 프랑스인을 위한 호텔이었지만,

현재는 정부기관 청사로 사용되고 있다. 섬세하고 아름다운 외관을 두고 19세기 베트남 건축의 하이라이트라고 평가도 된다. 아오자이를 입은 모델도 가끔씩 촬영할 만큼 아름다운 사진을 찍을 수 있다. 야경도 유명해 언제든 관광객으로 북적인다.

에펠의 걸작으로 불리는 중앙우체국Central Post Office는 구스타브 에펠Gustave Eiffel이 설계해 프랑스 특유의 건축양식으로 지어진 외관이 웅장하다. 안으로 들어가면 정면에는 호치민의 사진이 보이고, 양 옆에는 우편 업무를 보는 직원들도 보인다. 클래식한 아치형 천장에 호치민 시의 대형 지도가 붙어 있다. 1층 중앙에는 1976년 이후에 발행된 우표를 판매하고 있어 우표를 사려는 관광객이 많다.

호치민의 전통시장인 벤탄 시장Ben Tanh Market은 서울의 남대문시장과 비슷하다. 전 세계 여행자의 발길을 끄는 시장은 베트남 커피와 화장품, 식료품과 액세서리 등을 파는 상점 4000여 개가 들어선 실내 도매시장이다. 굳이 물건을 사지 않더라도 구경하는 재미로 찾는 관광객이 많다.

통일궁Reunification Palace은 벤탄 시장에서 10분 정도면 걸어서 갈 수 있는 베트남 독립을 알 수 있는 역사적인 장소이다. 베트남 정부의 대통령궁으로 쓰였지만 1975년 4월 30일 남베트남 정부가 항복했던 곳이다. 100여 개의 방과 지하에 자리한 베트남전쟁 당시의 작전회의실은 궁금증을 불러일으킨다. 대통령이 근무했던 사령관실은 베트남전쟁의 분위기를 느낄 수 있다. 사진 있어요.

호치민 문화의 1번지는 사이공 오페라 하우스Saigon Opera House로 호치민의 중심인 동코이 거리에 서 있는 건물이다. 19세기 말에 지어진 프랑스 식민시절에 오페라하우스로 쓰였다가 독립된 남베트남의 국회의사당으로 사용되기도 했다. 베트남 시민의 문화생활 1번지로 오페라와 음악회를 비롯해 다양한 공연이 펼쳐지는 곳으로 변화되었다. 행사가 있을 때만 티켓을 구매해 안으로 들어갈 수 있으므로 외관만 볼 수 있다.

# 사이공 강

Sông Sài Gòn

길이가 230㎞에 이르는 광활한 사이공 강은 캄보디아 남동부에서 베트남 남단까지 이어져 있다. 베트남에서 가장 큰 도시의 교외 지역에 다다르면 맹그로브 숲과 통나무 오두막이 고층 건물로 바뀌는 인상적인 풍경이 펼쳐진다.

굽이진 물길을 따라 이동하면서 작은 마을과 전쟁 당시의 터널을 구경하려면 배를 타고 색다른 도시 경관을 감상해 볼 수 있는 사이공 강으로 향해야 한다. 사이공 강 제방의 경사로를 따라 늘어선 가옥을 둘러보고 유람선 위에 올라 도시에서 가장 유명한 건물들을 바라보면 근심이 사라진다. 울창한 맹그로브 숲에 철새들이 둥지를 트는 메콩 델타의 마을과 운하도 살펴볼 수 있다.

호치민 시 주변에 흐르는 사이공 강을 가장 잘 볼 수 있는 방법은 쾌속정 투어를 신청하는 것이다. 몇 시간 동안 진행되는 투어에 참가하면 가이드를 통해 사이공 강이 도시에 미치는 중요성을 알아볼 수 있다. 세계에서 가장 혼잡한 컨테이너 항구를 눈앞에서 살펴보고 고층 건물 너머로 펼쳐지는 아름다운 노을을 사진에 담아 볼 수 있다.

일정이 충분하다면 하루 정도 시간을 할애하여 강 상류에 있는 메콩 델타로 향하면 목조 주택이 비탈길에 자리 잡은 전통

마을을 볼 수 있다. 형형색색의 어선을 타고 바다 위를 누비는 어부들은 가마우지를 이용해 물고기를 낚는다. 아이들은 집 앞 탁한 강물에서 물장구를 치고 논다. 가는 길에 껀져 보호 구역Can Gio Reserve의 울창한 맹그로브 숲을 지나치게 된다. 한때 이곳에는 바다악어가 서식했지만, 지금은 근처 보호구역으로 옮겨졌다.

강 상류로 계속 이동하면 메콩 델타 북쪽에 있는 쿠치 터널Củ Chi Tunnel이 나온다. 약 250㎞에 달하는 지하 터널은 베트남 전쟁 당시에 건설되었다. 주로 부상당한 베트콩 병사에게 음식과 피난처를 제공하기 위한 목적으로 사용되었다. 사이공 강 제방에서 일반 대중에게 공개된 구역을 둘러보며 게릴라 병사의 삶에 대해 들을 수 있다.

> **사이공 강 유람선 투어**
>
> 호치민 시 센트럴 피어(Ho Chi Minh City Central Pier)나 도시의 많은 숙소에서 예약하면 된다. 아니면 내륙에서 자전거를 타고 꾸찌 터널로 당일 여행을 떠나도 좋다.

## 쩌런(큰 시장)
Chợ Lón

초론은 문자 그대로 번역하면 '큰 시장'이라는 뜻이다. 18~19세기에 중국 소수 민족의 은신처였던 호치민 차이나타운은 이제 시장과 예쁜 사원이 있는 번화한 곳이 되었다. 사람들로 붐비는 초론의 실내 시장에서는 값싸고 질 좋은 물건과 중국 전통 음식을 구입할 수 있다. 숨어 있는 카페와 레스토랑에서 휴식을 취하고 화

려한 사원과 세련된 중국풍 건축물을 볼 수 있다.

1700년대 후반에 건설된 초론은 호치민 시 북쪽의 독립된 지역이었다. 호치민이 성장하면서 초론은 점차 호치민의 행정구역에 통합되었고 지금은 호치민 최대의 차이나타운이다. 이 지역은 과거에 불법 거래의 현장이어서 전쟁 시기에 일부 미군들은 초론을 군수 물자를 사고파는 암시장으로 이용하기도 하였다.

가장 큰 중심 상가는 쩐 푸 거리와 안 즈엉 브엉 거리가 만나는 교차로 근처에 있는 건물이다. 4층 건물 전체에 디자이너 의류와 신발은 물론 전자 제품과 가전제품을 판매하는 상점들이 들어서 있다. 허기가 느껴지면 1층으로 내려와 다양한 음식을 파는 매점에서 식사를 할 수 있다. 중국 만두의 일종인 반 베오를 맛보거나 주로 빵이나 고기와 함께 먹는 스폰지처럼 부드러운 스프링롤인 반 꾸온을 먹을 수 있다. 허기를 채운 후에 탑 무오이 거리에서 판 반 코애 거리까지 뻗어 있는

빈떠이 시장으로 이동하면 쌀, 고기, 야채 등 식재료를 사기 위해 찾는 현장을 볼 수 있다. 핸드메이드 의류나 보석도 진열대를 가득 메우고 있다. 시장 안의 인파를 뒤로 하고 초론의 화려한 사원에서 문화에 빠진 다음 티엔허우와 콴 암 사원의 시장으로 이동해 기와지붕, 등롱, 황금 불상으로 장식되어 있는 것을 볼 수 있다. 사원 건물들의 붉은 장식에서는 중국 문화의 영향을 확인할 수 있다.
쩌런은 사이공 강변에서 호치민시의 5개 구역을 형성하고 있다. 초론과 호치민시 간을 운행하는 버스를 이용해 이동할 수 있지만 관광객은 대부분 가이드 투어를 이용한다.

**위치_** 벤탄 시장에서 1번 버스 탑승해 종점 하차 (15분 소요)

**주소_** Chợ Lớn Quan 5

## 노트르담 성당
Nhà thờ Đức bà Sài Gòn

기독교가 베트남의 주된 종교는 아니지만, 아름다운 성당은 호치민 시에서 가장 대표적인 랜드마크로 손꼽히는 곳이다. 호치민 시 노트르담 성당의 경이로운 동정녀 마리아상과 거대한 종탑을 감상한

뒤 안으로 들어가 북적대는 길거리와 동떨어진 환하고 평온한 공간을 찾을 수 있다. 투어에 참여해 건물의 역사를 자세히 알아보고 성당 주변의 푸른 정원을 거닐 수 있다.
성당을 감싸고 있는 널따란 정원 안으로 들어가면 1층에서는 기도를 드리고 있는 커다란 동정녀 마리아 상을 볼 수 있다. 이 조각상은 1959년 로마에서 호치민으로 옮겨왔다. 떠도는 소문에 따르면, 2005년 마리아상이 눈물 흘리는 모습이 목격되었다고 하는 데 믿거나 말거나이다.
호치민의 노트르담 성당은 호치민 시 곳곳에서 볼 수 있지만, 바로 눈앞에서 봐야 진정한 아름다움을 느낄 수 있다. 조각상 뒤로 보이는 높이 60m의 쌍둥이 첨탑과 얼마나 완벽하게 어울리는지 확인할 수 있다. 건물의 나머지 부분은 1880년에 완공되었지만 2개의 첨탑은 15년이 지난 뒤에야 증축되었다. 2개의 첨탑 사이의 있는 본관 건물을 크게 차지하고 있는 커다

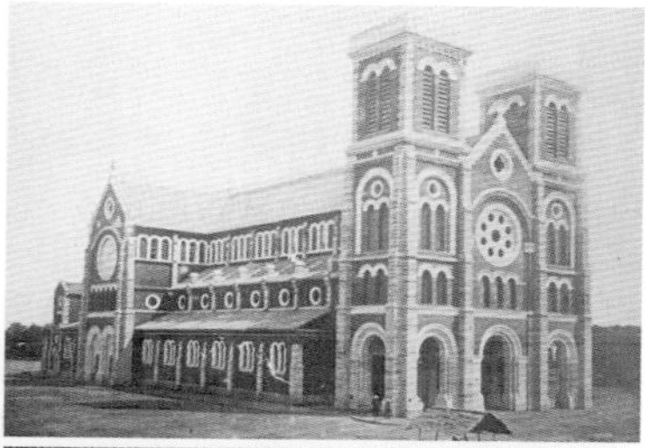

란 장미창을 통해 구경하는 것도 좋은 방법이다. 전쟁 중에 파괴된 원래의 스테인드글라스 창은 현재 투명 유리로 교체된 상태이다.

성당을 감싸고 있는 널따란 정원 안으로 들어가면 1층에서는 기도를 드리고 있는 커다란 동정녀 마리아 상을 볼 수 있다. 이 조각상은 1959년 로마에서 호치민으로 옮겨왔다. 떠도는 소문에 따르면, 2005년 마리아상이 눈물 흘리는 모습이 목격되었다고 하는 데 믿거나 말거나이다.
정문을 지나 안으로 들어가면 넓은 궁륭이 보인다. 궁륭 내벽은 성서의 유명한 장면을 묘사한 명판으로 장식되어 있다. 호치민 노트르담 성당 내부는 전반적으로 단순하게 장식되어 있는데, 투명한 유리창과 하얀 벽이 공간에 평온한 분위기를 더해 준다. 내부에서 조금만 있다 보면 바깥의 북적대는 길거리는 뇌리에서 사라진다. 호치민 시 도심의 정부청사 지역에 있는 호치민 노트르담 성당은 오전부터 매일 개방된다.

**성당 투어**

성당에 대해 자세히 알고 싶다면 영어를 구사하는 직원이 안내하는 성당 투어에 참가하는 것도 좋다.

**위치_** 호찌민 도심, 동커이 거리
**주소_** Ben Nghe, tp, Ho Chi Minh City
**시간_** 8~11시, 15~16시
**전화_** +84-8-3822-0477

## 사이공 중앙우체국
Bưu Điện Trung Tâm Thành Phố

정상 운영 중인 우체국인 사이공 중앙우체국 건물은 일주일 내내 개방된다. 그래서 많은 관광객은 호치민시에 오면 엽서를 쓰게 된다. 호치민의 아름다운 19세기 우체국 건물을 방문하여 엽서를 쓰는 아날로그적인 생활을 경험할 수 있다. 프랑스 건축가 '귀스타브 에펠'이 설계하고 1891년에 완공된 사이공 중앙우체국은 베트남의 르네상스 건축 양식을 보여주는 대표적인 건물로 유명하다. 바로 앞거리에서 잠시 건물의 장식을 감상하다 보면 죽 늘어선 아치형 창문들, 출입구 위의 큰 시계, 빨간색과 노란색 베트남 국기를 머리 위로 볼 수 있다.

식민지 시대의 건축물을 풍부하게 보유한 호치민시에서도 최고로 꼽히는 사이공 중앙우체국은 대표적인 명소이다. 미색의 타일이 바닥에 깔린 장엄한 원통형 홀 안으로 들어가면 벽에는 손으로 그린 정교한 지도가 있다.

건물 안으로 들어가자마자 높은 아치형 천장이 한쪽 끝에서 반대쪽 끝까지 둥그

렇게 이어지는 넓은 중앙 회랑이 눈에 띈다. 녹색 철 기둥이 지지하고 있는 우체국은 20세기 영국 기차역으로는 보이지 않는다. 중앙 홀의 양쪽 벽에는 손으로 그린 지도가 여러 개 있다. 사이공과 남베트남의 다른 지역이 얼마나 상세하게 표현되어 있는지 자세히 살펴보는 것도 좋은 관람방법이다.
작동 중인 여러 대의 전화 부스와 데스크를 지나 회랑 끝까지 반짝이는 타일 바닥 위를 걸어가 보면 혁명 지도자 호치민을 묘사한 벽에 있는 화려한 모자이크의 정교한 표현을 관찰할 수 있다.

우편으로 보낼 것이 없다면 건물 밖으로 나가 기념품을 판매하는 사람들을 구경하면서 엽서나 예술 사진 등 다양한 기념품을 구입할 수 있다. 우표 수집가라면 우체국 안에서 판매하는 여러 가지 희귀 우표를 살 수도 있다.

**위치_** 노트르담 대성당 바로 건너편
**주소_** Ben Nghe, tp, Ho Chi Minh City
**시간_** 7~19시
**전화_** +84-8-3822-1677

## 호치민 시청

UBND Thành phố Hồ Chí Minh

매력적인 정부 청사는 의심할 여지없이 도시의 가장 인상적인 식민지 시대 건물 중 하나이다. 다시 물러나서 높다란 시계탑, 아치형 창문, 세련된 조각으로 꾸며진 호치민 시청의 뛰어난 외관을 감상한다. 예쁜 정원 안을 걸어 다니고 베트남에서 가장 유명한 혁명 지도자의 동상과 함께 사진을 찍을 수 있다.
거대한 호치민 시청의 흰색 외관은 도시에서 가장 잊을 수 없는 광경 중 하나이다. 외관 디자인은 파리에 있는 호텔 데 빌레Hotel de Ville를 본떴고 르네상스 건축 양식은 20세기 초 유럽 건축에서 흔히 볼 수 있었던 형태를 차용하였다. 건물은 현재도 정부 청사로 사용되고 있다. 내부는 일반인 출입이 금지되어 있지만, 호치민 시 최고의 식민지 시대 건축물을 확인하려면 꼭 방문해야 할 곳이다.
잘 관리된 정원을 지나면 홀이 나온다. 벤치 중 하나에 잠깐 앉아서 건물의 전경과 깔끔하게 가꿔진 화단, 둥그렇게 이어지는 산책로를 따라가 보자. 앉은 자세로 어린 아이를 달래고 있는 모습의 유명한 호치민의 동상도 볼 수 있다.
건물 앞에 넓은 마당을 산책하면서 올려다보면 크림색 홀의 위층에 아치형 창문과 문들이 죽 이어져 있다. 정문 위에 고전적 장식으로 꾸며진 피라미드 모양 상단은 건물의 아름다움을 더욱 돋보이게 하는 화룡점정으로 여겨진다.

야경

건물이 특히 아름다운 밤에 시청을 찾아가자. 밝은 야간 조명등이 장식을 돋보이게 하고 어두운 밤하늘을 배경으로 크림색 건물의 외관이 마치 자체적으로 빛을 발하는 것처럼 보인다.

홀의 중심에서 솟아있는 탑도 빼놓을 수 없다. 종탑 주변은 철제 난간으로 둘러싸여 있고 국기 속에서 반짝이는 노란별이 하늘 높이 솟구쳐 있다.

**위치_** 노트르담 대성당에서 도보 5분
**주소_** 86 Le Thanh Ton Q 1, Ho Chi Minh City
**이용안내_** 내부 관람 불가

## 호치민 광장
Hồ Chí Minh Square

분주한 호치민시의 거리를 잠시 벗어나 호치민 광장으로 오면 프랑스 식민지 건축물과 꽃내음에 둘러싸여 조용한 휴식을 맛볼 수 있다. 유서 깊은 호치민 광장은 오토바이와 자동차로 복잡한 베트남 남부의 역동적인 도시 호치민시에서 고요하고 우아한 매력을 갖춘 곳이다.

광장은 19~20세기 베트남 남부의 역사를 고스란히 간직한 곳이다. 광장 주변을 둘러싸고 있는 프랑스풍 건축물을 통해 베트남의 과거 식민지 역사를 엿볼 수 있다. 휘날리는 빨간색 베트남 국기와 공산주의 혁명 지도자 호치민의 동상은 베트남의 최근 역사를 보여준다. 주변 거리 곳곳에 자리한 고급 부티크와 유명 브랜드 상점에서 쇼핑을 만끽할 수 있다.

광장 북쪽에는 호치민 시청이 한 블록 전체를 차지하고 있다. 1908년에 프랑스가 완공한 이 시청은 프랑스의 파리 시청을 본 딴 것이다. 건물에는 여러 정부 청사가 들어서 있어 일반인은 출입금지이다. 가까이 가서 흰색과 노란색이 어우러진 건물 외관의 섬세한 장식과 보존이 잘 되어 있는 아름다운 기둥과 아치형 구조물을 감상하자.

**호치민이 어린아이를 안고 앉아 있는 동상**

시청 앞 공원을 가로지르는 길을 따라 걸으면 잘 가꿔진 울타리는 무궁화와 포인세티아 꽃밭이 눈을 시원하게 해준다. 공원 중심에는 통일 베트남의 아버지로 추앙받는 호치민이 어린아이를 안고 앉아 있는 동상이 서 있다.
동상이 서 있었지만 광장을 리모델링하면서 현재는 오른손을 든 호치민의 동상으로 바뀌었다. 하지만 어린아이를 안고 있는 인상이 강해 기억하는 베트남 사람들이 많다.

**광장 주변**

광장 동쪽에 있는 아름다운 렉스 호텔은 1927년 프랑스가 지은 건물인데, 베트남 전쟁 당시 중요한 역할을 했다. 전쟁 당시 호텔의 옥상 바에는 군인, 외교관, 전시 특파원 등이 자주 모였다. 지금은 세계 최고 중 하나로 인정받고 있는 새로 단장된 바에서 칵테일이나 저녁을 먹을 수 있다. 해질녘 시내가 내려다보이는 전망은 일품이다.

동쪽으로 한 블록만 걸어가면 19세기 말에 프랑스가 지은 사이공 오페라 하우스가 있다. 베트남 전쟁 때는 난민 피난처로 사용되었던 화려한 극장은 호치민시의 심포니 오케스트라와 오페라 공연이 열리는 곳이다.

▶공항에서 남동쪽으로 7㎞ 이동

## 사이공 스카이데크
Saigon Skydeck

1구역 호퉁마우 거리에서 도시 전체가 내려다보이는 68층짜리 초고층 건물의 꼭대기에서 최고의 전망에서 랜드마크를 찾아보고 해가 지는 것을 지켜보는 것은 어떨까? 화려한 도심의 고층 건물 위층에 자리한 사이공 스카이데크Saigon Skydeck를 찾아가면 호치민시 최고의 전망을 볼 수 있다.

멀리 보이는 성당 등 대표적인 관광명소를 찾아보고, 음료를 마시면서 지평선 너머로 지는 해를 바라본다.(1층에서 받는 입장료에 스카이데크 입장권이 포함되어 있다.)

사이공 스카이데크Saigon Skydeck는 도심의 비텍스코 파이낸셜 타워Bidecksko Finacial Tower 안에 있다. 에콰도르 건축가 카를로스 자파타Carlos Zapata가 설계한 고층 건물은 연꽃 구근을 닮은 모습이다. 사이공 강 강변에 높이 서있는 건물은 자체로도 멋진 광경을 연출한다.

체력이 좋지 않다면 49층에 있는 사이공 스카이데크까지 엘리베이터를 이용하는 것이 좋다. 전망대로 나오면 숨이 멎을 듯한 360도 전망이 관광객을 맞이한다. 서쪽으로는 노트르담 성당과 벤탄 시장이 보이고 북쪽 멀리에는 시청 건물이 서있다. 강을 따라 천천히 항해하는 보트나 요트들을 바라보거나 망원경을 통해 도시 밖 평원까지 볼 수 있다.

저녁까지 머물면 평원 전체를 물들이는 아름다운 석양을 감상하는 사이에 도시의 불빛들이 반짝이기 시작하는 것을 볼 수 있다. 스카이데크 자체의 은은히 빛나는 네온전구도 보라, 빨강, 파랑으로 바뀌면서 조명 쇼를 연출한다. 조명 쇼는 야경을 망치지 않으면서 눈앞에서 반짝이는 호치민 전경을 조망할 수 있는 환경을 조성하였다.

헬리 바(Heli Bar)

51층에 있는 헬리 바(Heli Bar)에서 상쾌한 맥주나 칵테일 한 잔과 함께 도시 최고의 전망을 감상하고 휴식을 취하자.

**홈페이지_** www.bitexcofinancialtower.com
**위치_** 벤탄 시장에서 사이공 강 방향으로 도보 10분
**주소_** 36 Ho Tng Mau, Ben Nghe, Ho Chi Minh City
**시간_** 9시 30분~21시 30분(45분 전 마감)
**요금_** 200,000동

# 비텍스코 사이공 스카이데크 + 하이네켄 박물관 콤보 티켓

비텍스코 파이낸셜 타워Bitexco Financial Tower의 꼭대기 층에 위치한 사이공 스카이데크Skydeck으로 올라가면 눈이 탁 트이는 호치민 시의 풍경을 감상할 수 있다. 하이네켄 박물관의 인터렉티브 투어, 게임, 맥주 시음회를 즐기게 된다.

1. 도시의 맨 꼭대기에서 호치민을 내려다보기는 쉽지 않다. 초속 7m의 속도로 움직이는 고속 엘리베이터를 타고 사이공 스카이데크Skydeck로 올라가는 스릴을 만끽한다. 사이공 스카이데크Saigon Skydeck로 가면 인터렉티브 디스플레이와 함께 사이공의 360도 전망을 49층 높이에서 볼 수 있다.
   사이공 스카이데크Skydeck에서 도시의 숨 막히는 360도 전망을 체험한다. 사이공을 둘러싼 다양하고 흥미로운 정보들을 설명을 통해 이해하면서 망원경을 통해 경치를 감상할 수 있다. 49층, 58층, 59층, 60층 상공에서 멋진 풍경을 즐긴다.

2. 월드 오브 하이네켄에서 가이드와 함께 맥주 양조 투어를 즐기고 하이네켄 바에서 하이네켄 맥주 맛을 느끼면서 여행의 피로를 풀 수 있다. 1873년에 설립된 하이네켄 사의 유구한 역사를 발견할 수 있는 월드 오브 하이네켄the World of Heineken을 방문하면 정제수, 맥아, 홉, 그리고 특 A급 효모를 통해 만들어지는 하이네켄 맥주의 양조과정을 4D 영화로 체험할 수 있다. 레이싱 게임도 즐기고, 스타 서브Star Serve 표준에 맞게 맥주를 따르는 법도 배워볼 수 있다. 그리고 마지막으로 공식 하이네켄 바에서 최고급 하이네켄 맥주를 음미한다.

## 더 카페 아파트먼트
The Cafe Apartments

더 카페 아파트먼트The Cafe Apartment는 호치민 시청 앞 워킹 스트리트에 위치한 이색 카페건물이다. 낡은 아파트 전체를 카페로 개조한 곳으로, 각 층마다 다른 컨셉의 카페들이 입점해 있다.
철거 예정이던 아파트가 호치민 최고 감성 스팟으로 거듭난 카페 아파트먼트는 편집 샵, 서점, 음식점으로 가득 채워져 있다. 오래된 복도식 아파트를 한 채를 전부 개조한 더 카페 아파트먼트the cafe apartments는 이전 사람들이 살던 모습이 그대로 남아 있어 더 느낌이 있다고 인기를 얻은 곳이다.

### 둘러보는 방법
꼭대기 층인 9층까지 올라가 내려오면서 자신이 원하는 카페나 레스토랑을 발견하면 들어가 식사나 커피, 음료수를 마셔도 좋다. 미로 같은 낡은 아파트를 따라 숨겨진 명당을 찾는 재미가 있다. 각 호수마다 다양한 카페가 SNS를 타고 인기를 얻었기 때문에 레스토랑이나 카페 등이 신기해 찾는 관광객이 많다. 날씨가 좋으면 카페 테라스에 앉아 밖을 바라보면서 시간을 보내도 좋다.

**주소_** 42 Nguyen Hue Street, Dist 1, Ho Chi Minh City **시간_** 8~22시

각 층의 유명 카페

**망고트리(Mango)**

디저트 카페로 대한민국의 관광객이 특히 더운 호치민을 여행하고 빙수를 먹으면서 더위를 식힐 수 있는 카페로 단맛과 망고가 일품이다. 케이크도 상당히 맛있어 많이 주문하는 메뉴이다.

4층

**Partea-English tea room**

커피가 아닌 다른 음료를 찾고 있다면 티 카페(Partea–English tea room)로 가면 된다. 커피도 있지만 티 전문점인 파르티Partea는 티를 선택한 후 마음에 드는 찻잔을 고를 수 있다. 모든 것이 아기자기해서 여성들에게 인기가 높다. 먼저 마시고 싶은 차와 찻잔을 고르고 선불을 하고 앉아 있으면 차를 내준다.

5층

**Saigon Ơi Cafe**

예쁜 인테리어와 분위기있는 테라스가 있어 젊은 여성들에게 인기가 많다. 커피와 음료는 물론 케이크 종류도 다양해 음료와 케이크를 선택하는 비율이 높다.

**쭝응우옌(Trung Nguyen Café Legend)**(8~24시)

베트남의 '스타벅스'라고 불리는 쭝응우옌의 레전드 카페로 알려져 있다. 현지인들에게 사랑받는 카페는 실내바닥이 모래로 되어있어 비 오는 날에 가기에도 좋다. 이색적인 카페를 찾는관광객이 많이 찾는다.

■ 주소 : 7 Nguyễn Văn Chiêm, Bến Nghé, Quận 1, Hồ Chí Minh

## 벤탄 시장
Chợ Bến Thành

전통 베트남 음식을 즐기거나 기념품을 구입할 수 있는 북적이는 시장을 돌아보지 않고 호치민시를 전부 둘러봤다고 말할 수 없다. 호치민에서 가장 유서가 깊은 벤탄 시장은 베트남의 주요 관광 명소 중 하나이다. 벤탄 시장은 상징적인 시계탑이 시장을 굽어보고 있어 길을 찾기가 어렵지 않다. 항상 보행자와 차량들로 넘쳐나므로 길을 건너 시장으로 갈 때 넘어지지 않게 조심해야 한다.

300년의 역사를 간직한 도시를 방문하는 여행객이라면 벤탄 시장을 꼭 들러봐야 한다. 다채로운 가판대를 둘러보고 현지 상인들로부터 음식, 기념품, 옷가지를 구입하는 현장을 볼 수 있다. 벤탄 시장은 베트남의 진정한 맛을 즐길 수 있는 이상적인 곳으로 음식 가판대에 들러 생선 통구이나 상큼한 차와 같은 현지의 메뉴를 맛볼 수 있다.

가판대 주변을 돌아다니다 보면 엄청나게 다양한 베트남 음식들을 구경할 수 있

다. 소박한 기념품이나 전통 의상을 구입하고 싶다면 이곳만큼 좋은 곳도 없다. 하지만 시장은 관광객만을 위한 장소는 아니다. 호치민 시민들 역시 벤탄 시장에서 매일 생필품을 구입하고 있으므로 관광객은 현지의 맛과 풍습을 조금이나마 체험할 수 있는 것이다.

메인 시장은 저녁에 문을 닫지만 벤탄 야간 시장에 밤늦게까지 영업이 계속된다.

**흥정**

상인들은 처음에 물건 가격을 부풀릴 때가 많으므로 쇼핑할 때에는 꼭 가격을 흥정해야 한다. 2000년대 초반만 해도 50%이상 할인가격을 부르고 흥정을 할 수 있었지만 지금 50%이상 할인하면 짜증을 내므로 적당한 할인가격을 불러야 한다. 그런데 이 가격이 고무줄 같아서 알아채기가 쉽지 않다. 알차게 물건을 쇼핑하고 싶다면 흥정할 마음의 준비를 하고 벤탄 시장에 가자.

**위치_** 호치민 시청에서 도보 5분
**주소_** Cho Le Loi Q 1, Ho Chi Minh City
**시간_** 9~19시(상점마다 다름)

# 팜응라오 거리(배낭여행자 거리)
## Pham Ngu Lao Street

배낭여행객의 천국인 팜응라오 거리에는 저렴한 음식점과 다채로운 시장, 활기 넘치는 바가 즐비하다. 팜응라오의 전통 거리를 따라 걸으며 현지의 아담한 카페, 배낭여행객을 위한 친절한 바, 달콤한 코코넛 캔디와 열대 과일을 판매하는 상점에 들어가 보자. 인정 넘치는 게스트하우스에서 다른 여행객들과 여행 정보를 공유하고 저녁이 되면 밖으로 나가 도시 최고의 나이트라이프를 경험할 수 있는 거리이다.

팜응라오 외곽 지역에서 머물기로 결정해도 배낭여행자 거리에 들러 도시에서 가장 맛있고 저렴한 음식을 먹어보게 된다. 골목마다 숨어 있는 아담한 음식점에서 다양한 현지 음식을 골라 보고 속을 꽉 채운 팬케이크와 걸쭉한 쌀국수, 매콤한 게 요리나 구운 새우 요리 등 맛있는 음식을 맛볼 수 있다. 익힌 요리는 대부분 안전하지만 생야채나 얼음이 들어간 음료는 피하시는 것이 좋다.

구불구불하지만 안전한 도로를 따라 걷다 보면 다양한 기념품과 현지 특산물을 판매하는 다채로운 시장이 나온다. 베트남을 상징하는 고깔부터 아름다운 그림과 실크 자수까지, 다양한 물건을 구입할 수 있다. 시장을 충분히 둘러본 후에 물건을 구입하고 부담 없이 가격을 흥정하면서 가격을 알게 되는 것도 좋은 방법이다.

나이트라이프를 즐겨 보고 싶다면 저녁에 팜응라오의 번화가에 꼭 한 번 찾아야 한다. 곳곳에서 흘러나온 음악이 거리를 채우는 바에서 세계 각지의 여행객들이 저렴하게 술과 음료를 즐긴다. 춤을 추며 밤을 지새우거나 해외에서 온 여행자와 대화를 나누며 여행을 알아가는 것도 새로운 경험이 된다.

1지역에 있는 팜응라오 거리는 조금만 걸어가면 호치민 시 도심으로 갈 수 있기 때문에 여행하는 동안 많은 여행자들이 숙소를 정하는 장소이다. 도시 곳곳으로 운행되는 대중교통 노선이나 저렴하고 안전한 택시나 그랩Grab을 이용한다. 이곳에는 게스트하우스와 호텔을 어렵지 않게 찾을 수 있으며 대부분의 시설에는 영어를 구사하는 직원이 근무하고 있다. 숙소는 여러 곳을 충분히 돌아본 후에 결정하고 숙박 요금도 협의해 보자.

### 배낭여행자의 천국, 팜응라오 거리의 모습

팜응라오 거리는 여행 예산이 한정되어 있는 관광객들이 많이 찾는 곳이다. 이곳에는 숙소, 맛있는 음식, 다양한 여행물품을 적당한 가격에 구할 수 있다. 호치민시 한복판에서 값 싼 음식, 숙소, 시장을 찾아야 한다면 팜응라오 거리보다 좋은 곳은 없다고 단언한다. 이곳은 베트남인들 사이에서 '배낭족 구역'(khu tay ba lo)이라 불리는 곳으로 여행경비가 빠듯한 배낭여행자의 천국으로 알려져 있다.

팜응라오는 13세기에 명성을 떨쳤던 한 장군의 이름을 딴 거리로 이곳의 야외 시장과 실내 시장은 관광객과 현지 주민들로 인산인해를 이룬다. 시장에서 쇼핑할 때 흥정은 필수이므로 행상인과 흥정할 마음의 준비를 하고 싼 가격으로 옷가지, 전자 제품과 기념품을 구입할 수 있다.
팜응라오 내에는 저렴한 예산으로도 이용할 수 있는 다양한 숙소들이 많다. 덕분에 객실 요금을 흥정하기가 쉽지만 가끔은 형편없는 숙소에 머무는 불행이 있을 수도 있다. 대부분의 숙소에는 케이블 TV, Wi-Fi, 기타 편의시설이 구비되어 있다. 가장 조건이 좋은 숙소를 구할 수 있는 곳은 메인 도로와 연결되는 골목길이다.
현지요리에서 주류 음식에 이르는 거의 모든 음식들을 맛볼 수 있다. 가판대에서 길거리 음식을 맛보거나 카페에 들어가 차를 마실 수 있다. 다수의 쌀국수 가게는 24시간 운영되므로 늦은 새벽에도 다양한 면 요리를 맛볼 수 있다. 주변의 바와 클럽에 가면 저렴한 가격으로 맥주, 칵테일과 라이브 음악을 즐길 수 있다.
팜응라오 구역은 나란히 나 있는 2개의 도로와 서로 연결되어 있는 여러 개의 골목길로 이루어져 있다. 팜응라오는 호치민시 도심에 있는 1구역 안에 위치해 있다. 조금만 걸어가면 공원, 시장과 도시의 수많은 주요 명소들에 닿을 수 있으며 전쟁 박물관, 노트르담 성당과 통일궁에 가는 데도 15분이 채 걸리지 않는다.

# 동코이 거리
## Dong Khoi

응우옌주 거리Nguyen Du Street 교차로에서 톤득탕 거리Ton Duc Thang까지, 약 1㎞에 걸쳐 이어져 있는 거리가 동코이 거리이다. 호치민 시의 주요 상업 중심지 중 하나인 동코이 거리에는 고급 상점과 카페, 레스토랑을 비롯해 도시에서 가장 아름다운 건축물까지 모두 만날 수 있다.

번화한 동코이 거리의 대형 백화점에서 쇼핑을 하고 세련된 카페에서 식사를 즐기며 아름다운 19세기 건축물을 구경하면서 하루를 보내는 것이 호치민 사람들의 꿈같은 생활이다. 활기 넘치는 상업 지구에서 상가, 백화점, 고급 체인점을 둘러보며 신나는 하루를 즐겨보자. 저렴한 최신 전자제품을 찾아보거나 패션 매장에서 유행하는 옷을 구입할 수 있다. 현지의 많은 디자이너 매장에서 세계적인 브랜드 제품과 호치민의 유행을 선도하는 의류도 찾아보고 골목길에 숨어 있는 작은 부티크 매장도 찾아가보자. 이곳에는 아름다운 실크 자수 제품 같이 독특한 기념품을 구입할 수 있다.

길을 따라 이동하면서 깊은 인상을 남기는 아름다운 건축물도 보고 남쪽 끝자락에 다다르면 오페라 하우스의 웅장한 아치형 입구가 보인다. 저녁에는 조명을 받은 거대한 기둥과 아름다운 조각상이 특히 아름다운 광경을 자아낸다.
정부청사와 닿아 있는 거리 반대쪽 끝에는 더 많은 문화적 명소가 자리 잡고 있다. 프랑스 건축가 귀스타브 에펠이 설계한 사이공 중앙우체국 안에는 베트남 남부 지역의 지도가 그려져 있다. 도시를 세밀하게 묘사한 다채로운 모자이크를 살펴보고 길 바로 맞은편에는 호치민 시 노트르담 성당의 높은 첨탑을 볼 수 있다.

허기가 느껴지면 많은 카페 중 한 곳에 들어가 점심이나 커피를 마시고 저녁에 다시 찾아 레스토랑에서 현대적인 감각으로 재구성한 베트남 요리를 맛볼 수 있다.

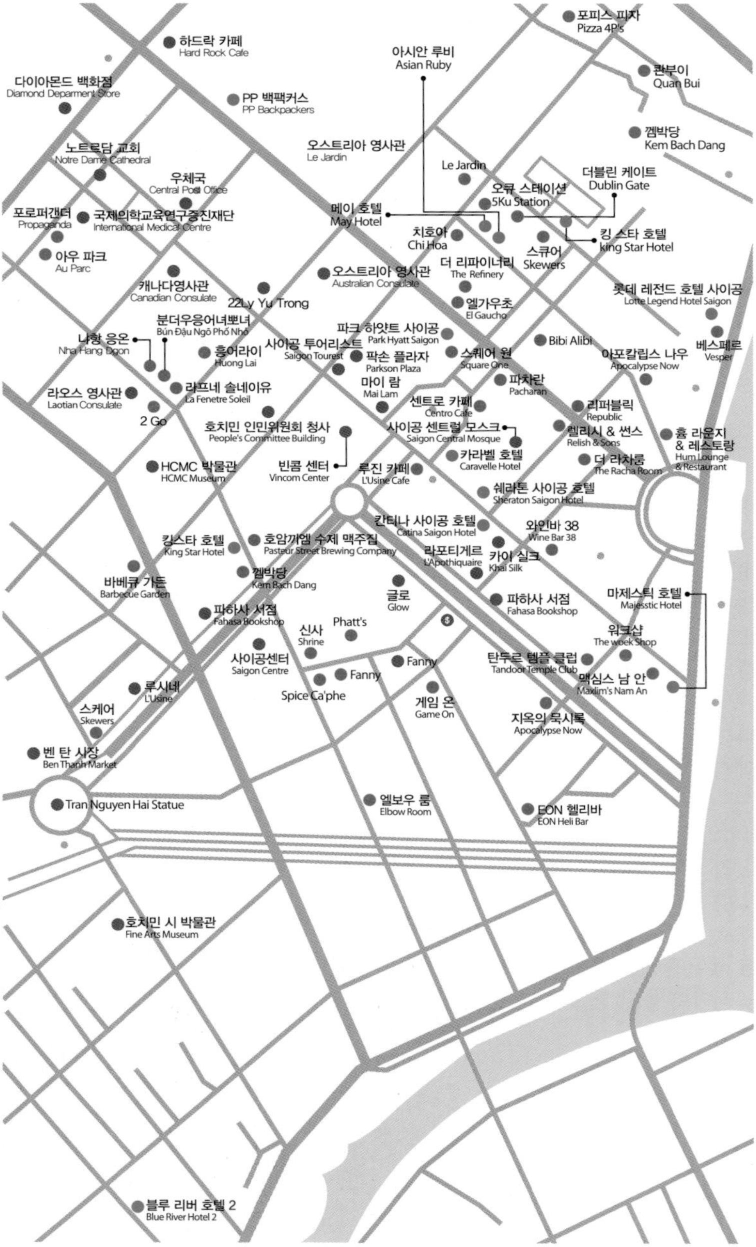

포피스 피자
Pizza 4P's
하드락 카페
Hard Rock Cafe
아시안 루비
Asian Ruby
콴부이
Quan Bui
다이아몬드 백화점
Diamond Deparment Store
PP 백팩커스
PP Backpackers
껨박당
Kem Bach Dang
노트르담 교회
Notre Dame Cathedral
오스트리아 영사관
Le Jardin
Le Jardin
더블린 케이트
Dublin Gate
우체국
Central Post Office
오큐 스테이션
5Ku Station
프로퍼갠더
Propaganda
국제의학교육연구증진재단
International Medical Centre
메이 호텔
May Hotel
킹 스타 호텔
king Star Hotel
치호아
Chi Hoa
아우 파크
Au Parc
스큐어
Skewers
더 리파이너리
The Refinery
오스트리아 영사관
Australian Consulate
캐나다영사관
Canadian Consulate
22Ly Yu Trong
롯데 레전드 호텔 사이공
Lotte Legend Hotel Saigon
엘가우초
El Gaucho
분더우응어녀뽀녀
Bún Đậu Ngõ Phố Nhỏ
파크 하얏트 사이공
Park Hyatt Saigon
나항 응온
Nha Hang Ngon
Bibi Alibi
베스페르
Vesper
흥어라이
Huong Lai
사이공 투어리스트
Saigon Tourest
팍손 플라자
Parkson Plaza
스퀘어 원
Square One
아포칼립스 나우
Apocalypse Now
마이 람
Mai Lam
파차란
Pacharan
라오스 영사관
Laotian Consulate
라프네 솔네이유
La Fenetre Soleil
센트로 카페
Centro Cafe
리퍼블릭
Republic
2 Go
호치민 인민위원회 청사
People's Committee Building
사이공 센트럴 모스크
Saigon Central Mosque
렐리시 & 썬스
Relish & Sons
휼 라운지
& 레스토랑
Hum Lounge
& Restaurant
카라벨 호텔
Caravelle Hotel
더 라차룸
The Racha Room
HCMC 박물관
HCMC Museum
빈콤 센터
Vincom Center
루진 카페
L'Usine Cafe
쉐라톤 사이공 호텔
Sheraton Saigon Hotel
칸티나 사이공 호텔
Catina Saigon Hotel
와인바 38
Wine Bar 38
킹스타 호텔
King Star Hotel
호암끼엠 수제 맥주집
Pasteur Street Brewing Company
라포티게르
L'Apothiquaire
카이 실크
Khai Silk
바베큐 가든
Barbecue Garden
껨박당
Kem Bach Dang
글로
Glow
파하사 서점
Fahasa Bookshop
마제스틱 호텔
Majesstic Hotel
파하사 서점
Fahasa Bookshop
Phatt's
신사
Shrine
워크샵
The woek Shop
사이공센터
Saigon Centre
Fanny
탄두르 템플 클럽
Tandoor Temple Club
Fanny
맥심스 남 안
Maxlim's Nam An
루시네
L'Usine
Spice Ca'phe
게임 온
Game On
스케어
Skewers
지옥의 묵시록
Apocalypse Now
벤 탄 시장
Ben Thanh Market
엘보우 룸
Elbow Room
Tran Nguyen Hai Statue
EON 헬리바
EON Heli Bar
호치민 시 박물관
Fine Arts Museum
블루 리버 호텔 2
Blue River Hotel 2

## 지악럼 사원
Giac Lam Pagoda

눈에 띄는 7층탑에서 평온한 정원에 이르기까지, 고대 사원은 조용히 반추의 시간을 음미하고 호치민시의 불교 역사에 대해 알아보기에 아주 좋은 장소이다. 호치민시에서 가장 유명한 랜드마크 중 하나인 7층 사리탑이 서 있으므로 금방 알아볼 수 있다.
지악럼 사원에서 호치민시 역사의 주요 부분이다. 목조 사원은 1744년에 처음 건축되었으며 도시에서 가장 역사가 깊다. 지악럼 사원의 입구를 통해 안으로 들어가 수도승들이 수백 년 동안 기도해 온 성소의 평온한 분위기를 느낄 수 있는 장소이다. 사리탑의 각 층을 둘러보며 다양한 부처상을 찾을 수 있다.
정면에 위치한 정원에는 화려하게 장식되어 있는 고승들의 무덤이 있다. 별당으로 가면 재가 담긴 화려한 색상의 유골단지, 촛불과 망자에게 바치는 여러 물건들을 볼 수 있고, 별당 한가운데에는 1953년 이래로 정원을 지키고 있는 진귀한 보리수가 서 있다. 보리수 옆에는 자비의 여신인 관음보살상이 우뚝 서 있다.
지악럼 사원 본당은 재실, 법당과 공양 공간으로 이루어져 있다. 사원 곳곳에서 중요한 법문이 새겨져 있는 98개의 기둥을 찾아 세어 본다. 하지만 이내 지쳐 세어보기를 중단할 것이다. 오랜 세월에 걸친 베트남 미술의 변천사를 보여주는 사원의 유서 깊은 조각품들을 볼 수 있는 벽에는 망자를 기리는 초상화가 줄 지어 있다. 거대한 아미타여래상을 모신 주 제단이 있다. 아미타여래는 불교의 진리(법)에서 중요한 인물이다.
지악럼 사원의 수도승은 방문객들을 친절하게 환영해 준다. 운이 좋으면 방문 시간에 맞춰 수도승들이 아름다운 독송식과 기도식을 수행하는 소리를 들을 수 있다. 결방에서는 수도승이 점을 쳐 주고 곤란에 처한 이들에게 조언해준다.

**시간_** 매일 개방(정오 즈음 몇 시간 동안 입장 금지)
**주의사항_** 사원 입장 시 모자 착용금지

## 호치민 오페라 하우스
## 호치민 시민극장
Municipal Theatre

반짝이는 흰색 건축물과 곡선이 특징인 이 아름다운 극장 안에 서 있으면 호치민시가 아닌 마치 파리에 와 있는 듯 착각하게 된다. 문화에 관심이 많든 그저 아름다운 건축물만 보든 상관없이 오페라 하우스는 누구나 놓치면 후회하게 될 장소이다.

호치민 시민극장Municipal Theatre이라고도 불리는 하얀색의 찬란한 랜드마크는 20세기 전환기에 프랑스령 인도차이나의 수도가 사이공이었음을 눈으로 확인시켜 준다. 오페라 하우스에서 조금만 걸어가면 호치민시 노트르담 성당과 통일궁과 같은 프랑스 식민 통치 시대의 또 다른 건물들이 나온다. 오페라 하우스를 감싸고 있는 넓은 가로수 길을 보면 베트남인지 프랑스인지 분간하기 어려울 것이다. 프랑스 식민주의의 영향을 받은 건물의 장엄한 디자인을 보면 건물 지붕과 장식품들은 파리에서 공수해 온 것이며 모든 장식과 가구 역시 프랑스 예술가가 디자인했다. 제1차 세계대전 이후 극장에 프랑스의 느낌이 너무 강하다는 비판이 일기 시작하자 도시에서는 오페라 하우스의 외관을 수놓고 있던 장식품, 조각상과 판화를 철거할 수밖에 없었다. 하지만 1998년 호치민시 창립 300주년을 기념하여 오페라 하우스는 예전의 화려한 모습으로 복원되었다.  입구의 하얀 조각상, 화려한 타일 바닥과 고급스러운 샹들리에가 입구부터 강렬한 인상을 준다.

오페라 하우스에는 오페라 외에도 발레, 연극과 전통 베트남 춤을 비롯한 다양한 공연을 주최하고 있다. 관심이 가는 공연을 찾아본 후 1,800명의 관객을 수용할 수 있는 웅대한 객석에서 공연을 관람해 보자.

**위치_** 호치민 시청에서 도보 5분
**주소_** 7 Lam Son Square, Ben Nghe Ward, District 1, Ho ChiMinh City
**전화_** +84-8-3829-9976

## 사이공 오페라하우스 즐기기

119년 된 국가유물인 사이공 오페라 하우스에서 멋진 쇼를 관람할 수 있다. 에이 오 쇼에서 전통 악기 17개로 연주하는 베트남 전통 음악을 들어볼 수 있고, 테 달 쇼에서 부족 악기를 이용해 라이브로 연주하는 역동적인 리듬을 감상할 수도 있다. 서커스 쇼처럼 대나무를 이용한 환상적인 곡예와 움직임을 감상하게 된다.

역사적인 사이공 오페라 하우스를 입장하면 역동적인 움직임과 곡예, 드라마 같은 예술로 이루어진 연극 무대와 더불어 상상력이 가미된 장면이 많다. 화려한 조명과 베트남 남부 노동요로 이루어진 라이브 음악이 어우러져 만들어낸 베트남 문화를 즐길 수 있다.

남부에서 부르는 뱃노래 소리와 전통 민요 '돈 카 타이 투'를 들으면 베트남 중부의 솟아오른 모래언덕을 지나, 아름다운 연꽃 늪지 앞에 서서 향기로운 산들바람이 부는 베트남 남부의 길을 따라 내려가는 모습을 상상해보게 된다.

대나무의 순결, 바구니 배 등 쇼의 주요 볼거리는 베트남 사람들의 정신과 유산을 보여준다. 이 쇼에는 대본, 클라이맥스, 순서가 존재하지 않는다. 1시간 가량 쇼가 진행되는 동안 관람객은 베트남 사람들의 인생의 꿈, 사랑, 외의 많은 것들을 나타내는 베트남 생활에 대한 화려하고 시적인 연출에서 다양한 감정을 느낄 수 있을 것이다.

## 통일궁
Dinh Độc Lập

위풍당당한 통일궁 앞에 서서 1975년에 바로 이 자리에서 베트콩이 사이공을 탈환했을 당시의 모습을 재연해 놓고 있다. 화려하게 장식된 대통령 관저를 둘러보고 지하 작전 사령실에서 전시에 사용됐던 장비들을 살펴볼 수 있다. 매혹적인 궁에는 20세기 동안 베트남을 괴롭혔던 갈등과 불안의 역사를 직접 확인할 수 있는 장소이다.

커다란 초록빛 공원을 가로질러 가면 하얀 외관의 통일궁에 도착하게 된다. 꼭대기에 대형 국기가 게양되어 있는 건물은 옛 노로돔 궁전이 있던 바로 자리에 인도차이나 총독의 관저로 건설되었다. 1954년 프랑스가 철수한 다음 궁전을 차지하게 된 대통령 응오딘지엠의 노력에도 불구하고, 2명의 전투기 조종사가 대통령 암살을 시도한 후에 철거되었다. 1966년에 새롭게 재건된 건물은 독립궁으로 불리다가 9년 후 미국의 점령이 끝난 이후 명칭이 변경되었다.

정문에 가까워지면 건물 밖 높은 연단 위에 전시된 탱크가 눈에 띈다. 이 탱크는 군인들이 사이공을 수복하고 베트남 전쟁을 종식시키기 위해 궁전 문을 박살내고 들어왔던 순간을 기리는 것이다. 안으로 들어가면 전쟁 당시 통일궁이 어떤 역할을 했는지 알려주는 짧은 영상을 보여준다. 15분가량의 영상은 30분마다 한 번씩 반복해서 상영된다. 1층의 여러 복도와 방들이 지나면 뒤편의 옛 대통령 관저로 이어지고 캐비닛들 사이로 말 꼬리, 코끼리 발 등 기괴한 장식품들과 보트 모형들이 진열되어 있다.

위층에 있는 카드게임을 하던 방에는 술을 마실 수 있는 바, 영화를 볼 수 있는 스크린, 둥근 가죽 소파로 꾸며져 제임스 본드 영화에 나온 장소로는 보이지 않을 것이다. 지하에 숨어 있는 작전 사령실에는 호화로운 물건들이 별로 없다. 벽은 어두운 목재 패널로 마감되어 있고 좁은 워크스테이션은 무차별 공세를 펼치기 위해 사용된 라디오 장비와 상세한 작전 지도로 가득 차 있다.

**홈페이지_** www.dinhdoclap.gov.vn
**주소_** 106 Nguyen Du, District 1, Ho Chi Minh City
**시간_** 7시30분~11시, 13~16시30분 **요금_** 40,000동
**전화_** +84-8-3822-3652

## 골든 드래건 수상인형극장
### Golden Dragon Water Puppet Theater

수상인형극장은 하노이가 가장 유명하고 오래된 역사를 가지고 있다. 하노이부터 퍼져나간 인형극은 호치민에서 꽃을 피웠다. 극장에서는 일일이 손으로 깎은 목각 인형과 형형색색의 용이 수상 무대에 등장해 지역의 전설을 연극으로 보여준다. 베트남인들이 손수 공연을 진행하며 음악과 움직이는 꼭두각시 인형을 통해 모두가 이해할 수 있도록 이야기를 풀어나간다. 옻칠한 목각 꼭두각시 인형은 전 세계적으로 유명하다.

연극은 연못처럼 생긴 무대에서 진행되는데, 인형을 부리는 사람들이 무대 뒤에 숨어 허리까지 차는 물속에 서서 공연을 펼친다. 사람들은 숨겨 놓은 긴 막대로 꼭두각시 인형을 자유자재로 움직인다. 앞 좌석은 물이 튈 수도 있지만 수제 꼭두각시 인형의 아름답고 정교한 모습을 볼 수 있는 명당이다.

**공연 주제의 변화**

홍 강 삼각주(Red River Delta)에서 1,000 년 전에 시작된 독특한 예술 형태인 수상 인형극은 과거에는 농업, 어업을 영위하는 마을에서의 로맨스와 같은 마을의 일상생활을 보여준다. 지금은 고대 베트남 전설, 신화와 역사에 관한 공연을 보여주고 있다.

**공연의 유래**

11세기로 거슬러 올라간 예술 형태에 뿌리를 가지고 있다. 수상 인형 극장의 전통은 논이 침수되고 마을 사람들이 허리 깊이의 물속에 서서 인형을 가지고 물 위에서 연기하는 놀이 문화를 만들어낸 시기에서 유래되었다. 인형을 지지하기 위한 큰 막대를 사용해 스크린 뒤에 숨은 인형 조종자들과 함께 물을 가로질러 움직이면서 쇼를 만든다.

**위치_** 통일궁 뒤(벤탄 시장에서 도보 15분)
**주소_** 55B Nguyen Thi Minh Khai, Ho Chi Minh City
**시간_** 8시 30분~20시 30분
**요금_** 250,000동~
**전화_** +84-8-3827-2653

# 타오단 공원

Công viên Tao Đàn

어린이 놀이터, 널찍한 공터, 아름답게 가꾸어진 정원 등이 있는 호치민 최고의 도심 공원에서 편안한 시간을 보낸다.
타오단 공원은 번잡한 호치민에서 잠시 휴식을 취하기에 아주 적합한 장소로 약 10㎡규모의 타오단 공원에는 곳곳에 총 1천여 그루의 나무가 있어 시원한 그늘에서 더위를 피할 수 있다. 신나는 활동을 즐기고 싶다면 저렴한 요금을 내고 공원 근처에 있는 테니스장이나 수영장을 이용하실 수도 있다.

**타오단 공원의 시간대별 모습**

기온이 올라가기 전인 아침 시간에 공원을 이용하시면 더욱 좋다. 공원을 거닐며 지역 주민들이 기공 체조를 즐기는 모습도 구경하 것도 좋다.
아침에 공원을 방문하면 새들이 지저귀는 소리도 들을 수 있어 상쾌한 기분을 느낄 수 있다. 호치민 시내 곳곳의 사람들이 새를 데려와 공원에는 언제나 새들의 노랫소리가 가득하다. 매일 아침 거의 8시까지 새들의 아름다운 지저귐을 감상하실 수 있다.
나무 사이로 냐짱 참탑(Nha Trang's Cham Tower)과 흥왕 사원(Hung King Temple)의 축소 모형이 보인다.
타오단 공원은 조용한 곳을 찾는 관광객과 지역 주민들로 온종일 붐빈다. 잔디밭에서 휴식을 취하며 도시락을 먹거나 이야기를 나누는 등 한가한 시간을 보낼 만한 장소가 많다. 아이들과 함께라면 놀이터에서 즐거운 시간을 보내는 것도 좋다. 해 질 녘에는 시원한 바람을 맞으며 산책을 즐기는 사람들을 만날 수 있으며, 공원은 조용한 분위기로 변해간다. 해가 지고 나면 다소 위험해지므로 야간 산책 시에는 주의해야 한다.

**주소_** 2 Nguyen Thi Minh Khai, Ho Chi Minh City **전화_** +84-97-396-3372

## 옥황사
Jade Emperor Pagoda

옥황사Jade Emperor Pagoda에서는 베트남에서 가장 멋진 목각 장식, 조각상, 예술품 등을 감상할 수 있다. 옥황사Jade Emperor Pagoda는 바닥에서 천장으로 이어지는 목각 장식과 거북이로 유명하다. 그래서 거북이 탑으로도 불린다. 이곳은 20세기가 시작될 무렵 광둥어를 사용하는 이민자들을 위해 지어졌으며, 지금도 도교와 불교 신자 모두가 찾는 사원으로 사용되고 있다. 경내를 거니는 승려와 신자들로 매우 붐빈다. 안으로 들어서면 도교에서 하늘나라를 다스린다고 여기는 옥황상제를 정교하게 조각해 놓은 모습이 가장 먼저 눈에 들어온다. 옥황상제 위에도 마찬가지로 정교하게 설계된 지붕이 있다. 사원은 여러 공간으로 나누어져 있으며 순서에 상관없이 구경할 수 있다. 옥상 테라스에 올라가면 옥황사 주변과 탑을 한눈에 내려다볼 수 있다.

### 십지옥 방(Hall of Ten Hells)

사원에서 가장 인기 있는 곳으로 지옥에 떨어진 사람들을 기다리고 있는 고통의 모습이 거대한 목각 장식으로 형상화되어 있다. 사원의 다른 방들은 풍요와 건강의 여신들에게 바쳐진 공간이다.
호치민 시의 다른 많은 사원과 마찬가지로 옥황사는 항상 여러 행사로 떠들썩하다. 관광객과 신자들로 일주일 내내 붐비기 때문에 관광객을 피해 지역 주민들을 만나보려면 아침 일찍 오는 것이 좋다. 사원 밖에서는 희망의 상징으로 작은 거북이를 사서 연못에 방생할 수 있다.

**주의**

호치민의 다른 관광지와는 멀리 떨어져 있지만 택시나 버스로 이동해야 한다. 어린 아이들에게는 조각상과 같은 형상화된 모습이 무섭게 보일 수도 있으며 향냄새가 강하게 느껴질 수 있다.

**주소_** 73 Mai Thi Luu, Da Kao, Quan 1, Ho Chi Minh City
**전화_** +84-83-820-3102

## 빙엄사
Chua Vinh Nghiem

경이로운 탑의 정교한 형체와 아름다운 정원은 호치민 도심의 도회적인 건축물과 극명한 대조를 이룬다. 숭고한 분위기의 빙엄사에 가서 거대한 황금 부처상 앞에서 경의를 표하고 아름다운 탑의 디자인을 볼 수 있다. 건물 양쪽에 자리 잡은 매력적인 장식 정원을 둘러보고 사찰 외관의 복잡하게 얽힌 디테일과 무늬를 보자.
1964~1971년에 일본과 베트남의 건축 양식이 혼합되어 건축된 빙엄사는 뉴엔 바랑이라는 건축가가 설계했다. 빙엄사는 도시에서 가장 큰 탑 중 하나로, 지금도 법회가 열리고 있다. 중앙 뜰에 서서 넓고 빨간 지붕과 굽이진 금색 난간이 있는 거대한 7층탑을 보면 각 층의 벽면에 부처상이 조각되어 있음을 알 수 있다.
돌사자가 지키고 서 있는 가파른 계단을 따라 올라가면 사찰의 거대한 입구가 나온다. 안으로 들어서면 방 뒤편 제단에 앉아 있는 거대한 황금 부처상이 시선을 사로잡는다. 부처상 아래에는 여러 개의 작은 부처상을 비롯해 현지 주민들이 선물로 놓고 간 형형색색의 초와 꽃들이 수북이 쌓여 있다. 사찰을 둘러보다 세상을 떠난 이들을 추모하기 위한 유품과 사진이 놓여 있는 작은 방에는 2번째 제단에 자애의 여신인 관음상이 무수한 꽃에 둘러싸여 있다. 밖으로 나가 바위 정원을 거닐고 나선형으로 가꾸어 놓은 관목과 관상수를 구경하며 여유를 만끽해 보자. 온종일 도시의 시끄러운 길거리를 헤맸다면 목가적인 곳에서 평화로운 휴식의 시간을 보낼 수 있다.
호치민 중심에서 조금만 걸어가면 빙엄사에 도착하고 사찰 단지 안에서는 아침 일찍부터 오후 늦게까지 운영되는 훌륭한 채식 전문 음식점도 이용할 수 있다.

**위치_** 벤탄 시장에서 4번 버스 탑승해 10분
**주소_** 339 Nam Kỳ Khởi Nghĩa, 7, Ho Chi Minh City
**시간_** 7~11시, 14~17시 **요금_** 무료

## 사이공 동 · 식물원

Thảo Cầm Viên Sài Gòn, Saigon Zoo and Botanical Gardens

복잡한 호치민시에서 벗어나 이국적인 동물들을 구경하거나 화려한 정원 속을 산책할 수 있다. 사이공 동, 식물원은 베트남에서 가장 크고 세계적으로 가장 오래된 동물원 중 하나로 공원에는 수백 종이 넘는 동식물들이 살고 있다.

동물원에는 맹수에서 매끄러운 파충류에 이르는 각종 동물들이 살고 있다. 거의 모든 대륙의 동물들이 살고 있지만 동물원의 일부 시설은 관리가 잘되고 있지 않다는 점을 생각해야 한다. 동물원에서 가장 인기 있는 두 구역은 원숭이 사육장과 새장이다. 동물원 북서쪽으로 가면 나무 그늘이 드리운 잔디밭 위에 앉아 피크닉을 즐길 수 있다. 기린에게 먹이를 주거나 자녀와 함께 아담한 놀이공원에서 노는 장면을 볼 수 있다.

1865년 루이 피에르가 이곳에 도착하자마자 조성한 식물원은 방문객들의 가장 많은 인기를 얻고 있다. 입구를 통해 안으로 들어가면 밖에 있는 시끄럽고 혼잡한 도시에서 멀리 떨어져 있는 듯한 평온한 세상이 바로 눈앞에 펼쳐진다.

가로수 길을 따라 거닐고 식물 보호구역 사이로 여유로운 산책을 하다보면 아름다운 난초 정원을 볼 수 있고 화려한 물고기들로 가득한 작고 아담한 호수들은 동물원과 정원을 연결해 준다.

공원에는 선사 시대에서 현재에 이르는 베트남의 역사적 사건들을 소개하는 베트남 역사박물관도 있다. 역사적인 유물과 보물로 이루어진 전시물에는 여러 언어로 번역된 안내판이 설치되어 있다. 박물관 밖에는 제1차 세계대전으로 목숨을 잃은 베트남인들을 기리는 기념비가 서 있다.

**주소_** 2 Nguyen Binh Khiem, Ben Nghe, Ho Chi Minh City
**시간_** 7~17시
**요금_** 50,000동(어린이 30,000동)

## 담센 워터파크
Đầm Sen Water Park

놀이기구와 미끄럼틀이 가득한 담센 워터파크는 무더운 호치민에서 여가를 보내기에 좋은 장소이다. 담센 워터파크는 담센 공원 내에 자리 잡고 있으며, 호치민 시의 붐비는 인파로부터 떨어져 휴식을 취할 수 있다. 주말에는 많은 사람들이 후덥지근한 날씨를 피해 공원을 찾는다. 스릴을 즐기고 싶은 사람들을 위한 다양한 놀이기구와 미끄럼틀도 마련되어 있다.
공원 안에 패스트푸드를 파는 여러 곳의 작은 음식 판매대가 있고 공원 밖에도 식사를 할 수 있는 곳이 많다. 일부 놀이기구 중에는 약 1~1.5m로 탑승자의 키가 제한되는 것도 있다.

**파도풀(wave pool)**
**완더링 리버(Wandering River)**
튜브를 갖고 기분 좋은 하루 일정을 시작해 보자. 둘 다 아이들이 좋아하는 곳으로, 놀이기구를 타기 전 준비 운동을 하기에 좋은 장소이다. 어린 아이들의 경우 다양한 분수와 기울어진 물 양동이, 소형 미끄럼틀이 있는 어린이 풀장을 이용하면 좋다.

**블랙 썬더(Black Thunder)**
레이저 불빛과 어둠이 한데 어우러지는 분위기 속에서 스릴을 즐기거나 여럿이 동시에 미끄럼틀을 타며 누가 가장 빠른지 내기를 하게 된다.

**부메랑(Boomerang), 와일드 리버(Wild River), 아쿠아 댄스(Aqua Dance) 풀장**
꼭대기에 올라가 자유낙하의 기분을 느껴보거나 카미카제식 '슈퍼 스피드' 미끄럼틀을 타고 매우 빠른 속도로 내려가게 된다. 높이에 부담을 느끼는 분이라면 와일드 리버Wild River를 이용하는 것이 좋다. 사방에서 물이 뿜어져 나오는 아쿠아 댄스Aqua Dance 풀장도 있다.

**홈페이지_** www.damsenwaterpark.com
**주소_** 3 Hoa Binh, Phuong 3 Quan 11, Ho Chi Minh City
**시간_** 8~18시(화요일 휴무)
**전화_** +84-8-3858-8418

## 사이공 강 디너크루즈
Saigon River Dinner Cruise

호치민 프리미어 강 크루즈를 타고 2시간 동안 색다른 경험을 할 수 있다. 역사적인 기념물들 사이를 평화롭게 유람하며 저녁 뷔페를 즐기는 시간을 갖는다. 사이공 강에서 경험하는 미식 체험은 베트남을 즐기는 색다른 방법이다.
동서양이 만난 별미와 요리를 직원들과 이야기하면서 신선한 음식을 맛보게 된다. 또한 밴드가 들려주는 라이브 음악 공연을 즐긴다. 역사적인 사이공 강에서 디너 크루즈를 타고 유람하는 시간은 현지인들에게도 부러운 경험이다.
특별히 제작된 인도차이나 리버 보트 '본사이 레거시Bonsai Legacy'로 호치민 도심을 가로지르는 크루즈를 타고 호치민을 둘러오는 새로운 방식이다. 강에서 단순히 배를 타고 둘러보는 것이 아니라 현지 크루즈의 수준을 한층 끌어올린 서비스를 제공하고 있다.
오감을 깨우는 다양한 메뉴와 음료를 즐길 수 있는 본사이 크루즈Bonsai Cruise는 급변하는 호치민시를 직접 볼 수 있는 고대 인도차이나와 프랑스의 노하우가 만나는 본사이 레거시 크루즈는 우아한 멋과 다양한 음악과 즐거움을 준다.

# 호치민 박물관 BEST4

## 베트남 국립 역사박물관(National Museum of Vietnamese History)

건축학적으로 인상적인 건물에 자리한 박물관은 아름다운 인도차이나 건축을 확인할 수 있고 방대한 고대 유물을 소장하고 있다. 베트남 국립 역사박물관의 수많은 전시관들을 돌아보면 7세기 때의 사암 조각부터 응우옌 왕조 때의 도구와 식기까지 관람할 수 있다. 고요한 정원과 여러 건축 양식이 어우러진 건물 외관을 볼 수 있다.

울창한 나무와 선명한 열대 꽃들에 둘러싸여서도 베트남 국립 역사박물관의 매력적인 외관은 시선을 사로잡는다. 호치민시의 많은 식민지 시대 건물들과 마찬가지로 20세기 초에 지어진 박물관 건물에는 인도차이나와 프랑스의 건축 양식이 어우러져 있다. 정문 위의 탑은 지역의 대형 사원 중 하나이다. 내부 중앙 홀의 벽은 식민지 시대 프랑스 건축물에서 흔히 보이는 흰색 무늬로 온통 장식되어 있다.

박물관의 전시품은 연대순으로 정리되어 있다. 기원전 2,000년 무렵에 번성했던 동손Dong Son 문명에서 전해진 동전, 도끼, 창 등의 전시품을 관람하고, 다음으로 1세기와 7세기 사이에 베트남과 캄보디아에서 살았던 수수께끼 같은 푸난, 참, 크메르 민족에 대해 알아볼 수 있다. 그들의 신과 종교적 상징이 표현된 정교한 사암과 목각 장식품이 전시되어 있는 전시관에서 중요한 전시물은 캄보디아 앙코르 와트 사원에서 가져온 귀중한 유물들이다. 박물관은 많은 공간을 1802년과 1945년 사이 응우옌 왕조의 전성기에 할애했다. 최후의 왕족이 착용했던 의복을 살펴보고 황제와 프랑스 식민 통치 휘하에서 베트남 국민들이 어떻게 생활했는지 엿볼 수 있다.

**홈페이지_** www.baotanglichscvn.com **위치_** 호치민 동물원과 식물원 옆에 있는 응우옌 빈 키엠 거리
**시간_** 8~11시 30분, 13시 30분~17시 **주소_** 25/2 Nguyen Binh Khiem, Ben Nghe, Ho Chi Minh City

## 호치민 미술관(Bào Tàng Chúng Mý Thuàt Thành Phõ Hõ Chí Minh)

아름다운 프랑스 식민지시절의 건물에는 다양한 국가의 흥미로운 역사를 아우르는 미술 컬렉션이 보관되어 있다. 전쟁으로 황폐화된 베트남에서 영감을 얻은 그림 전시회를 통해 베트남 국민들의 심정을 느껴볼 수 있다. 7세기까지 거슬러 올라가는 석조 상을 살펴보고 베트남의 아름다운 풍경화도 볼 수 있다.

중국과 프랑스의 건축양식이 조화를 이루고 있는 박물관은 1929년에 건축된 아름다운 저택 안에 있다. 스테인드글라스 창문은 색이 약간 바라져 있지만 넓은 대리석 계단과 환한 빛깔의 타일 벽은 저택이 처음 건축되던 당시 그대로 아름답다.

**한눈에 전시 파악하기**

**1층**

베트남 화가들의 작품이 전시되어 있다. 대부분의 그림은 베트남의 자연 경관을 묘사하고 있는데, 탑과 베트남 남부 지역을 그린 그림이 가장 많다.

**2층**

계단을 따라 올라가면 트린 쿵, 도광엠, 디엡 민 차우 등 20세기를 선도했던 베트남 화가들의 작품을 감상할 수 있다. 전시관 한가운데에는 미국, 프랑스와의 전쟁에 참여했던 이들을 기리는 생생한 그림들이 전시되어 있다.

**3층**

다양하고 진귀한 역사적 유물이 전시되어 있다. 돌과 나무로 만든 부남 왕국 시대의 부처상과 비슈누상이 유명하다. 미술관 안의 전시를 보면 베트남 남부 지역의 메콩 델타에서 복원된 여러 돌 인형, 조각상과 마주하게 된다.

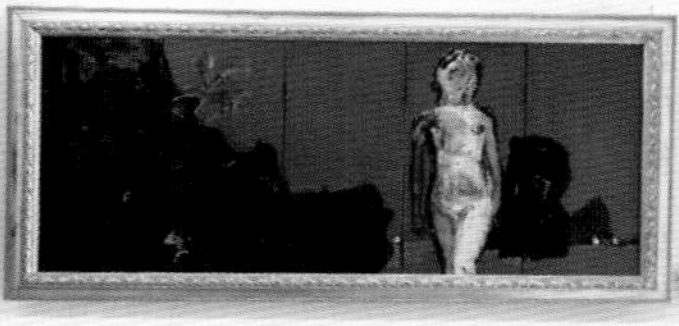

**위치_** 벤탄 시장에서 걸어서 3분 **주소_** 97A D Pho Duc Chinh, Nguyen Thai Binh
**시간_** 8~18시(월요일 휴관) **요금_** 30,000동 **전화_** 829-4441

## 전쟁박물관(Bào Tàng Chứng Tích Chiến Tranh)

오랜 시간 베트남 전쟁을 겪은 베트남에서 관광객의 관심은 전쟁의 참상을 볼 수 있는 전시이다. 전 세계에서 찾아오는 방문객들이 베트남전의 생생한 모습을 느낄 수 있는 각종 전시품들이 있다.

이전의 미국 행정관사에 자리 잡고 있는 전쟁기념관에는 베트남 전쟁이 베트남 사람들에게 어떤 영향을 주었는지에 대해 알아볼 수 있는 각종 전시품들이 있다. 전쟁이 끝난 후 몇 달 만에 문을 연 박물관은 문을 연 당시에는 '미국 괴뢰 전쟁 범죄 전시관Exhibition House for US and Puppet Crimes'이라고 불렸다. 전시품 중 상당수가 반미 성향을 나타내는 것들이지만, 박물관의 목적은 전쟁의 공포를 보여주기 위한 것이다.

전쟁박물관에는 프랑스 식민지 시대부터 베트남 전쟁 이후 시대에 이르기까지 베트남 전쟁에 대한 모든 역사가 담겨 있다. 전반적으로 보았을 때 전쟁의 참혹함을 지나치도록 적나라하게 묘사한 감은 있지만, 호치민에서 많은 관광객들이 찾는 관광지가 되었다.

**주소_** 28 Vo Van Tan Ward 6, District 3 **시간_** 7시 30분~18시 **요금_** 40,000동 **전화_** +84-8-829-0325

한눈에 전시 파악하기

**1층**

베트남군이 전쟁에서 국제적으로 어떤 지원을 받았는지를 보여주는 유품들이 전시되어 있다. 전시품을 보면 전반적인 전시 방향을 느낄 수 있는데, 관광객들은 베트남 시점에서 전쟁의 일부 단면만을 보여주는 것 같아 안타깝다고 이야기하기도 한다.

**2층**

베트남 전쟁의 모습을 사진에 담은 일본의 전쟁 사진작가 '분요 이시카와'의 전시실이 있다. 전쟁에 상처 입은 군인과 민간인의 모습이 담긴 250여 장의 사진이 있으며 가장 인상적인 곳으로 느끼는 관광객이 많다.

**고엽제의 패해 사진**

베트남 국민들에게 미친 고엽제의 영향을 보여주는 사진도 많다. 전쟁으로 겪은 피해의 끔찍함을 느낄 수 있는 적나라한 사진과 표본도 전시되어 있다. 다소 끔찍할 수 있으므로 어린이들을 동반할 경우에는 미리 생각을 해봐야 할 것이다.

**안뜰 전시장**

전쟁 당시 사용되던 감옥, 탱크, 헬리콥터, 비행기 등 미국의 전쟁 장비들을 관람하게 된다. 화약을 제거한 무기류들이 많다.

086

CHÂU ĐẠI DƯƠNG
OCEANIA
U.S. OUT OF SE ASIA NOW
EUROPE
UNITED KINGDOM
NETHERLANDS
FRANCE ITALY
NORWAY
FINLAND
SWEDEN

# 호치민 시립박물관
# (Bào Tàng Chúng Thành Phõ Hõ Chí Minh / Hochiminh City Museum )

베트남의 역사에 대해 알려주고 있는 박물관은 흥미진진하다. 호치민시 박물관에는 선사 시대 유물, 문화재, 민속 예술품 등이 전시되어 있다. 베트남 내전의 근, 현대사를 이해할 수 있다.

**홈페이지_** www.hcmc-muzeum.edu.vn **위치_** 벤탄 시장에서 통일궁가는 중간
**주소_** 65 Ly Tu Ttong, Ben Nghe, District 1 **시간_** 7시 30분~18시 **요금_** 30,000동 **전화_** 08-829-9741

한눈에 전시 파악하기

**▶외관**

1885년에 지어진 프랑스의 신고전주의 건물은 전면이 높은 기둥으로 장식되어 있고, 입구 위에 큰 발코니가 있다. 프랑스 식민시절에 총독의 관저로 사용되기도 했다.

**▶내부**

1층

**베트남의 고대 역사**

완벽하게 보존된 도구들과 더불어 사이공 강을 따라 사람과 음식을 운반하던 긴 목각 보트 2개가 전시되어 있다. 유물들이 발견된 유적지를 확인할 수 있는 사진과 초기 부족과 마을에서 장면을 묘사하는 그림도 있다.

**호치민시의 오랜 역사와 문화**

수세기 동안 전통 결혼식에 사용되어 온 밝은 색의 옷과 장신구들이 전시되어 있다. 오늘날에도 결혼식에 사용되고 있는 전통적인 수공예 보석과 도자기들도 있다.

2층

**전쟁과 혁명**

오랜 시간동안 전쟁과 혁명의 세월이 고스란히 담겨있다. 병사들의 고백이 담긴 글과 전시된 사진들을 통해 다양한 전쟁을 겪은 국가의 군인으로서의 삶이 어떨지 느껴볼 수 있다. 총, 훈장, 군복 등 다양한 미군의 흔적들도 모아 놓았다.

**정원**

미국과의 전쟁을 상기시키는 다양한 전시품들이 있다. 1975년에 대통령 궁을 폭격한 F-5 제트기를 보고 UH-1 헬기를 가까이에서 볼 수 있다.

# 호치민 대표 쇼핑 Best 4

## 다이아몬드 플라자(Diamond Plaza)

현대적인 쇼핑센터는 호치민시 최고의 쇼핑과 오락거리를 제공하고 있다. 쇼핑을 좋아하면 다이아몬드 플라자에서 호치민 최고의 쇼핑을 즐길 수 있다. 프랑스 식민시절에 만들어진 오래된 건물 안에 있으며, 사이공 노트르담 성당과 사이공 중앙우체국 등 호치민시에서 가장 아름다운 건축물이 주변에 위치해 있다.
다이아몬드 플라자Diamond Plaza에서 디자이너 브랜드를 쇼핑하거나 최신 전자제품을 사용하면서 시간을 보낼 수 있다. 미국식 볼링장에서 볼링을 하고 멀티스크린 영화관에서 블록버스터 영화를 관람할 수도 있다. 푸드 코트에서 간단한 식사를 하고 쇼핑을 이어갈 수도 있다. 다양한 국가의 음식이 그리울 때는 인기가 있는 국수 요리, 생선 요리, 쌀 요리 등 다양한 현지 음식들도 모두 저렴한 가격에 판매하고 있다. 때로는  저렴한 햄버거나 피자로 마음을 달래볼 수도 있다.

**홈페이지_** www.diamondplaza.vn **위치_** 레주언 거리(1지구) **주소_** 34 Le Duan, District 1 **전화_** +84 8 3825 7750

**한눈에 전시 파악하기**

1층에는 작은 부티크 매장의 전통 수공예 기념품이나 특가 제품들을 구입할 수 있다. 2층에 자리한 수많은 디자이너 매장에서 예쁜 옷을 자신에게 선물해 보는 것도 호치민 여행의 또 다른 재미이다. 2층에서는 다양한 향수와 보석도 판매하고 있다.
위층으로 올라가면 최신 전자기기들이 진열되어 있다. 최첨단 스마트폰을 직접 만져 보고 노트북과 태블릿도 사용해 볼 수 있다. 판매 가격은 다른 나라에 비해 저렴한 경우가 많다. 주저하지 말고 값을 깎아달라고 해보는 협상도 좋은 방법이다.
4층, 슈퍼볼(Superbowl)로 발걸음을 옮기면 볼링 레인이 32개나 있는 볼링장이 있다. 평일에는 빈 레인이 많지만 주말에는 빈 레인이 있는지 미리 확인하거나 레인을 예약해야 한다.

다이아몬드 시네마
13층에 위치한 다이아몬드 시네마 극장은 6개 상영관에서 할리우드 최신 영화를 상영하고 있다. 영화는 베트남어 자막과 함께 영어로 상영된다.

# 사이공 센터(Saigon Center)

유명한 상업 중심지에 가면 전자제품 매장, 멋진 바와 레스토랑 등이 한데 어우러진 활기 넘치는 고급 쇼핑몰이다. 최신 전자제품과 멋진 의류 제품으로 가득 채운 쇼윈도가 시선을 사로잡는다. 마음에 드는 디자이너 의류를 골라 보고 카페에 앉아 바쁘게 움직이는 사람들의 모습을 구경하는 것도 좋다. 저녁에 이 거리를 다시 찾아 멋진 바에서 술잔도 기울여 보자.

몇 년 전만 해도 고전을 면치 못하던 쇼핑몰은 일본의 다카시마야 백화점이 들어서면서 다시 화려하게 부활을 했다. 해가 지면 매력적인 조명으로 채워진 사이공 센터는 따뜻한 저녁 공기 속에서 직장인과 전 세계의 여행자가 어울려 있다. 매콤한 현지 음식부터 세계인의 사랑을 받는 음식까지 무엇이든 맛볼 수 있는 쿠루메 마켓 등이 주목을 끈다.

**위치_** 벤탄 시장에서 도보로 약 3~5분 **주소_** 65 Le Loi, Ben Nghe, Ho Chi Minh City
**시간_** 9시 30분~21시 30분 **전화_** 028-3829-4888

# 빈콤 센터(Vincom Center)

세계 최고의 디자이너 브랜드들이 많이 입점해 있는 2개의 건물은 호치민의 가장 큰 쇼핑 중심지이다. 빈콤 센터Vincom Center 안에는 랄프 로렌, 아르마니, 휴고 보스 등의 플래그십 스토어에서 쇼핑을 즐기고 대형 푸드 코트에서 판매하는 최고급 해외 요리로 식사를 하거나 쇼핑몰 내 베이커리에서 갓 구운 맛있는 빵을 맛볼 수 있다.

빈콤 센터Vincom Center 쇼핑몰은 시내의 번화한 중심가를 사이에 두고 서로 마주보고 있는 2개의 백화점 건물이다. A동은 매력적인 프랑스 바로크식 저택인 반면 B동은 앞면이 유리로 덮인 초현대식 고층 건물로 이우러져 있다.

**홈페이지_** www.vincom.com.vn **위치_** 동코이 거리와 레탄톤 거리

**주소_** 72 Le Thanh Ton, Ben Nghe, Ho Chi Minh City **시간_** 9시 30분~22시 **전화_** 097-503-3288

**A동**

정문으로 들어서면 아름다운 아치형 창문 아래로 다양한 신상품 의류, 보석, 향수들이 진열되어 있다. 옷으로 스타일을 바꿔보거나 소중한 사람을 위한 선물을 준비하는 날 많이 이용한다. 큰 폭으로 할인된 가격에 판매하는 최고급 브랜드 상품도 많다.

최신 스마트폰, 태블릿, 노트북, MP3 플레이어 등을 찾아보면 구입하는 현지인을 많이 볼 수 있다. A동의 맨 위층은 넓은 면적의 홈 데코 전시관으로 꾸며져 있다. 아래층의 베이커리에 들러 매일 갓 구워 판매하는 다양한 페이스트리, 빵, 디저트 등을 맛보는 것도 좋다.

**B동**

길 건너편에 자리한 5층 이상의 B동에서 패션 의류 매장, 홈 데코 매장, 기념품 매장 등을 둘러보고, 지하에 대형 푸드 코트가 있는 B동도 좋다. 쇼핑을 시작하기 전에 아이스크림 전문점, 아메리칸 다이너, 스시 바에서 좋아하는 메뉴를 고를 수 있다.

## 롯데마트(Lotte Mart)

호치민을 여행하고 나서 한국인들이 좋아하는 식품이나 쇼핑품목을 구입하려는 관광객들이 저렴하게 살 수 있는 곳이 롯데마트이다. 여행자들이 주로 있는 1지구에서 5㎞이상 떨어져 있지만 택시를 같이 나눠 타고 롯데마트로 가서 마음먹고 쇼핑을 하고 숙소로 돌아오는 관광객이 많다. 택시를 타는 번거로움에도 다양하고 많은 제품을 저렴하게 대량으로 구입하려는 사람들이 찾는 곳이며 한국과 동일한 쇼핑을 즐길 수 있는 장점이 있다.

**주소_** 469 Duong Nguyen Huu Tho, Tan Hung Quan 7, Ho Chi Minh City **시간_** 8~22시

## 대한민국 관광객이면 누구나 가는 호치민 Eating Best 10

### 피자 포피스
Pizza 4 P's

하노이, 다낭에서도 한국인에게 인기를 끌고 있는 피자 포피스는 맛있는 이태리 음식을 먹을 수 있는 곳이다. 여성들이 특히 자주 가서 파스타 종류가 모두 인기가 많다. 너무 베트남 음식을 많이 먹어서 서양음식을 먹고 싶을 때 더 맛있게 느껴지는 곳으로 개인적으로 피자보다 파스타를 추천한다.

피자 포피스Pizza 4 P's는 체인으로 호치민, 하노이, 다낭에도 있다. 어디를 가도 맛은 거의 동일하다. 바에 앉아서 먹는 화덕을 보면서 만드는 과정도 봐서 더욱 신뢰가 간다. 치즈부터 빵까지 농장에서 만들고 신선하게 관리를 한다.

**주소_** 8 Thủ Khoa Huân, Phường Bến Thành, Quận 1, Hồ Chí Minh
**요금_** 스파게티 140,000동~, 치즈 피자 145,000동~
**시간_** 10~23시
**전화_** +84-28-3622-0500

## ABC 베이커리
ABC Bakery

베트남의 '파리바게뜨'라고 부르는 ABC 베이커리는 호치민뿐만 아니라 나트랑, 하노이 등의 대도시에 있는 전문 베이커리이다. 하지만 아직 많은 지점을 가지지는 못했다. 안으로 들어서면 다양한 빵이 내뿜는 냄새가 구수하다.

베트남 반미도 있지만 호치민 시민들에게 사랑받는 것은 케이크이다. 다양한 조각케이크와 머핀뿐만 아니라 생일 케이크도 판매하고 있다. 현지 브랜드이지만 유럽 관광객도 많이 찾는 브랜드로 바뀌고 있다.

**주소_** 223 Pham Ngu Lao Quan 1, Ho Chi Minh City
**요금_** 반미 15,000동~, 피자빵 25,000동~
**시간_** 6~22시
**전화_** +84-28-3836-4213

## 분짜 145 부이비엔
Bun Cha 145 Bui Vien

분짜 145Bun Cha 145는 한국인에게 인기가 많은 식당이다. 여행자 거리에서 상당히 유명하여 재료가 떨어지면 문을 닫는다. 항상 사람들로 북적이므로 오래 기다려야 할 수도 있다. 숯불로 구워진 돼지고기, 쌀국수, 소스를 가지고 먹는 음식인데, 호치민에서 가장 유명한 분짜 전문점이 분짜 145이다.

**주소_** Phạm Ngũ Lão, District 1, Ho Chi Minh City
**요금_** 분짜 40,000동, 쌀국수 면 5,000동, 야채 10,000동
**전화_** +84-28-3837-3474

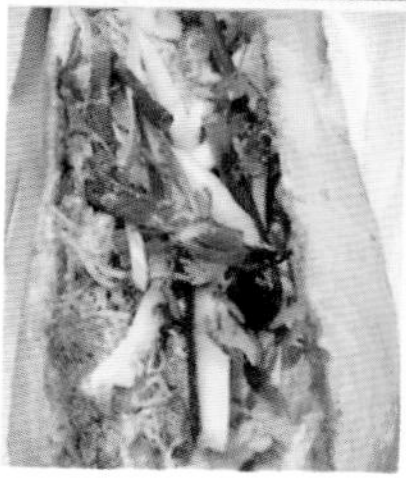

## 반미 후옌 호아
Banh Mi Huynh Hoa

호치민에서 반미로 가장 유명한 곳을 묻는다면 누구나 반미 후옌 호아라고 대답할 것이다. 시작하는 시간과 저녁시간에는 줄을 서고 기다렸다가 먹는 것이 일상화된 곳으로 메뉴는 단 1개로 개수만 말하면 바로 만들어서 준다.
바삭한 겉피와 촉촉한 안의 빵에 고기와 야채, 파테로 꽉 차있다. 호치민에서 개인적으로 가장 좋아하는 음식이 반미Banh Mi가 되었을 정도로 생각만 해도 입에 침이 고인다.

**주소_** 26 Le Thi Rieng, Ben Thanh, Ho Chi Minh City
**시간_** 14시 30분~23시 **시간_** 요금 40,000동
**전화_** +84-28-3837-3474

## 포 이천
Pho 2000

포 이천Pho 2000은 3대에 걸쳐 운영하고 있는 호치민에서 가장 유명한 쌀국수 집이다. 2000년에 빌 클린턴 전 미국대통령이 처음으로 베트남을 방문하면서 쌀국수라는 음식을 처음 먹어 봤다고 한, 그 식당이 바로 포 이천Pho 2000이다. 빌 클린턴 전 미국 대통령이 다녀간 이후로 포 2000으로 바뀌었다고 한다.
서양 관광객이 호치민에 방문하면 찾는다고 하는 포 이천Pho 2000은 깔끔한 맛과 양도 많아서 배가 부르다.

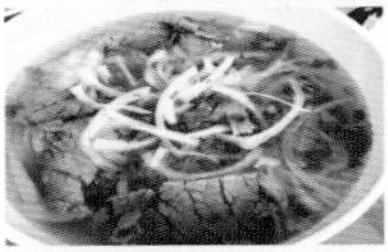

**주소_** 136/9 Le Thanh Ton, Ho Chi Minh City
**요금_** 반쎄오 90,000동
**시간_** 10시 30분~22시 30분
**전화_** +84-8-3824-4666

## 덴 롱
Den Long

덴롱Den Long은 다른 베트남 식당들과 다르게 베트남 가정식 음식을 하는 곳으로 유명하다. 음식이 깔끔하고 질리지 않는 집밥 같은 맛이다. 또한 직원들이 친절해 편안한 분위기에서 식사를 할 수 있는 장점이 있다. 주문을 하기 전에 직원의 친절한 설명으로 충분히 어떤 음식인지 알고 주문할 수 있다.

**주소_** 130 Nguyễn Trãi, Phường Phạm Ngũ Lão, Quận 1, Hồ Chí Minh 7
**시간_** 11~22시
**전화_** +84-9-0994 9183

## 콴웃웃
Quan Ut Ut

호치민에서 맛있는 BBQ 집이 어디냐고 묻는다면 두말없이 콴웃웃Quan Ut Ut이다. 베트남에서 정통 BBQ를 먹을 수 있다는 생각에 웃음이 나올 정도로 정통 폭립이 맛이 좋다.

부드럽고 촉촉한 육질이 살아있는 폭립은 메인 메뉴와 사이드 메뉴를 선택하면 된다. 양이 많아서 여성은 다 먹지 못하고 남길 수 있다.

**주소_** 158 Pasreur, District 1, Ho Chi Minh City
**시간_** 10~22시
**전화_** +84-90-990-4621

## 시크릿 가든
Secret Garden

베트남 가정식 음식을 만드는데, 야외 테라스도 있어 분위기가 좋다. 엘리베이터가 없는 5층 루프탑에 위치해 부모님을 모시고 가려고 한다면 고민을 해봐야 한다. 하지만 멋진 루프탑Looftop에서 느끼는 야경을 보면서 맛있는 음식을 먹을 수 있다. 평범한 베트남 메뉴에 양이 많지 않아서 다양하게 메뉴를 주문해 먹는 관광객이 많다.

**주소_** 158 Pasreur, District 1, Ho Chi Minh City
**시간_** 10~22시
**전화_** +84-90-990-4621

# 호치민에서 다녀올 수 있는 투어

## 꾸찌 터널 투어(Cu Chi Tunnel)

꾸찌 터널Cu Chi Tunnel은 호치민에서 약 60km 떨어져 있다. 꾸찌 터널Cu Chi Tunnel은 베트남에서의 반미 전쟁에서의 역할을 했던 지역을 관광지로 만든 것이다. 총220km 길이의 터널은 전설적이며 베트남인과 관광객 모두가 좋아하는 인기 있는 관광지이다. 버스를 타고 가면 평화로운 시골 논 풍경과 길가에 있는 강에서 수영하는 오리와 물소를 볼 수 있다.
베트남 전쟁에서 사용된 꾸찌 터널 시스템Cu Chi Tunnel를 알아보는 것이다. 지금은 평화로운 풍경이지만 베트남 전쟁에서 미군을 괴롭히고 미군이 전쟁 기간 동안 찾지 못한 터널 시스템을 탐험하고 숲을 산책한다.
꾸찌Cu Chi 지역이 '자유 표적 지역"이었을 때 폭격과 광산으로 인한 지역 전체의 파괴와 피해를 알려주고 있다. 꾸찌Cu Chi의 전쟁의 생활상을 재현해 놓았고 다양한 덫과 함정, 무기들이 전쟁 때의 의식주 생활상을 나타내고 있다. AK-47, MK-16 같은 총들을 발사할 기회도 있다.
전문 투어 가이드의 꾸찌 터널Cu Chi Tunnel에 대해 설명과 함께 시범을 보여주고 관광객은 직접 체험을 한다. 지금은 약 200m의 짧은 거리에 높이 70m, 폭 50cm의 꾸찌 터널을 직업 통과하게 된다. 누구나 어둡고 환기가 되지 않는 이 터널에서 전쟁을 승리로 이끈 베트콩들이 대단하다고 생각한다.

**투어 시간_** 오전 투어 8~14시 30분 / 오후 투어 12시 45분~18시 45분
**요금_** 109,000동(버스와 가이드의 설명만 포함 / 점심과 입장료 10,000동은 미포함)

## 메콩 델타 투어(đồng bằng sông Cửu Long )

단순히 도시를 보는 여행이 아닌 메콩 델타 지역을 탐험하고 진정한 남부 베트남 시골의 신선한 분위기를 즐길 수 있다. 관광객이 없는 메콩 델타 지역의 현지인 생활을 알기 위해 멀리 벗어난 길을 떠나게 된다. 시골 길을 따라 자전거를 타고 멋진 풍경을 감상할 수 있다. 베트남 전쟁 기념관을 보고 난초 농장, 까오다이 사원을 둘러본다. 인근의 초등학교를 방문하여 아이들이 수업 중 공부하고 휴식 시간에 놀고 있는 것을 볼 수 있다.

**투어 순서**

① 호치민시에서 8시에 숙소로 픽업을 하여 출발한다. 메콩 델타 지역의 롱 안 지방(Long An Province)으로 향한다.

② 90분 정도 차를 타고 가면 메콩 델타 지역의 전쟁의 물건을 전시한 기념물에 도착해 베트남 역사에 대해 알 수 있다.

③ 현지의 난초 농장을 방문하여 수백 가지 유형의 다양한 난초를 보고 식물이 자라는 환경에 대해 설명을 듣는다.

④ 11시 15분에 아체카(Aceca) 야자수, 용 과일 농장, 끝없는 논이 줄 지어있는 시골 길을 따라 자전거를 타고 근처를 여행한다. 아이들이 학교에 자전거를 타거나 농부들이 쌀과 오크라를 수확하는 것도 볼 수 있다. 현지 시장에 도착하기 전에 약1시간 동안 자전거를 타는 시간이 주어진다.

⑤ 12시 30분에 까오다이 사원(Đao Cao Đài)을 방문한다.

⑥ 점심 식사를 위해 식당에서 자전거를 타고 베트남 요리 메뉴를 즐긴다. 점심 식사를 먹고 휴식을 취한 후 초등학교를 방문한다. 아이들이 어떻게 공부하는지 볼 수 있다.

⑦ 15시에 호치민시로 출발하여 16시 30분에 도착한다.

### 비교! 메콩 델타 보트투어

1. 8시에 출발하여 미니 버스를 타고 메콩 델타로 향한다. 90분 동안 이동해 아름다운 농촌 미토(My Tho)에 도착한다. 여행은 티엔 강(Tien River)의 모터보트를 타고 이동한다.

2. 마을로 들어가서 열대 정원을 방문하고 열대 과일을 즐기면서 섬 주민들이 들려주는 남부 베트남 민속음악을 듣는다. 아름다운 시골의 분위기를 만끽할 수 있다. 벌집을 방문하고 뱀 사진을 찍는다.

3. 점심은 과수원 정원 안에서 제공된다.

4. 보트 크루즈는 바오 딘(Bao Dinh) 운하를 통과하여 벤 트레(Ben Tre) 지방으로 이동한다.

5. 코코넛 사탕 가게를 방문하기 전에 '정원(Garden) – 연못(Pond) – 창고(Cage)'라는 전형적인 농업 모델을 본다.

6. 작은 수로에서 노를 저어타는 보트 여행을 즐긴다. 수로는 물 코코넛 나무의 그늘에 완전히 덮여 있다. 보트를 탄 후 해먹에서 휴식을 취한다.

7. 섬으로 자전거를 타고 버스로 돌아온다. 16시 30분~17시경에 호치민에 도착한다.

# 껀져(Can Gio)

호찌민에서 남동쪽으로 63㎞ 지점에 위치한 껀져Can Gio는 호치민 도심을 가로지르는 사이공 강의 하류가 바다로 이어지는 지역에 있다. 껀져Can Gio는 베트남전쟁 때에, 해양 유격대 사령부가 주둔하던 곳이기도 하다. 당시에 미군의 공격으로 껀져Can Gio의 정글은 철저하게 파괴됐다. 전쟁이 끝난 지 35년이 지나갔고 맹그로브 나무는 베트남 사람들의 노력이 더해져 다시 거대한 숲을 이루었다. 1999년에는 유네스코에서 생태보호지역으로 지정됐다.

껀져Can Gio에는 엉덩이가 빨간 원숭이들이 모여 사는 곳이라고 하여 '원숭이 섬'이라고 부른다. 예전에는 원숭이를 비롯해 악어도 살았다고 하지만 지금은 없다. 복원노력으로 악어들이 다시 사육되고 있다.

### 1일 투어 순서

1. 모터보트를 타고 좁은 수로를 지나가면서 자연 다큐멘터리에서만 보던 열대 수풀인 맹그로브 숲을 만나게 된다. 껀져 생태보호지역Can Gio BiosphereReserves으로 지정된 이유를 분명히 알 수 있는 좁은 수로는 끝없이 이어진다. 모터보트에 몸을 실은 채 맹그로브 숲을 감상하다보면, 베트남전쟁 당시 명성이 높았던 유격대 사령부에 도착한다.

**페리**

호치민 남사이공 부두에서 페리를 타고 사이공 강을 건너 오토바이와 차량 모두 페리에 승선해 껀져(Can Gio)로 출발한다.

시간_ 6~22시(15~20분 간격)

요금_ 12,000동

2. 모터보트에서 내여 늪지대 위에 나무로 길을 만들고 건물들이 자리 잡은 사령부 안으로 들어간다. 완벽하게 복원되었지만 안에 전시된 군복과 용품은 당시 사용하던 그대로이다. 추모비를 비롯해 작전회의실, 식당, 야전병원, 무기제작소, 내무반 등 전쟁을 위한 환경이 완벽하게 조성되어 있다.

3. 야생동물 보호구역Monkey Island WildAnimals Reserves인 껀져Can Gio 섬의 주인공은 원숭이들이다보니 껀져Can Gio 섬 전체가 원숭이 영역이다. 관광객의 손에 들려 있는 것을 보고 달려들기도 하기 때문에 원숭이를 자극하지 않는 것이 좋다. 힘센 우두머리로 보이는 원숭이들이 여행자의 모자나 선글라스를 순식간에 낚아채가므로 주의해야 한다.

사람들과 자주 접촉한 원숭이들이므로 여행자를 피하지 않고, 먹을 것을 줄 때까지 따라다니는 원숭이가 많아 애를 먹기도 한다. 원숭이 쇼와 관리원들이 원숭이에게 먹이 주는 시간이 되면 활동적인 모습을 생생하게 볼 수 있다.

4. 원숭이 섬의 터주대감은 원래 악어였다. 지금은 거의 사라졌지만 악어 보호구역으로 늪을 보전하려고 한다. 수십 마리의 악어가 보호구역의 늪지대에서 살고 있는데, 야생성이 살아 있는 악어이다.

긴 장대 끝 튼튼한 낚싯줄에 장어를 매달아 악어를 자극한다. 수면 아래에서 쉬던 악어들이 다가와 입을 벌리고 요동치는 모습을 볼 수 있다. 순식간에 치고 올라오는 악어가 바로 먹이를 채가므로 힘의 조절과 균형 유지가 중요하다.

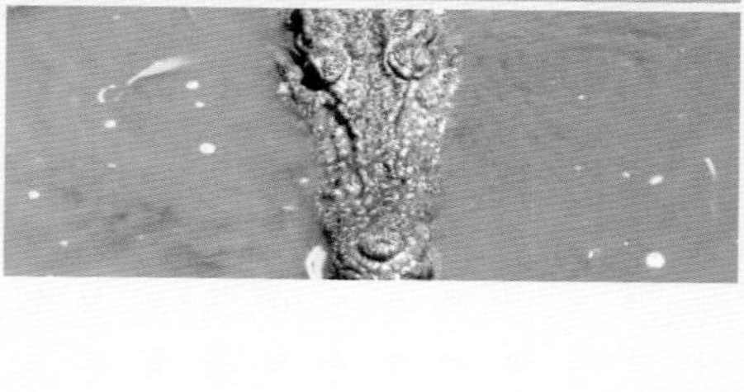

## 한국 이름으로 한류를 이용하는 짝퉁 중국기업

동남아시아에서 한류의 인기가 높은데, 베트남에서 한류는 특히 인기가 있다. 대한민국에 대한 관심이 높아지고 한류의 인기도 하늘을 찌를 듯한 것을 이용해 엉뚱한 중국 기업이 마치 한국 기업인 것처럼 행세하고 있다. 지금은 알려져 알고 있는 사람들이 있지만 모르는 사람들도 많아서 지속적으로 알려져야 점차 베트남 사람들에게 알려질 수 있을 것이다.

대한민국의 국화(國花)인 '무궁화'를 따서 지은 '무무소 MUMUSO와 무궁생활이라는 중국 기업이다. 중국의 회사임에도 대한민국 이미지를 내세워서 홈페이지에도 한국어로 표기하고 홈페이지 주소에도'kr'을 쓰기 때문에 베트남 사람들은 한국기업이라고 알고 있는 사람들이 많다. 다행히 최근에 조금씩 중국기업이라는 사실이 알려지고 있지만 모르는 사람들이 더 많다.

### 무무소(MUMUSO)

많은 매장을 보유한 다이소를 따라한 이름에 생필품을 저가로 파는 것도 동일한 컨셉으로 동남아시아에서 20개 이상의 매장을 보유하고 한국 기업을 이용해 대한민국을 이용해 물건을 판매하고 있다. 매장의 판매물품에는 한글로 적힌 물건이 있어 보면 어설픈 문구로 적혀있어 웃음만 나온다. 화장품, 캐릭터 상품, 생활용품 등 베트남 사람들이 관심이 많은 화장품에도 대충 보면 한국의 제품과 똑같다.

정식 명칭도 '무무소 코리아'로 써 놓고, 제품에도 '거품 새수 크림'이라고 표기돼 있다. 한국인이 봤을 때 '세수'가 아닌 새수로 적힌 단어를 보면 이상하다고 생각할 수 있다. 필자도 처음에 무심코 들어갔다가 한류의 영향이 크다고 생각했는데, 친구가 알려줘 중국기업이라는 사실을 알았고 제품을 보니 대부분 어설픈 중국제품인 경우가 많았다.

### 무궁생활

'무궁생활'이라고 한글로 적힌 간판도 볼 수 있다. 가장 기분이 나쁜 것이 손님이 들어오면 "안녕하세요"라고 인사를 한다. 제품도 무무소와 차이가 없다. 생필품을 파는 상정이기 때문에 제품의 품질이 나쁘다면 한국제품은 좋지 않다는 인식을 심어줄 수 있다는 사실이 이다.

무무소 본점, 중국 상하이

베트남에서는 중국에 대한 이미지는 좋지 않고 대한민국에 대한 이미지도 더 이상 좋을 수 없을 정도이다. 2018년에 박항서 감독의 우승이라는 성과로 더욱 한류 이미지는 공고해졌다. 무무소 본점은 중국 상하이에 있다고 하는데 중국인들도 자신들의 제품과 이미지로 제품을 판매할 자신이 없다는 사실은 아는 것 같다.

### 문제점

한국 제품과 매우 흡사한 외형을 가진 제품을 판매하기 때문에 쉽게 따라할 수 있다는 점이 문제가 된다. 제품의 질이 따라주지 않는 저가 폼 클렌징, 마스크 팩, 크림 등으로 대표적인 화장품 회사인 이니스프리 상품 '그린티 폼클렌징'을 로고만 살짝 바꾸고 판매하고 있다. 더 페이스샵의 마스크팩, 핸드크림도 마찬가지이다. 필자가 가장 많이 사용하는 네이처 리퍼블릭의 '알로에 수딩 젤'도 외관상으로 거의 같아서 한글로 적힌 것을 보아야 알 수 있다.

오랜 시간 동안 이어온 영토 분쟁과 중국산의 저질 상품으로 인한 피해가 베트남 사람들의 중국인에 대한 나쁜 감정 때문에 한류의 이미지를 이용해 판매하고 있는 것이라서 피해는 대한민국이 보고 있는 것이다.

중국의 짝퉁 3GROUPS(3GS)

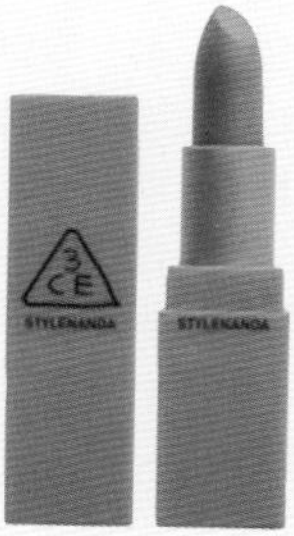

3Concept eyes(3CE)

# 베트남 여행 중에 더위를 쫓기 위해 마시는 음료

무더운 날씨의 베트남 여행을 하면 길을 걷다가 달달하고 시원한 음료수를 마시고 싶은 생각이 굴뚝같아진다. 베트남 여행에서 상점이나 편의점, 마트에서 구입하는 음료수를 마시는 것 보다 길거리나 카페에서 맛볼 수 있는 다양한 음료수로 더위를 식히곤 한다.

### 1. 열대과일 셰이크

베트남에서 20,000~30,000동의 금액이면 길거리에서 열대과일 셰이크를 마실 수 있다. 더운 날씨의 무더위를 날려줄 음료가 1,000~1,500원 정도라니 행복하다. 생과일 셰이크를 즐길 수 있다는 사실만으로도 행복한데 저렴한 가격은 부담이 덜어진다. 망고나 패션 프루트, 코코넛, 파인애플, 수박, 아보카도 등 원하는 과일을 선택할 수 있다. 한 가지 과일만 선택해도 되고, 섞어서 마실 수도 있다. 각 도시마다 열대과일 셰이크 맛집들이 있지만 그보다는 갈증이 다가올 때 길거리에서 마시는 음료가 더 맛있을 것이다.

### 2. 카페 '쓰어다'

베트남을 대표하는 커피는 전국 어디서나 쉽게 볼 수 있는 베트남 전국민의 음료수이다. 특히 더운 여름날에는 달달한 연유커피가 제격이다. 쓰어(연유)와 다(얼음)를 넣어 달달한 커피가 목구멍을 넘기는 시원함은 가슴까지 내려오기 전에 무더위를 없애준다. 진한 에스프레소에 연유를 넣어 만드는 아이스커피는 '아메리카노'로 대변되는 아이스커피보다 진하고 단맛이 강하다. 베트남 커피는 쓴맛과 단맛이 함께 느껴지므로 짜릿함이 더욱 강하게 느껴진다. 다만 양이 적으므로 얼음이 녹아 양이 많아질 때까지 기다려야 할 때도 있다.

### 3. 코코넛 아이스크림

코코넛을 단순하게 마시거나 얼려서 젤리처럼 만들어서 먹기도 한다. 또는 코코넛 안에 아이스크림을 담아 주기도 한다. 아이스크림 위에 각종 과일과 생크림을 듬뿍 얹어 주기도 하는데 코코넛을 손으로 잡기만 해도 맛있다. 아이스크림 안에는 코코넛 안에 하얀 과육이 더욱 단맛을 내주고 젤리처럼 쫄깃함까지 먹도록 해준다.

### 4. 사탕수수 주스

사탕수수를 기계로 짜서 먹는 시원한 사탕수수 주스는 단맛이 강하지 않다. 주문을 하면 그 자리에서 사탕수수 즙을 내서 준다. 수분이 강해 더위에 지칠 때 예부터 마시던 주스이다. 시원하지만 밍밍하다고 하는 사람들도 있지만 베트남의 길거리에서 한번은 맛보기를 추천한다.

### 5. 코코넛 밀크 커피

서울에도 문을 연 콩카페 덕에 핫한 코코넛 밀크 커피는 베트남 여행에서 어느 도시를 가도 빠지지 않고 마시는 커피이다. 진하고 쓴 베트남 커피와 코코넛 밀크가 어우러진 인기가 핫한 커피이다. 특히 다낭이나 호치민, 하노이, 나트랑 등을 여행하면 한번은 찾아가는 코코넛 밀크를 갈아 커피 위에 얹어 주는 커피이다.

스푼으로 코코넛을 떠 먹으며 마치 스무디에 가깝다는 생각이 든다. 얼음을 넣은 커피보다 시원하고 코코넛 특유의 달콤한 맛이 온몸으로 느껴진다. 가장 유명한 곳은 '콩카페Cong Ca Phe'로 베트남 대도시를 여행하면 관광지처럼 찾아가는 곳이다.

# 베트남 맥주의 변화

베트남의 맥주 소비량은 31억ℓ로 동남아시아 국가 중 최대로 아시아로 넓혀도 일본, 중국 다음으로 맥주 소비가 많은 국가이다. 베트남은 매년 6%에 가까운 경제성장률을 거두면서 베트남 소비자들의 생활수준이 향상되고 있다.

그래서 저녁의 맥주 소비가 즐거운 저녁시간을 가질 수 있게 되었다. 실제 통계에서도 베트남의 맥주 생산량은 31억 4000만ℓ로 8.1% 성장하여 베트남의 맥주 소비와 생산량은 37억~38억ℓ에 달할 것으로 예상하고 있다.

2018년에 박항서 감독은 베트남 축구의 변화를 이끌고 베트남 사람들의 자존심을 세워주는 역할을 했다. 그런데 베트남의 축구경기를 하는 날에는 맥주를 주문하는 것을 보면서 상당한 변화가 있다는 사실을 알게 되었다.

예전 같으면 저가 생맥주인 비어 허이Bia hoi를 주문해 마셨을 사람들이 비아 사이공Bia Saigon을 주문하거나 베트남에서 고급 맥주로 알려진 타이거 맥주Tiger Beer를 주문해 마시고 있는

것이었다. 병맥주와 캔 맥주 생산량이 증가하면서 저가가 아닌 고급 맥주시장인 병맥주와 캔 맥주 시장이 뜨고 있다. 그래서 박항서 감독은 베트남의 고급 맥주 시장을 열어주고 활성화시킨 장본인이라고 할 정도로 고급 맥주의 소비를 급등시켰다.

### 비어허이(Bia hoi)

보리가 아닌 쌀, 옥수수, 칡 등의 값싼 원료로 만들어진 생맥주로 거리 노점이나 현지 식당에서 잔이나 피쳐 등으로 판매되고 있다. 잔당 가격이 6,000~10,000동(300~500원)으로 아직 지갑이 가벼운 서민들에게 크게 사랑을 받은 맥주의 대명사였지만 최근에 고전 중이다.
대형 맥주회사에서 비어 허이를 생산하지만 대부분의 비어 허이는 정부로부터 사업 허가를 받지 않은 영세 사업장에서 생산된 것이다. 제조, 운반 과정에서의 위생 상태를 보장할 수 없고 다량생산을 위해 제조 과정에서 충분한 발효기간을 거치지 않고 출고하는 경우가 많았다. 비어 허이를 많이 마시면 두통이나 어지러움 등의 증상이 유발된다고 하는데 충분한 발효과정을 통해 제거되지 못한 맥주 효모 속 독소 때문이라고 한다.

### 로컬 맥주 비비나 맥주(Bivina Beer)

1997년 10월에 비비나Bivina 맥주는 푸꾸옥(Phu Quoc)에서 생산을 하기 시작했다. 아로마 & 곡물 맛이 건조하고 평균적이지만 상쾌한 맛을 낸 전통 맥주이다. 부드럽고 시원한 향을 내지만 맛이 약해서 호불호가 갈린다. 점점 마시는 사람들이 줄어들면서 하이네켄(Heineken) 맥주와 함께 푸꾸옥(Phu Quoc)에서 생산하고 있다. 다만 맥주의 맛은 하이네켄(Heineken)과 전혀 다르다.

타이거(Tiger), 하이네켄(Heineken)과 함께 인기 있는 프리미엄 브랜드로 성장시키기 위해 맥주 생산을 하지만 인지도는 높아지지 않고 있다. 우리가 마시던 '카스'와 비슷한 맛을 낸다고 볼 수 있다.

# 베트남 캔 커피

'Ca Phe'는 커피라는 뜻이고 'Sua'는 우유, 'Da'는 얼음을 뜻하는 베트남어이다. 600~700원의 가격에 캔 커피가 베트남의 마트에서 판매가 되고 있다. 세계에서 두 번째로 큰 커피 수출 국가인 베트남에서 캔 커피로 대변되는 인스턴트 커피산업은 성장하지 못하고 있다.

베트남 마트에 있는 음료수가 있는 냉장고를 보면 버디[Birdy], 네스카페[Nescafe], 하이랜드 커피[Highland Coffee], 마이 카페[My Café] 4가지 캔 커피 브랜드는 다른 음료수 중 하나일 뿐이다. 베트남 사람들은 원두커피를 좋아하기 때문에 캔 커피에 대한 관심은 떨어진다. 하지만 경제 성장이 높아지는 나라들이 인스턴트커피에 대한 관심이 높아지고 소비되는 것을 보면 베트남에서도 관심이 올라갈 것으로 보인다.

버디[Birdy] 캔커피 브랜드를 일본 기업이 처음으로 베트남으로 가져와 치열하게 경쟁하고 있다. 네슬레는 동나이[Dong Nai]성에 캔커피 생산공장을 재빨리 세워 인스턴트 커피시장에 진출해 있다. 딴협팟[Tan Hiep Phat]의 병 포장 커피와 하이랜드 커피[Highland Coffee]의 캔커피 2가지 제품이 더 있다.

펩시, 하이랜드 커피[Highlands Coffee], 네슬레[Nestlé], 아지노모토[Ajinomoto] 등의 상표가 있다. 베트남 친구들에게 물어보면 캔 커피는 단맛만 있고 커피의 풍미는 부족하여 캔 커피를 좋아하지 않는다고 한다. 또한 가격도 로컬에서 마시는 원두커피과 비슷하거나 비싸기 때문에 관심이 없다고 한다.

캔 커피 시장이나 편의점 같은 것들이 대한민국에서는 흔하지만 베트남 시장에 진입을 하고 있어서 베트남 사람들이 친숙하지 않을 수도 있다. 베트남 여행을 하다보면 가끔씩 상점에서 볼 수 있는데, 새로운 캔 커피 제품에 대한 소비 잠재력은 여전히 크다고 한다.

## 베트남 도착 비자

베트남공항 비자사무실 앞

베트남은 마지막 출국 일부터 30일이 지나고 15일 이내 체류일 경우 무비자로 입국할 수 있다. 이 경우가 아니면 비자가 있어야 입국할 수 있다. 베트남 비자에는 상용비자, 도착비자, 전자비자 등이 있다. 상용비자는 일반적으로 대사관을 통해서 발급받을 수 있지만 발급비용도 비싸고 소요기간도 7일 정도로 오래 걸린다. 도착비자는 사전 신청 후 베트남 도착한 공항에서 발급받는다. 대부분, 대행업체를 통해서 신청하기 때문에 대행 수수료가 있다. 보통 18,000~70,000원까지 업체마다 가격이 다르다. 소요기간은 3일정도 걸리므로 사전에 출국하기 1주일 전에는 신청하는 것이 좋다.

공항에 도착하면 이민국 심사 받기 전에 도착비자를 먼저 발급받아야 하는데 비행기에서 내린 승객 중에 비자를 발급받으려는 관광객이 많으면 1시간까지 걸리기도 한다. 도착비자는 30일 이내는 $25의 추가 비용, 90일 복수 비자는 50$까지 현금으로 필요하다.

전자비자는 웹사이트에서 직접 신청하기 때문에 대행수수료가 들지 않는다. 다만 결제수수료 $0.96가 추가로 발생한다. 승인이 완료되면 비자승인서를 출력해서 가져가면 되는데, 간혹 비자 승인이 안 나는 경우도 있다. 승인이 거절되더라도 비자비용은 환불되지 않는다.

### 베트남비자가 필요한 경우

베트남은 무비자로 입국하여 15일까지 체류할 수 있다. 그러나 이후 30일 이내에 재입국 하려면 베트남 비자(초청장)가 반드시 필요하다. 또는 15일 이상 체류하고 싶다면, 외국 국적을 소지한 한국인이나 미국인, 캐나다인, 중국인, 호주인, 뉴질랜드인 등은 반드시 베트남 도착비자를 발급받아야 베트남입국이 가능하다.
베트남 도착비자는 사전에 미리 비자승인서를 받아 베트남 공항에서 비자를 발급 받는 방법으로 관광비자나 상용비자 등을 받을 수 있다. 관광 비자는 급할 경우 급행으로 긴급비자 발급을 받아 입국을 할 수 있다. 여행은 관광비자, 비지니스는 상용비자 발급하면 베트남 상용비자나 긴급비자 발급을 받을 수 있다.

### 항공권 리턴 티켓은 필요한가?

베트남은 항공기 리턴 티켓이나 다른 나라로 출국하는 증빙이 있어야 입국할 수 있다. 인천 공항에서 체크인할 때부터 리턴티켓이 있는지 물어보고 확인한다. 비자를 받았다면 항공권 리턴티켓이 없어도 입국할 수 있다. 베트남 각 도시의 공항 이민국 심사 때 비자를 제출하면 리턴티켓이 있는지 물어보지 않는다. 다만 모든 경우에 해당하지는 않을 수 있다. 만약의 경우를 대비해 항공권 리턴티켓을 당일 구매하는 것이 좋다.

신청 웹사이트 이동해 베트남 이민국에서 운영하는 https://evisa.xuatnhapcanh.gov.vn/en_US/web/guest/khai-thi-thuc-dien-tu/cap-thi-thuc-dien-tu 신청하면 된다.

### 사전 준비사항

1. 여권정보 사진과 여권사진 준비
2. 비자신청료는 $25,
   결제수수료 $0.96까지 $25.96가 필요하다.
3. 결제는 카드로 해야 하므로
   신용카드를 준비한다.

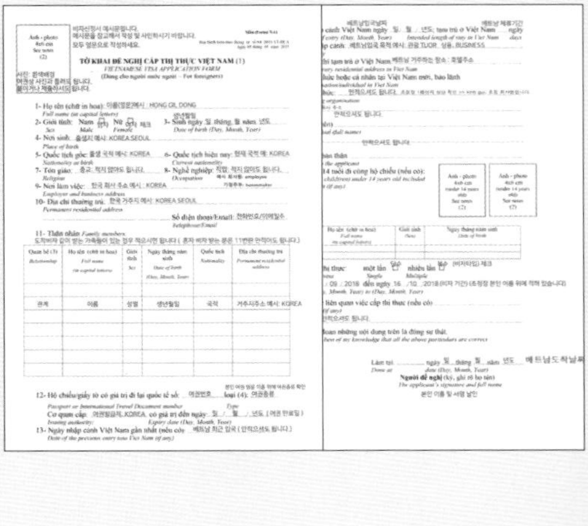
TỜ KHAI ĐỀ NGHỊ CẤP THỊ THỰC VIỆT NAM (1)
VIETNAMESE VISA APPLICATION FORM
(Dùng cho người nước ngoài – For foreigners)

1- Họ tên (chữ in hoa): 이름(영문)예시 : HONG GIL DONG
2- Giới tính: Nam / Nữ
3- Sinh ngày 일 tháng 월 năm 년도
4- Nơi sinh: 출생지 예시: KOREA SEOUL
5- Quốc tịch gốc: 출생 국적 예시: KOREA
6- Quốc tịch hiện nay: 현재 국적 예: KOREA
7- Tôn giáo: 종교: 적지 않아도 됩니다.
8- Nghề nghiệp: 직업: 적지 않아도 됩니다.
9- Nơi làm việc: 한국 회사 주소 예시 : KOREA
10- Địa chỉ thường trú: 한국 거주지 예시: KOREA SEOUL
Số điện thoại/Email: 전화번호/이메일주소
11- Thân nhân Family members
12- Hộ chiếu/giấy tờ có giá trị đi lại quốc tế số: 여권번호 loại (4): 여권종류

### 베트남 입국시 도착비자 받는 방법 / 준비물

1. 비자승인서(초청장) 출력 전에 영문명, 생년월일, 비자타입, 비자기간 등을 확인한다.
   본인 영문 이름 위에 비자기간이 있다.
   미확인 후 발생되는 책임은 본인에게 있다.

2. 이메일로 받은 비자승인서(초청장) 출력은 칼라, 흑백이 상관없으며 출력해 가거나 1페이지와 본인 영문이름이 있는 페이지를 출력해 간다.

3. 여권사진 2장 (1장은 제출 +1장은 여유분)이 필요하다.

4. 비자신청서는 베트남공항 비자사무실 앞에 구비되어 있다.
   출력 후 예시 문을 참고하여 작성해 가면 편리하다.
   베트남 비자발급 사무실 앞에서 작성 후 제출해도 된다.

5. 비행기 착륙 후 입국심사대에 가기 전, 위치한 (LANDING VISA) 푯말이 있는 곳에서 서류를 제출한다.

6. 비자발급 공항은 단수 25$, 복수 50$가 필요하다.

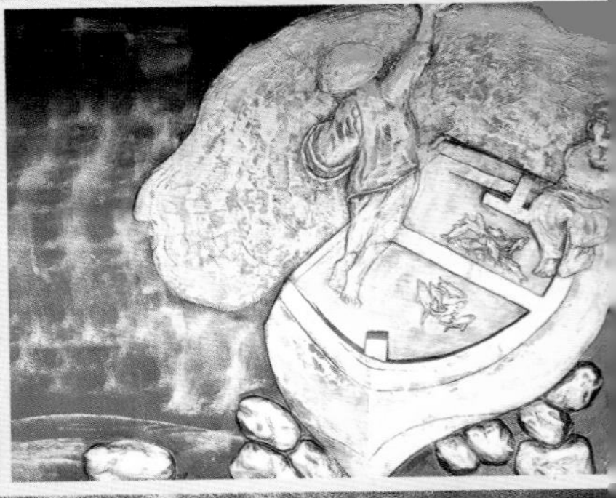

# BTS에 빠진 베트남 소녀들

작년 뉴스에서 방탄소년단과 박항서 감독이 베트남 학교에서 시험문제로 등장해 화제라는 기사를 접한 적이 있다. 현지 고등학교의 문학 시험지에 '베트남 축구 영웅 박항서 감독과 방탄소년단(BTS)의 미국 빌보드 활약상'을 소개하며 '문화대사'의 역할을 묻고 있다는 문제였다."

학교에서 돌아와 바로 방탄소년단(BTS) 노래에 빠진 소녀팬

베트남에서 20대까지는 방탄소년단에 푹 빠져 있다면 중, 장년층은 박항서 감독에 빠져 있다. 가히 쌍끌이 인기를 누리고 있다. 전 세계의 주목을 받고 있는 K팝의 간판그룹인 방탄소년단은 K팝에 열광하는 동남아시아에서도 가히 압도적이므로 다양한 관심을 나타나게 해준다면 박항서 감독의 베트남 축구대회 성적은 대한민국의 기업들이 베트남 시장을 더욱 깊게 파고들 수 있게 도와주고 있다. 10 · 20대 젊은 층이 향유하던 베트남 한류가 박항서 감독의 축구 시장의 성취로 중장년층까지 인기가 번져가는 중이다. 이들은 자신들도 할 수 있다는 생각을 방항서 감독을 통해 전달받는다고 할 정도니 이해할 수 있을 것이다.

방탄소년단(BTS)의 인기는 몬스타엑스. 더보이즈 등 현재 K팝의 유행을 이끄는 아이돌 그룹들이 베트남에서 폭발적인 인기를 끌도록 진두지휘하는 모양새다. 실제로 베트남에 있으면서 중, 고등학생들을 만나보면 '작은 것들을 위한 시'의 새로운 노래와 함께 '기존의 페이크 러브' 등 방탄소년단의 노래로 아침을 시작하고 TV에서 춤을 따라하는 소녀 팬들이 많다. 베트남에서 K팝의 첨단을 빠르게 흡수하고 있다는 것은 압으로 대한민국에 대한 인식이 지속적으로 개선되는 효과를 줄 것이다.

호이안Hoi An에서 3개월 이상을 머물면서 가정집의 학생과 그 친구들과는 대화를 나누면서 시간을 보내곤 한다. 그런데 그 대화의 50%는 방탄소년단 이야기이다. 반 친구들 대부분은 방탄소년단(BTS)의 노래를 부른다. 노래를 몇 번이 아니라 100번 이상은 들었을 것이라고 대답한다. 방탄소년단 멤버 중 특히 베트남에서 인기가 높은 멤버 '지민'의 캐릭터를 본뜬 연등과 달력이 만들질 정도라고 들었다.

베트남에서도 영어는 학교시험에서 중요한 과목이고 대학교에서 영어 전공자나 영어회화를 잘하는 학생들은 취업이 쉽다. 그래서 영어로 대화를 하는 주제와 소재는 방탄소년단(BTS) 이야기를 하게 된다. 베트남은 아직 경제적으로 부유한 국가가 아니다. 하지만 6년이 넘도록 경제 성장이 6%를 넘는 고속 성장을 이어가고 있다. 경제가 급성장하고 있어 현재보다는 미래에 더 중점을 두고 사는 사람들의 행복한 미소는 저성장에 시름하는 대한민국과 대조적이다.

베트남이 아직 1인당 국민소득이 낮지만 앞으로 베트남이라는 나라는 성장하면서 경제적 부를 나누고 그 속에서 대한민국이 긍정적인 인식을 받고 있고, K팝의 선두주자 방탄소년단 같은 인기에 앞으로도 대한민국은 베트남에서 중요한 역할을 하게 될 것이라고 생각한다. 여행에서도 베트남과 대한민국 인들이 서로 여행을 많이 하면서 더욱 많은 교류를 하게 될 것이므로 K팝은 더욱 인기를 얻을 가능성이 높다. 양국을 여행하는 여행자가 늘어 서로 좋은 파트너로 성장하면 좋을 것이다.

TV에 나오는 방탄소년단(BTS) 뮤직비디오

## 한류의 봄이 온다

13일 오전(현지시간) 베트남 하노이. 이리저리 도심을 거닐던 중 '빅C$^{Big\ C}$' 마트 앞에 정차된 개인택시 한 대가 문득 눈에 띈다. 택시 뒷문 전면에 베트남 축구 대표팀을 맡고 있는 박항서 감독 사진이 큼지막하게 붙어 있었던 것. 멀쑥한 카키색 정장 차림에 엄지손가락을 쭉 내뻗은 광고 사진이었다. 푸근한 미소를 짓고 있는 박 감독 옆엔 빨간 글씨로 다음 문구가 새겨져 있었다.
그 모습이 친근해 가만히 웃음 짓는데, 택시기사 기앙 씨(46)가 말을 붙인다. "한국인이에요? 박항서 훌륭해요, 박항서 최고예요!" 그는 베트남 축구대표팀 부임 3개월 만에 동남아시아 국가 최초로 아시아축구연맹 U-23 챔피언십 준우승이라는 쾌거를 이뤄낸 박 감독을 모르는 사람이 없다고 했다.
10 · 20대 젊은 층이 향유하던 베트남 한류가 최근 박 감독 사단의 전에 없던 성취로 중장년층까지 그 인기가 번져가는 중이다. 이날 베트남 현지 음식 '반미'를 팔고 있던 티엔 씨(38)는 딸이 드라마 〈태양의 후예〉의 송중기 사진을 방 구석구석 붙여놓은 게 이해가 안 갔는데, 요즘엔 나도 한국 드라마를 본다며 웃음 지었다.
실제로 베트남 호찌민과 하노이 등 도시권을 중심으로 'K컬처(K팝 · K뷰티 · K무비 · K드라마 등)' 인기는 대단했다. 14일 베트남 하노이에서 만난 푸엉 씨(24)는 '코리안 뷰티' 얘기가 나오자 양손 엄지손가락을 치켜세웠다. "베트남 여자들, 한국 화장품 "진짜, 진짜 좋아해요! 특히 립스틱이랑 아이섀도요(웃음)." 브랜드로는 '3CE' 인기가 최고라고 했다.

푸엉 씨는 하노이 부촌 아파트 로열시티에 사는 베트남 최상류 계층. 원래 집은 사업가인 부모님이 사는 호찌민 선라이즈시티다. 서울로 치면 도곡동 타워팰리스쯤 된다. 매일 오후 2시면 집 근처 학원에서 한국어 수업을 듣는다고 했다. 배우는 이민호를 좋아하고, 가수는 한때 빅뱅을 좋아했는데 이젠 방탄소년단(BTS) 열혈 팬이다. "10월에 한국 가요. 언니가 거기 살아요. 떡볶이, 김밥도 먹고 에버랜드에도 가려고요."
비단 푸엉 씨만의 얘기가 아니다. 한국에서 그날 회차 드라마가 방영되면 2~3시간 뒤에 곧바로 자막 깔린 영상이 온라인에 공개된다고 한다(물론 불법이다).
가수는 단연 방단소년단(BTS)였다. 어림잡아 열에 일곱은 BTS를, 나머지는 빅뱅을 최고로 꼽았다. 호찌민 타잉록고교 1학년 응우옌타이민 군(17)은 "반 친구들 상당수가 BTS, 빅뱅 노래를 흥얼거린다"고 했다. "저는 오전에만 빅뱅 '판타스틱 베이비'를 스무 번은 들었을 걸요?"
한국어에 대한 관심도 적지 않았다. 하노이대 한국어학과 여학생 링단 씨(21)가 그중 한 명. 한국에서 유행하는 동그란 뿔테 안경을 쓴 그는 전날 만난 푸엉 씨보다 한국어가 유창했다. "전문 통역인이 되고 싶다"고 했다. "한국어 통역가는 보수가 굉장히 세요. 졸업하면 멋진 통역가로 폼나게 살려고요(웃음)."

# Vũng Tàu
## 붕따우

붕따우Vung Tàu는 따뜻한 바다에서의 시원한 해수욕과 맛있는 해산물, 제일 높은 예수상에서의 상쾌한 절경이 유명한 호치민 인근 도시이다. 호치민시에서 차로 붕따우Vung Tàu와 판티에트 사이의 해안 도로를 따라가면 2시간 정도를 이동하면 도착한다. 붕타우Vung Tàu는 도시에서 해변을 즐기기 위해 몰려드는 사람들로 주말에 북적이지만 주중에는 일반적으로 한가하다.

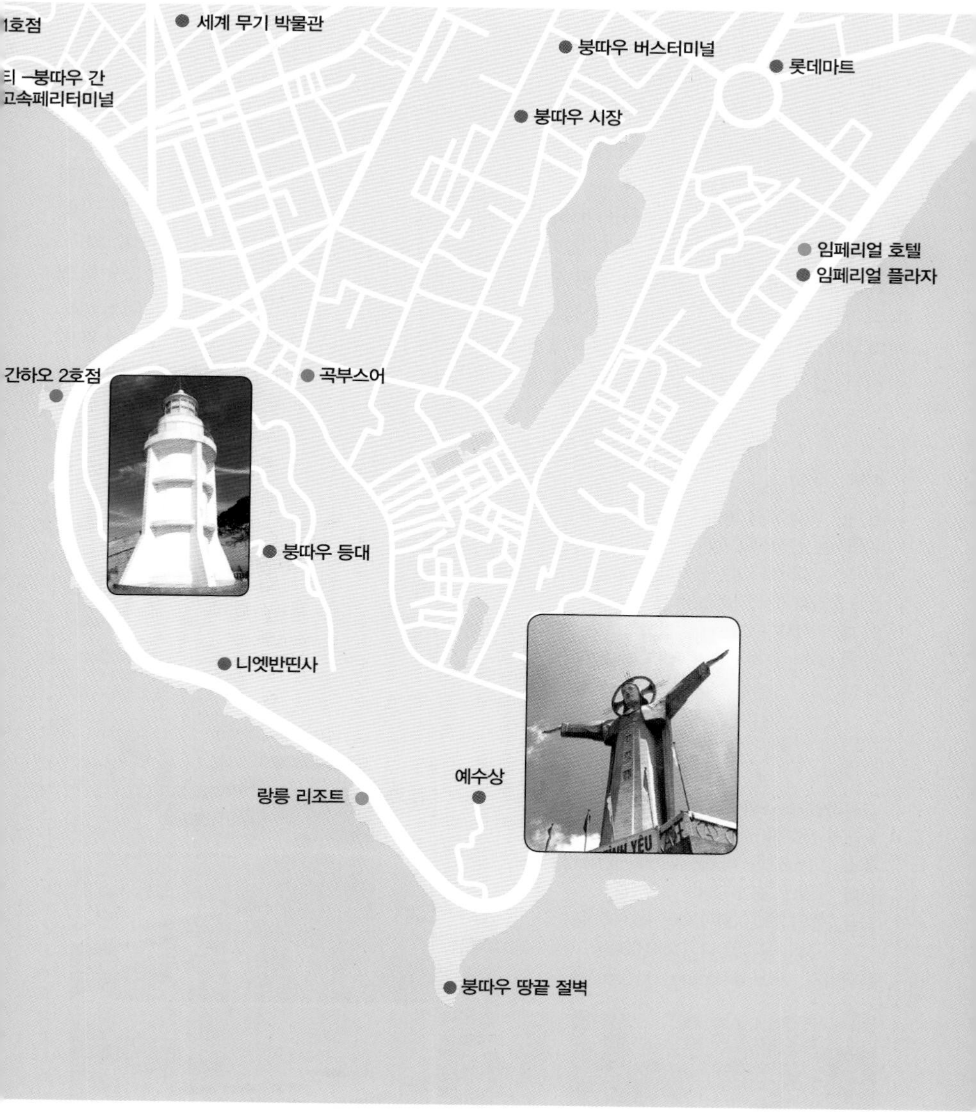
1호점
세계 무기 박물관
붕따우 버스터미널
롯데마트
티 –붕따우 간
고속페리터미널
붕따우 시장
임페리얼 호텔
임페리얼 플라자
간하오 2호점
곡부스어
붕따우 등대
니엣반띤사
예수상
랑릉 리조트
붕따우 땅끝 절벽

## 붕따우 IN

붕따우Vung Tàu는 호치민에서 2시간 정도 떨어진 곳으로 호치민 시민들이 바다를 보러 휴양을 하러 가는 도시이다. 지친 몸과 마음의 힐링을 위해서 호치민 시민들이 주로 여행을 한다.

붕따우Vung Tàu까지 가기 위해서는 배를 타고 가야 한다. 차를 타고 갈 수도 있지만 한참을 돌아가야 하기 때문에 메콩 강을 따라 배를 타고 가면 1시간 30분 정도면 붕따우에 도착하게 된다. 배가 허름해 보이지만 생각보다 빠르고 쾌속 질주를 한다. 바람이 많이 불고 굉음이 나지만 바다로 이어지는 메콩 강을 바라보면 아름다운 풍광이 눈에 들어온다.

해변 마을은 베트남 전쟁 당시 군인들이 와서 휴식을 취하던 곳으로 아름다운 경관과 활기찬 주말 바의 풍경이 있는 곳이다. 호치민시에서 몇 시간 떨어진 거리에 있는 붕타우Vung Tàu는 수세기 동안 인기 있는 해변 휴양지인 붕따우Vung Tàu 만에 위치하며 2개의 산으로 둘러싸여 있다. 베트남 전쟁 당시 미국과 호주 군인들의 휴식처이기도 했다. 베트남의 대도시로 쉽게 이동할 수 있는 근접성 덕분에 주말과 장기 여행을 위한 완벽한 휴양지이다.

페리

호치민 시내에서 붕따우(Vung Tàu)가는 페리를 타기 위해서는 선착장에 이동한다. 호치민 국제공항에서 18㎞ 정도 떨어져 있는 선착장은 호치민 시내의 다이아몬드플라자에서 차로 5분 정도 소요된다. 페리는 2개의 페리 회사가 하루씩 번갈아가며 운행을 하지만 주말에는 예약을 하고 가는 것이 좋다.

**그린라인(Greenlines)**

▶페리 선착장

**주소_** 10 Ton Duc Thang, Ben Nghé, Ho Chi Minh City

**전화_** +84 8 3823 8543

**요금_** 성인 200,000동(아동 100,000동

(주말, 공휴일 성인 250,000동, 아동120,000동)

**홈페이지_** www.greenlines.dp.com/en

## 한눈에 붕따우 파악하기

붕따우는 신 붕따우와 구 붕따우의 2지역으로 나뉘며 붕타우 왼쪽 해안은 프랑스 식민지 때부터 '동양의 진주'라고 불리었던 휴양지이다. 해안은 바이다우Bai Kau(스트로우베리 해변), 바이 쭈옥Bai Truoc, 바이 두아Bai Dua(파인애플 해변)이 있다. 개발이 된 바이쭈옥 해변이 관광객들이 많이 찾는다.

붕타우Vung Tàu 해변이 베트남에서 가장 근사한 해변은 아닐 수 있지만 많은 볼거리와 즐길 거리가 있다. 다양한 호텔, 바, 레스토랑이 그림 같은 비치를 채우고 있으며, 비치는 일몰을 감상하기에 최적의 장소이다. 작은 파인애플 비치에는 한적한 암석 코브와 더욱 깨끗한 모래사장이 마련되어 있다.

**간략한 붕따우(Vung Tàu) 역사**

유럽에서 오는 무역선들은 일찍이 14세기부터 붕타우만을 드나들기 시작했다. 나중에 붕타우는 프랑스 전투함의 침공에 맞서 처음으로 대포를 발사한 곳으로도 명성을 얻었다. 호주와 미국 군인들은 베트남 전쟁 동안 휴식과 회복의 장소로 사용했다.

## 백 비치
Back Beach

잔잔한 파도의 백 비치를 지나칠 수 없다. 파도가 잔잔하여 석양을 바라보며 안전하게 즐기는 해수욕은 그 자체로 힐링이다. 물이 깊지가 않고 허리 정도까지 오는 정도이고 잔잔한 파도가 아이들과 즐기기 좋아 가족여행객이 많다.
계속 바다로 나가면 갑자기 물이 발목까지 오고, 한참을 나가야 어깨 정도가 되는 깊이가 되기에 수영하기에 좋다. 따뜻한 바다에 누워서 석양을 바라보면 꿈만 같을 수도 있을 것이다.

## 예수상
Túong Chúa Kitô Vua

베트남 최남단인 바이두아 해변의 뇨산 Nho Mountain에 위치해 있으며 커다란 팔을 양옆으로 뻗은 모습이 웅장하다. 예수상은 1974년에 뇨산Nho Mountain 북쪽 끝에 세워졌으며 동쪽 바다를 바라보고 있는 붕따우Vung Tàu의 명소이다.
해발 197m정도의 낮은 산에 위치한 거대 예수상Túong Chúa Kitô Vua은 높이 32m, 양팔의 길이 18.3m로 브라질 리우데자네이루에 있는 예수상 다음으로, 세계에서 2번째로 큰 예수상이다. 산을 올라가면 정상에 예수상이 있고, 어깨 위에 사람들이 서 있는 것을 볼 수 있다.

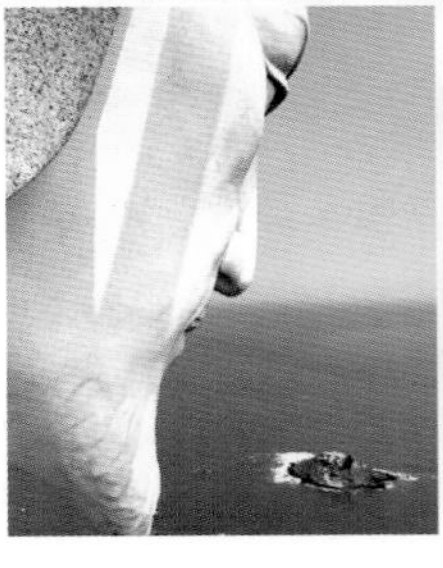

## 화이트 팰리스
Bào Tàng Bach Cinh

인도차이나의 옛 프랑스 장관의 별장이었던 우아한 별장에는 수풀이 무성한 정원이 아름답다. 붕타우 서북부의 붕타우 언덕에 위치하고 있으며 1889년 프랑스 총독의 별장으로 사용되려던 것이 티우 대통령에 의하여 재건축되었다.
이후 고딘디엠 대통령과 구엔 반투 대통령이 사용하였다. 이곳에서 바라보는 바다의 경치는 말로 아름다움을 보여주며 주변의 모든 경관이 한눈에 비치기 때문에 아늑한 느낌을 준다.

**주소_** 10 Tran Phu Ward 1

**예수상의 어깨**

예수상 안으로 계단을 올라가면 어깨까지 올라갈 수 있다. 예수상의 어깨에 도착하면 예수님의 시선에서 바라본 붕따우(Vung Tàu)의 모습이 장관이다. 붕따우에서 가장 높은 곳에 위치하기에 시내가 한눈에 다 보이고, 해안선과 수평선과 파란 하늘이 절경을 만들어낸다. 마치 세상에서 가장 높은 곳에 올라온 것만 같은 착각에 빠져들 수 있다.

**반팔, 반바지와 낮에는 피하자!**

예수상을 보는 좋은 시간은 아침과 해지기 직전이다. 낮에는 정말 덥기 때문에 피하는 것이 좋다. 신성한 곳이므로 긴팔 티셔츠와 긴 바지를 입고, 신발을 벗어야 올라갈 수 있다. 가끔 반바지를 입어도 올라갈 수 있기도 하지만 대부분 앞에서 단속당하고 못 올라가는 것이 일반적이다.

## 작은 산 등대
Vung Tau Lighthouse

전체의 아름다운 경관을 감상할 수 있는 붕타우 등대를 볼 수 있다. 인근에서는 4대의 오래된 프랑스 대포를 발견하게 된다. 작은 산을 더 올라가면 동양에서 가장 큰 야외 예수상을 볼 수 있다.

1일 투어

호치민에서 약 2시간 거리의 아름다운 해변 도시인 붕따우를 1일 투어로 다녀온다. 붕따우 투어를 하는 여행사가 많다. 붕따우 관광지를 들르고, 해산물을 즐기며 기억에 남을 만한 시간을 가지게 된다.

**주소_** Ward 2

Stella
Blu
Cafe

## 베트남 중부 사계절

다낭, 호이안, 후에는 베트남 중부에 위치하고 있다. 베트남 중부이지만 베트남 남부의 몬순 기후와 비슷한 특징을 보인다. 몬순 기후는 계절풍이 불어 1년 동안 건기와 우기로 구분되는 기후이다.

다낭의 겨울인 12~2월까지 기온이 20~25도를 보이는 데 대한민국의 초여름이나 초가을과 비슷하다. 이때가 건기이고 서늘한 날씨로 관광객이 가장 좋아하는 계절이다.

# 다낭 사계절

여름은 25~34도 사이로 대한민국의 여름과 비슷하지만 더 덥다고 생각하면 된다. 다낭의 날씨에서 가장 중요한 것은 건기와 우기의 구별이다. 다낭의 우기는 9~12월까지이다. 8월 말부터 비가 자주오기 시작하면서 우기가 시작된다. 우기에는 스콜과 같이 비가 오기 때문에 매일 비가 오는 것은 아니다.

건기에는 날씨가 맑고 기온이 높아 휴양을 즐기기 좋은 계절이다. 건기가 시작되는 1월에는 날씨가 선선하여 해수욕을 즐기기에 쌀쌀할 수 있다. 2월부터 기온이 올라가는 데 3~4월이 기온이 23~28도로 가장 관광과 휴양을 즐기기에 적당하다.

ABOUT
# 베트남 중부

## 다낭의 변화

18세기까지도 다낭은 호이안의 배후 도시에 지나지 않았다. 조선술이 발달해 선박을 크게 건조하면서 수심이 깊어 큰 배가 드나들기 쉬운 다낭으로 해상무역의 중심이 옮겨왔고, 이후 베트남 중부 지역을 대표하는 도시로 발전하기 시작했다. '큰 강의 입구'라는 뜻을 가진 도시 다낭, 지금 다낭은 베트남 최고의 휴양도시로 변화 중이다.

## 다낭의 개념잡기

한 강Song Han을 사이에 두고 손짜 반도와 시가지로 나뉜다. 손짜 반도에는 미케 비치가 있고, 해안을 따라 고급 리조트가 늘어서 있다. 도둑 · 마약 · 성매매가 없는 도시로 만들겠다는 정부의 의지 때문인지 베트남의 다른 어느 지역보다도 안전하고 조용한 분위기를 만끽할 수 있다.

## 다낭의 조망

해가 진 후, 밝은 네온 조명이 켜진 다리에 다시 찾아오면 다리의 그림자가 어두운 수면 위에 비쳐 어른거린다. 저녁 늦게 다리 옆에는 네온사인이 빛나는 아름다운 모습을 구경할 수 있다. 한 밤중에 몇 시간 동안 배가 지나갈 수 있다.

## 다낭의 다리들

2013년에 용 다리가 새로 건설되었지만 한 강Han River 다리는 여전히 도시와 해안가 사이를 오가는 주민과 관광객의 중요한 관문 역할을 하고 있다. 다리의 동쪽으로 잠깐만 차를 달리면 팜반동 해변의 부드러운 모래와 따뜻한 푸른 바다가 펼쳐진다. 도시적인 즐거움을 찾는다면 다낭의 중심가로 가면 쇼핑과 다양한 즐거움을 경험할 수 있다.

# 다낭에 끌리는 6가지 이유

## 대세 관광지

베트남은 이제 관광대국으로 유명해지고 있다. 다낭을 선두로 나트랑, 달랏, 푸꾸옥 등 많은 장소들이 유명하지만 아직은 다낭을 따라올 관광지는 별로 없다. 순수한 사람들과 자연이 있는 다낭의 시내와 미케 비치 등을 관광객들은 원하고 있다.
몇 년 전부터 새롭게 떠오르는 새로운 베트남의 천연 관광지인 다낭으로 사람들은 발길을 옮기더니 이제는 대세 관광지로 입지를 굳히고 있다.

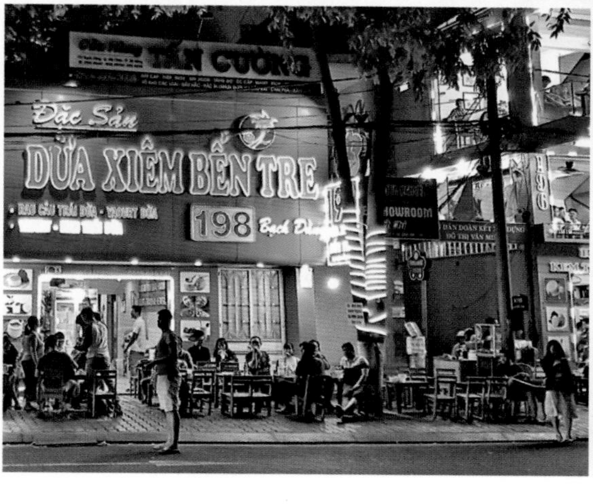

## 아직은 순박한 사람들

다낭으로 여행 온 관광객들은 번잡함을 잊고 조용히 지내고 싶은 여행자들이 많다. 하지만 일본 등의 관광지는 사람들이 많이 다녀왔기 때문에 식상해졌다. 하지만 다낭의 아름다운 비치부터 번잡한 시내, 새로이 뜨는 빈펄랜드 등 조용한 여행과 화려한 관광지가 섞여 있는 다낭의 관광지에 빠져 들게 된다.

## 친절한 사람들

현지 사람들과의 교감이 생기면 다낭 여행은 더욱 재미있어진다. 다낭은 불교, 유교 등이 섞여있는 독특한 장소이기도 하다. 다낭 사람들은 대한민국의 관광객에게 상당히 친절하고 호의적이다. 밤에도 길을 잃어버려도 찾아주는 친절함이 다낭을 더욱 밝혀주고 있다.

## 안전한 다낭, 호이안, 후에

아직 순수한 사람들이 사는 곳이 다낭이기 때문에 당연히 안전하다. 다낭 여행을 하다보면 안전에 민감해지는 장소도 있지만 다낭은 밤길도 두렵지 않다. 대부분 길을 따라 숙박업소들이 운영 중이기 때문에 외진 장소의 숙박 장소도 많지 않다.

## 다양한 즐거움이 있다.

다낭은 관광지이자 휴양지로 성장하고 있다. 다낭 여행이 처음에는 걱정이 될 수는 있지만 다낭이 떠오르는 이유는 다른 장소에서 즐길 수 있는 다양한 해양 엑티비티를 비롯해 수많은 즐거움이 있기에 떠오르고 있는 것이다.
도시여행과 휴양을 동시에 즐길 수 있는 지역은 동남아시아에서도 찾기가 쉽지 않다. 만들어진 즐거움이 아니라 순순한 즐거움이 당신을 빠져들게 할 것이다.

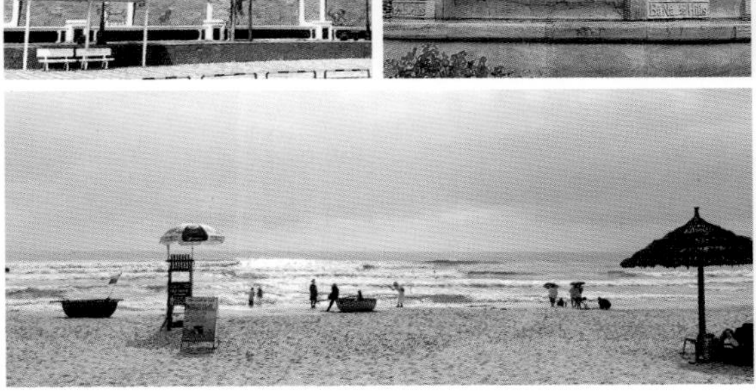

## 편리한 여행서비스

다낭은 베트남의 중부 지역에 속해 있어 대부분의 엑티비티와 투어는 숙소에서 예약을 하고 기다리면 숙소로 데리러 오기 때문에 너무 편리하다. 어디서든 투어와 엑티비티의 예약이 가능하고 쉽게 예약이 가능하므로 편리하다. 또한 숙소와 레스토랑에서 편리한 인터넷 연결이 어디든 가능하다.

# Da Nang

다낭

# 다낭 IN

대한민국의 여행자는 까다롭게 여행지를 선택한다. 여행지를 선택하는 것에 있어서 여행 경비가 중요한 선택 요소로 작용하기 때문에 최근 베트남여행을 선택하는 여행자들은 더욱 늘어나고 있다. 현지 물가만 저렴하다고 선택하지 않는다.
관광지와 휴양지가 적절하게 조화가 되어야 여행지로 선택되고 여행을 떠나게 된다. 그 중에서도 소개할 다낭Da Nang은 베트남을 선도하는 휴양지로 굳건한 입지를 굳혀가고 있다. 1월부터 8월까지가 여행하기에 좋은 건기, 9월부터 12월까지가 우기이기 때문에 대한민국이 추운 겨울일 때 따뜻한 베트남으로 떠나는 관광객은 계속 늘어나고 있다. 베트남에서도 아름다운 비치로 전 세계 여행자들을 유혹하는 베트남 다낭 여행자는 대한민국을 넘어 전 세계로 확대되고 있다.

비행기

인천에서 출발해 다낭까지는 약 4시간 30분이 소요된다. 다낭으로 출발하는 항공기는 30분마다 출발할 정도로 노선이 다양하다. 하지만 대부분의 항공기는 저녁에 출발해 다낭에는 밤에 도착한다.
비엣젯 항공Vietjet Air은 새벽에 출발하는 노선도 있으므로 직장인도 퇴근하고 바로 공항으로 이동해 출발할 수 있는 일정이지만 다낭에 도착하면 23시 45분, 1시 35분, 5시 25분으로 밤 늦거나 새벽에 도착

하여 공항에는 아무도 없을 때에 도착하는 단점이 있다. 그래서 공항버스를 이용하는 경우가 거의 없고 택시나 그랩Grab을 이용하거나 차량 픽업서비스를 이용할 수밖에 없다. 다낭 국제공항은 시내와 멀지 않아서 150,000동(Dong) 이상을 지불하는 숙소는 없으므로 택시를 타도 그랩과 큰 차이가 없다.
피곤한 시간에 도착하므로 최근에 미리 연락을 해두고 차량픽업서비스를 이용하는 관광객이 많기도 하다.

국내에서 베트남 다낭Da Nang으로 가는 비행기는 일본을 제외하고 가장 많은 노선이 운항을 하고 있다. 그래서 경쟁이 치열해 저가항공이 인기를 끌고 있다. 베트남 저가 항공사로 비엣젯 항공Vietjet Air이 가장 저렴한 노선이지만 짐을 추가하면 항공 전체 비용은 차이가 없을 수 있다. 저가항공은 합리적인 가격을 무기로 계속 항공 비용을 줄이는 항공사가 늘어날 것으로 보인다.

### 베트남 항공(Vietnam Airlines)

대한항공이 대한민국의 국적기라면 베트남항공은 베트남의 국적기이다. 베트남 전역의 19개 도시와 아시아, 호주, 유럽, 북미 등 19개국 46개 지역에 취항하고 있는 항공사이다. 의외로 기내식이 맛있고 좌석도 넓은 편이라서 편하다는 느낌을 받는다. 새벽 6시 10분에 출발해 9시 20분에 도착, 밤 21시 40분에 출발해 새벽 4시 30분에 도착하는 노선을 운항하고 있다. 오전에 도착하는 유일한 항공편이다. 하노이나 호치민을 거쳐서 1회 경유하는 항공편도 매일 운항하고 있다.

### 비엣젯 항공(Vietjet Air.com)

베트남의 저가항공사인 비엣젯 항공은 베트남의 경제성장과 함께 무섭게 동남아시아의 저가항공의 강자로 부상하고 있는 항공사이다. 2007년 에어아시아의 자회사로 시작해 2011년 에어아시아에서 지분을 매각하자 비엣젯(Vietjet)으로 사명을 변경하고 난 후에 베트남을 대표하는 저가항공사로 성장했다. 에어아시아와 로고와 사이트, 빨강색의 '레드'컬러를 강조하는 것도 비슷하다.

### 다낭 국제 공항(Sân bay quốc tế Đà Nẵng / Da Nang International Airport)

다낭 국제공항Sân bay quốc tế Đà Nẵng은 다낭 시내 중심부에서 서쪽으로 2km 떨어져 있으며 택시로 약 15분~20분이 걸린다. 2017년에는 1,100만 명의 승객을 수용할 정도로 성장하였지만 추가 활주로가 필요할 정도로 급성장 중이므로 성수기에는 항공기가 지연 출발되는 경우가 많다.

베트남 전쟁 때, 북베트남을 폭격하기 위해 미군이 건설하면서 공항이 시작되었다. 밀림을 제거하기 위하여 폭격기에 실어 나르기 위한 고엽제가 비축되어 지금도 제거가 되지 않을 정도로 다량이었다고 한다. 다낭은 베트남 중부를 대표하는 도시로 성장하면서 2017년 5월 9일에 국제선의 제2터미널이 문을 열어 준비하였다. 이 터미널은 48,000㎡의 면적에 연간

600만 명의 승객을 수용할 수 있도록 설계되었다.

다낭 국제공항은 2개의 터미널을 보유하고 있으며, 하나는 국제선으로 사용되고, 나머지 하나는 국내선으로 사용하여 2018년에는 전체 규모 연간 1,100만 명의 승객을 처리할 수 있는 규모가 되었다.

### 택시

다낭 국제공항은 다낭 시내와 가까워 15~20분이면 다낭의 어디라도 도착할 수 있다. 그래서 시내까지 이동비용이 저렴하므로 그랩Grab을 이용해 이동하지 않는 관광객도 많다.
보통 100,000~150,000동 정도 금액을 택시기사들은 부르고 있다. 호치민이나 나트랑에 비해 절반 정도의 금액이다. 그러므로 바가지만 쓰지 않는다면 공항에서 숙소까지 이동하면서 화가 날  경우는 거의 없다. 그러므로 사전에 택시비를 준비하고 그 금액에서 택시를 탑승하면 된다. 또한 잔돈을 주지 않으려는 택시기사가 가끔씩 있으므로 사전에 준비하여 택시기사에게 정확한 금액을 주는 것이 좋다.

### 차량 픽업 서비스

다낭 국제공항은 다낭 시내와 상당히 가까운 공항이다. 그렇지만 밤에 도착한 공항에서 택시를 흥정하면서 타는 것이 내키지 않을 수 있다. 인원이 3명 이상이라면 차량픽업 서비스가 상당히 편리하다. 차량이 미리 와서 대기를 하고 있기 때문에 기다리지 않는 장점이 있다. 가격도 보통 1만원 안팎이므로 비싸지 않다. 다낭에 늦게 도착하여 피곤할 것 같다면 미리 예약을 하고 이용하는 것도 좋은 방법이다.

공항 픽업 서비스는 택시보다 저렴하면서 동시에 그랩Grab보다 안전하다는 장점이 있다. 늦은 밤이나 새벽에 도착하는 여행자는 피곤하여 숙소로 바로 이동하고 싶을 때에 기다리므로 쉽고 편안하게 이용이 가능하다는 장점이 있다.

# 다낭 & 호이안, 후에 여행 잘하는 방법

## 1. 도착하면 숙소로 바로 이동하자.

어느 도시가 되도 도착하면 해당 도시의 지도를 얻기 위해 관광안내소를 찾는 것이 좋다. 하지만 다낭 공항은 시내까지의 거리가 가까운 편이다. 또한 공항에 나오면 택시를 타면서 택시 사기를 조심해야 한다. 환전은 미국 달러를 가져와서 소량의 금액만 환전을 해서, 심카드를 구입하여 택시를 타고 바로 이동하는 것이 좋다.

## 2. 심카드나 무제한 데이터를 활용하자.

공항에서 시내로 이동을 할 때 택시를 이용하려면 구글 지도를 이용해 거리를 확인하는 것이 좋다. 또한 그랩Grab을 이용해야 바가지를 쓰지 않는다. 시내까지의 거리가 가까운 다낭 공항은 호이안Hoi An까지 이동하지 않는 한 택시비로 100,000동 이상이 거의 나오지 않는다. 또한 저녁에 숙소를 찾아가는 경우에도 구글맵이 있으면 쉽게 숙소도 찾을 수 있어서 스마트폰의 필요한 정보를 활용하려면 데이터가 필요하다. 심카드를 사용하는 것은 매우 쉽다. 매장에 가서 스마트폰을 보여주고 데이터의 크기를 보고 선택하면 매장의 직원이 알아서 다 갈아 끼우고 문자도 확인하여 이상이 없으면 돈을 받는다.

## 3. 달러를 ‘동Dong’으로 환전해야 한다.

공항에서 시내로 이동하려고 할 때 택시를 가장 많이 이용한다. 이때 베트남 ‘동(Dong)’이 필요하다. 공항에서 필요한 돈을 환전하여 가고 전체 금액을 환전하기 싫다고 해도 일부는 환전해야 한다. 시내 환전소에서 환전하는 것이 더 저렴하다는 이야기도 있지만 금액이 크지 않을 때에는 큰 금액의 차이가 없다.

## 4. 그랩Grab에 대한 간단한 정보를 갖고 출발하자.

공항에서 시내로 이동하려고 할 때 택시를 가장 많이 이용한다. 이때 베트남 ‘동(Dong)’이 필요하다. 공항에서 필요한 돈을 환전하여 가고 전체 금액을 환전하기 싫다고 해도 일부는 환전해야 한다. 시내 환전소에서 환전하는 것이 더 저렴하다는 이야기도 있지만 금액이 크지 않을 때에는 큰 금액의 차이가 없다.
그랩 금액을 준비하여 탑승하는 것이 좋다. 같이 여행하는 인원이 3명만 되도 택시를 활용해도 여행하기가 불편하지 않다.

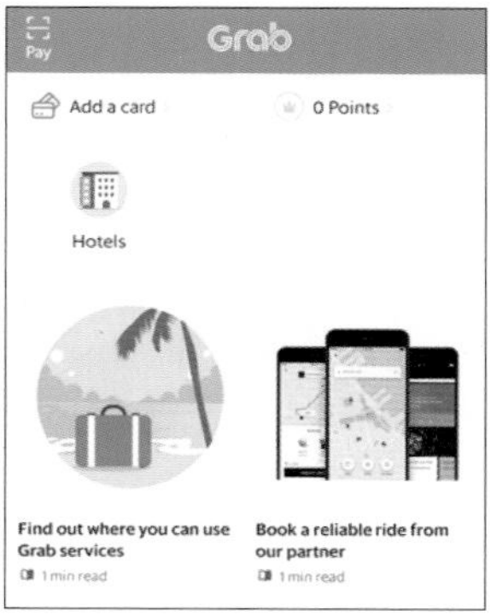

## 5. '관광지 한 곳만 더 보자는 생각'은 금물

다낭은 쉽게 갈 수 있는 해외여행지이다. 물론 사람마다 생각이 다르겠지만 평생 한번만 갈 수 있다는 생각을 하지 말고 여유롭게 관광지를 보는 것이 좋다. 한 곳을 더 본다고 여행이 만족스럽지 않다. 자신에게 주어진 휴가기간 만큼 행복한 여행이 되도록 여유롭게 여행하는 것이 좋다. 서둘러 보다가 지갑도 잃어버리고 여권도 잃어버리기 쉽다. 허둥지둥 다닌다고 다낭 & 호이안, 후에를 한 번에 다 볼 수 있지도 않으니 한 곳을 덜 보겠다는 심정으로 여행한다면 오히려 더 여유롭게 여행을 하고 만족도도 더 높을 것이다.

## 6. 다낭은 최근에 유행하는 호캉스가 가장 많이 이용되는 도시이다.

다낭은 항공편이 20분마다 있다고 할 정도로 항공편이 많은 도시이므로 상대적으로 항공편도 저렴하게 이용할 수 있다. 또한 최근 2~3년 안에 문을 연 호텔이나 리조트 등이 많아서 숙소 금액도 상대적으로 저렴하고 시설도 좋은 편이다. 해외여행자의 호캉스를 저렴하게 이용할 수 있는 기본적인 시설이 많아서 다낭을 몇 번씩 여행하는 관광객도 많아지고 있다. 그들은 많이 관광지를 보려고 하지도 않고 숙소에서 대부분을 지내면서 맛있는 음식을 먹으려고 한다.

## 7. 아는 만큼 보이고 준비한 만큼 만족도가 높다.

다낭은 아무런 정보 없이 본다면 재미도 없고 본 관광지는 아무 의미 없는 장소가 되기 쉽다. 1박2일이어도 기본적인 여행정보는 습득하고 다낭 & 호이안, 후에 여행을 떠나는 것이 좋다. 현지에 대한 에티켓을 지키지 않든지 몰라서 대한민국 관광객이 늘어나고 있지만 대한민국에 대한 인식이 좋지 않아지고 있다.

# 공항 미리 보기

다낭 국제 공항 입구 모습

베트남의 다른 도시에서 출발해 다낭 국내공항에 도착한다면 젯스타 항공기와 비엣젯 항공기가 대부분이다.

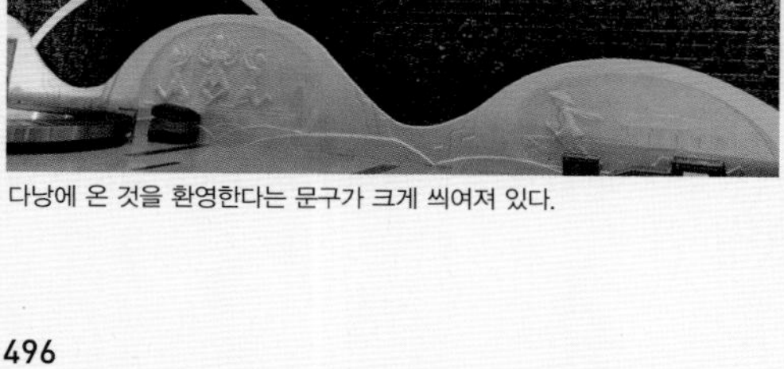


다낭에 온 것을 환영한다는 문구가 크게 씌여져 있다.

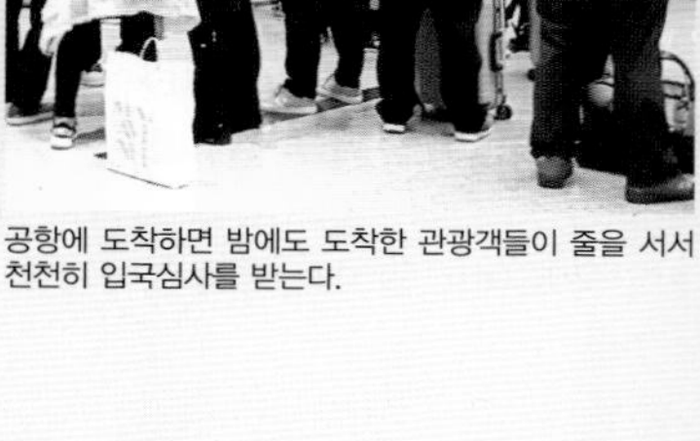

공항에 도착하면 밤에도 도착한 관광객들이 줄을 서서 천천히 입국심사를 받는다.

입국심사를 마치고 짐을 찾으면 심 카드를 구입해서 하는데 경쟁적으로 심 카드를 판매하므로 필요한 기간에 맞춰 구입하면 된다.

입국 심사를 일찍 마치면 항공기에서 짐이 나오지 않을 수 있다.

한밤 중에 도착하면 마일린 택시나 비나선 택시를 타는 것이 안전하다.

베트남의 대표적인 비나선 택시

한 밤 중에 관광객을 기다리는 택시들

# 다낭 & 호이안, 후에 여행을 계획하는 5가지 핵심 포인트

다낭Danang 여행은 의외로 한번에 모든 관광지를 다 보려고 해서 여행을 계획하기가 쉽지 않다. 시내는 둘러봐도 고층빌딩에 많은 사람들은 왔다 갔다 하지만 어디를 가야할지는 모르겠다. 숙소에 물어보니 역사유적지는 시내에서 떨어져 있다는 답변에 "그럼 어디를 가야 하냐"는 물음에는 투어를 소개하는 팜플렛을 내민다. "어떤 것이 좋아요?"는 질문에 "다 좋다"라는 답만 온다. 어떻게 다낭Danang을 여행해야 하는 것일까?

베트남의 중부는 베트남을 통일한 응우엔 왕조의 수도인 후에Hue, 17세기부터 무역항으로 이름을 날린 호이안Hoi An이 유명했던 도시였다. 보잘 것 없던 다낭Danang은 베트남 전쟁에서 미군들의 휴양지로 개발하기 위해 미군이 주둔하면서 본격적인 개발이 이루어지면서 해안가는 하루가 다르게 변하게 되었다. 밀레니엄 시대를 맞아 중부 휴양도시로 개발을 시작하여 초기에는 러시아 관광객이 많았지만 지금은 대한민국의 관광객이 가장 많이 방문하는 도시이다. 다낭Danang 시내에 있는 고층 빌딩에는 호텔과 오피스, 쇼핑센터들이 들어서 있다. 이 많은 건물들이 모자를 정도로 다낭Danang은 발전을 거듭하고 있다. 2000년을 맞아하며 허허벌판인 해변에 도시를 만들기 시작한 것이 다낭Danang 도시개발의 시작이다. 그래서 한 강Han River의 주위에 자리를 잡은 시내에는 쇼핑이나 옛 건물이 있고, 베트남 중부의 아름다운 비치인 미케 비치는 최근에 다양한 형태의 숙소들이 들어서 해안을 따라 들어서 있다. 호텔이나 리조트 앞에 보이는 비치를 즐기는 것이 호캉스와 휴양이다.

역사유적지는 다낭 북부의 대부분 베트남 통일 왕조인 후에Hue에 있다. 호핑 투어는 다낭뿐만 아니라 호이안Hoi An의 잔잔한 파도에 깨끗한 휴양지로 개발된 포인트에서 즐기게 된다. 최근에 이곳은 현재 빈펄 랜드Vinpearl Land가 들어서 있어 빈펄 랜드Vinpearl Land에서만 즐기다가 나오는 관광객도 상당히 많다.

# 1. 시내 관광, 쇼핑

도시, 다낭을 기준으로 북쪽에는 역사 도시인 후에Hue가 있고 남쪽에는 옛 해상 무역도시인 호이안Hoi An이 있다. 야경과 아기자기한 아름다운 옛 분위기를 느끼려면 남부의 호이안을 다녀오고 베트남 역사를 알고 싶다면 북부의 후에로 이동하면 된다. 후에, 호이안 다 다낭에서 50㎞이내에 있어 당일치기로 다녀올 수 있다.

다낭은 한 강Han River과 미케 비치가 동서를 나누는 구분이라고 생각하면 된다. 시내는 한 강 양 옆으로 형성되어 있고 해안은 미케 비치를 따라 다양한 건물이 들어서 있다. 휴양을 즐기고 싶다면 미케비치를 따라 있는 고급 호텔이나 리조트에서 호캉스를 즐기는 관광객이 많다.

다낭에는 유명호텔이 미케 비치 해변을 중심으로 자리를 잡고 있고 한 강 주위를 따라 시내가 형성되어 있다. 시내에서 한 시장을 중심으로 다낭 시민들이 살던 지역이었지만 최근에는 관광객을 위한 마사지나 상점들이 들어서 있다. 대표적인 야시장은 한 강 주위에 있고 쇼핑센터인 한 시장이나 빈콤 플라자는 한 강에 있어서 접근이 쉽지만 롯데마트는 시내 외곽에 있다.

대부분의 관광객은 다낭에서 2일을 지내는데, 시내에서 1일, 미케비치에서 1일 정도 여행일정을 계획한다. 일정의 여유가 있다면 다낭 시내에서 쇼핑을 하거나 마사지를 받으면서 하루정도 더 머물 수도 있다.

## 2. 다낭 미케 비치 즐기기

대부분의 숙소는 해변과 가깝게 형성되어 있어서 숙소와 가까운 해변에서 즐기는 것이 좋다. 다낭의 미케비치는 대단히 길다. 호이안으로 이동하는 남부 도로까지 이어지는 해안에는 최근에 고급 리조트들이 들어섰고 지금도 공사를 계속하고 있다. 미케 비치에서 서핑이나 카이트 서핑을 배우는 여행자도 늘고 있는 추세이다. 또한 빈콤 플라자에서 미케 비치로 이동하는 지점이 미케비치의 중심부로 다양한 해산물 레스토랑과 카페들이 많다.

다낭의 미케비치는 끝없이 펼쳐진 백사장과 푸른 바다로 매년 이곳을 찾는 여행자들이 늘고 있다. 때 묻지 않은 공기를 만날 수 있는 신비로운 도시, 다낭Danang에서도 미케 해변은 빼놓을 수 없는 필수 코스로 알려져 있다. 약 30m 길이의 미케비치 중심부의 백사장을 가진 해변은 맑은 모래와 코코넛 나무가 선사하는 그늘 아래에서 달콤한 휴식을 취할 수 있다. 신비로운 분위기와 천혜의 자연환경을 자랑하는 다낭 해변은 헤엄치기에 딱 좋은 물 온도를 가지고 있다. 또한 근처 로컬 식당과 바, 카페 등이 많이 생겨 휴식하기에 그만인 곳이다.

## 3. 역사 도시, 후에(Hue)

응우엔 왕조의 수도였던 후에Hue는 황궁부터 황제들의 무덤인 황릉까지 다양한 유적이 있다. 다낭에서 가장 멀리 떨어진 곳이기에 택시나 그랩Grab을 이용해서 다녀올 수도 있지만 대부분은 투어를 이용해 다녀온다. 날씨가 무더운 특성상 오후에는 이동하는 것이 힘들어서 오전에 가서 보는 것이 가장 좋다.

## 4. 호이안(Hoi An) 올드 타운

호이안Hoi An에서 사람들의 발길이 가장 많이 이어지는 곳은 규모 약 30ha의 대지 위에 조성된 유서 깊은 구 시가지이다. 유네스코 세계 문화유산으로 등재되어 있다. 16세기에 처음 세워진 지붕 덮인 목조 건축물인 내원교를 건너보자. 내원교 안에는 날씨를 관장하는 것으로 알려진 신, 트란 보 박 데Tran Vo Bac De를 위한 작은 사원이 있다.
중국 이민자를 위해 세워진 구 시가지의 화랑 5곳에 사용된 건축과 호이안 민속 박물관에 가서 현지의 관습과 일상적인 삶의 모습이 담긴 물건도 구경해 보는 것도 좋다.

# 5. 다양한 놀거리(투어, 바나힐, 빈펄 랜드)

자녀나 부모님과 함께 가는 다낭 가족여행에서 가장 선호되는 바나힐Banahill과 빈펄 랜드Vinpearl Land는 다낭의 인상을 바꾸고 있는 곳이다. 워터파크와 놀이동산에서 하루 종일 즐기는 관광객이 대부분이기 때문에 오전에 이동해 저녁이 돼서야 돌아온다. 아니면 1박2일이나 2박3일 동안 바나힐Banahill과 빈펄 랜드에서만 머무는 관광객도 많다.

해변에서 15㎞ 떨어진 곳에 여러 개의 작은 섬들로 이루어져 있는 바다에서, 아름다운 산호 사이에서 스노클링과 다이빙 등을 즐길 수 있다. 정크선을 타면 75분이 소요되고, 쾌속선을 타면 30분 정도 걸린다.

Cá chép hóa Rồng
ĐÀ NẴNG - VIỆT NAM
GROUP MARI

## 다낭을 파악하기 위한 중요한 장소 BEST 5

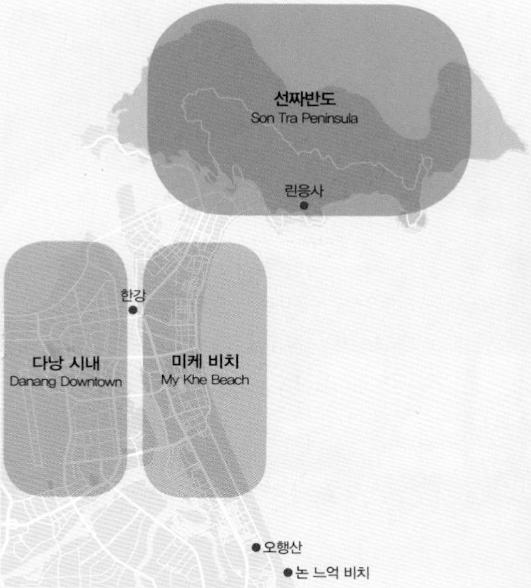


녹음이 무성한 산꼭대기로 올라가면서 야생동물을 찾아보고 웅장한 불교 기념물을 살피며 멋진 광경을 즐길 수 있다. 선짜 산의 숲으로 덮인 산등성이를 올라가면서 바라보면 다낭 만과 동해의 장관이 눈앞에 펼쳐진다. 696m에 이르는 산 정상이 자리한 선짜 반도는 희귀한 붉은 얼굴 원숭이의 서식지이기도 해서 몽키 마운틴이라는 별명이 붙었다.

렌터카나 오토바이, 지프 투어를 예약해 산 정상에 올라간다. 산 정상에 오르면서 린웅 사원에 들러 조각상이 가득 늘어선 웅장한 정원을 걷게 된다. 이곳은 베트남 불교도에게는 중요한 성지이다. 연 모양 기단에 서 있는 자비의 여신상을 바라보면 높이가 무려 67m에 이른다. 다음으로 구조물 안으로 들어가 층마다 놓인 21개의 부처상을 둘러보면 된다. 밤이 되면 우뚝 솟은 산이 밝게 빛난다.

산에서 시간을 보내면서 산책로를 따라 거닐며 붉은 얼굴 원숭이를 찾아볼 수 있다. 쏜짜 숲에는 멧돼지, 사슴, 파충류, 흰 꿩 같은 동물 들이 서식하고 있다.

베트남 전쟁 중에 미군이 사용하던 레이더 돔 2개도 볼 수 있다. 지금은 베트남군에서 사용하고 있다. 미국에서 지상군에게 보급품을 제공하기 위해 사용했던 헬리콥터 이착륙장도 있다.

선짜 반도의 많은 부분이 울창한 밀림으로 덮여 있기는 하지만, 바이 백 해변처럼 아름다운 해변도 많다. 선짜 산을 둘러보면서 모래 해변 중 한 곳에 들러 일광욕과 수영을 즐길 수 있다. 능숙한 '다이버'라면 해안선을 따라 산호초 사이에서 스쿠버다이빙하는 즐거움에 빠져들게 된다. 초보자 코스를 비롯해 모든 수준에 적합한 스노클링/다이빙 장소를 찾을 수 있다.

선짜 반도는 다낭에서 북동쪽으로 약 19.3km 떨어져 있고, 자동차로 약 30분 걸린다.

# 미케 비치

수영과 일광욕을 즐기고 숲길 사이로 산책을 나설 수 있는 아름다운 백사장에서 여유를 즐겨보자. 미케 비치는 다낭에서 가장 유명한 해변으로 백사장에 깨끗한 바닷물이 아름답게 펼쳐진 곳이다. 고요한 바다가 흐르고 산들거리는 바람이 부는 비치에는 아이를 동반한 여행객이 수영하기에 최적의 장소이다.

베트남 전쟁 당시 미군이 미케 비치를 오락 공간으로 활용하여 전 세계의 이목을 끌었는데, 미군은 '차이나 비치'라는 별명으로 불렀다. 베트남 전쟁이 끝난 후 현지인과 방문객 모두의 사랑을 받게 되며 수많은 최고급 리조트가 터를 잡았다.

선 베드에서 파라솔이 만든 그늘 아래에 누워 여유를 만끽하고 해안과 산이 만드는 아름다운 경관이 여행자를 사로잡는다. 해안가를 따라 산책에 나서거나, 다소 힘이 들지만 해변과 경계를 이루는 숲을 통해 하이킹을 떠나도 좋다. 바다에서 수영 이외의 수상스키와 스쿠버다이빙에 도전하는 관광객도 많다.

피크닉 준비를 해 오지 않았다면 해변을 따라 늘어선 가게 중 한 곳에 들러 간단한 스낵을 구입할 수 있고 근처의 카페와 레스토랑에서 휴식을 취할 수도 있다.
도심에서 남동쪽으로 약 6.4㎞ 떨어진 미케 비치는 미안 비치와 논 누옥 비치 사이에 있다.

12번 시내버스 조점
투언프억교
쑤언지에우 시내버스 터미널
포스아(2호점)
신 투어리스트
퓨전 스위트 다낭 비치
다낭시 정부청사
다낭 박물관
까오다이교 사원
미술 박물관
쏭한교

프리미어 빌리지
풀만 다낭 비치 리조트
푸라마 리조트
푸라마 빌라
쩐티리교
롱교(용 다리)
참 박물관
반다 호텔
나따
스시 바
나항 피르
포유 팰리스
골든 피닉스
킹스 팰리스
퀸스 팰리스
5군구 박물관
호안미 병원

## 논 누옥 비치

따뜻하고 깨끗한 물과 정글, 산을 배경으로 황홀한 경치를 자랑하는 해변은 시간을 보내기에 좋다. 논 누옥 비치는 대리석산 기슭에 자리한 다낭의 멋진 해안선 중 5km에 이르는 구간이다. 한 켠에 목마황 속 나무가 숲을 이루고 있는 아름다운 백사장에서 여유를 즐길 수 있다. 근처 동굴과 고대 사원, 석상도 둘러볼 수 있다.

날씨가 너무 더운 날에는 나무 그늘 아래에서 휴식을 취하거나 바다에 들어가 열기를 식혀야 한다. 논 누옥은 유명한 서핑 장소인 만큼 서핑 보드를 가져와 파도에 몸을 맡길 수도 있다. 서퍼들이 파도를 타는 모습을 지켜보기만 해도 즐거움이 넘친다. 논 누옥 해변은 노출되어 있어 파도가 상당히 일정한 편이다.
해변 레스토랑에 들러 갓 잡은 싱싱한 생성을 즐기고 해변 근처에서 마사지를 받으며 여행의 피로를 풀 수 있다. 리조트에는 테니스 코트와 수공예품 매장이 마련되어 있다. 논 누옥 해변을 방문할 때 논 누옥 남쪽 끝에서 조금만 걸어가면 보이는 대리석산도 들러 보자. 동굴과 사찰, 불교의 성지를 둘러볼 수 있는 기회이다.

저녁에 논 누옥으로 다시 돌아와 해안가를 따라 늘어선 벤치 중 하나에 앉아 일몰을 감상해 볼 있다.
다낭 도심에서 약 10.5km, 미케 비치와 미안 해변의 바로 남쪽에 있다.

# 한 강

광활한 강은 상징적인 다리와 더불어 다낭에서 가장 잊을 수 없는 풍경을 선사한다. 저녁에 잔잔한 한 강을 따라 크루즈를 타고 흘러가며 강 너머의 반짝이는 도시 스카이라인을 바라보자. 아름다운 강가의 바에서 음료를 마시면서 손트라 반도로 흘러가는 한 강을 가로지르는 아름다운 다리들을 볼 수 있다.

한 강의 경치를 가장 잘 감상하실 수 있는 장소는 선상이다. 한 리버는 다낭의 동쪽 끝을 따라 흐르는 강으로 대부분의 보트 크루즈는 용다리 근처에 있는 박당 부두에서 출발한다. 도심의 소음에서 벗어나 매일 저녁 경치를 보면서 맛있고 신선한 해산물을 즐길 수 있는 디너 크루즈를 예약해 즐길 수 있다.
관광에 관심이 더 많다면 낮부터 저녁까지 관광을 할 수 있는 투어 보트도 좋다. 강의 수원지까지 이동하여 한 강에 방대한 물길을 대는 지류를 찾아볼 수 있다. 강을 따라 이동하면 가이드가 베트남 전쟁 당시 미군이 전략적 거점으로 사용한 장소를 알려 준다. 하지만 무엇보다도 강을 따라가며 곳곳에서 강물 위를 가로지르는 환상적인 다리들을 감상하는 것이 가장 큰 즐거움이다.

한 강의 다리들

**한 강다리**
가장 유명한 다리는 다낭 북부에 1997~2000년 사이에 건설된 한 강 다리는 베트남에 건설된 첫 선개교였다. 밤에는 아름다운 네온 조명이 반짝인다. 한 강다리에서 박당 부두를 따라 남쪽으로 이동하면 인상적인 다리 2개가 걸어서 금방 닿을 수 있는 거리에 놓여 있는 것을 볼 수 있다.

**용 다리(DragonBridge)**
다낭을 대표하는 특색있는 다리이다. 거대한 노란색 용이 다리를 세로로 휘감고 있고 어둠이 내린 후에 2,500개의 LED 조명이 불을 밝힌다. 주말 오후 9시에는 용의 입에서 불꽃과 물이 뿜어져 나오는 광경을 볼 수 있다.

**트란 티 리 다리**
이동하기 전에 활기 넘치는 남쪽 지역의 바에 들러보자. 2013년에 개통된 건축학적 걸작인 다리길이는 731m이다.

**위치_** 다낭 공항에서 차로 10분

## 훙부엉 거리(Hung Vuong Street)

다낭에서 가장 활기 넘치는 거리가 다낭의 중심이다. 그리 길지도 크지도 않은 거리에는 콩카페를 비롯해 다낭의 볼거리가 밀집해 있다. 다낭 대성당과 한 시장, 꼰 시장도 바로 이 거리에 모여 있다. 거리를 따라 각종 의류 매장과 레스토랑, 카페가 밀집해 있어 여행의 시작점으로 삼기 좋다. 마사지 & 스파들이 최근에 미케 비치에 몰려있지만 현지인들이 운영하는 상점들과 함께 마사지 & 스파와 로컬분위기의 커피전문점도 같이 있으므로 다낭의 분위기를 느낄 수 있는 장소이다.

퀸 스파
Khach San My Khe
치맥코리아(한식당)
Khach San My Khe2
퉁피 비비큐
Song Cong Hotel
Song Cong Hotel
27 Seafood Restaurant
King's Finger Hotel
Lavender Danang
Risemount Resort Danang
치맥코리아
로열 로터스 호텔
응우옌반쪼이 거리
므엉탄 럭셔리 다낭 호텔
Cicilia Hotel
아바타 호텔
홀리데이 비치 호
다낭 경제대학
골드 스타 커피 로스터리
드래프트 비어
Dung Hoa Hotel
Royal Huy Hot
산내들 (한식당)
한 강
Thai Duong Hotel
Murphy's
Steak House
박미안 시장
포레스트 스파
바빌론
스테이크 가
Fansipan Hotel
Sea Phoennix Hotel
Shin's Garde
Galaxy Hotel
Titan Hotel
Hi Villa Restaura
바다 사원
띠엔썬교
1

## 미케 비치
My Khe Beach

베트남의 중부지방에서 가장 유명한 비치는 다낭의 미케비치이다. 다낭의 미케비치부터 시작해 호이안의 안방비치까지 이어져 있어서 긴 하나의 비치로 볼 수도 있다.

100년 전만 해도 베트남 중부지방의 무역의 중심은 호이안 이었지만 점점 커지는 배들이 접안할 수 있는 해변이 부족해지기 시작했다. 그 대안으로, 안으로 들어가 있는 만이 크게 해변이 형성된 다낭이 부상하기 시작했다. 하지만 식민지배와 지속된 전쟁으로 개발은 되지 않았다.

다낭이 본격적으로 알려지기 시작한 것은 1970년대 베트남 전쟁 때, 미군의 휴양소로 사용되면서 부터였다. 베트남의 개방이후에도 개발은 더뎠지만 2000년대부터 개발이 본격화되 비치 근처에는 듬성듬성 호텔과 고층 빌딩이 있었다. 하지만 밀려드는 관광객으로 인해 미케비치의 해안선을 따라 빌딩들이 빠르게 채우고 있다. 미케비치의 중심에는 해안선을 따라 형성된 고층 빌딩과 호텔 앞으로 비치 파라솔이 늘어서 있고, 파라솔 아래는 태닝을 즐기는 관광객이 가득하다. 현지인들은 해가 정말 따가운 낮에는 나오지 않고 해 질 무렵에 나와 강렬한 햇빛을 피해 수영을 즐기고 휴식을 취한다.

다낭은 서핑을 즐기는 서퍼들이 해변을 매웠지만 점차, 카이트 서핑과 다양한 해양 스포츠를 할 수 있는 해변으로 변화하고 있어서, 그들이 쉴 수 있는 장기 숙소들도 같이 들어서고 있다. 고층의 호텔 뒤편으로 2, 3성급 호텔과 게스트하우스가 채워지면서 한 달 살기 이상의 장기 여행자와 호캉스를 즐기는 단기여행자들이 동시에 늘어나고 있다.

**위치_** Vo Nguyen Giap Street, My Ward,, My An, Da Nang

# 다양한 모습을 보여주고 있는 미케 비치

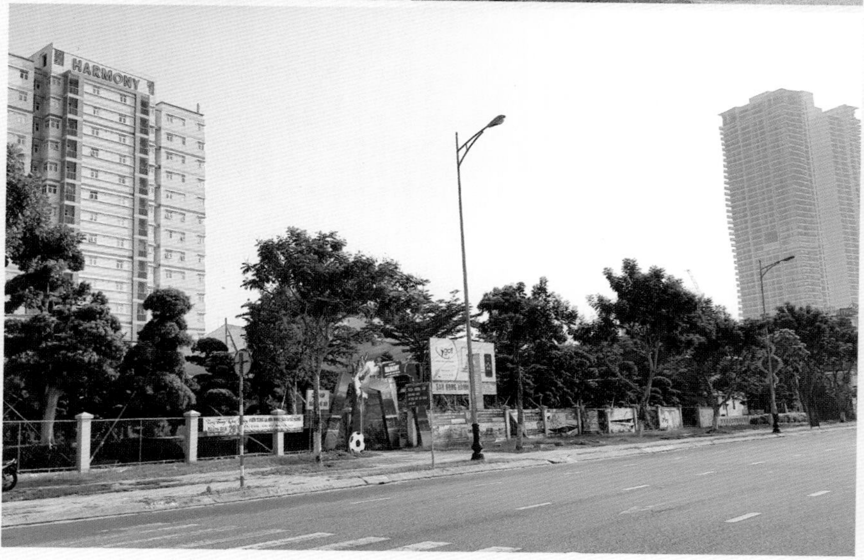
HARMONY

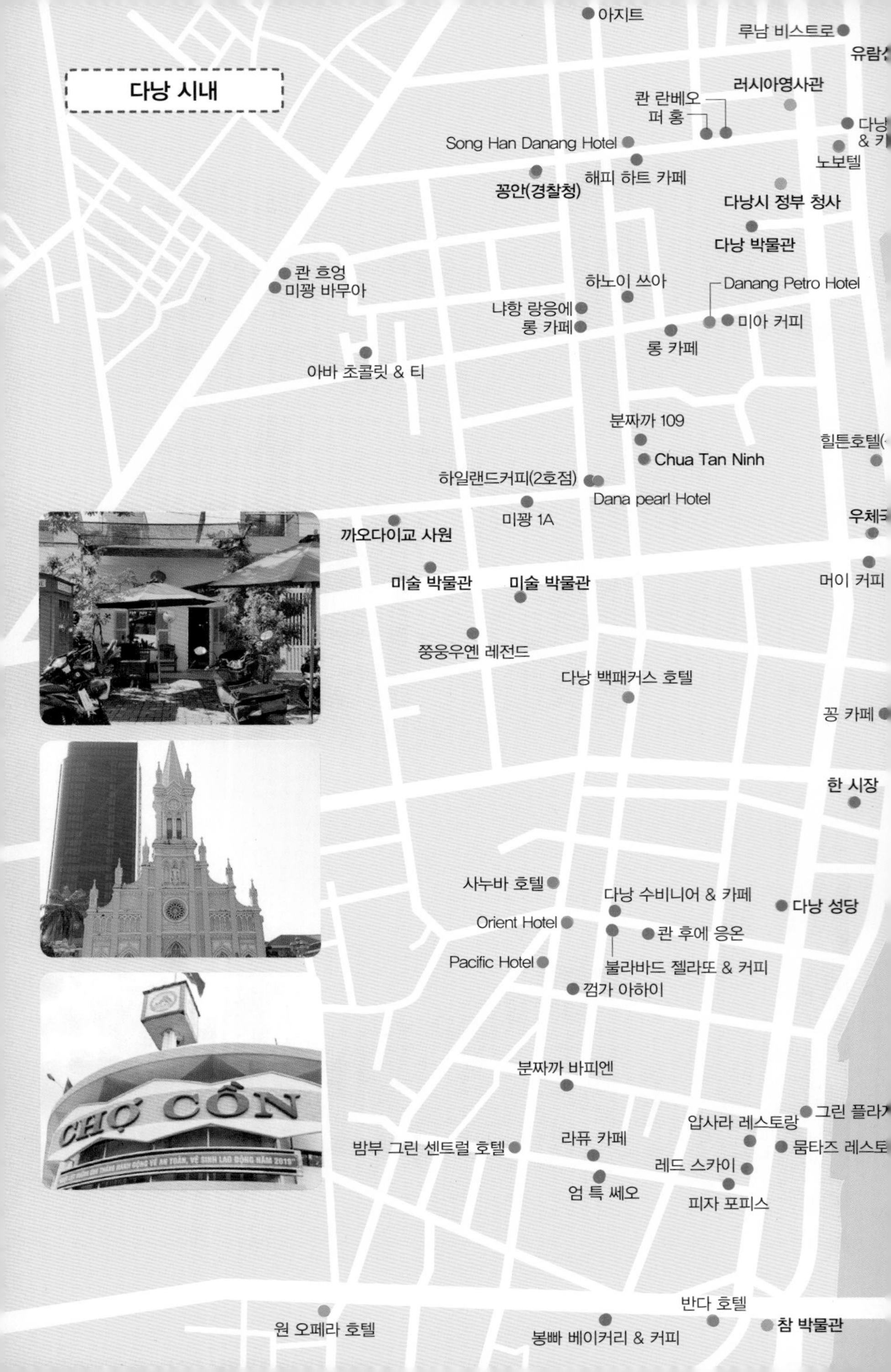
다낭 시내
아지트
루남 비스트로
유람선
러시아영사관
콴 란베오
퍼 홍
다낭
& 카
Song Han Danang Hotel
노보텔
해피 하트 카페
꽁안(경찰청)
다낭시 정부 청사
다낭 박물관
콴 흐엉
미꽝 바무아
하노이 쓰아
Danang Petro Hotel
냐항 랑응에
롱 카페
미아 커피
롱 카페
아바 초콜릿 & 티
분짜까 109
힐튼호텔
Chua Tan Ninh
하일랜드커피(2호점)
Dana pearl Hotel
미꽝 1A
까오다이교 사원
우체국
미술 박물관
미술 박물관
머이 커피
쭝웅우옌 레전드
다낭 백패커스 호텔
꽁 카페
한 시장
사누바 호텔
다낭 수비니어 & 카페
다낭 성당
Orient Hotel
콴 후에 응온
Pacific Hotel
불라바드 젤라또 & 커피
껌가 아하이
분짜까 바피엔
그린 플라자
압사라 레스토랑
라퓨 카페
밤부 그린 센트럴 호텔
뭄타즈 레스토랑
레드 스카이
엄 특 쎄오
피자 포피스
반다 호텔
원 오페라 호텔
참 박물관
봉빠 베이커리 & 커피
CHỢ CỒN

Bamboo Green
Riverside Hotel
보네 궈민
빈 반미
포쓰아
Indochina Riverside
하일랜드
푸드코트
레트로 치킨
르 보르도
서점
르 보르도
City Pub
제주항공 다낭 라운지
졸리 마트
꽁 카페
오엠 펍
미 AA-해피 브레드
Mayana Hptel
한 시장(쩌 한)
뷰 스파
리버터 호텔
Centre Hotel
Thoi Dai Hotel
선 리버 호텔
One Star Hotel
Paradise Hotel
호앙린 호텔
워퍼프런트 레스토랑
호이안행 버스정류장
다낭 성당
Happy Day Hotel
밤부 그린 호텔
브릴리언트 호텔
The Rachel Restaurant
후에 응온
아보라 호텔
퍼 박하이
나항 쩨비엣
퍼 29
Coffee Namunamu
Me Trang Cafe
다이아 호텔
메모리 호스텔
Dana Pearl 2Hotel
Highlands Coffee
리몬첼로
동즈엉 레스토랑
(옌바이 분점)
센스 스파
즈아 벤쩨 190 박당
낌도 레스토랑
낌지
Luxury Hotel
4U Boutique
Restaurant
뱀부 2부
다낭 중심부
알프레스코스

## 한 강 다리

베트남의 첫 선개교인 한 강 다리는 중요한 교통적 연결로일 뿐만 아니라 현대 건축적, 예술적 걸작으로 평가받는다. 저녁에 멋진 한 강 다리를 따라 거닐면 눈부신 네온 불빛을 감상할 수 있다. 강변을 따라 걸으면서 독특한 건축 양식을 카메라에 완벽하게 담을 수 있는 장소를 찾아보거나 다리를 건너 도시를 벗어나 동부 해안의 황금빛 해변에 닿을 수 있다.

한 강 다리는 1997년에 착공하여 3년 후에 완공되었다. 손트라 반도의 호텔과 리조트에 빨리 갈 수 있기를 바란 다낭 주민들이 공사에 큰 자금을 지원했기 때문에 큰 주목을 받았다. 한 강 다리의 화려한 설계적 특성을 감상하는 가장 좋은 방법은 걸어서 다리를 건너는 것이다. 천천히 486m 길이의 다리를 건너면 대각선으로 올라간 철골이 중앙 지점 위에 나무의 형상을 만들어낸다. 강 양쪽의 산책로를 따라 걸으면 다른 각도에서 다리를 볼 수 있다.

해가 진 후 밝은 네온 조명이 켜진 다리에 다시 찾아오면 다리의 그림자가 어두운 수면 위에 비쳐 어른거린다. 저녁 늦게 다시 돌아와서 다리가 회전하며 열리는 모습도 볼 수 있다. 한밤중에 몇 시간 동안 배가 지나갈 수 있도록 다리의 중심부가 수평으로 회전한다.

2013년에 용 다리가 새로 건설되었지만 한 강 다리는 여전히 도시와 해안가 사이를 오가는 지역 주민과 관광객의 중요한 관문 역할을 하고 있다. 다리의 동쪽으로 잠깐만 차를 달리면 팜반동 해변의 부드러운 모래와 따뜻한 푸른 바다가 펼쳐진다.

**위치_** 손트라 반도에서 차로 15분 거리

# 용 다리

Dragon Bridge

길이 666m 행운의 다리인 드래곤 브리지 Dragon Bridge는 말 그대로 용 모양이라서 대한민국 여행자들은 '용 다리'로 부르고 있다. 용의 머리가 향한 부근에 수상 카페와 레스토랑, 러브 브리지, 요트 체험장 등 새로운 볼거리들이 생기고 용 다리를 볼 수 있는 레스토랑은 인기 레스토랑으로 탈바꿈하고 있다. 백미는 매일 밤 9시에 열리는 이벤트. 불을 뿜어내는 용의 모습을 볼 수 있다.

**주소_** 손트라 반도에서 차로 15분 거리

**시간_** 11~14시, 17~22시

## 참 박물관
Museum of Cham Sculpture

별 생각 없이 갔다가 의외로 볼 유물이 많은 참 박물관Museum of Cham Sculpture은 다낭의 하이 쩌우 지구에 있는 한 리버 서쪽 강둑에 자리해 있다. 신과 여신의 아름다운 조각이 포함된 방대한 유물을 둘러보면서 고대 베트남의 참 문화를 알 수 있다. 참 박물관Museum of Cham Sculpture에서 1000년 이상 된 신과 여신의 조각상을 비롯한 역사적인 유물을 볼 수 있다. 고대 참 왕국의 방대한 예술품인 사암, 테라코타, 청동에 새겨진 그림으로 가득 찬 홀과 갤러리를 둘러볼 수 있다.

참 왕국은 베트남 중부와 남부 해안 일대에서 번성한 국가로, 2세기 말엽부터 17세기 후반에서 18세기 초반까지 명맥을 유지했다. 4~13세기 동안 번영했던 참파 왕국의 방대한 조각을 만날 수 있다.

왕국은 많은 사원과 탑, 방대한 예술품을 남겼다. 300점이 넘는 전시품은 모두 프랑스 고고학 조사단이 발굴한 것이다.

박물관은 크게 2동의 건물로 이루어져 있고, 시대와 양식별로 유물들이 전시돼 있다. 정문 근처에 있는 탑 맘 갤러리에서 박물관 여행을 시작한다. 힌두교는 참파 미술의 근간을 이루는 종교이다. 문화는 중국과 인도에서 유입된 힌두교의 영향을 받았다. 힌두교의 주요 신인 브라마와 시바의 조각상이 보인다. 미선 갤러리My Son Gallery에서 중요한 신들의 조각상은 참 왕국의 가장 신성한 보호 구역인 미선에서 발굴되었다.

콴 트리 갤러리Quan Tri Gallery로 이동하면 7~8세기의 유물을 볼 수 있다. 엔라지드 갤러리Enlarged Gallery에는 장신구와 여신의 조각상, 시바 여신의 시중을 들던 성스러운 소, 난딘Nandin을 새긴 사암 조각을 볼 수 있다. 짜끼에우 갤러리Tra Kieu Gallery에서 1,500년 이상 된 석조 제단도 볼 수 있다.

**홈페이지_** www.chammuseum.danang.vn
**위치_** 훙부엉 거리에서 차로 10분, 다낭 공항에서 약 4km, 다낭 기차역에서는 약 6km
**주소_** 22 Thang 9, Binh Hien, HaiChau, Da Nang
**시간_** 7~17시 30분
**요금_** 50,000동(16세 미만 무료)
**전화_** 84-236-3572-935

## 흥부엉 거리

Hung Vuong Street

다낭에서 가장 활기 넘치는 거리로 다낭의 중심이라고 할 수 있다. 거리를 따라 각종 의류 매장과 레스토랑, 카페가 밀집해 있어 휴양지가 아닌 도시 여행을 느낄 수 있는 곳이다.

베트남 시내를 가르는 오토바이와 구시가지의 오래되고 낡은 건물들이 주위를 감싸고 있다. 복잡하지만 다낭만의 규칙과 질서를 유지하며 도로 위를 달리는 오토바이들을 보면 신기한 마음로 저절로 생긴다. 이곳에는 다낭 대성당과 한 시장, 꼰 시장이 있다.

## 다낭 성당(핑크 성당)

Chinh Toa Da Nang

1923년에 세워진, 다낭에서 유일하게 볼 수 있는 프랑스풍의 건축물이 시선을 사로잡는다. 분홍색 외벽과 풍향계가 달린 70m의 뾰족한 첨탑은 한눈에 보이기 때문에 관광객들은 관심을 보인다.
이른 아침에 수탉이 울기 전에 예수 그리스도를 3번 부인한 베드로의 이야기로 수탉이 회개를 한다는 이야기를 듣고 만들었다고 한다. 미사가 있는 매주 일요일에만 입장할 수 있다. 성당 내부의 화려한 스테인드글라스도 눈길을 사로잡는다.

**홈페이지_** www.giaoxuchinhtoadanang.org
**주소_** 156 Tran Phu, Hai Chau, DaNang
**시간_** 5~18시

## 한 시장
Han Market

흥부엉 거리는 다낭이 작은 도시였을 때부터 사람들이 터전을 잡고 살았던 거리이다. 그래서 근처에는 다낭을 대표하는 재래시장인 한시장이 있다. 사람들은 시장에서 필요한 물건을 구입하고 상인들이 모여들면서 더욱 큰 시장으로 변화하였다.
지금은 'ㅁ'자형태의 2층 건물로 탈바꿈했다. 과일, 채소부터 베트남 중부에서 맛볼 수 있는 미꽝, 반베오 등으로 한끼를 채울 수 있다.

베트남 사람들이 아직도 필요한 물건이 모두 모여 있다고 하여 관광객이 많이 찾지만 과일이나 베트남 커피, 아오자이 등을 빼면 구입할 물품은 많이 없다. 그래도 베트남 시장의 분위기를 느껴볼 수 있다. 실내에 에어컨이 없으므로 오전이나 해 질 때 베트남 로컬 저녁식사를 위해 찾는 것을 추천한다.

**주소_** 119 Tran Phu, Hai Chau, DaNang
**시간_** 7~19시
**전화_** 0236-3821-363

## 꼰 시장
Con Market

한 시장이 다낭을 대표하는 재래시장이라면 꼰 시장은 저렴한 가격으로 기념품을 살 수 있는 시장이다. 특히 한국 관광객들이 패키지 상품 초창기부터 찾아 유명해졌다. 지금은 한 시장에서 아이쇼핑을 하고 꼰 시장에서 구입한다는 이야기를 할 정도로 관광객이 많이 찾는다. 특히 한 시장은 정찰제를 표방하지만 꼰 시장은 흥정이 가능하기 때문에 재미가 있다. 실내가 넓어서 시장 구경하는 재미를 느끼기 위해 찾는 관광객도 상당히 많아졌다.

**주소_** 269 Ong Ich Khiem, Hai Chau, DaNang
**시간_** 6~21시
**전화_** 0236-3837-426

# 빈콤 플라자

다낭 비치에서 까우 송 한강 다리로 가는 교차로에 있는 대형 쇼핑몰로 베트남 전역에 체인을 두고 있는 빈콤 플라자 다낭 지점이다. 우리나라의 일반적인 복합 쇼핑몰과 유사하게 해외 유명 브랜드와 대형마트, 영화관 등이 입점해 있다. 웅장한 외관과 깔끔하고 시원한 실내로 구성되어 있어서, 주말엔 특히 붐비는 곳이다.

**층별안내**

**1층** | 의류, 전자제품, 신발, 액서사리, ATM **2층** | 빈콤 마트, 의류
**3층** | 키즈 카페, 서점, 가정생활 용품 **4층** | 푸드 코트, 영화관, 아이스링크

**확인사항**

- 빈 마트는 8시부터 이용가능. 주차장 계단으로 올라가면 된다.
- 3층에 빈케 키즈 카페가 있다. 90,000동/어린이 1명
- 4층 영화관에서는 최신 한국영화도 상영한다.
- 층 아이스링크 매주 목요일에는 50%할인 행사를 한다.
  (주중 : 100,000동, 주말 : 140,000동, 스케이트 대여 : 30,000동)

**홈페이지_**vincom.com.vn **주소_** 910A Ngô Quyền, An Hải Bắc, Sơn Trà, Đà Nẵng
**시간_** 9시 30분~22시 **전화_** +84-236-3996-688

## 빈콤 마트

빈콤 플라자 2층에 있는 대형 마트이다. 플라자 내에 자리하고 있어서, 실내가 넓고, 쾌적해서 현지인뿐만 아니라 관광객들도 많이 찾는 곳이다. 신선식품, 가정생활 용품, 즉석 식품, 기념품까지 다양한 제품을 판매하고 있다. 판매 품목은 롯데마트가 조금 더 다양한지만, 숙소 위치가 빈콤 플라자가 가깝다면 방문하는 것을 추천한다.

**주소_** 빈콤 마트 2층

**시간_** 8시~22시

– 빈콤 플라자는 9시부터 영업을 시작하지만, 주차장 계단으로 올라가면 빈 마트로 올라가면, 8시부터 이용 가능.

– 300,000동 이상 주문 시 무료 배송해준다.

# 빈콤 플라자 Eating

## 키치-키치
KICHI KICHI

다양한 고기, 해산물, 야채를 무제한으로 즐길 수 있는 샤브샤브 뷔페다. 회전 초밥 집과 비슷하게 테이블에 앉으면 각각의 개인 샤브샤브 냄비를 깔끔하게 세팅을 해준다. 돌아가는 회전 접시를 집어서 냄비에 넣어서 먹는다.

소고기, 돼지고기, 닭고기에서부터 개구리 고기까지 있다. 1인용 냄비가 있는 바Bar 테이블도 있어서 혼자 여행하는 사람도 부담 없이 즐길 수 있다. 빈콤 마트에 있어서, 쾌적하고 시원해서, 현지인들로 식사 시간뿐만 아니라 항상 만원인 곳이다. 텍스는 미포함 되어 있고, 물수건도 비용을 받는다.

**주소_** 빈콤 마트 4층 **시간_** 9시 30분~22시 **요금_** 무제한 189,000동/1인, 고기 단품 69,000동

## 한쿡
Han Cook

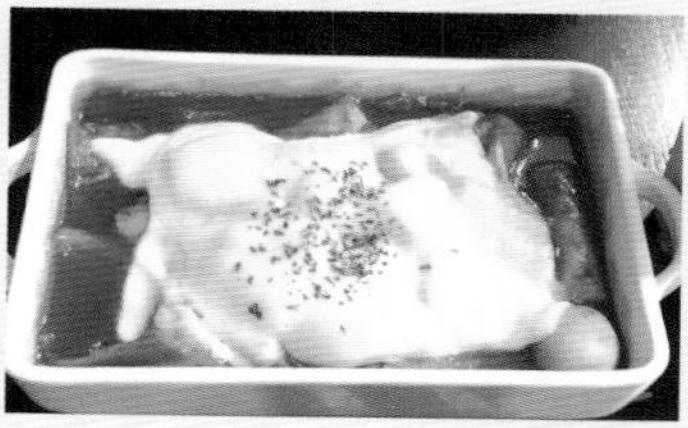

한국인이 운영하는 한식 전문 식당으로 다낭에 2곳의 지점이 있다. 1호점은 다낭 공항 근처에 있고, 2호점이 빈컴 플라자 4층 아이스링크 옆에 있다. 닭갈비, 김밥, 튀김등 다양한 한국 음식을 쾌적하고 깨끗한 실내에서 먹을 수 있다.

현지인들도 한류의 영향으로 한식을 즐겨 먹어서 한국인들보다 현지인들이 더 많다. 대표 메뉴는 닭갈비와 보쌈이다. 한국 소주도 판매하고 있으니 베트남 음식에 지친 여행자들에게 추천한다. 1층에 자리가 없다면, 2층에도 자리가 있으니 벽면 쪽 계단으로 올라가면 된다.

**주소_** 빈콤 마트 층4 **시간_** 9시 30분~22시 **요금_** 닭갈비 240,000동, 김치찌개 80,000동, 제육 덮밥 88,000동

# 고기 하우스
GoGi House

빈콤 플라자 4층 에스컬레이터 근처에 있는 한국식 고기집이다. 소고기부터 닭고기까지 다양한 고기류와 김치찌개, 비빔밥, 김치 등 기본적인 한국 음식은 다 갖추고 있다. 실내 장식부터 불판까지 한국 제품을 그대로 가지고와서 현지인들에게 특히 인기가 많은 곳이다. 메뉴판을 보고 직원에게 먹고 싶은 것을 주문하면, 1인분씩 가져다준다.
단품보다는 가격도 저렴하고, 다양한 메뉴가 포함된 뷔페 코스를 추천한다. 한국 음식을 먹으려고, 줄 서서 기다리는 베트남 사람들을 보면, 괜히 뿌듯하다. 베트남 프랜차이즈로 베트남 주요 도시에 지점을 가지고 있고, 다낭에도 3개의 지점이 있다.

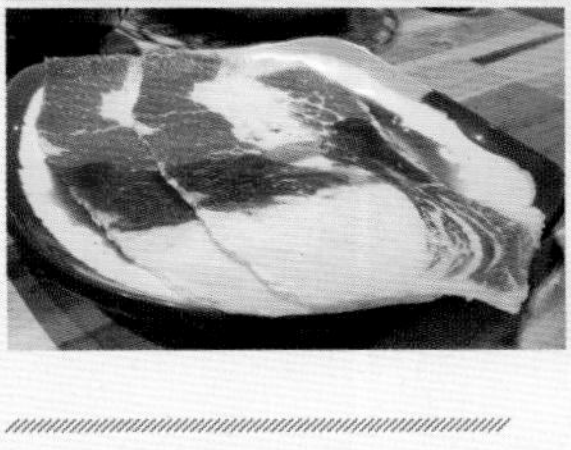

**주소_** 빈콤 마트 4층 **시간_** 9시 30분~22시
**요금_** 2999,000동/성인 기준, 단품 삼겹살 89,000동, 떡볶이 99,000동, 비빔밥 89,000동

43-S9
0805

CỘNG CÀ PHÊ

## 손트라 야시장
Son Tra Night Market

용다리 머리 쪽으로 직진하여 올라가면 있는 손트라 야시장은 다낭을 대표하는 야시장이다. 진입로는 여러 곳이 있는데 시내에서 걸어가기도 한다. 간이 부스에 차려진 많은 상점들이 먹거리와 기념품 등을 판매하고 있어서 시원한 강바람을 맞으면서 시장을 둘러볼 수 있다. 최근에 개장한 헬리오 야시장은 시내에서 멀어서 찾기 불편하지만 손트라 야시장은 찾기 쉬운 장점이 있다. 특히 베트남에서만 먹어볼 수 있는 다양한 먹거리를 저렴하게 먹고 마실 수 있어서 다낭에서 해가 진 후 꼭 찾아가는 명소가 되었다.

## 사랑의 다리
DHC Marina

해가 지면 용다리Dragin Bridge에 불이 켜지고 용다리 머리의 동쪽 부두에 사람들이 모여든다. 선착장을 향해 뻗은 다리에 붉은 하트에 불이 켜지면서 아름답게 변한다. 주말에 관광객이 많아지면 좁은 다리에 사람들로 꽉 찬다.

입구에는 싱가포르의 라이언 상을 보고 만든 잉어 분수상이 있다. 용이 입으로 물을 솟구치고 몸통은 잉어인데 용으로 변하고 있는 잉어라는 뜻으로 '까 쨉 호아Ca Chep Hoa Rong'라고 부른다. 베트남의 장인 30명이 200톤의 대리석 상을 만들었다.

**홈페이지_** www.dhcgroup.vn
**주소_** Duống Tràn Hung Dao, An Hài Teung, Son Trà
**전화_** 0236-3561-545

## 아시아 파크
Asia Park

대 관람차가 있는 아시아 파크는 선힐Sun Wheel로 유명하지만 뜨거운 낮에 관람하는 것은 덥고 습해서 이용하는 것이 쉽지 않다. 베트남의 유명 기업인 선 그룹에서 아시아 파크를 인수하여 대규모 테마 파크로 만들고 이름도 선 월드 다낭 원더스라고 붙였지만 관광객들은 아시아 파크로 알고 있다. 베트남을 중심으로 아시아 9개국의 문화를 테마로 놀이기구를 만들어놓았다. 다만 바이킹, 회전목마, 자이로드롭, 롤러코스터 등의 놀이기구는 어디서든 쉽게 탈 수 있기에 대한민국의 관광객들이 만족하기는 쉽지 않다. 아이들과 함께 온 가족여행자들이 포토존에서 사진을 찍고 붐비지 않고 즐길 수 있는 것은 장점이다.

**홈페이지_** www.danangwonders.sunworld.vn
**주소_** 1 Phan Dang Luu, Hoa Curong Bac, Hai Chau
**시간_** 15시 30분~22시 (주말은 9시부터 시작)
**요금_** 자유이용권 200,000dong
(어린이 150,000dong/1m 이하의 어린이는 무료)
**전화_** 0236-3681-666

### 대관람차 '선휠'

115m에 이르는 대 관람차는 싱가포르에서 벤치마킹하여 세계 10대 관람차로 만들었다. 15~20분 정도 소요되는 관람차에는 6명까지 탑승이 가능하다.

낮에 관람차를 타면 너무 더워서 쪄 죽는다고 이야기하므로 해지는 시간대를 확인하고 탑승하는 것이 좋다. 해지는 한강 다리에서 붉은 빛으로 물드는 떨어지는 해를 보는 것은 하루의 피로가 싹 사라지게 할 것이다.

### 아시아 파크 야시장

아시아 파크 옆에는 밤마다 야시장이 열리는데, 사람들로 붐비지 않으면서 야시장을 즐길 수 있다는 것이 장점이다. 다낭에서 가장 유명한 손트라 야시장에는 항상 다낭시민들과 관광객들로 붐비고 혼잡스럽다. 현지인들은 주로 아시아 파크의 야시장을 이용하여 데이트나 친구들과 즐기는 경우가 늘어나고 있다.

## 하이반 패스

Hai Van Pass

다낭에서 후에 투어를 신청하면 가장 먼저 찾는 496m의 산 정상이 하이반 패스이다. 다낭을 벗어나 약 30㎞정도 북쪽으로 이동하면 산 정상에 이르고 차들이 서 있고 상점들이 보일 것이다.
약 20㎞에 이르는 고개 길로 해안을 둘러싼 바다까지 볼 수 있어 풍경은 아름답다. 지금은 아름답지만 베트남 전쟁 때는 아찔한 하이반 패스를 두고 치열한 전투가 벌어져 지금도 요새로 둘러싸여 있는 것을 확인할 수 있다.

현지인들은 통행료를 내고 하이반 터널을 지나 후에로 직행하는 사람들이 많아지기도 했다. 기차를 타고 창밖으로 보는 하이반 패스도 감상할 수 있다.

**주소_** Deo Hai Van, TT. Lang Co, Lien Chieu

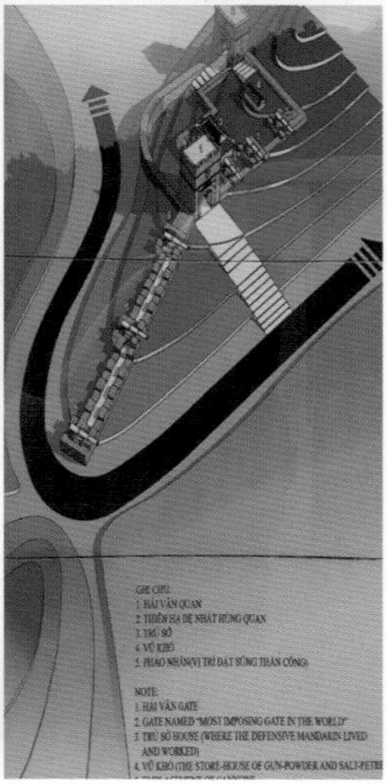

045
HA244

# 대한민국 관광객이 찾는 다낭의 대표 Eating Best 7

## 버거 브로스(Burger Bros)

다낭에서 관광객에게 가장 유명한 수제 버거 전문점으로 대표 메뉴는 미케 버거 Mike Burger이다. 2015년에 시작된 수제 버거는 고기를 좋아하는 서양 관광객에게 알려지면서 지금에 이르렀다. 페티를 2개를 넣기만 하는 것이 아니고 풍부한 육즙이 가득한 패티가 인상적이다.
그래서 큰 버거는 두손으로 잡아야만 할 정도이다. 다낭에 비치와 시내에 2개 지점이 있고, 15만동 이상 주문하면 숙소까지 배달을 해주기 때문에 관광객들이 저녁 시간에 배달을 많이 주문한다. 점심시간 이후에 쉬는 브레이크 타임이 2~3시 사이에 있다.

시내점

**주소_** 4 Nguyễn Chí Thanh, Thạch Thang, Hải Châu, Đà Nẵng(시내점)
**시간_** 11~14시, 17시~22시 **요금_** 미케 버거 140,000동, 치즈 버거 80,000동 **전화_** +84-093-192-12-31

마케비치점

**주소_** 18 An Thuong 4, My An Ward, Ngu Hanh Son District, Da Nang
**시간_** 11~14시, 17시~22시 **요금_** 미케 버거 140,000동, 치즈 버거 80,000동 **전화_** +84 094 557 6240

## 퉁피 비비큐(Thung Phi Bbq)

여행 예능이었던 '배틀 트립'에 소개된 이후 베트남만의 숯불구이로 인기를 얻게 되었다. 대로변에서 안쪽으로 50m정도 들어가면 노란색의 간판이 보이고 가정집으로 걸어 들어가야 찾을 수 있지만 많은 사람들이 찾는 곳이라 인파를 따라가면 나올 것이다. 한국인 관광객이 많아지면서 기본 반찬이 서비스로 나오고 숯불을 가운데에 놓아준다. 모든 고기의 바비큐를 맛보게 해주기 때문에 소고기, 돼지고기, 닭고기, 새우, 개구리 등 다양하다. 4명이상의 가족 여행객은 화로가 작아서 굽다가 시간이 간다고 말하기도 한다.

**주소_** 195 Nguyễn Văn Thoại, An Hải Đông, Sơn Trà, Đà Nẵng **시간_** 16~22:30
**요금_** 소고기 안심 79,000동, 돼지 갈비69,000동 **전화_** +84-093-454-22-33

## 람 비엔 레스토랑(Lam Vien Restaurant)

문재인 대통령도 방문한 다낭에서 유명한 베트남 고급 레스토랑으로 깔끔하게 정리된 정원에서 처음으로 놀라게 된다. 2층으로 올라가는데, 신발을 벗고 올라가고, 테이블이 조그만 방으로 나누어져 조용히 식사하도록 도와준다. 그동안 유럽 여행자에게 베트남 요리를 고급스럽게 즐길 수 있어서 알려졌다가 대통령 방문 이후, 대한민국 관광객들의 방문이 더욱 많아졌다고 한다. 성수기의 저녁 식사는 특히 예약을 하지 않으면 오랜 시간 기다려야 하니, 예약을 하고 이동하는 것이 좋다.

겉은 바삭하고 속은 촉촉한 반쎄오, 돼지갈비 볶음을 새콤한 소스에 찍어 먹으면 베트남 요리를 달리 생각하게 될 것이다. 식사 인원이 4명 이상이라면 저녁에 야외에서 시원한 바람과 함께 하는 것을 추천한다.

**홈페이지_** http://lamviendanang.com/index.php/contact-us
**주소_** 88 Trần Văn Dư, Bắc Mỹ An, Ngũ Hành Sơn, Đà Nẵng
**시간_** 11시 30분~22시 **요금_** 반쎄오 135,000동, 스프링롤 150,000동 **전화_** 0236-3959-171

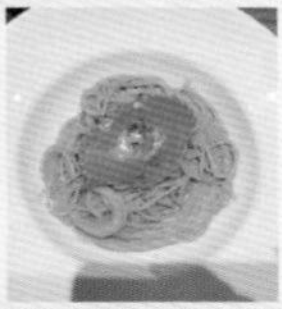

## 피자 포피스(Pizza 4P's)

하노이를 시작으로 호치민, 다낭 등 베트남 대표 도시에서 인기를 끌고 있는 피자 전문점이다. 최근의 재료에 관심이 높은 트렌드에 맞게 좋은 재료로 만든다. 가장 인기가 높은 메뉴는 반반 피자로 중앙에 보이는 화덕에 넣어 직접 조리과정을 볼 수 있다.
직접 만든 치즈를 추가 하면 덩어리 상태 그대로 피자에 올려주므로 더욱 먹음직스럽다. 게살 스파게티, 바질소스 스파게티, 새우 파스타, 연어 크림 파스타 등 다양한 메뉴의 피자가 있다. 점점 현지인들도 방문이 많아지고 있어서 예약을 안 하고 가면 대기를 하는 경우가 많아 홈페이지나 전화로 예약을 하는 것이 좋다.

**홈페이지_** http://pizza4ps.com
**주소_** 8 Đường Hoàng Văn Thụ, Phước Ninh, Hải Châu, Đà Nẵng
**시간_** 19시~22시, 토요일, 일요일 9시~22시 30분 **요금_** 게 파스타 225,000동, 마르게리타 150,000동
**전화_** +84-028-3622-0500

## 퍼 홍(Quán Phở Hồng)

쌀국수 전문점으로 고기가 부드럽고 면발이 쫄깃하고 깔끔한 국물 맛이 한국 관광객에게 소문이 났다. 다낭 시내 관광을 하다가 대성당 근처에서 점심으로 추천한다.
스프링롤(넴)도 인기가 있지만 쌀국수, 양지 쌀국수, 차돌 쌀국수가 한국인 입맛에 맞다. 현지인들은 쌀국수와 함께 주는 튀긴 긴 꽈배기인 '꿔이'는 국물에 적셔 먹는다. 한국인이 많이 방문하면서 김치도 반찬으로 주고 있다.

**주소_** 10 Lý Tự Trọng, Thạch Thang, Hải Châu, Đà Nẵng
**시간_** 7시~21시 **요금_** 쌀국수 40,000동 **전화_** +84-98-878-23-41

## 반미 해피 브레드

한 시장을 쇼핑하고 나서 배가 고파진다면 길 건너 반미를 간식으로 추천한다. 이곳은 한국인이 직접 반미를 만드는 곳으로 빵 안이 부드럽고 쫄깃하며, 겉은 바삭바삭하다. 내부가 청결하고 반미 속 재료도 신선하다.

현지인들이 만드는 반미와는 다르게 패스트푸드 햄버거 가게처럼 반미를 판매하기 때문에 베트남에서 대한민국 스타일로 변환된 반미라고 생각하면 될 것이다. 다낭 시내의 한시장이 가까이 있는 1호점은 항상 붐비므로, 여유롭게 즐기고 싶다면 근처의 2호점을 찾아가 보자.

**주소_** 14 Hùng Vương, Hải Châu 1, Hải Châu, Đà Nẵng **시간_** 10~22시 **요금_** 새반미 JJ 70,000동, 반미TL 60,000동
**전화_** +84-764-926-403

## 파 라운지(FA lounge)

싱싱한 해산물 요리뿐만 아니라 일반적으로 먹는 베트남 요리가 다양하다. 주인이 직접 메뉴도 설명하면서 추천도 해주기 때문에 편하게 한국에서 먹는 것처럼 맛있는 한 끼를 할 수 있다. 다만 한국인 입맛에 맞는 베트남 요리로 먹는데 부담은 없지만 로컬 베트남 요리와는 조금 다르다. 신선한 재료와 내부가 깔끔하고 한국어가 가능한 베트남 해산물 식당으로 더욱 인기가 높아지고 있다.

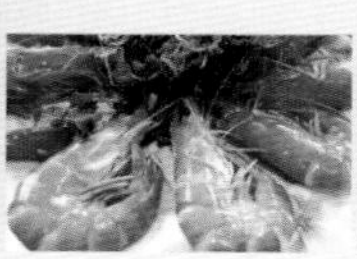

**주소_** Lô 18AB2 Võ Văn Kiệt, Phước Mỹ, Sơn Trà, Đà Nẵng
**시간_** 10시 30분~ 22시 **요금_** 새우 마늘 볶음 195,000원, 반호이 120,000동, 바지락탕 90,000동
**전화_** +84-236-3966-996

# 다낭 커피 & 카페 Best 7

## 하이 파이브 커피(High 5 coffee)

사랑의 다리 근처에 작은 시장이 있는, 노란색이 커피전문점 간판으로 유명한데, 직원들도 상의를 노란색으로 입고서 서비스를 해주기 때문에 기억에 많이 남는다. 1층의 야외 테이블에서 이야기를 나누는 사람들은 대부분 다낭 시민들이고 실내에서 에어컨 바람에 시원하게 있는 사람들은 한국관광객이다. 노란색 간판이 눈에 띄는 커피 전문점은 현지인들의 데이트 장소였지만 최근에는 대한민국 여행자가 더욱 많아졌다. 의외로 저렴한 가격에 조용한 분위기에서 베트남식의 커피, 주스, 스무디를 마실 수 있다.

**주소_** 42 Mai Hắc Đế, An Hải Trung, Sơn Trà, Đà Nẵng
**시간_** 6시 30분~22시 **요금_** 스무디 39,000동 **전화_** 0866-687-667

## 르 쁘띠 카페(le petit Café)

아기자기한 실내분위기는 세련되지는 않지만 다낭의 더운 날씨를 피해 시원하게 쉬었다 가기에 좋다. 신발을 벗고 올라가면 의자에 앉아 오랜 시간 머무르는 2층은 데이트 전용 공간처럼 이용된다.
카페에는 반미와 샌드위치가 있어 간단한 식사를 하면서 머물 수 있다. 로컬 카페보다는 커피 가격이 비싸지만 오래 머무르는 시간까지 감안하면 적당한 가격이다.

**주소_** 51 Hoàng Kế Viêm, Bắc Mỹ Phú, Ngũ Hành Sơn, Đà Nẵng
**시간_** 6시30분~20시 30 **전화_** + 84-093-910-05-85

## 투 차 (TOOCHA)

다낭 용 다리 뒤쪽 카페가 몰려 있는 거리에 있는 밀크 티 전문점으로 호치민에도 있다. 배달하는 사람과 주문하는 손님이 많아서 항상 북적이는데, 나에게 맛은 공차와 차이가 없었다. 특히 현지인들은 1층 주로 자리를 잡기 때문에 북적이지만 2층으로 가면 조용하게 즐길 수 있다. 영수증에 주문번호와 이름을 적어 차가 나오면 불러주기 때문에 기다리지 않아도 좋다. 시원한 바람을 맞으면서 저녁에 즐기는 현지인들이 있었지만 관광객이 많아지면서 낮에도 북적이는 곳이 되었다.

**주소_** 79 Nguyễn Văn Linh, Phước Ninh, Hải Châu, Đà Nẵng **시간_** 7시 30분~22시 **전화_** +84 1800 1991

## 휴롬 주스 카페(Hurom Juice Cafe)

생과일을 직접 짜주는 방법이 흔하지 않아서 한국 스타일의 과일 빙수, 아이스크림 등으로 인기를 끌고 있다. 동그랗게 떠낸 수박에 연유를 올려 먹는 수박 빙수는 한여름의 더위를 식혀주고 열대지방에서만 맛볼 수 있는 메론 빙수는 관광객의 주로 주문하는 메뉴이다. 한류가 인기를 끌면서 덩달아 인기가 높아지면서 마켓비치점도 문을 열었다.

**주소_** 40 Nguyễn Văn Linh, Nam Dương, Hải Châu, Đà Nẵng **시간_** 7시~23시
**요금_** 수박빙스 120,000동, 메론 빙수 130,000동 **전화_** +84-236-6279-977

## 블러바드 젤라또 커피(Boulevard Gelato & Coffee)

다낭 대성당 근처에는 젤라또를 전문으로 판매하는 커피□으로 베트남식의 블랙커피와 밀크 커피부터 카푸치노 등의 커피도 같이 즐길 수 있다. 18가지의 젤라또를 판매하고 있다. 코코넛 젤라또와 수박 메론 빙수를 비롯해 18가지의 젤라또를 만들고 있다. 인테리어가 유럽 분위기에 깔끔하여 현지 연인들이 자주 찾는다.

**주소_** 77 Trần Quốc Toản, Phước Ninh, Hải Châu, Đà Nẵng **시간_** 7시 30분~22시
**요금_** 3 scoops(3가지맛) 75,000동, 2가지맛 55,000동 **전화_** +84-96-800-76-25

## 미트 프레쉬(Meet fresh)

초록색 간판으로 인상적인 대만 빙수 체인점으로 입구에 빙수를 보여주면서 방문객을 끌어 모으고 있다. 생 망고가 가득한 망고 빙수는 둘이 먹기에 충분할 정도이다. 다만 빙수의 가격이 저렴한 편은 아니기 때문에 대부분 2명이 하나의 빙수를 주문한다.

빙수에는 팥, 젤리, 푸딩, 연 두부를 토핑이 들어가 젤리 팥빙수 등의 이름으로 주문할 수 있다. 신발을 벗고 2층으로 올라가 조용히 대화를 나누면서 빙수를 즐길 수 있어서 연인들이 자주 찾는다.

**주소_** 87 Yên Bái, Phước Ninh, Hải Châu, Đà Nẵng
**시간_** 9시~10시 30분
**요금_** 홍차 45,000동, 망고 슬러쉬 75,000동
**전화_** +84-93-593-98-38

# 차타이(Che Thai Lien)

오로라 호텔 길 건너편에는 사람들이 줄서 있는 모습을 볼 수 있다. 사람들이 오고가고, 배달과 포장이 끊임없이 이어진다. 젤리, 열대과일인 두리안, 리치, 잭 푸르트 등 달고 쫄깃한 젤리의 식감이 빙수맛을 더한다. 외식이나 산책 후 가족과 함께 즐기는 현지인을 쉽게 볼 수 있다. 로컬이라 실내에 자리가 없으면 밖에서 목욕탕 의자에서 자리 잡고 먹으면 된다.

차타이(Che Thai Lien)

**주소_** 189 Hoàng Diệu, Nam Dương, Hải Châu, Đà Nẵng **시간_** 8시~22시
**요금_** 체타이 20,000동 **전화_** 090-644-60-73

# 다낭의 인기 있는 베트남 전문요리 Best 7

## 하노이 쓰어(Hà Nội xưa)

골목에 들어가면 고기를 굽는 냄새가 코를 자극하고 사람들이 줄 서 있는 장면으로 다낭의 맛집이라는 사실을 알 게 된다. 점심시간에만 파는 분짜Bun Cha는 인원수대로 나오고, 넴Nem은 추가로 주문하면 빠른 시간 안에 내 온다. 불향이 가득한 고기가 느끼할 수 있는데, 무가 가득 담긴 느억맘 소스에 쌀국수를 찍어서 같이 먹으면 느끼함이 사라진다. 다낭에서 오랜 시간 동안 다낭 시민에게 사랑받은 만큼 가격도 저렴하게, 맛도 딸이 배우면서 유지하려고 한다. 점심 장사지만 재료가 금방 떨어지면 문을 닫으니, 일찍 방문해보자.

**주소_** Đà Nẵng, Hải Châu, Nguyễn Chí Thanh, Q. Hải Châu
**요금_** 10시~ 14시 30분 **시간_** 40,000동, 넴 12,000동 **전화_** 0906-220-858

## 옹황(ng Hoang)

현지인들에게 인기 있는 식당으로 계란 지단 길이가 35㎝이고 재법 큰 새우가 들어간 '반쎄오'로만 운영하고 있다. 베트남 젓갈에 라임과 작고 매운 고추를 넣어 소스를 만들어서 각종 쌈과 야채에 둥글게 만들면 된다. 쌀국수 면, 얇게 자른 돼지수육, 튀긴 두부, 넴, 오이 등은 매일 달라지지만 음식을 싸서 소스에 찍어먹으면 베트남 중부의 맛을 느낄 수 있을 것이다. 사랑의 다리 근처에 있어서 찾기도 쉽기 때문에 저렴한 가격에 베트남 전통 요리를 맛볼 수 있는 곳으로 사랑받고 있다.

**주소_** 395 Đường Trần Hưng Đạo, An Hải Trung, Sơn Trà, Đà Nẵng
**요금_** 분다우 맘 톰 45,000동, 반쎄오 35,000동 **시간_** 24시간 **전화_** 0768-509-179

## 반쎄오 바즈엉(Bánh Xèo Bà Dưỡng)

바삭한 반쎄오를 라이스 페이퍼에 각종 야채를 넣어 돌돌 싸서 함께 가져온 고소한 땅콩 소스에 찍어 먹으려면 반쎄오 골목으로 가는 것이 좋다. 골목 제일 끝에 위치하여 찾아가기가 힘들고, 깔끔하고 에어컨이 나오는 시원한 식당은 아니다. 반쎄오와 함께 주는 넴 루이는 먹는 만큼 계산하기 때문에 많이 준다고 거부할 필요는 없다. 야채에 고수도 포함되어 있어서 고수는 빼고 먹으면 된다.

**주소_** 23 Hoàng Diệu, Bình Hiên, Hải Châu, Đà Nẵng
**요금_** 반쎄오 60,000동, 넴루이 6,000동/개
**시간_** 9시~21시 30분
**전화_** +84-0236-3873-168

## 껌가 아하이(Cơm gà A.Hải)

닭다리를 밥 위에 올라가 있는 껌가를 파는, 에어컨이 나오지 않는 로컬 식당이다. 점심시간에는 현지인만 있었지만 최근에는 관광객들로 북적이고, 먹으면 바로 자리를 비워줘야 할 정도로 손님이 많다. 닭다리가 꽤 큰 편인데, 구운 치킨의 맛이 옛날 통닭과 비슷해 저녁 식사뿐만 아니라 맥주와 함께 음주를 하기도 했다. 맑고 담백한 국물과 아삭한 양배추 피클도 같이 주는 데, 국 대용으로 좋다.

**주소_** 100 Thái Phiên, Phước Ninh, Hải Châu, Đà Nẵng
**요금_** 껌가 48,000동 **시간_** 8시~22시
**전화_** +84-090-531-26-42

## 반 베오 바베(Bánh bèo Bà Bé)

주인 아줌마가 친절하게 먹는 법도 가르쳐 주기 때문에 베트남의 전통 음식을 먹고 싶은 관광객이 자주 찾는다. 찹쌀로 만든 피에 고기, 구운 마늘, 새우등을 올려서 먹는 반 베오는 찹쌀로 만든 바삭한 꽈베기(람)를 위에 올려주는 '반 잇람'이라고 부른다.
찹쌀로 쫄깃하게 만들기 때문에 쫀득쫀득 식감이 고기와 느끼함을 잡아준다. 반 베오, 반록, 짜넴, 반 잇람이 세트로 나오므로 인원에 따라 가격이 결정된다.

**홈페이지_** www.madamelan.vn **주소_** 100 Đường Hoàng Văn Thụ, Phước Ninh, Hải Châu, Đà Nẵng
**요금_** 1인 30,000동 **시간_** 6시~10시 **전화_** +84-90-645-04-63

## 분맘번(Bún Mắm Vân)

얇은 쌀 면이 들어가는 음식에는 ‘분B□n’이라는 이름이 붙는데, 파파야, 구운 돼지고기, 땅콩 고명에 나오는 음식으로 우리나라 비빔국수와 더 비슷하다. 개인이 원하는 만큼의 느억맘 소스를 넣고 비벼 먹는 베트남 스타일의 비빔국수는 점심 식사로 다낭에서 자주 먹게 된다. 국물이 진하게 면을 적실만 큼만 나오는 '미꽝'과는 다른 음식이다.

이곳은 골목 안쪽에 있어서 찾아가기가 힘들지만 점심 식사시간이 되면 식당 앞에 사람이 몰려 있어서 쉽게 찾을 수 있다. 얇게 썬 돼지고기 수육을 야채들을 라이스페이퍼에 싸서, 느억맘 소스에 찍어먹는 ‘반짱 꾸온 팃 헤오’가 인기이다. 현지인들은 언제나 북적거리기 때문에 가끔 주문을 까먹기도 하니 주문이 되었는지 확인하는 것이 좋다.

**먹는 방법**

젓갈 소스는 비빔국수와 어울리지 않다고 생각되지만, 비벼서 먹어보면 매콤하고 짭짤한 맛이 비리지 않다. 자주 먹으면 향긋한 향이 느껴지는 특이한 맛이다. 더운 지방에서 느억맘 소스를 이용해 새로운 음식을 만들어 낸 것이 신기하다. 테이블 위에 있는 고추를 소스에 넣으면 매콤한 비빔국수 맛을 느낄 수 있다.

**주소_** 23/14 Trần Kế Xương, Hải Châu 2, Hải Châu, Đà Nẵn **요금_** 분팃꾸아이 22,000동, 반짱 꾸온팃헤오 45,000동
**시간_** 6시 30분~22시 **전화_** +84-236-3818-009

## 반 쿠온 농 하이후에(Bánh cuốn nóng Hải Huệ)

다낭 주경기장 근처에 있는 반 꾸온을 파는 식당이다. 반 꾸온은 얇은 쌀가루 반죽에 다진 돼지고기와 목이 버섯 등의 재료를 넣어서 말면 뜨거운 열기에 찐 음식이다. ‘분’은 얇은 면이지만 ‘반’은 넓은 면이라서 쫄깃한 식감이 다가오고, 아삭한 야채에 느억만 소스를 넣어 적당하게 간을 만든다. 아침이나 점심에 간단하게 한 끼 식사를 위해 팔고 있기 때문에 가격도 저렴하다.

**주소_** 47A Ngô Gia Tự, Hải Châu 1, Hải Châu, Đà Nẵng
**요금_** 반꾸옹 25,000동(스몰), 30,000동(라지)
**시간_** 6시~21시 **전화_** +84-93-563-49-14

# 다낭의 인기 있는 쌀국수 전문점

## 포뚜(Phở Thư)

미케 비치와 가까운 곳에서, 깔끔하게 쌀국수와 분짜, 스프링 롤의 베트남 전통 요리를 2012년부터 판매하고 있다. 겉이 바삭하고 속은 부드러운 스프링 롤은 재방문하는 사람들이 많아서 항상 북적인다. 주문할 때 고수를 못 먹는다고 미리 이야기를 하면 빼준다. 아이를 위한 의자가 있어 가족여행자도 자주 찾는다.

**주소_** Lô 42 Đỗ Bá, Bắc Mỹ Phú, Ngũ Hành Sơn, Đà Nẵng
**시간_** 12시~22시 **전화_** +84-0236-3561-668

## 냐벱(Nhà hàng Nhà Bếp)

진하지만 담백한 국물에 소고기를 고명에 얹어 한 끼 먹으면 든든한 다낭의 대표적인 쌀국수 전문점으로 알려져 있다. 새우, 조개, 오징어를 넣어 매운 국물로 만든 쌀국수는 로컬 쌀국수의 맛과는 다르게 관광객의 입맛에 맞추었다. 포 하이산, 쌀국수 면과 큼직한 숯불향 나는 고기가 가득 들어간 '분짜' 등 베트남 음식을 깨끗하게 먹을 수 있는 곳이다.

**주소_** 416 Võ Nguyên Giáp, Bắc Mỹ An, Ngũ Hành Sơn, Đà Nẵng
**시간_** 10시 30분~22시
**요금_** 소고기 쌀국수 69,000동, 파인애플 볶음밥 119,000동
**전화_** +84-090-520-47-78

## 분짜까 109(Bún chả cá 109)

다낭 시민들이 아침에 줄 서서 먹는 쌀국수로 유명하다. 어묵에 양배추, 토마토로 우린 국물이 의외로 칼칼해서 술 먹고 아침에 해장으로 먹는 사람들도 많다. 관광객은 '라지'로 주문을 하고 작은 '스몰'은 현지인들이 찾는다. 현지인에게는 물어보지도 않지만 관광객에게는 사이즈를 물어본다. 레몬을 짜서 넣고 작은 베트남 고추까지 넣으면 해장에 좋은 해장국이 된다. 더운 점심시간에는 에어컨이 없어서 꽤 덥기 때문에 아침에 찾아가는 것을 추천한다.

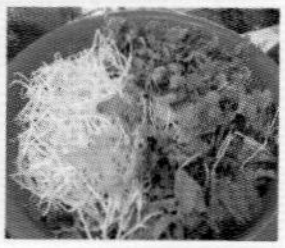

**주소_** 109 Nguyễn Chí Thanh, Hải Châu 1, Hải Châu, Đà Nẵng
**시간_** 6시~22시 **요금_** 25,000동~30,000동 **전화_** +84-094-571-3171

## 분짜까 바 피엔(Bun Cha Ca Ba Phien)

양배추와 생선, 어묵으로 우린 칼칼한 국물은 기름기가 있는 육수를 싫어하는 관광객에게 호불호가 갈리게 한다.

작지만 정리는 잘 되어 있는 로컬 쌀국수 식당으로 이른 아침부터 북적인다. 어묵이 4~5가지나 들어가기 때문에 고수의 강한 향을 어묵이 대신하도록 만들었다. 분짜까 109와 비교하는 관광객이 많다.

**주소_** 63 Lê Hồng Phong, Phước Ninh, Hải Châu, Đà Nẵng
**시간_** 5시 30분~10시
**요금_** 분짜까 30,000동, 참치 대가리 45,000동
**전화_** +84-90-510-20-47

## 포 박 하이(Phở Bắc Hải)

대성당 근처에 있는, 진한 국물이 찰기가 있는 면발이 쫄깃한 베트남 중부의 전통 쌀국수 맛을 느낄 수 있다. 숙주, 야채, 라임, 고추를 넣어먹는 데, 관광객은 그대로 먹는 것이 더 낫다.
오토바이가 바로 앞으로 지나다니기 때문에 매연이 싫다면 실내에 자리를 잡아야 한다. 대한민국에서 먹었던 쌀국수와 비교하면 차이가 느껴지는 맛이다.

**주소_** 185 Đường Trần Phú, Hải Châu 1, Hải Châu, Đà Nẵng
**시간_** 6시~23시 30분
**요금_** 쌀국수 40,000동
**전화_** +84-93-519-56-68

## 미꽝 1A(Mì quảng 1A)

베트남 중부, 꽝남 지방의 비빔 쌀국수인 미꽝Mì quảng을 파는 음식점이다. 미꽝Mì quảng은 돼지 뼈와 소뼈를 우린 육수에 우리나라의 칼국수 면처럼 넓은 면에 다양한 고기 고명을 넣어 비벼 먹는 음식이다. 같이 나오는 신선한 야채를 넣어 비비면, 아삭한 식감도 함께 맛 볼 수 있다.
면을 비벼서 바로 먹는 것보다 어느 정도 시간이 지난 다음에 먹어야, 면에 국물이 스며들어 제대로 된 맛을 볼 수 있다. 돼지고기와 새우 토핑, 닭고기 토핑, 모듬 토핑의 3가지가 있으니 취향에 맞게 주문하면 된다. 기호에 맞게 레몬과 고추 양념을 넣어 비벼먹으면 훨씬 다양한 맛을 볼 수 있다. 양이 한끼 식사로는 적을 수 있으니, 2개는 시켜먹어야 포만감을 채울 수 있다.

**주소_** 1 Hải Phòng, Thạch Thang, Hải Châu, Đà Nẵng
**시간_** 6시~21시
**요금_** 누들 스페셜 40,000동,
누들 위드 포크 앤 쉬림프 30,000동
**전화_** +84-0236-3827-936

# 롯데마트

베트남에 있지만, 베트남 사람보다 한국 사람이 더 많다고 알려진 롯데 마트는 친숙한 매장 분위기가 장점이다. 저렴하고 잘 진열된 베트남 상품뿐만 아니라 고추장, 된장, 라면, 김치 등 각종 한국 제품도 있어서, 여행 중에 필요한 물건이나 귀국할 때 선물을 사러, 많이 들리는 곳이다.

**층별안내**

**1층** | 커피숍, 패스트 푸드, 기념품
**2층** | 화장품, 액세서리, 의류
**3층** | 가정용품, 장난감, 전자제품, 물놀이 용품, 락커
**4층** | 신선식품, 즉석요리, 베트남 특산품, 가공식품, 환전소, 락커
**5층** | 롯데시네마, 게임장, 식당

**확인사항**

– 짐 보관 서비스를 무료로 하고 있어서, 비행기 시간이 애매할 때 방문하기 좋다. (최장 3일)
– 호텔보다 환율이 좋고, 친절해서 많이 들린다. (한국어를 잘하는 직원도 상주)
– 다낭은 한낮에는 무척 더워서, 낮 시간에 롯데 마트에서 쇼핑과 식사를 하면 좋다.
– 베트남 돈으로 150,000동 이상 구매하면, 숙소로 배달도 해준다.
– 과일을 고른 뒤 손질을 해달라고 하면 해주므로, 숙소에서 먹기 편하다.

**홈페이지_** lottemart.com.vn **주소_** 6 Nại Nam, Hoà Cường Bắc, Hải Châu, Đà Nẵng
**시간_** 8시~22시 **전화_** +84-236-3611-999

# 롯데 마트 Eating

## 마마 식당
MaMa-Korea BBQ

롯데마트 1층 안쪽에 자리 잡은 한국 음식 전문 식당이다. 주인이 한국 사람이다. 베트남 음식이 안 맞거나, 쇼핑 중에 배고프면 식사를 하기에 좋은 곳이다. 된장찌개, 순두부찌개, 짜장면, 비빔밥등 식사종류와 라면, 김밥등 간단한 분식 종류도 판매한다.
양념과 재료 대부분을 한국에서 가져온 것으로 요리한다. 마트 쇼핑하는 동안 캐리어나 쇼핑박스를 보관도 해주고, 다낭 여행에 대해 친절하게 안내도 해준다. 놀이방도 있어서 어린이 동반 가족 여행객들이 좋아한다.

**위치_** 롯데 마트 1층 **영업시간_** 8시~22시
**요금_** 해물 순두부 100,000동, 김밥 40,000동, 김치찌개 100,000동
**전화_** 0905-735-008

## 엄특쎄오
Ẩm Thực Xèo

2층으로 올라가면 노란색 외부 인테리어와 빨간색 등의 눈길을 사로잡는다. 실내는 칸막이로 나누어 있어서, 조용하게 식사를 할 수 있다. 현지인들이 추천하는 반쎄오 맛집답게, 깔끔하고, 시원한 실내가 현지 로컬과는 사뭇 다르다.
새우 반쎄오부터 소고기 반쎄오까지 토핑 종류에 따라 다양한 맛의 반쎄오를 맛볼 수 있다. 직원이 친절하게 먹는 방법도 가르쳐 준다.

**위치_** 롯데 마트 2층 **영업시간_** 8시~22시 **요금_** 새우 반쎄오 65,000동, 해산물 반쎄오 75,000동
**전화_** 0905-735-008

## 고기 하우스
GoGi House

롯데마트 1층 들어가서 바로 오른쪽에 있는 한국식 바베큐 전문점이다. 내부 시설도 깨끗하고, 테이블 사이에 칸막이도 있어서, 마트 쇼핑 후 식사하기 좋다. 소고기, 돼지고기, 찌개, 떡볶이까지 다양한 한국 음식을 판매하고 있고, 각종 김치를 비롯한 밑반찬도 준다.
한국과는 다르게 고기를 2인분 시켜도 1인분씩 가져다준다. 현지인들에게도 인기가 많은 식당이라 저녁에 가면, 대기 해야 하니, 저녁 식사 때는 피해서 가는 것이 좋다. 1인에 299,000동 하는 무한리필 부페 메뉴도 있다. 아기 의자가 있으니 준비해달라고 하면 된다.

**위치_** 롯데 마트 1층 **영업시간_** 8시~22시 **요금_** 소고기 169,000동, 돼지고기 79,000동, 비빔밥 89,000동
**전화_** +84-236-3745-600

# Ba Na Hills
## 바나힐

해발 1,500m에 자리한 다낭의 대표 테마파크로 정원, 사원, 호텔, 레스토랑, 놀이공원 등이 모두 있다. 가장 먼저, 세계에서 2번째로 긴 5,200m의 케이블카를 타고 산꼭대기까지 이동한다. 수오이모 역에서 케이블카를 타고 바나 역에 도착해 린웅 사원과 리 자딘 디 아모르 정원, 디베이 와인 저장고 등을 돌아보고 디베이 역에서 다시 케이블카를 타고 모린 역에 도착하면 다낭의 작은 유럽, 프랑스 마을이 눈앞에 펼쳐진다.

프랑스 마을 뒤쪽으로 베트남 사원이 모여 있고, 왼쪽에 놀이공원이 있다. 고풍스러운 건물을 배경으로 사진 찍는 관광객으로 북적이고 가끔, 웨딩 촬영을 하는 신혼부부가 보인다.

**주소_** Hoa Ninh, Hoa Vang, Da Nang **시간_** 7시 30분~22시 **전화_** 0236-3791-888

제공 : Sun W

1. 매표소
2. 여행사 매표소
3. 성문
4. 호이안 정원
5. 호이안 역
6. 분수
7. 기념품 숍
8. 수오이모 역
9. 똑띠엔 역
10. 바나 역
11. 디베이 역
12. 다무르 역
13. 르자뎅 역
14. 디베이 와인 창고
15. 디베이
16. 사랑의 정원
17. 린응사
18. 마르세이유 역
19. 보르도 역
20. 골든 브리지
21. 루브르 역
22. 클럽 레스토랑
23. 아라팡 레스토랑
24. 노엘 광장
25. 환상의 공원
26. 카브카즈 레스토랑
27. 분수
28. 커피 드로우브리지
29. 모린 역
30. 랭도쉰느 역
31. 레타블레 레스토랑
32. 성 데니스 교회
33. 머큐어 다낭 프렌치 빌리지 호텔
34. 그로테 수영장
35. 브라세리에 레스토랑
36. 레 자르딩 레스토랑
37. 레 펜세 레스토랑
38. 플레우리스테 꽃 가게
39. 라 라반데 레스토랑
40. 린쭈어린뜨 사원
41. 렌퐁티엔투 사원
42. 궁전
43. M 갤러리 호텔

## 바나힐(Ba Na Hills)의 변화무쌍한 날씨

바나힐Ba Na Hills의 1년 내내 평균 기온은 17~20도로 시원한 편이다. 낮과 밤의 온도차이가 약 5.3도로 작다. 날씨는 다낭 시내보다 더 시원하여 프랑스 통치시절에 휴양지로 개발을 시작하였다. 우기에는 추위, 폭우, 짙은 안개가 자주 나타나기 때문에 날씨에 신경을 써야 한다. 건기에는 쾌적하고 시원여 많은 관광객이 찾아오는 시기이다. 인근의 바다로 인해 습도가 90 % 이상이 되는 경우에 안개 때문에 케이블카를 타고 가면서 흐릿한 분위기를 경험할 수 있다.

선명한 바나힐을 즐기고 싶다면 건기에 가야한다. 다낭 시내의 더운 여름 날씨부터 케이블카를 타고 이동하면서 시원한 고원지대의 날씨까지 느낄 수 있다. 하루에 4계절 날씨를 볼 수 있는 경우도 있다.

# 바나힐을 즐기자!

## 유럽인가?

낭만의 프랑스 마을에 오면 여기가 베트남이 맞을까?라는 이야기를 한다. 여기저기 프랑스풍의 건물들이 베트남이라는 사실을 잊게 만든다. 이곳에서 많은 관광객들은 자신이 즐기고 싶은 대로 여유롭게 시간을 보내게 된다.

## 다양한 공연

유럽풍 건물들을 보면 마치 유럽에 여행을 왔다는 생각이 든다. 선월드Sunworld글자가 선명한 조형물 뒤로 정원과 성당, 프랑스 마을 호텔이 있다. 놀이동산에 온 듯, 분위기를 띄우는 다양한 공연이 펼쳐진다.

## 골든 브릿지(Càu Vàng)

1,414m에 만든 골든 브릿지는 바나힐의 상징이다. 큰 손이 다리를 받치고 이고 하늘위에서 산 밑의 전망을 바라보는 느낌이 아찔하다는 반응부터 아름답다는 이야기까지 다양하다. 다낭을 다시 보게 되는 계기가 되었다고 하니 꼭 다리를 건너보자.

## 린퐁티엔투 사원(Dan Linh Chua Linh Tu)

바나힐에서 멀리 보이는 절은 수호신을 모신 사원이다. 가장 높은 위치에 있지만 5분 정도 계단을 올라가면 아름다운 바나힐의 전망을 볼 수 있다. 오전이나 해지는 풍경이 가장 아름답다. 안개가 끼면 운무가 감싼 사원의 모습도 장관이다.

## 린웅사

Chúa Linh Úng

손트라 반도의 열대 숲 깊숙한 곳에 다낭에서 가장 크고 가장 인상적인 사원이 자리해 있다. 린웅사에는 관음상이 우뚝 솟아 있고 법당 주변에는 정원이 예쁘게 가꾸어져 있어 휴식을 취하기 좋다. 전망대에 오르면 아름다운 해안의 경치가 한눈에 들어와 가슴이 탁 트이는 느낌이다.

초목이 울창한 산등성이 사이에 자리한 린웅사는 원래 민망 황제가 통치하던 18세기에 지어졌다. 많은 사람들이 이곳을 베트남 최고의 불교 건축물로 꼽는다. 12ha 규모의 경내는 아름다운 대리석 조각, 화려한 법당, 유명한 관음상 등으로 채워져 있다.

삼문 형태의 거대한 정문까지 계단을 따라 올라가면 돌 마당 양쪽에는 조각상들이 나란히 늘어서있다. 전통적인 나한상들은 지역 최고의 장인이 조각한 것이다. 고유한 표정을 지니고 있는 석상을 가까이에서 볼 수 있다. 안뜰 뒤로 자리한 본전과 법당은 밝은 녹색 지붕을 한 전각들 안으로 들어가면 불상과 화려한 탱화를 더 많이 볼 수 있다. 경내를 둘러보다 보면 사원에 기거하는 수도승들을 만나 사원의 다양한 특징을 듣게 될 수 있다.

거대한 관음상을 볼 수 있는 사원의 오른쪽으로 이동하면 연꽃좌대 위에 우뚝 서서 바다를 굽어보고 있는 67m의 관음상은 지역 어부들을 폭풍우로부터 지켜준다고 한다. 아래에서 관음상을 감상한 후, 계단으로 17층짜리 관음상의 내부를 따라 올라가 각 층을 살펴보자. 관음상 내부의 각 층에는 21개의 다양한 불상이 모셔져 있다.

관음상의 측면을 통해 경치를 내다볼 수 있다. 관음상 앞 전망대에서는 장대한 풍경이 한눈에 펼쳐진다. 다낭 비치와 저 멀리 지평선으로 보이는 참 아일랜드에 시선을 내맡겨 보자. 웅장한 대리석산이 늦은 오후에 내리쬐는 햇볕을 가려준다.

**주소_** Chúa Linh Úng, Hoàng Sa, Tho Quang, Son
(시내에서 동쪽으로 14km)

**시간_** 8~18시

## 오행산

Ngü Hành Son

다낭 시내에서 남서쪽으로 약 7㎞ 떨어져 있는 터널과 동굴 등을 지나가면 다낭을 위에서 내려다보는 5개의 바위로 만들어진 불당과 사원이 있다. 오행산은 다낭을 커 보이게도, 작아 보이게도 하는 5개의 암석으로 이루어져 있다. 대리석과 석회암으로 형성된 석산 안에 터널과 동굴, 불교의 성지가 자리해 있다. 각 산은 자연의 요소에 따라 나무, 철, 땅, 불, 물이라고 이름을 붙였다.

500m 높이에는 대리석산 중에서 가장 크고 관광객이 가장 많이 찾는 물인 투이선 Thuy Son이 있다. 석조 계단을 따라 꼭대기까지 올라가 풍경을 볼 수 있다. 요금을 내고 엘리베이터를 이용해도 된다. 대리석산의 동굴과 종교적인 장소를 살펴볼 수 있다.

### 오행산의 모습

옹촌문을 보면서 베트남 전쟁의 상흔인 총알 자국을 볼 수 있고, 옹촌문 뒤편에는 콘크리트로 만든 불상이 놓인 동굴이 있다. 반 통 동굴로 발걸음을 옮기면 입구 맞은편에 커다란 콘크리트 불상이 놓여 있다. 린남 동굴로 걸어가면 작은 구멍을 통과한 빛이 만들어 내는 놀랄 만한 광경에 감탄을 자아내게 된다. 베트남 전쟁 중

오행산을 즐기는 방법

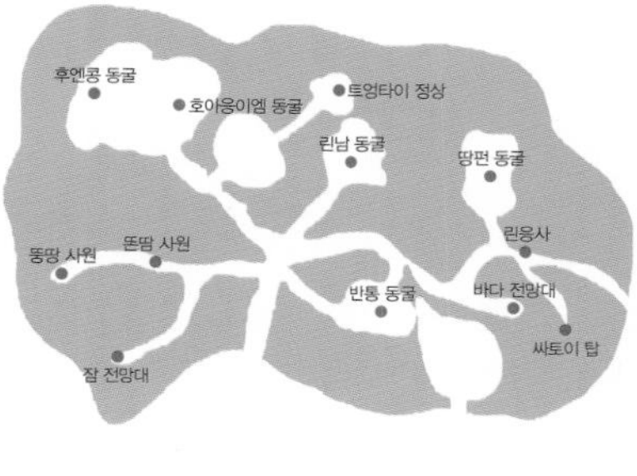

오행산 추천코스

Full코스

암푸 동굴(약 30~40분) → 엘리베이터 → 린응사 & 땅쩐 동굴(약 30~40분) → 린남 동굴 → 호아응이엠 동굴 → 후옌콩 동굴((약 30~40분) → 똔땀 사원 → 뚜땀 사원 → 전망대(약 30~40분)

Highlight 코스

엘리베이터 → 린응사 & 땅쩐 동굴(약 30~40분) → 후옌콩 동굴((약 30~40분) → 전망대(약 30~40분)

에 미군이 동굴을 군 병원으로 사용했다. 나머지 4곳의 석산에는 킴 손Kim Son, 철산의 관암 사원처럼 동굴과 성소, 사원이 있다. 사원 뒤에는 멋진 모양을 이룬 종유석과 석순 동굴이 있다.

봉우리의 의미

대리석으로 이루어진 베트남 성지다. 다섯 개의 봉우리로 구성되어 있는데, 각각 나무Moc Son, 금속Kim Son, 흙Tho Son, 불Hoa Son, 물Thuy Son을 나타낸다. 처음에는 힌두교 성지였지만 지금은 불교의 성지 역할을 하고 있다.

전망대

석회암 용식작용으로 인해 봉우리마다 수많은 천연 동굴을 품고 있는데, 가장 큰 봉우리의 경우 하늘로 난 구멍을 통해 동굴 안으로 빛이 들어와 신비로운 분위기를 자아낸다. 투이선Thuy Son은 다낭 시내까지 둘러보기에 좋은 전망대다. 주변 대리석 공방에서 대리석 제품을 만드는 과정을 볼 수 있다.

**주소_** 52 Huyen Tran Cong Chua, Hoa Hai
**시간_** 7~17시 30분
**요금_** 오행산 입장료 40,000동
암푸 동굴 입장료 20,000동
엘리베이터 편도 15,000동

# Hoi An

## 호이안

BÀ BẢY
Chè
SEN
LOTUS SEED
ĐẬU HỦ
TÀU PHỚ
92-C1
282.38

# Hoi An
## 호 이 안

오랜 전통을 살리는 노란 색 골목에 개성이 가득한 골목골목마다 착하고 순한 호이안 사람들과 관광객이 어울린다. 베트남의 다른 도시에서는 못 보는 호이안Hoi An의 장면들은 베트남다운 도시로 손꼽힌다.
호이안Hoi An은 17~19세기에 걸쳐 동남아시아에서 가장 중요한 항구 중 하나였던 곳이다. 오늘날 호이안의 일부분은 100년 전이나 지금이나 같은 모습을 보여주고 있다. 호이안Hoi An은 베트남 중부에서 중국인들이 처음으로 정착한 도시이기도 하다.

## 호이안 IN

대한민국의 관광객은 다낭을 여행하면서 하루 정도 다녀오는 여행지로 인식하고 있다. 다낭Danang에서 버스로는 1시간 10분, 자동차로 40~50분 정도 소요된다. 그래서 호이안Hoian으로 택시나 그랩Grab을 이용하는 경우가 많다. 하지만 장기여행자는 다낭Danang과 호이안Hoian을 오가는 1번 버스(편도 20,000동)를 이용하는 경우가 많다.

### 리조트 / 호텔 셔틀버스

최근에 다낭에서 호이안까지 이어진 해안을 따라 새로운 리조트와 호텔이 계속 들어서고 있다. 다낭 가까이 있는 해안에는 벌써 다 대형 리조트가 들어서서 호이안에 가까운 해안으로 리조트가 들어서고 있다.

최근 개장한 빈펄 랜드도 호이안에 있다. 다낭까지 30분 이상이 소요되는 거리 때문에 리조트나 호텔에서는 픽업차량을 운영하고 있다. 다만 유료로 운영하므로 장점이 없지만 택시를 타고 난 후, 낼 수 있는 바가지요금이 없는 것이 장점이다.

### 택시 / 그랩(Grab)

다낭에서 시내를 이동하는 데, 가까운 거

리는 대부분 택시를 이용하는 데 차량 공유 서비스인 그랩Grab과 가격차이가 크지 않다. 하지만 택시를 타고 다낭에서 20㎞ 이상 떨어진 먼 거리인 호이안을 이동하기 위해서는 택시는 400,000~500,000동 정도의 요금을 요구하므로 그랩Grab을 타고 330,000~370,000동을 이용하는 경우가 대부분이다.

호이안 올드 타운은 차량이 이동할 수 없으므로 올드 타운에서 가장 가까운 입구인 호이안 하이랜드 커피점에서 내려달라고 하면 편리하게 이용이 가능하다.

요금

미리 요금을 준비하는 것이 편리하다. 1번 버스는 편도 20,000동인데 30,000동, 50,000동을 요구하는 경우가 많다. 50,000동을 요구하면 30,000동이라고 이야기하고 계속 50,000동을 요구해도 30,000동만 주고 앉아 있어도 된다.

버스

현지에서 살고 있는 호이안, 다낭 사람들 중에 이동하려면 대부분 개인이 소유한 오토바이를 이용해 오가고 있다. 장사를 하는 현지인들이 주로 탑승하거나 해외 장기 여행자들이 자주 이용하고 있다.
다낭과 호이안 버스터미널을 오가는 노란색 1번 버스를 탑승하면 저렴하게 이용할 수 있다. 다만 에어컨이 나오지 않아서 더운 낮에는 상당히 덥다는 것을 알고 있어야 한다.

슬리핑 버스

남부의 나트랑Nha Trang(12 시간)이나 후에(4시간)를 가기 위해 슬리핑 버스를 이용한다. 후에는 다낭에서 한번 정차하고 이동하며, 나트랑은 3시간 정도마다 1번씩 정차해 화장실을 이용할 수 있다.
호이안에서 남부의 호치민까지 이동하려는 여행자도 가끔 있는데, 반드시 호치안에서 저녁에 출발해 나트랑에 아침에 도착해 쉰다. 다시 저녁에 나트랑에서 출발해 다음날 아침에 호치민에 도착하므로 한 번에 이동이 불가능하다.

포시즌스 리조트 더 남하이 호텔
하트 오브 디 어스 스파
덱 하우스 안방 비치
안방비치
소울 키친
호이안 비치 리조트
리버 브리즈 레스토랑
빅토리아 호이안 비치 리조트 앤 스파
올드 타운

# 한눈에 호이안(Hoi An) 파악하기

유네스코 세계 문화유산으로 등재된 호이안Hoi An의 유서 깊은 올드 타운에서 쇼핑을 즐기고 문화 유적지를 둘러보며 강변에 자리한 레스토랑에서 저녁식사를 즐기면서 옛 시절로 떠나는 경험을 할 수 있다. 호이안Hoi An의 아주 오래된 심장부로 여행을 떠난다. 좁은 도로를 거닐다가 사원과 유서 깊은 주택을 방문하고, 다양한 전통 음식을 맛봐도 좋다.

호이안Hoi An 도심에서 사람들의 발길이 가장 많이 이어지는 곳은 규모 약 30ha의 대지 위에 조성된 유서 깊은 올드 타운이다. 16세기에 처음 세워진 지붕 덮인 목조 건축물, 일본 교를 건너보는 관광객을 볼 수 있다. 내원교 안에는 날씨를 관장하는 것으로 알려진 신, 트란 보 박 데Tran Vo Bac De를 위한 작은 사원이 있다. 150년이 넘은 꽌탕 가옥에 들러 아름답게 조각된 목재 가구와 장식을 구경할 수 있다.

중국 이민자를 위해 세워진 올드 타운의 화랑 다섯 곳에 사용된 건축도 감상해 보자. 호이안 민속 박물관에 가면 현지의 관습과 일상적인 삶의 모습이 담긴 물건도 볼 수 있다. 도자기 무역 박물관에서 8~18세기까지 만들어진 도자기 공예품도 인상적이다.

도심 지역은 쇼핑하기에 아주 좋은 장소이다. 가죽 제품과 의류, 전통 등외에 기타 수공예 기념품을 파는 상점이 즐비하다. 관광객에게는 값을 비싸게 받기 때문에 가격을 흥정하는 것이 좋다. 재단사가 많은 호이안Hoi An에서 나만을 위한 맞춤 양복도 주문할 수 있다.

강변에서는 바Bar와 레스토랑, 카페에 발걸음을 멈춰 빵과 스프, 면 요리를 맛보고 커피 한 잔에 여유를 느낄 수 있다. 해가 지면 편안한 분위기와 고급스러운 분위기의 레스토랑, 나이트클럽이 한데 어우러진 호이안Hoi An에서 밤 문화도 즐겨 보자.

호이안Hoi An의 올드 타운은 쾌속정, 페리를 타고 참 아일랜드의 해변과 숲, 어촌 마을을 둘러볼 수 있다. 보행자가 좀 더 편히 다닐 수 있도록 낮 시간에는 자동차와 오토바이의 주행이 금지되어 있다.

# 호이안을 대표하는 볼거리 Best 5

## 올드 타운

호이안Hoi An의 과거가 훌륭하게 보존된 올드 타운은 목조 정자에서부터 유명 재단사까지, 서로 다른 시대와 문화가 어우러진 곳이다. 오늘날에도 구식 항구로서의 기능을 가지고 있으며, 관광과 어업이 지역의 주요 수입원이다. 호이안Hoi An의 올드 타운은 1999년 세계문화유산으로 지정되었다.
옛 도시의 매력은 한두 가지가 아니다. 올드 타운의 상당 부분이 나무를 이용하여 건설되었다. 일본 다리와 목조 정자와 같은 명소들은 건축의 경지를 넘어 예술이라고까지 부를 수 있다. 과거에는 도자기 산업이 융성하였다. 호이안 고도시의 박물관에서 찬란했던 도자기 역사를 볼 수 있다. 싸 후인 문화 박물관에는 400점이 넘는 도자기가 전시되어 있다.
호이안Hoi An은 다른 항구 도시와 마찬가지로 예부터 다문화적 공동체를 이루어 왔으며, 건물들은 이러한 특성을 반영하고 있다. 호이안 고도시를 거닐며 중국식 사원과 바로 옆의 식민지풍 주택을 감상할 수 있다.
이른 아침 투본 강변으로 나가 어물선상들이 고깔 모양 모자를 쓰고 흥정하는 모습을 볼 수 있다. 인근의 호이안Hoi An 중앙 시장도 흥미롭다. 호이안Hoi An은 재단사들과 비단 가게로도 유명하다. 맞춤옷을 주문하면 도시를 떠나기 전에 완성된 옷을 받을 수 있다. 시장의 상인들은 만만하지 않아서 물건 가격을 깎는 것은 쉽지 않다.

**올드 타운이 보존된 이유**

주요 항구로서 호이안Hoi An은 18세기 말에 기능을 잃어버린 후, 인근의 다낭과 같은 현대화를 겪지 않게 되었다. 수많은 전쟁을 거친 베트남의 역사에도 불구하고 심하게 훼손되지 않아 베트남의 과거 모습을 엿볼 수 있게 되었다.

## 호이안의 밤(Nights of Hoi An) 축제

호이안의 낭만은 해가 저물면 시작된다. 구시가지 곳곳에 크고 작은 연등이 하나둘 켜지면 옛 도시 호이안Hoian은 감춘 속살을 비로소 드러낸다. 투본Thu Bon 강 언저리와 다리에는 소원을 빌며 연등을 띄우는 여행자가 보이기 시작한다. 올드 타운을 수놓은 오색찬란한 연등의 향연은 베트남을 대표하는 장면이다.

매달 보름달이 뜨는 날이면 호이안Hoi An 올드 타운은 차 없는 거리로 변신하고, 전통 음악과 춤이 공연되며, 음식을 파는 노점상과 등불이 거리를 메운다. 연등 행사가 가장 활발한 데 매월 14일 밤에 열리는 '호이안의 밤Nights of Hoi An' 축제는 하이라이트로 자리 잡았다.

## 송 호아이 광장(Sõng Hoai Square)

도심 한가운데 자리 잡은 매력적인 광장에서 시장 가판대에 놓인 핸드메이드 공예품을 구입하고 아름다운 내원교도 건너가 보자. 베트남 중부 해안에 있는 호이안Hoi An은 베트남에서 가장 매력적인 도시로 꼽힌다. 매력적인 중앙 광장인, 송 호아이 광장이 자리해 있다. 차량 통행량이 거의 없어서 도시 광장의 인기가 많은데도 한적한 분위기가 흐른다. 즐거움으로 가득한 송 호아이 광장Sõng Hoai Square에서 시간을 보내며 평온하고 한적한 분위기에 빠져들게 된다.

송 호아이 광장Sõng Hoai Square에 도착하면 강변으로 발걸음을 옮겨 내원교를 구경하자. 작지만 화려하고 지붕까지 있는 다리는 의심의 여지없이 광장을 상징하는 최고의 볼거리이다. 16세기에 건축된 다리는 지진도 견뎌낼 만큼 구조가 튼튼해서 이후 사소한 복원 작업만 몇 차례 거쳤다.
다리 근처에 다다르면 입구를 지키고 있는 원숭이와 강아지 조각상을 볼 수 있다. 다리를 건너는 동안 고개를 들어 천장에 새겨진 정교한 무늬를 감상할 수 있다. 일본과 베트남, 중국의 문화가 두루 담겨 있다.
다리를 둘러본 뒤에는 송 호아이 광장의 상점과 가판대를 구경해 보자. 신선한 생선과 야채를 구입하고, 수제화, 목재 장신구의 가격도 흥정해 본다. 호이안Hoi An은 세계 최고 수준의 실크를 생산하는 곳이다. 실크를 따로 구입한 다음 현지의 솜씨 좋은 재단사에게 가져가 맞춤옷을 제작하는 사람들도 많다. 광장의 음식 가판대나 카페에 들러 점심 식사를 즐긴 후 강가에 앉아 다리 아래로 지나가는 긴 운하용 보트가 자아내는 매력적인 풍경도 볼 수 있다.

## 내원교(Japanese Covered Bridge)

호이안에서 가장 사랑 받는 포토 스팟으로 일몰 후에 종이 등불에 불이 들어와 장관을 이룬다. 윗부분에 정자가 세워진 내원교는 1600년대 초반 일본인들이 건설하였다. 일본인들과 운하 동쪽에 살던 중국 상인들의 용이한 교류를 위해 만들었다. 그래서 일본교가 다리라는 실용성을 넘어 평화와 우애의 상징으로 작용하게 된 계기이다. 수많은 관광객들이 즐겨 찾는 곳이 되었고 사진을 찍기에도 좋은 장소이다.
내원교는 응우옌티민카이 거리와 트란푸 거리를 잇는 좁은 운하를 가로지르고 있다. 처음 건설된 후 수차례 재건되었음에도 독특한 풍취와 강렬한 일본 양식은 여전히 간직하고 있다. 재건에 관여한 사람들의 이름은 다리 위 표지에 표시되어 있다. 그러나 최초의 건축가는 아직까지 알려지지 않고 있다.
다리 입구에 있는 목재 현판은 1700년대에 만들어졌고, 이 현판이 '내원교'라는 이름을 '먼 곳에서 온 여행객을 위한 다리'로 바꾸게 되었다. 정자 안에는 날씨를 관장한다는 트란보 박데 신을 모시는 성소가 있다.

**주소_** Tran Phu, Hoi An **위치_** 호이안 구시가지 동남쪽 쩐푸 거리에 위치

**다리의 입구와 출구에 있는 동물 조각**

한 쪽 끝에는 개가 있고 다른 끝에는 원숭이가 있다. 개의 해에 건설이 시작되어 원숭이의 해에 마무리 되었기 때문이라는 설이다.

# 호이안 시장(Hoi An Market)

소란스럽지만 활기 넘치고 다채로운 강변 시장에 가면 신선한 현지 농산물을 구입하며 전통적인 길거리 음식을 맛보고 흥정하는 기술도 알게 된다. 허브와 향신료, 살아 있는 가금류와 신선한 농산물을 판매하는 노점상으로 즐비한 강변 시장인 호이안 시장에서 다양한 음식을 즐길 수 있다. 푸드 코트에서 현지의 다양한 요리와 베트남인들이 좋아하는 음식을 맛보고, 기념품과 옷도 구입할 수 있다.

현지인과 관광객이 모두 쇼핑에 나서는 장소라서 온종일 붐빈다. 생선을 구입하려면 어부가 잡은 물고기를 내리는 아침에 맨 먼저 도착하는 것이 좋다. 생선을 좋아하지 않더라도 시장 상인들과 현지 구매자가 가격을 놓고 흥정을 벌이는 생기 있고 시끌벅적한 광경을 지켜보는 재미가 있다.
신선한 과일, 채소, 허브와 고춧가루, 사프란 같은 향신료를 판매하는 다른 곳도 둘러보자. 발걸음을 멈춰 살아 있는 오리와 닭을 판매하는 노점도 구경할 수 있다. 규모가 큰 푸드 코트에 들러 베트남 쌀국수를 비롯한 전통 베트남 음식도 맛보자. 쌀국수 요리인 '까오라오' 같은 현지 특식이 노점마다 각 가정의 독특한 레시피에 따라 몇 가지 요리만 선보인다. 모든 상인이 함께 일하기 때문에 여러 노점에서 음식을 주문하면 노점에서 식사하는 자리로 음식을 가져다  준다.

### 야시장

식사를 끝내고 야시장을 계속해서 구경해 보자. 기념품 매장과 재단사가 맞춤옷을 판매하는 상점도 찾을 수 있다. 센트럴 마켓에는 맞춤옷 가게가 몇 군데 있는데, 주로 양복과 드레스, 재킷을 만든다. 다른 곳보다 가격이 저렴하지만 보통 처음 제시한 가격은 부풀려져 있기 마련이므로 흥정을 해서 더 깎아야 한다.

호이안 시장은 호이안의 주요 도로인 트란 푸 스트리트와 박당 스트리트 사이에 있다. 깜남 섬에서 강을 바로 가로지르는 곳에 있으며, 매일 이른 아침부터 저녁때까지 열린다.

# 호이안 전망 즐기기

# 호이안을 대표하는 비치 BEST 2

호이안Hoi An에는 2개의 중요한 해변인 안방 비치An Bang Beach와 꾸어 다이 비치Cua Dai Beach가 있다. 안방 비치는 예부터 유명한 비치였지만 꾸어 다이 비치Cua Dai Beach는 최근에 해변을 선호하는 관광객에게 더 인기있는 비치로 유명해지기 시작했지만 아름다운 해변이 침식으로 인해 상당수가 침식되면서 인기는 식었다. 그래도 여전히 해변의 유명한 레스토랑을 비롯한 명소가 있다.

## 안방 비치(An Bang Beach)

2014년, 꾸어 다이 비치Cua Dai Beach를 강타한 해변의 대규모 침식이 발생한 후 관광객을 유치하기 위한 호이안Hoi An의 비치는 안방 비치An Bang Beach를 중심으로 이동했다. 그 이후 CNN에 의해 세계 100대 해변으로 선정되면서 유명세를 더했다. 북쪽과 남쪽에는 모두 바와 레스토랑이 줄 지어 있고, 영어를 구사하는 외국인과 유럽의 관광객을 위해 해변을 잘 정비해 두었다. 안방 비치An Bang에는 꾸어 다이 비치Cua Dai Beach보다 다양한 요리와 분위기 있는 레스토랑이 많고 거주하는 상당한 유럽 거주자들은 커뮤니티를 통해 서로 연락하고 지낸다.

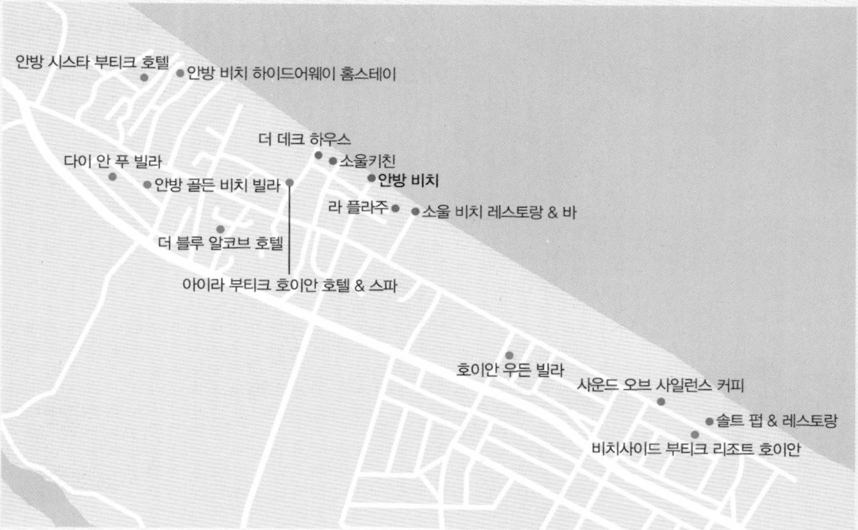

신선한 해산물과 베트남스타일의 바비큐(BBQ)에서 정통 이탈리아와 프랑스 요리에 이르는 저렴한 식사를 즐길 수 있다. 소울 치킨Soul Kitchen, 라 플라쥬La Plage, 화이트 소울White Soul과 같은 레스토랑은 활기찬 파티를 즐기면서 매주 테마의 밤, 이른 시간의 해피 아워 프로모션으로 칵테일과 시원한 맥주를 늦게까지 마시면서 하루를 보낼 수 있다.
호이안 고대 마을에서 북쪽으로 7㎞ 떨어진 곳에 자전거나 오토바이를 이용하여 안방 비치An Bang Beach에 쉽게 갈 수 있다.

# 꾸어다이 해변(Cua Dai Beach)

호이안Hoi An의 해변에서 도시로부터 탈출하여 여행을 떠나자. 호이안Hoi An의 더위와 북적이는 올드 타운에서 벗어나 꾸어다이 해변에서 맑은 공기를 맛볼 수 있다. 꾸어다이 해변은 호이안Hoi An에서 북동쪽으로 약 4㎞정도 떨어져 있다. 이곳에는 아름다운 백사장이 한없이 펼쳐져 있다. 리조트가 인근에 있지만, 꾸어다이 해변은 특히 주중에 조용하고 평화롭다. 리조트 고객들을 위한 해수욕 구역이 따로 지정되어 있지만, 해변이 워낙 넓으므로 걱정하지 않아도 된다. 갑판 의자와 일광욕용 의자도 대여할 수 있다. 해변에 즐비한 야자나무는 정오의 해를 가려준다.

꾸어다이 해변의 바닷물은 깨끗하고 비교적 시원하다. 4~10월 사이에는 해수욕을 즐기기에 좋다. 11월부터는 파도가 높아 조금 위험할 수도 있다. 해수욕을 즐기다 붉은 깃발로 표시된 지점이 나오면 역류가 있는 곳이므로 조심해야 한다.
출발하기 전 호이안Hoi An에서 먹을거리를 사 가거나, 해변에서 직접 구입할 수 있다. 해변 위의 매점에서 음료와 해산물을 포장 판매한다. 바닷가에 해산물 요리를 파는 식당들이 즐비하다.

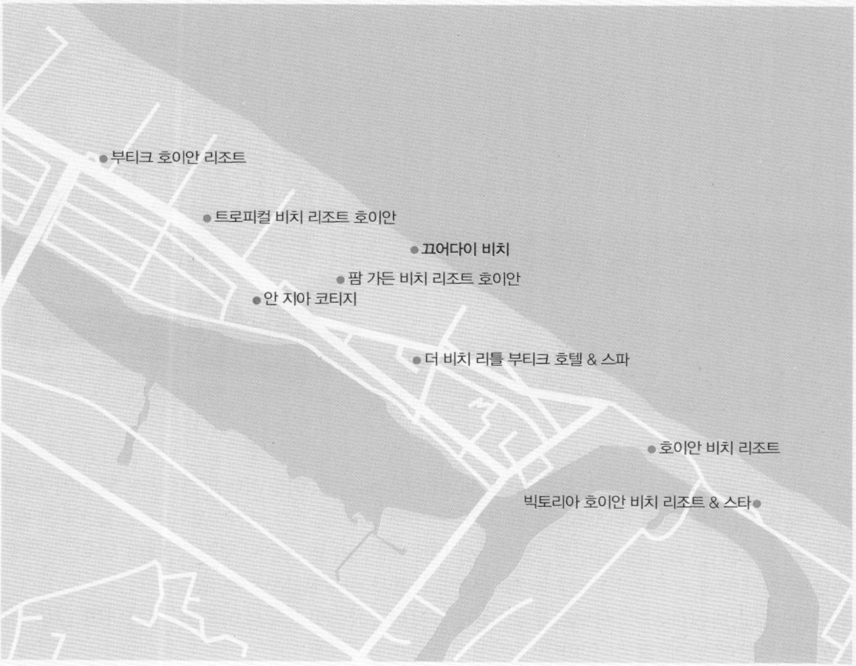

# 호이안 종합 티켓으로 방문할 수 있는 회관 & 고가

총 5곳에 입장할 수 있는 호이안Hoi An 티켓은 구시가 곳곳에 있는 티켓 판매소에서 구입할 수 있다. 풍흥 고가와 복건 회관, 내원교 내에 자리한 작은 절 등 호이안 구시가에 있는 주요 건물에 들어갈 수 있는 입장권 세트이다.

## 내원교

Japanese Covered Bridge

호이안Hoi An에서 17세기에 건축된 가장 유명한 다리로 호이안Hoi An의 명소이다. 옛 건물로 유명한 호이안Hoi An에서 내원교는 단연 호이안의 마스코트처럼 눈에 띈다. 오래전 일본인 거리와 중국인 거리를 연결했던 다리로, 목조 지붕이 인상적이다.

다리의 서쪽 끝에는 개의 동상이, 동쪽 끝에는 원숭이 동상이 자리한다. 개와 원숭이 해에 호이안의 주요 인사가 많이 태어났기 때문에 동상이 만들어졌다고 전해진다. 오래전부터 일본인과 중국인이 거주하면서 무역을 했던 곳임을 알리고 있다. 다리 중간에는 항해의 안전을 기원했던 작은 절이 자리한다. 제단 위로 솔솔 피어오르는 향냄새를 맡으면 17세기의 호이안Hoi An으로 시간 여행을 온 듯하다. 보통 호이안 올드타운 여행을 이곳에서 시작한다.

**주소_** Tran Phu, Hoi An
**위치_** 호이안 구시가지 동남쪽 쩐푸 거리에 위치

## 풍흥 고가

Old House of Phung Hung
Nha co Phung Hung

내원교 바로 앞에 자리한 목조 건물로 호이안에서 가장 오래된 집이다. 약 2세기 전에 지어진 집으로 베트남과 중국, 일본의 건축양식이 적절하게 섞인 형태를 보여준다. 현재도 그 후손이 살고 있다. 오래된 목조건물이기 때문에 2층에 오르면 발을 디딜 때마다 삐걱거리지만, 많은 여행자가 왔다가도 끄떡없을 만큼 튼튼하게 지어졌다. 내부에는 베트남 토산품 가게도 자리하고 있어 간단한 기념품 구매도 할 수 있다.

**주소_** 4 Nguyen, Thi Minh Khai, Hoi An
(내원교에서 도보 1분)
**시간_** 8~11시 30분, 13시 30분~17시
**전화_** 0235-3862-235

## 응우옌 뜨엉 사당

Nguyen Tuong Family Chapel
Nha tho toc Nguyen Tuong

내원교 왼쪽에 풍흥 고가와 같이 있는 사당으로 베트남과 중국풍의 사당에 일본 양식까지 섞여 있다. 왕실의 대장인 응우옌 뜨엉 반의 초상화가 걸려 있고 그를 기리고 있다. 풍흥 고가의 유명세에 비해 조용한 사당이자 작은 규모에 실망을 할 수도 있다. 1930~40년대 책들이 책장에 장식된 것을 보면 다양한 분위기에 좋아할 수도 있다.

**주소_** 8 Nguyen, Thi Minh Khai, Hoi An
(내원교에서 도보 1분)
**시간_** 8~17시
**전화_** 093-5230-939

## 싸 후인 문화 박물관

The Sa Huyen Culture Museum

식민지 시대에 지어진 예쁜 건물에 자리한 박물관은 2,000년 전 베트남 최초 정착민들의 문화가 살아 숨 쉬고 있다. 싸 후인 문화 박물관에는 베트남의 가장 불가사의한 문화 중 하나인 선사 시대의 무기와 형형색색의 그림이 그려진 도기가 전시되어 있다. 고대 매장용 항아리 유적을 보고 청동기와 철기 시대 마을을 알 수 있다.

싸 후인 민족은 기원전 1,000년~기원후 2세기 사이에 베트남에 살았던 민족으로 첫 정착민이었던 것으로 여겨진다. 박물관은 자신들의 고대 문화의 기원을 밝히기 위한 베트남 사람들의 노력이 느껴진다. 싸 후인 민족의 문화, 종교 의례, 일상생활, 주변 문화와의 교역 관계를 알 수 있게 해주는 200개 이상의 전시품을 관람할 수 있다.

가장 먼저 볼 수 있는 전시품은 거칠게 절단된 도구들이다. 금속 도끼, 창, 꼬챙이 등은 사냥뿐만 아니라 전투 무기로도 사용되었다. 형형색색의 다양한 도기들을 보고 커다란 접시들과 주전자 옆에 음식 준비에 사용된 조리 기구와 그릇이 전시되어 있다.

손으로 세공한 유물들은 수천 년 동안 원래의 모습을 그대로 간직하고 있다. 도기들을 자세히 보면 종교적인 상징이나 식물과 동물을 표현한 정교한 조각이 새겨져 있는 것을 확인할 수 있다.

**박물관에서 가장 인기 있는 전시품**

완벽하게 보존된 200여 개의 매장용 항아리이다. 작은 도기 유물들은 초창기의 글씨와 문양으로 장식되어 있다. 항아리 대부분이 서로 얼마 떨어져 있지 않은 4개의 선사 시대 마을에서 발굴되었다.

**주소_** 149 Nguyen, Thi Minh Khai, Hoi An
(내원교에서 도보 1분)

**시간_** 8~17시

**전화_** 0235-3861-535

## 광동 회관

Assembly Hall of the Chinese Congression
Hoi Quán Quáng Dóng

호이안Hoi An에서 중국 이민자를 위한 중심지 역할을 했던 광둥 중국 신자 사원의 내부를 둘러보고, 동양의 예술과 건축술을 감상하며 베트남의 역사도 알 수 있다. 고대 사원에서 베트남에 거주하는 중국 이민자의 역사를 알 수 있다.

호이안Hoi An은 15~19세기까지 무역의 중심지였던 곳으로, 중국 이민자들이 남부 베트남에 처음으로 정착한 장소이다. 중국 이민자들은 호이안에 사원을 짓고 서로 어울리며 사업을 했다. 각 사원은 서로 다른 민족을 위해 세워졌는데 현재까지 5곳이 남아 있다. 광둥 중국 신자 사원은 18세기 후반 중국 광둥 지역에서 온 이민자들이 세웠다. 건물의 각 부분은 중국에서 따로 만든 다음 호이안으로 가져와 조립했다.

입구가 3곳에 있는 석조 문을 지나 사원에 들어서면 건축미에 절로 탄성이 절로 나온다. 잠시 멈춰 문의 기와지붕을 장식하고 있는 용과 사자의 형상을 올려다보고 기둥에 새겨진 조각을 살펴볼 수 있다. 매력적인 주 정원을 통과해 호화로운 분수대까지 걸어가 웅장한 분수 한가운데에서 솟구쳐 오르는 용의 몸에 잉어가 뒤엉켜 있는 조각상을 볼 수 있다.

주 건물 안에는 아시아 삼국 시대에 존경받던 장군, 콴콩에게 헌납된 제단이 있다. 콴콩 장군은 충성심과 진실성, 정의의 상징으로 추앙받은 인물이다. 조각상과 테라코타 의자, 종교 의식을 진행할 때 향을 피우는 용도로 쓰이는 대형 청동 향로 등 광둥 출신의 사원 제작자들이 남긴 다른 유물도 볼 수 있다.

**주소_** 176 Tran Phu, Phường Minh An, Hội An
(내원교에서 도보 2~3분)
**시간_** 8~18시
**전화_** 0235-3861-736

## 득안 고가

Duc An House / Nhà co Duc An

득안 고가Duc An House는 길고 좁은 평면도의 전형적인 호이안 형태의 옛 주택으로 앞쪽에 가게가 있고 중앙에 안뜰이, 뒤쪽에 작업 공간이, 위층에 거실이 있다. 17세기에 이미 지어졌지만 오늘날 우리가 보는 것은 1850년경에 지어졌다.
1908년이 집은 한약을 파는 상점으로 개조되었다. 1925년부터 독립파와 같은 유명 인사들이 자주 방문하면서 프랑스에 저항하는 지식인들이 서적이나 문학을 통해 서로의 생각을 공유했던 장소가 되었다. 20세기 초 지식인들의 모임 장소라는 사실은 반프랑스 독립파들의 사진을 보면 이해할 수 있다.

**주소_** 129 Tran Phu, Phường Minh An, Hội An
(내원교에서 도보 2~3분)
**시간_** 8~21시
**전화_** 0235-3862-098

## 떤끼 고가

Tan Ky Old House / Nha Co Tan Ky

200년 전에 베트남의 한 가족이 지은이 고가 주택은 7대에 걸쳐 보존되어 왔다. 건축에서 일본과 중국의 영향을 받았다. 일본식 요소에는 천장으로 조금씩 짧아진 3개의 빔으로 지지된다. 게 껍질 천장 아래에는 실크 리본으로 감싼 십자로 된 힘을 나타내는 조각이 있다. 실크는 유연성을 나타내는 데, 내부는 점점 밝아지는 디자인으로 실크의 유연성을 나타내고 있다. 상감 진주로 쓴 중국의 시가 지붕을 지탱하는 기둥에 매달려 있다. 150년 된 패널의 한자는 다양한 위치에서 우아하게 묘사된 새들로 구성되어 있다. 안뜰 주변의 조각된 목재 발코니 지지대는 포도 잎으로 장식되어 있으며, 이는 유럽산 수입품이며 호이안의 독특하게 섞인 문화를 나타낸다.

집 뒤쪽은 강을 보고 있는데, 과거에는 물품을 창고로 옮기는 데 사용되었고 오늘날에는 홍수로부터 보호하기 위해 가구를 올리는 데 사용되었다. 지붕의 외관은 타일로, 내부 천장은 나무로 이루어져 있다. 이러한 형태는 집을 여름에는 시원하고 겨울에는 따뜻하게 유지하기 위해 설계되었다.

**주소_** 101 Nguyễn Thái Học, Phường Minh An, Hội An

**시간_** 8~12시, 13시 30분~17시 30분

**전화_** 0235-3861-474

## 중화 회관
Trung Hoa Assembly Hall
Hoi Quan Nhu Bang

중국인들이 호이안에 가장 처음으로 만든 회관이다. 1741년 상거래를 위한 모임 장소로 이용되다가 10가지 원칙을 내세워 공유하면서 중국인들의 무역을 확장시키는 역할을 하였다. 20세기 초에 화교를 만들어 중국어 교육을 하는 기초를 세운 회관이다. 바다의 여신인 티엔 허우를 모시면서 상인들이 바다에서 무사하게 돌아오기를 기원했다. 붉은 색이 아니고 푸른색이 주색으로 칠해져 날씨가 흐리면 우울한 느낌을 준다.

**주소_** 64 Tràn Phu, Phường Minh An, Hội An
**시간_** 8~17시 30분
**전화_** 0235-3861-935

## 민속 박물관
Museum of Folklore

호이안의 전통 문화를 볼 수 있는 민속 박물관은 올드 타운에서 바라보면 노란색으로 된 2층 건물이고 투본 강에서 보면 검갈색의 목조 건물이 특징이다.

베트남 중부의 토속 문화를 알 수 있는 500여점의 전시물이 농업, 어업에 대해 전시되어 있다. 항아리, 바구니, 물레 등의 물품을 보면 손재주가 좋은 호이안 사람들의 생활을 알 수 있는데 대한민국의 물품들과 비슷한 면이 많아 놀라게 된다.

**주소_** 33 Nguyễn Thái Học, Phường Minh An, Hội An
**시간_** 7~21시
**전화_** 0235-3910-948

## 푸젠 회관

Chu Phuc Kien

장엄한 푸젠 회관은 호이안에 남아 있는 5곳의 사원 중 가장 크고 웅장한 곳이다. 원래 푸젠 출신 이민자들의 사교와 무역 활동을 벌이기 위해 지었는데, 이후 바다의 여신 티엔 하우Thien Hau를 위한 사원으로 바뀌었다. 티엔 하우 여신의 탄생 기념 축제를 비롯해 1년 내내 벌어지는 축제도 문화적인 볼거리이다.

화려하게 장식된 3중 석조 문을 지나 사원으로 들어가면 문은 조각상과 관상용 식물, 용이 새겨진 분수가 놓인 정원으로 이어진다. 사원을 거닐면서 동물을 주제로 한 벽화와 조각, 다른 예술품을 둘러보면 각각의 동물은 서로 다른 의미를 지니고 있다는 것을 알 수 있다. 용은 힘을 상징하고, 거북이는 장수를 상징한다.

푸젠의 신화와 역사 속 에피소드를 표현한 그림과 벽화는 색상을 풍부하게 사용하고 문양과 조각으로 장식한 건축물도 볼 수 있다. 본당은 사원에서 가장 큰 방이다. 안으로 들어가 명상에 잠긴 채 앉아 있는 티엔 하우의 조각상에 가까이 다가가 보면 여신의 왼쪽과 오른쪽에 있는 그림은 수천킬미터로 밖에서 들리는 소리와 수천킬로미터 밖에서 보이는 모습을 그린 것이다. 비옥함의 여신이자 음식과 미소처럼 갓난아이를 기르는 솜씨를 내려주는

일본 상인에서 중국 상인으로 바뀐 역사적 이유

에도 막부가 수교 거부 정책을 펼칠 무렵 호이안에 살던 일본 상인들도 하나둘씩 떠났다. 일본의 무역상들이 떠나면서 자연스레 호이안의 일본 마을은 쇠퇴기를 맞았고, 중국인이 새로 들어오면서 호이안에는 중국인이 넘쳐나게 됐다. 복건 회관은 중국 푸젠 성 출신 사람들이 이용하는 마을회관으로 중국 양식의 건축물이 유명하다.

12명의 산파를 표현한 조각상을 볼 수 있다. 아이가 없는 많은 부부가 출산을 기원하며 신선한 과일을 바치고 간다.
17세기 후반 사원을 건축한 푸젠의 여섯 가문의 수장을 나타내는 조각상도 있다. 이들은 중국의 명나라가 쇠락한 뒤 중국에서 호이안으로 이주해 온 사람들이다. 호이안의 유서 깊은 구 시가지에 자리 잡은 푸젠 중국 신자 사원은 호이안의 다른 사원과 가까운 곳에 있다.

**주소_** 46 Tran Phu, Phường Minh An, Hội An
**시간_** 8~17시
**전화_** 0235-3861-252

## 꽌꽁 사원

Chu Phuc Kien

화려한 색으로 장식된 아름다운 중국식 사원에서 멋진 조각과 예술품을 감상해 보자. 꽌꽁 사원은 수많은 전투에서 승리를 거두었다는 관우 장군의 이름을 따서 지어졌다. 붉은색, 금색, 녹색으로 이루어진 사원과 아름다운 예술품은 오늘날에도 훌륭한 볼거리를 제공하고 있다.

1653년에 건립된 꽌꽁 사원은 수차례의 재건을 거쳤다. 그럼에도 사원은 호이안의 다른 유서 깊은 건물들과 마찬가지로 훌륭하게 보존되었으며, 초기의 모습을 고스란히 간직하고 있다. 꽌꽁 사원은 베트남의 국가 문화유적지로 지정되어 있다.

사원의 외관은 분홍색 벽돌로 이루어져 있고, 지붕은 광택 나는 녹색 타일로 지어졌다. 일각수와 용과 같은 신화 상의 동물들이 사원을 감싸고 있다. 중앙 홀로 이르는 길은 구름에 휩싸인 하얀 말과 적토마가 있다.

중앙 홀의 정면으로는 꽌꽁의 동상이 제단 위에 위풍당당 서 있다. 꽌꽁의 보초병 빈과 차우 투옹도 양옆을 지키고 있다. 사원 곳곳에 걸려 있는 글귀는 꽝의 위대함을 칭송하는 것으로서, 모두 중국 문자로 씌어져 있다. 영향력 있는 왕족과 지식인들이 글귀를 선사했다고 한다.

제단 양옆으로는 의식에 사용하는 제기와 무기가 전시되어 있다. 그 중 북과 종은 20세기에 당시 왕이었던 바오다이가 하사한 것이다. 중앙 홀 뒤로는 신전이 자리하고 있다.

**주소_** 24 Tran Phu, Càm Chàu, Hội An
**시간_** 8~17시
**전화_** 0235-3861-327

BÀI CHÒI HỘI AN
TRÒ

# 호이안(Hoian)에서 한 달 살기

다낭Danang은 알아도 호이안Hoian은 현재 대한민국 여행자에게 생소한 도시이다. 하지만 베트남에서 옛 분위기가 가장 살아있는 도시가 호이안Hoian이다. 베트남의 한 달 살기에서 저자가 가장 추천하는 도시는 호이안Hoian이다. 왜냐하면 도시는 작지만 다양한 즐길거리가 존재하고 옛 분위기를 간직하고 있어 오래 있어도 현대적인 도시에 비해 덜 질리는 장점이 있다.

저자는 베트남의 호이안Hoi An에서 3달 동안 머물면서 호이안 사람들과 웃고 울고 느낌을 공유하면서 베트남 생활에 쉽게 적응할 수 있었고 무이네Muine와 남부의 나트랑Nha Trang, 푸꾸옥Phu Quoc에서 한 달 살기로 적응하기 쉽게 만들어준 도시가 호이안Hoian이다. 대한민국이 여행자들도 다낭에서 여행하다가 잠시 머무는 도시가 아닌 장기 여행자가 오랜 시간 호이안Hoian에 머물고 있는 도시로 바뀌고 있다.

**장점**

## 1. 친숙한 사람들

호이안Hoian은 중부의 옛 분위기를 간직한 도시이다. 도시는 작지만 많은 여행자가 머물기 때문에 호이안 사람들은 여행자에게 친절하게 다가가고 오랜 시간 머무는 여행자와 쉽게 친해진다. 달랏Dalat이 베트남의 신혼 여행지이자 휴양지로 알려져 있다면 호이안Hoian은 웨딩 사진을 찍는 도시이다. 그만큼 다양한 분위기를 가지고 베트남 사람들뿐만 아니라 여행자에게 친숙한 사람들이 호이안의 한 달 살기를 쉽게 만들어준다.

## 2. 색다른 관광 인프라

호이안Hoian은 베트남의 다른 도시에서 느끼는 해변의 즐거움이나 베트남만의 관광 인프라를 가지고 있지는 않다. 오랜 기간 베트남 중부의 무역도시로 성장한 도시이기 때문에 도시는 무역으로 성장한 분위기를 그대로 가지고 있다. 또한 안방비치도 있어 해변에서 즐기는 여유도 느낄 수 있고 올드 타운의 밤에 거리를 거닐면서 즐기는 옛 분위기는 호이안Hoian만의 매력으로 다른 도시에서는 느낄 수 없는 것이다.

## 3. 접근성

다낭에서 30~40분이면 호이안Hoian에 도착할 수 있다. 호이안Hoian이 멀다고 느껴지지만 다낭에서 버스나 택시로 쉽게 접근 할 수 있다. 다낭이 최근에 성장한 무역도시이자 관광도시라면 호이안은 옛 무역도시라고 생각하면 된다. 그래서 해안이나 다낭을 통해 쉽게 접근할 수 있는 도시이다.

## 4. 장기 여행 문화

베트남은 현재 늘어나는 단기여행자 뿐만 아니라 장기여행자들이 모이는 나라로 변화하고 있다. 경제가 성장하면서 여행의 편리성도 높아지면서 태국의 치앙마이 못지않은 한 달 살기로 이름을 날리고 있다. 여유를 가지고 생각하는 한 달 살기의 여행방식은 많은 여행자가 경험하고 있는 새로운 여행방식인데 그 중심으로 호이안Hoian이 변화하고 있다.

## 5. 슬로우 라이프(Slow Life)

옛 분위기 그대로 지내면 천천히 즐기는 '슬로우 라이프Slow Life'를 실천할 수 있는 도시라고 말할 수 있다. 유럽의 여행자들이 달랏Dalat에 오래 머물면서 선선한 날씨와 유럽 같은 도시 분위기에 매력을 느낄 수 있다면 호이안은 베트남의 16~17세기의 분위기를 느끼면서 옛 도시에서 머문다는 생각이 여행자를 기분 좋게 만들어 준다. 그래서 유럽의 많은 배낭 여행자들이 오랜 시간을 머무는 도시가 호이안Hoian이다.

## 6. 다양한 국가의 음식

다낭Dannang에는 한국 음식을 하는 식당들이 많지만 호이안Hoian에는 많지 않다. 가끔은 한국 음식을 먹고 싶을 때가 있지만 다낭만큼 한국 음식점이 많지 않다. 하지만 전 세계의 음식을 접할 수 있는 레스토랑이 즐비하다. 그래서 호이안Hoian에는 베트남 음식을 즐기는 것이 아니라 전 세계의 음식을 즐기는 여행자가 많다. 유럽의 배낭 여행자가 많아서 다양한 국가의 음식을 즐길 수 있는 곳이 호이안Hoian이다.

## 단점

### 1. 저렴하지 않은 물가

베트남 여행의 장점 중에 하나가 저렴한 물가이다. 하지만 호이안Hoian은 베트남의 다른 도시보다 호이안Hoian의 올드 타운의 물가는 베트남의 다른 도시보다 상대적으로 높은 편이다. 올드 타운은 도시가 작은 규모로 유지가 되므로 더 이상 새로운 레스토랑이 들어서기보다 기존의 레스토랑이 유지가 되고 있다. 올드 타운을 벗어나 호이안 사람들이 사는 곳으로 이동하면 현지인의 물가가 저렴하지만 장기 여행자는 올드 타운에서 머물고 싶어 하므로 다른 도시보다 높은 물가를 감당하고 머무는 경우가 많다.

### 2. 정적인 분위기

올드 타운이 오래된 옛 분위기를 보여주지만 상대적으로 활기찬 분위기의 도시는 아니다. 그래서 정적인 분위기를 싫어하는 여행자는 호이안Hoian을 지루하다고 하기 때문에 자신의 성격과 맞는 도시인지 확인을 해야 한다. 근처에 안방비치도 있지만 다낭처럼 비치의 활기찬 분위기는 아니다.

# EATING

## 포 리엔
Phở Liến

호이안의 현지인들이 먹는 쌀국수 국물은 담백하지만 단 맛이 나는 경우가 많다. 그런데 이 식당은 면발은 쫄깃하고, 국물에는 우리가 계란을 라면에 풀어서 넣듯이 특이하게 쌀국수에 생 계란을 넣어서 먹는다.

점심시간에는 내부나 테라스 어디에나 사람들로 꽉 차서 자리가 없을 정도라서 식사시간보다 10분 정도 일찍 찾으면 편하게 먹을 수 있다.

**주소_** 25 Lê Lợi, Phường Minh An, Hội An
**시간_** 6시~19시
**요금_** 쌀국수 40,000동
**전화_** +84-90-654-3011

## 포 슈아
Pho xua

올드 타운은 관광지이기 때문에 식당의 음식 가격이 저렴하지는 않다. 또한 현지인들이 먹는 쌀국수와 맛이 다른 경우도 있다. 아마 호이안에서 가장 인기가 많은 베트남 음식 전문점을 물어본다면 저렴하고 맛 좋은 포 슈아Pho xua라고 대답할 것이다.

호이안 올드 타운을 걷다보면 한글로 된 간판이 보여 놀라고, 한국 관광객들이 줄 서 있는 것을 보고 또 놀랄 것이다. 쌀국수, 반쎄오, 분짜, 스프링 롤 등이 가장 많이 주문하는 메뉴이다. 최근에 한국 관광객이 많아지면서 점심이나 저녁식사 시간에는 대기를 하는 경우도 발생한다.

**주소_** 35 Phan Chu Trinh, Phường Minh An, Hội An
**시간_** 10~21시
**요금_** 소고기 쌀구수 45,000동
**전화_** +84-90-311-2237

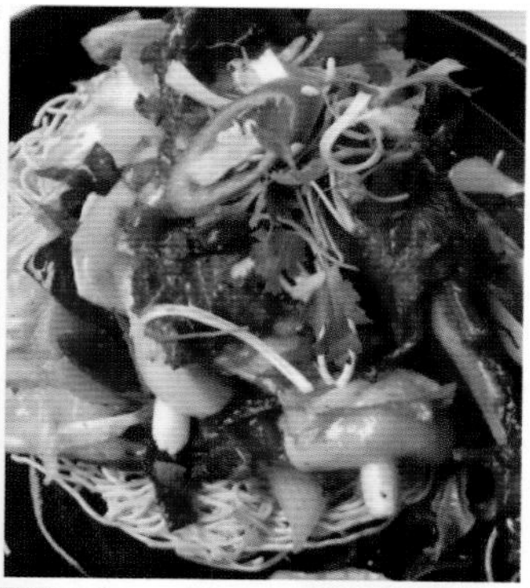

## 카고 클럽
The Cargo Club

피자, 파스타, 립 등의 서양요리와 화이트 로즈, 쌀국수, 넴 등의 베트남 요리도 맛있지만 디저트로 인기가 많다. 특히 유럽 관광객이 많아 메인 식사를 하고 대부분 디저트를 같이 한 곳에서 먹는다. 투본 강을 마주하고 있어서 전망이 좋아서 오랜 시간 한 장소에서 이야기하면서 식사를 하고 싶은 관광객이 대부분이다.

강변을 걷다보면 식당 앞 등불이 눈에 띠는 장식이라 밤에는 사진을 찍기 위해 찾는 관광객도 있다. 전망 좋은 2층 야외 테라스에 앉기 위해 경쟁이 치열하여 필자는 저녁 시간 이후에 가서 여유롭게 이야기하는 카페 같은 곳이었다.

**주소_** 109 Nguyễn Thái Học, Street, Hội An
**시간_** 8~23시
**요금_** 화이트 로즈 85,000동
그릴 미트 콤보 225,000동
**전화_** +84-235-3911-227

## 미스 리
Miss Ly

베트남 음식을 외국인에게 알리기 위해 시작한 식당은 내부가 고풍스럽고, 아늑한 25년 전과 같은 가족들이 음식을 대를 이어서 하고 있다. 신선한 재료와 조미료를 넣지 않은 소스와 국물은 담백한 맛을 낸다.
화이트 로즈, 프라이드 완탕, 까오러우 등은 관광객이 주로 주문하는 요리이다. 한국인 관광객을 위해 매콤하게 해달라고 하면 우리가 먹는 반찬과 차이가 없을 정도이다. 기다리는 시간이 길기 때문에 대기시간을 물어보고 올드 타운을 돌아보다가 시간에 맞춰 가는 것이 편리하다.

**주소_** 22 Nguyen Hue, Hội An
**시간_** 10시 30분~22시
**요금_** 화이트 로즈 85,000동
그릴 미트 콤보 225,000동
**전화_** +84-235-3861-603

## 홈 호이안 레스토랑
Home Hoian Restaurant

최근에 인기를 끌고 있는 베트남 가정에서 먹는 음식을 그대로 만드는 베트남 식당이다. 서민적인 가족이 아니고 중산층 베트남 가정을 모델로 깔끔하고 정갈하게 관광객을 위해 요리를 하기 때문에 가격이 비싼 편이라 유럽 여행자들이 주 고객이다. 베트남 중부의 전통 음식에서부터 베트남 북부 음식까지 다양하다.
쌀국수는 직접 육수를 따로 부어주는 후에 방식의 쌀국수는 호이안과 조금 다른 음식을 맛볼 수 있어서 매력적이다. 서양 관광객을 위해 영어로 된 메뉴판이지만 음식이 사진과 함께 볼 수 있어서 주문하기 편리하다. 디저트로 나오는 바삭한 라이스 크래커는 의외로 별미이다.

**주소_** 112 Nguyễn Thái Học, Phường Minh An, Ancient Town
**시간_** 12~21시 30분
**요금_** 그릴 오이스터 155,000동
돼지고기 쌀국수 120,000동
**전화_** +84-235-3926-668

## 호로콴
Hồ Lô quán

트남 요리를 현지 가정식처럼 만드는 것이 최근의 트렌드인데 유행을 주도한 식당이 이 곳이다. 주인장과 아는 사이라 손님이 없을 때 가서 식사를 하고 나오고 나면 시골의 한적한 식당처럼 아늑한 분위기를 느낄 수 있었다. 타마린드 소스에 새우, 채소가 들어 있는 프라이드 쉬림프 위드 타마린드 소스가 유명하다. 매콤하고 달짝지근한 한국인 입맛에 잘 맞도록 만들어 한국 관광객이 주로 찾는다. 또한 밥을 무료로 리필 해줘서 먹고 싶은 만큼 배부르게 먹고 친구 집에서 나오는 느낌이다. 올드 타운에서 떨어져 있지만 버스 주차장에서 가까워 찾기는 어렵지 않다.

**주소_** 20 Trần Cao Vân, Phường Cẩm Phổ, Hội An
**시간_** 09~23시
**요금_** 타마린드 새우 112,000동
**전화_** +84-90-113-2369

## 망고 룸스
Mango Rooms

내원교 근처에 투본 강을 바라보면서 퓨전 요리와 칵테일을 즐기는 레스토랑이다. 가게에서 바라보는 전망이 아름다워서 2층으로 올라가면 분위기 좋은 데이트를 즐기는 연인들이 좋아한다. 내부의 인테리어가 원색으로 다양하게 장식되어 인상 깊게 다가온다. 다만 분위기에 비해 요리는 비싸고 맛은 떨어지지만 전망을 보면서 먹는 분위기에 맛있게 먹고 나올 수 있다. 저녁 식사 전, 올드 타운에 사람들이 사진 찍기 바쁜 시간인 9~19시에는 해피아워 시간을 만들어 칵테일, 맥주를 50% 할인해 준다.

**주소_** 111 Nguyen Thai Hoc, Hội An
**시간_** 9시~22시
**요금_** 로킹 롤 95,000동, 베리베리 굿 120,000동
**전화_** +84-90-5011-6825

## 시크릿 가든
Secret Garden

근처에 가도 찾기가 쉽지 않은 골목에 있지만 열대 식물과 다양한 나무들로 꾸며진 초록색을 보면 숲 속의 정원에 온 것 같다. 매일 시장에서 사온 신선한 재료를 가지고 20년 전부터 할머니는 정성스러운 베트남 음식을 만들었다.
초창기에는 대부분 서양 여행자라서 다양한 와인과 함께 저녁에는 라이브 음악을 들려주면서 입소문을 타고 알려지게 되었다. 연인들이 기분 내고 싶을 때 방문하는 카페 같은 레스토랑은 장기 여행자들을 위해 1일 요리 교실도 운영하고 있다.

**주소_** 60 Le Loi, Hoi An
**시간_** 8~24시
**요금_** 화이트 로즈 68,000동
**전화_** +84-94-156-1465

## 라 플라주
La Plage

안방 비치가 보이는 야외 테라스에서 여유롭게 커피나 식사를 즐기는 연인이나 가족 여행자들을 볼 수 있는 대표저인 곳이다. 위치도 좋고, 가성비도 좋은 해산물 요리가 대표 메뉴인 곳이다. 대부분 메인 요리를 주문하면 샤워장 이용도 가능하여 유럽 여행자들이 해변에서 즐기다가 힘들면 쉬었다가 다시 비치로 가기 위해 찾는 곳이라서 영어로 된 메뉴판이 준비되어 있다. 가리비와 크리스피 새우 요리가 한국 관광객의 추천을 받고 있다.

**주소_** An Bang Beach. Hội An
**시간_** 7~22시
**요금_** 그릴드 오징어 90,000동
새우 샌드위치 60,000동
**전화_** +84-93-592-7565

## 소울 키친
Soul Kitchen

시원한 바다가 보이는 풍경이 아름다워 초창기 호이안에 오래 있던 장기 여행자들에게 알려지기 시작했다. 특히 일몰을 보기 위해 해지기 1시간 전부터 노을 지는 풍경을 보면서 식사하기 위해 북적이기 시작한다. 베트남 요리가 아닌 햄버거, 스파게티 등 서양요리를 찾는 유럽 여행자가 많다. 최근에는 효도여행이나 가족 여행객들을 위해 방갈로 좌석을 만들어 조용하게 식사할 수 있어서 예약을 하고 가는 관광객도 많다. 저녁 식사 전 해피아워 시간에는 맥주에 한해서 1+1 이벤트도 진행하고, 주말 저녁 시간에는 라이브 공연도 하지만 큰 기대는 금물이다.

**주소_** An Bnag Beach, Hội An
**시간_** 8~23시
**요금_** 까르보나라 160,000동, 소울 햄버거 155,000동
**전화_** +84-90-644-03-20

## 올라 타코
Hola Taco

멕시코 음식을 하는 드문 레스토랑인데, 미국 여행자들은 멕시코가 떠오르는 그림으로 채워져 있는 벽면을 보면 멕시코가 아닌가 하는 착각이 든다고 말한다.

의외로 푸짐한 양과 멕시코 현지의 맛을 느낄 수 있다고 알려져, 외국인 여행자들이 주로 찾는다. 타코, 케사디야, 나쵸, 엔칠라다드가 주 메뉴인데, 김치 타코도 있는 것이 신기하다.

**주소_** 9 Phan Chu Trinh, Cẩm Châu, Hội An, Quảng Nam, 베트남
**시간_** 11시 30분~22시(일요일 휴무)
**요금_** 케사디야 115,000동, 나쵸 160,000동
**전화_** +84-91-296-1169

## 윤식당
Youn's Kitchen

한국 음식을 먹고 싶은 한국 관광객을 위해 만든 한식 전문 식당으로 한국어 메뉴판, 시원한 에어컨까지 한국 분위기에 놀란다.
베트남 음식이 서투른 부모님들을 위해 차돌 된장찌개, 참지 김치찌개, 제육 쌈밥, 숯불 닭갈비 등 친숙한 음식을 먹을 수 있어 반가워한다. 다만 디저트는 망고를 주기 때문에 '베트남에 온 것이 맞다'고 말하는 사람들도 있다.

**주소_** 73 Nguyễn Thị Minh Khai, Phường Minh An, Hội An
**시간_** 10~22시
**요금_** 스팸 계란 복음밥 150,000동
차돌 된장찌개 150,000동
**전화_** +84-90-870-8256

# Hue

## 후에

# Hue
## 후 에

베트남이 수도를 하노이로 옮기기 전까지 베트남의 문화 · 경제적 중심지는 후에Hue였다. 꽃향기가 짙게 배어 있는 향 강을 따라 찬란했던 왕조의 역사를 거슬러 올라가면 전쟁 전 가장 아름다웠던 베트남의 모습을 만날 수 있다.

응우옌 왕조 200년의 역사를 만날 수 있는 베트남 최초의 세계문화유산인 후에Hue에는 찬란했던 과거의 유산이 곳곳에 남아있다. 후에의 역사 · 문화에 관한 이야기를 알아야 후에 여행이 재미있어진다. 지금도 후에Hue 거리에는 예술가들의 갤러리와 공방을 쉽게 찾을 수 있다. 또한 후에 왕조의 자부심인 후에Hue 전통 요리도 베트남 최고 별미로 꼽힌다.

# 한눈에 후에 파악하기

요새와 궁전, 호숫가, 근사한 가로수가 늘어선 곳을 둘러보면 역사적인 베트남 도시에 온 것을 느낄 수 있다. 그림 같은 향 강에 자리한 도시 후에Hue는 승리와 비극을 모두 담고 있는 도시이다.

현재, 유네스코 세계문화유산지역으로 지정된 역사적 수도로 가로수 길을 따라 걸어 다니면서, 왕들의 무덤을 구경할 수 있다. 후에는 왕궁 시대부터 이어져 오는 음식으로 유명하여 왕실 연회에서 맛볼 수 있는 음식들을 직접 맛볼 수 있다.

후에는 1802~1945년까지 남부와 북부를 모두 통일한 베트남을 지배했던 '응우옌 왕조'의 수도였지만 제1차 인도차이나 전쟁으로 많이 훼손된 후, 미국과의 베트남 전쟁으로 거의 폐허가 되었다. 지금도 도시는 재건되었지만 재건 작업은 지금도 이어지고 있다.

강의 북쪽 대부분은 후에 황궁부분이다. 10㎞ 길이의 벽과 해자로 둘러싸인 황궁은 한적하게 거닐면서 응우옌 왕조의 건축물들을 볼 수 있다. 황궁 내에는 다양한 사원, 거주지, 유적지, 정원 등이 후에라는 도시를 느끼게 해준다.

강의 남쪽은 택시나 배를 타고 화려한 왕의 무덤을 볼 수 있다. 화려한 응우옌 시대의 묘들은 베트남 왕실의 대표적인 예이다. 웅장한 뜨득 황릉은 핵심 황릉이다. 광대한 소나무 숲과 한적한 호수로 "평생의 꿈"을 대표하는 디자인으로 설계되었다. 강의 북쪽에는 베트남에서 가장 높은 탑인 티엔무 타원과 그 안에 탑이 있다.

# About 후에

## 베트남 마지막 왕조의 수도

베트남 마지막 왕조의 수도로 알려진 후에가 베트남 중부의 중심지로 거듭난 것은 16세기 초이다. 응우옌 가문의 장남이었던 응우옌 호앙이 베트남 남부 지역의 군주로 임명되면서 그는 중부의 수도를 후에로 정했고, 응우옌 가문은 이후 약 200년 동안 후에를 중심으로 베트남 전체로 확장했다.

응우옌 마지막 왕의 조카 응우옌 안은 300년 만에 베트남을 다시 하나의 국가로 통일했다. 그는 새로 통일된 국가를 '비엣남Vietnam'이라 칭했고, 수도도 하노이에서 후에로 옮겼으며, 자신이 황제로 직접 등극하고 '지안롱'이라고 불렀다.

그 후로 응우옌 왕조는 베트남 전체를 다스리며 왕권을 이어갔다. 비록 수도로 있었던 기간은 143년밖에 안되지만, 수백 년 전부터 남부 지방의 중심지 역할을 했던 후에Hue는 베트남 어느 지역보다 예술과 문화가 발달했다.

## 아오자이의 본고장

베트남 패션을 대표하는 의상이 있다면 누구나 '아오자이'라고 답할 것이다. 베트남에 가지 않더라도 TV에서 아오자이를 입은 모습을 본 적이 있을 것이다. 후에Hue에는 캐주얼하게 아오자이를 입고 다니는 여성들을 볼 수 있다. 아오자이를 교복으로 입고 다니기도 한다.

응우옌 왕조 이전에 베트남 남부 지방을 다스리던 응우옌 가문이 북부와 다른 그들만의 문화를 만들기 위해 관료들에게 바지 위에 길게 내려오는 드레스를 입게 한 것이 아오자이의 시작이라고 알려져 있다.

응우옌 왕조 후에는 누구나 아오자이를 입기 시작하여 지금까지 베트남을 대표하는 의상이 되었다. 현재의 아오자이는 20세기 초에 개량된 디자인으로 프랑스 식민지 시절의 프랑스 디자인이 접목된 것이다.

## 베트남 최초의 문화유산으로 등재

후에Hue는 베트남에서 가장 먼저 유네스코 세계문화유산에 등재된 도시로 후에 황궁을 비롯한 수많은 유적이 있다. 비록 인도차이나 전쟁과 베트남전쟁 때 폐허로 변해버렸지만, 오랜 기간의 복구 작업을 통해 예전의 모습을 되찾을 수 있었고, 1993년 역사적 가치를 인정받아 공식적으로 세계문화유산에 등재될 수 있었다.

## 동서양의 만남

시내 중심부에 있는 황궁에는 아직도 폐허로 남아 있는 곳도 많지만, 응우옌 황제들의 황릉은 예전 그대로의 화려한 모습을 간직하고 있다. 특히 동서양의 건축 문화를 합쳐놓은 카이딘 황릉과 중국 건축양식을 접목한 민망 황릉은 찬란한 과거의 웅장함을 그대로 담고 있다.

## 후에 성 & 황궁

Citadel & tHE Imperial City

후에 성과 황궁의 성벽 안을 거닐며 아름다운 사원과 궁전을 구경할 수 있다. 유명한 성채가 파괴된 과정을 살펴보고, 전쟁을 수차례 거쳤음에도 피해를 모면할 수 있었던 훌륭한 건축물을 볼 수 있다.

후에Hue에 있는 황궁 시티는 1804년에 짓기 시작했다. 지금은 더 이상 정부 소재지가 아니지만, 아직까지도 베트남의 중요한 문화적 중심지 역할을 하고 있다.

후에성(Hoàang Thành Hue)

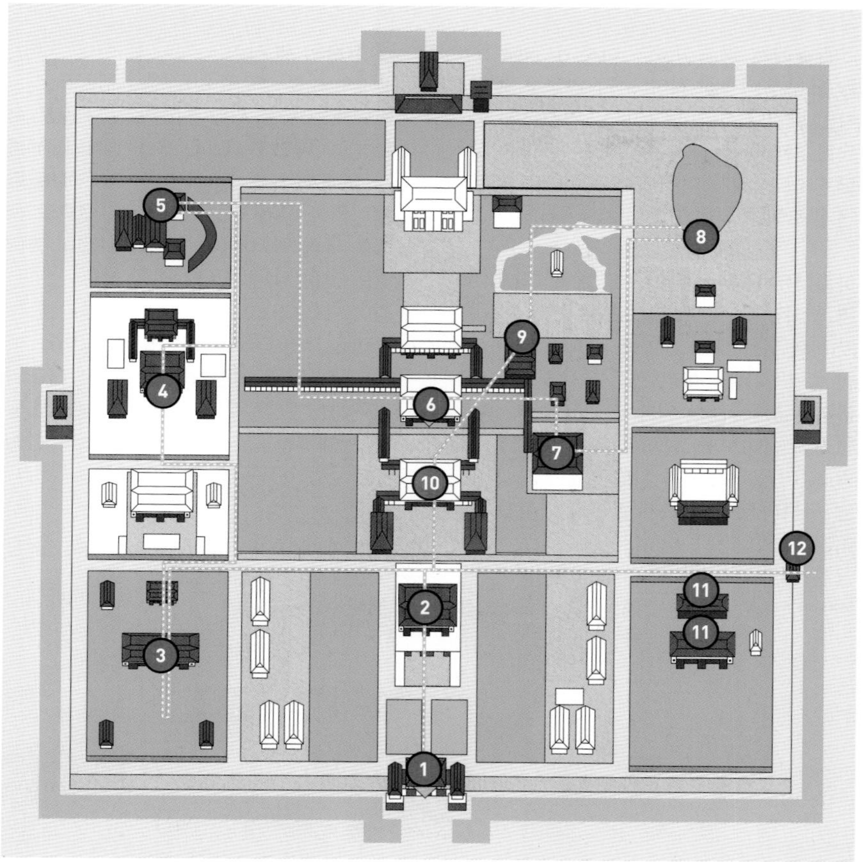


❶오문(午門) 후에 황궁의 남문이자 입구
❷태화전(太和殿) 황제의 대좌가 남아 있는 안현실
❸묘문(廟門) 역대 황제들의 종묘
❹연수궁(延壽宮) 자롱 황제 어머니의 궁전
❺장생궁(長生宮) 민망 황제어머니의 궁전
❻자금성(紫禁城) 페허로 남은 황궁 터
❼열시당(閱是堂) 공연이 열리는 황실 극장
❽꼬하 정원 초록색이 숨 뒨느 황실 정원
❾태평루(太平樓) 여전히 화려한 황실 서재
❿근정전(勤政殿) 문무 관료들이 머물던 곳
⓫조묘(肇廟) 응우옌 완조의 선조를 가르키는 곳
❻현인문(顯仁門) 황궁의 후문이자 동쪽 출구

황궁 시티를 구경하다 보면 몇 시간이 금세 흘러간다. 황궁 안은 넓어서 둘러보면 2시간이상이 소요된다.

1. 오문 → 2. 태화전 → 3. 묘문 → 4. 연수궁 → 5. 장생궁 → 6. 자금성 → 7. 열사당 → 8. 꼬하 정원 → 9. 태평루 → 10. 근정전 → 11. 조묘, 태묘 → 12 현인문

| 종류 | 어른 | 어린이 |
|---|---|---|
| 후에 황릉 입장료 | 150,000동 | 30,000동 |
| 민망 황릉, 카이든 황릉, 뜨륵 황릉<br>각 입장료 | 100,000동 | 20,000동 |
| 세 곳 통합 입장료<br>(후에 황궁, 민망 화릉, 카이든 황릉/유효기간 2일) | 280,000동 | 55,000동 |
| 네 곳 통합 입장료<br>(후에 황궁, 민망 황릉, 카이든 활릉, 뜨득 활릉/유효기간 2일) | 360,000동 | 70,000동 |

### 황궁 둘러보기

고관들에게 공포심을 심어주기 위해 만든 오문Ngo Mon을 지나 구역 안으로 들어가면 보인다. 이 문은 베트남 역사에서 중요한 역할을 담당하던 곳으로 1945년 바오 다이 황제가 이곳에서 퇴위하며 응우옌 왕조의 종식을 고했다.

아름다운 연못 맞은편으로 계속 가다 보면 태화전Thai Hoa Palace이 모습을 드러낸다. 80개의 붉은 대리석 기둥 위에 얹은 화려한 목조 지붕을 살펴보고, 다시 궁전으로 돌아와 높은 단상 위에서 위용을 뽐내는 왕좌도 살펴보자. 성채 건축 당시부터 프랑스, 미국과 전쟁을 치르며 일부가 파괴된 시점까지, 살펴보면 황궁의 역사를 알아볼 수 있다.
궁전 바로 뒤편에 있는 중국관Halls of the Mandarins으로 향하면 정교한 황금 부처상이 보인다. 이곳에서 베트남 왕족의 예복을 착용한 채 사진도 찍어 볼 수 있다.

왼쪽에는 황궁 시티에 얼마 남지 않은 사원 중 하나가 서 있다. 건물이 거의 다 붉게 칠해져 있는 묘 사원Mieu Temple에는 각 황제의 신사가 마련되어 있는 곳으로 금테를 두른 탁자 위에 황제의 사진이 놓여 있는 것을 알 수 있다.
강이 내려다보이는 성벽에서 3층으로 이루어진 깃발탑으로 이동하자. 성벽을 따라 걷다 보면 신성시되는 9개의 대포와 마주하게 된다. 각각 무게가 약 11ton에 달하는 대포들은 사계절과 오원소를 상징한다.

**주소_** Phú Hàu, Thành phö Hue, Thúa Thién Hue
**시간_** 8~17시 30분(목요일은 22시까지)
**전화_** 0234-3513-322

# 황궁 집중탐구

응우옌 왕조의 수도를 후에로 정한 지아롱 황제는 중국 자금성을 모델로 호화스러운 왕궁을 짓기 시작했다. 수천 명의 인부와 30년의 긴 시간이 걸렸지만, 그렇게 완공된 후에 왕궁은 오늘날 베트남 역사에서 가장 위대한 건축물로 남아 유네스코 세계문화유산에 등재됐다.

### 깃발탑(Cot Co)

후에 황궁 정문 앞에 있는 피라미드형 건축물인 왕궁의 게양대는 3층 높이의 탑 꼭대기에는 높이 37m의 깃대와 8개의 대포가 배치되어 있다. 1807년, 나라를 창건하고 후에 성의 방어 체계의 하나로 지어진 것으로 당시에는 대포와 함께 병사들이 적병을 감시할 수 있도록 망루가 설치되어 있었다. 130년이 넘는 기간 동안 응우옌 왕조를 상징하는 깃발이 걸려 있었으나 1945년에 베트남 민주공화국이 후에를 점령한 후 현재 베트남 국기인 '금성홍기'로 교체했다.

초기에는 나무로 만든 깃대를 사용했지만 강한 바람에 부러져 1904년에 무쇠로 만든 깃대를 새로 설치했고, 베트남 전쟁 중 다시 한 번 부러져 콘크리트로 깃대를 설치한 것이 지금까지 유지되고 있다. 꼭대기까지 올라갈 수 있는 계단이 있지만 국기 게양식이나 국가 행사 때만 문을 열고 관광객의 출입은 통제된다.

### 오문(Ngọ Môn)

후에 왕궁 남쪽에 자리한 성문인 오문Ngọ Môn은 왕궁의 정문으로 황제가 왕궁에서 거행되는 행사와 병사들의 훈련을 지켜보는 누각으로 사용하였다. 왕궁 동서남북에 자리한 4개 문 중 오문을 통해서만 후에 왕궁으로 들어갈 수 있다. 오문에 있는 3개의 대문 중 중앙문은 황제만 사용할 수 있어서, 지금도 중앙문은 굳게 닫아 놓고 있다.

중국 문화의 영향을 받아 풍수지리에 맞게 지어져, 좌측 문과 우측 문을 통해서만 입장이 가능하게 하였다. 응우옌 왕조 마지막 황제였던 바오다이는 1945년, 베트남 민주공화국에 주권을 넘겨준 뒤 오문의 누각에서 왕조의 마지막을 지켜봤다고 전해진다.

### 태화전(Điện Thái Hoầ)

입구인 오문을 지나가면 탁 트인 곳에 커다란 태화전이 보인다. 1805년 후에 왕조의 황제였던 자에 황제는 중국 자금성에 버금가는 장소를 만들기 위해 국가의 식이 거행되거나 외국의 사진을 접견하는 궁중 행사에 사용할 태화전Điện Thái Hoầ을 지었다. 현재 태화전Điện Thái Hoầ 안에 황제의 대좌가 남아 있다.

### 근정전(Điện Cần Chánh)

왕궁을 찾은 외국 사절단과 국빈들이 황제를 알현하던 곳. 후에 왕궁에서 가장 큰 규모와 화려함을 자랑하는 건물이었지만, 1947년, 응우옌 왕조에 불만을 품은 세력의 방화로 불타 버려 현재 건물의 터만 남아 있다. 베트남 전쟁 후 태평루에 보관되어 있던 기록을 바탕으로 복구 작업을 진행했으나 근정전 양옆에 있던 별관의 회랑만 겨우 복원되었다. 일본 와세다 대학과 공동으로 복구 작업을 하여 복원은 완공되었다.

### 중국관(Tả Vu và Hữu Vu)

태화전 좌우에 자리한 별관으로 중국 사절단이 황제를 알현하기 전 예의를 갖출 수 있도록 준비된 건물이다. 19세기 말, 민망 황제 때 완공된 것으로 추정하고 있다. 그 후, 프랑스 식민지 시절에는 공연이나 무술 시범이 열리는 행사장으로 사용되었다. 베트남전쟁 때 두 건물 모두 파손됐지만, 좌측 건물은 1977년, 우측건물은 1986년에 각각 지금의 모습으로 복구되었다. 현재 우측은 갤러리, 좌측은 공연장과 기념품점으로 사용하고 있다. 공연장에서 관광객들이 황실 의상을 입고 사진을 찍을 수 있는 포토존이 있다.

### 태평루(ThábiBình Lâu)

1847년 띠에우찌 황제가 황궁을 거니는 중 쉬면서 책을 읽기 위해 만든 휴식공간으로 뚜득 황제 때부터 도서관으로 사용하면서 황궁의 문서를 보관하는 장소로 사용했다. 왕조의 몰락과 베트남전쟁 중에도 큰 피해를 입지 않아 문서들이 하노이 국립역사박물관에 보존되어 있다. 태평루 옆에 자리한 인공 연못에는 바위로 만든 정원은 중국식 정원을 본떠 띠에우찌 황제가 직접 조성했다.

## 현인문(Cúa Hién Nhon)

황궁의 후문으로 동쪽에 보인다. 전통 공예를 보여주고 기념품을 파는 공방이 있는데 유럽 관광객들이 좋아하는 장소이다. 전시물은 19세기 말부터 20세기 초 무렵 폐허로 변하기 전 왕궁의 모습을 담은 사진과 왕궁에서 사용했던 식기나 의복 등의 유물로 구성되어 있고, 전시 테마를 수시로 바꿔 과거 왕궁의 모습을 다양한 각도에서 바라볼 수 있다.

### 유럽 문화의 동경, 건중루(Điện Kiến Trung)

근정전을 지나 왕궁 북쪽 끝으로 이동하면 하나의 터가 보인다. 유럽 문화를 동경했던 카이딘 황제가 즉위 후 기존에 있던 건물을 철거하고 창건한 네오고딕 양식의 저택 '건중루'가 있던 자리이다. 1945년 응우옌 왕조가 몰락하기 전까지 황제의 거처로 사용됐고, 이후에 베트남 민주공화국 간부가 사용했다. 왕궁 건물 중 가장 최근에 지어진 만큼 시설이 훌륭했다고 전해지지만, 베트남전쟁 때 폭격으로 파괴되었지만 복원되었다.

## 카이딘 황릉

The Tomb of Emperor Khai Dinhh

목가적인 푸른 언덕 위에 서 있는 위협적인 검은색 건물은 가장 인상적인 응우옌 왕조 무덤이다. 후에Hue에서 남쪽으로 8km 떨어진 차우 추 마을에 있는 카이딘 황릉 능원 안으로 걸어 들어가면 만다린 경비병 석상의 차가운 시선이 뒷머리에 느껴진다. 본관으로 가면 반짝이는 스테인드글라스 천장 아래에 악명 높은 황제의 동상을 볼 수 있다.

카이딘Khai Dinhh은 1916년부터 1925년까지 군림한 베트남의 끝에서 두 번째 황제였다. 국민들의 안녕에는 별로 관심이 없었던, 프랑스 식민지화의 앞잡이로 기억되지만 그의 무덤은 선왕들의 무덤보다 훨씬 더 아름다운 모습으로 남아 있다. 그 이유는 황제가 무덤을 건설하기 위해 무자비하게 세금을 올렸기 때문이다. 내부로 들어가면 거둬들인 세금으로 만들어 낸 인상적인 결과물을 확인할 수 있다.

경내로 들어가 커다란 안뜰까지 조금만 올라가면 양 옆에 실물 크기의 석상이 늘어선 길이 중앙에 나 있다. 석상의 대부분

은 전통적인 베트남 경비병의 모습이 엿보이지만 자세히 보면 일부 석상은 유럽 군인의 외모와 군복 차림을 하고 있다.

계단을 계속 올라가다 보면 난간에 불을 내뿜는 용이 새겨져 있다. 많은 사람들이 가장 미움을 받은 황제에게 딱 어울리는 상징물이라고 평가받고 있다. 실제 무덤에 도착하여 어두운 색의 콘크리트 외관을 살펴보면 고딕 양식과 흡사하다. 내부에는 여러 가지 색깔을 아름답게 수놓은 반짝이는 유리 조각이 벽과 천장을 뒤덮은 채색된 도자기 조각과 경이로운 대조를 이루고 있다. 모든 색의 향연의 중심에 카이딘Khai Dinh의 동상이 높다란 왕좌에 올라 앉아 있는데, 황제의 유골은 동상 아래 지하 18m 깊이에 묻혀 있다.

**홈페이지_** www.vietnamtourism.com
**주소_** Khái Dinh, Thúy Bàng, Huong Thúy, Thúa Thièn Hue
**시간_** 7~17시 30분
**요금_** 황궁 & 황릉 통합 입장권 360,000동 (카이딘 황릉 입장권 100,000동)
**전화_** 0234-3685-830

## 민망 황제릉

The Tomb of Emperor Minh Mang

후에Hue에서 약 12㎞ 떨어진 안방 마을An Bang Village에 있는 민망 황제릉The Tomb of Emperor Minh Mang에서 아름다운 정원과 대칭미가 돋보이는 건축물을 감상할 수 있다. 베트남 병사들의 조각상을 구경하고 잔잔한 호수 위로 아름답게 장식된 다리도 건너보자. 존경받는 민망 황제가 영면한 곳에서 매력적인 정원의 아름다운 다리를 건너보고 화려한 건물을 감상하며 평화로운 뜰을 거닐면서 천천히 옛 시절을 느낄 수 있다.

향 강Perfume River 서쪽 제방의 한적한 숲 속 깊은 곳까지 걸어가면 민망 황제릉이 모습을 드러낸다. 베트남에서 가장 존경받는 황제 중 한 명을 기리는 장엄한 곳이다. 민망 황제는 베트남 고립주의를 펼쳤지만 백성들의 어려움을 잘 헤아려서 황제가 재위하던 시절 황릉 건설 계획을 세웠지만, 공사가 착수된 직후인 1841년에 영면하는 바람에 후계자인 티에우치 황제가 완공했다.

민망 황제릉은 입구에 들어서면서부터 즐거움을 선사한다. 대지, 물, 하늘을 상징하는 무늬가 새겨진 3곳의 테라스에 올라가, 화려하게 장식된 3개의 철문에 도착하면 돌을 깎아 만든 병사들의 조각상이 보인다. 조각상에는 베트남 전통 의복을 입고 코끼리와 말 옆에 서서 전투를 기다리는 여러 병사의 모습이 묘사되어 있다. 정교한 용 모양의 난간으로 장식된 철문을 지나 묘지로 이어지는 정문은 1년에 단 한 번, 황제 사망일에만 열린다.

바로 옆에는 온전한 깨달음Impeccable Clarity을 얻었다는 호수에 지금은 어둡고 탁한 호수 위에 돌을 깎아 만든 다리가 3개 놓여 있다. 중앙에 있는 다리는 황제만 드나들 수 있는 곳인데, 민망 황제가 사망했을 때 단 한 번 사용되었다.

호수를 구경한 후에는 성안 사원Sung An Temple으로 향하면 사원 안으로 들어가 벽과 지붕을 수놓은 꽃무늬 부조도 감상해도 좋다. 사원 밖으로 나가 토착 관목과 식물을 심은 향기로운 정원에서 휴식을 취해도 좋다.

**홈페이지_** www.vietnamtourism.com
**주소_** QL 49, Huong Tho, Huong Trà, Trua Thièn Hue
**시간_** 7~17시 30분
**요금_** 황궁 & 황릉 통합 입장권 360,000동 (민망 황릉 입장권 100,000동)
**전화_** 0234-3523-237

## 뜨득 황릉
The Tomb of Emperor Tu Duc

후에Hue에서 남쪽으로 5㎞ 거리에 있는 투옹 바 마을에 있는 뜨득Tu Duc 황제의 무덤이 있다. 황제의 거대한 비석 앞에서 경외감이 느껴질 수도 있다. 평화로운 루키엠 호숫가를 따라 산책하며 오솔길에 늘어선 아름다운 말과 코끼리 조각상을 감상해보자.

학자로도 유명한 뜨득Tu Duc은 응우옌 왕조의 네 번째 황제로 1848년부터 1883년까지 재위했다. 호화로운 무덤은 원래 그가 평화롭게 휴식을 취하며 학업에 열중할 수 있는 장소로 지어졌다. 고요한 공원을 거닐며 황제의 살아생전과 사후의 호화로운 휴식을 위한 공간으로 건축된 수십 개의 건물을 지었다.

우선 호숫가 주변 약 12ha 규모의 유적 단지를 둘러보면, 황제가 여름 동안 휴식을 취했던 장소가 두 곳 있다. 오른편의 나무로 둘러싸인 작은 섬은 황제가 작은 새들을 사냥하던 곳이고, 왼편의 낡은 정자는 명상을 하고 시를 낭송하기에 좋은 장소였다.

계속해서 거대한 능원에 다다를 때까지 탁한 녹색 빛을 띠는 물가를 따라 걸어가

자. 잠시 이곳에 들러 화려한 회색빛 파빌리온의 통로에 새겨진 코끼리와 말, 만다린 군인의 그림을 감상할 수 있다. 양쪽으로 나 있는 우뚝 솟은 아치형 입구를 통과하면 약 20ton 무게의 비석이 보인다. 뜨득Tu Duc이 직접 초안을 작성한 비문이 담겨 있다. 황제로서 그는 100명 이상의 부인을 거느렸으며 강제 노역을 지시했다. 그가 남긴 비문은 일생 동안 자신이 한 일부 행동에 대해 유감을 표하고 있다.
뜨득 황릉The Tomb of Emperor Tu Duc을 나서기 전에 작은 연못가에 자리한 회색 벽으로 둘러싸인 묘소 건물도 들러보자. 이곳은 실제로 황제가 묻힌 장소는 아니다. 도굴꾼으로부터 보호하기 위해 그의 시신과 막대한 재산은 비밀스런 장소에 매장되었다. 끔찍하게도 이 과정을 수행한 200명의 하인들은 즉시 참수되었다.

**위치_** 후에 시내에서 QL 49 도로 따라 남서쪽으로 약 6㎞
**주소_** 17/69 Lè Ngö Cát, Thúy Xuàn, Thành phö Hue
**시간_** 7~17시 30분(충겸사 내 전통 공연 8시 30분~9시, 9시 15분~9시 45분, 10~10시 30분)
**요금_** 황궁 & 황릉 통합 입장권 360,000동 (뜨득 황릉 입장권 100,000동)
**전화_** 0234-3523-237

## 티엔무 사원
Tien Mu Pagoda

향 강Perfume River 북쪽 제방의 언덕에 있는 아름다운 티엔무 사원 안의 탑에서 멋진 팔각탑을 감상하고 미소 띤 얼굴의 거대한 부처상 앞에서 복을 기원하며 정자에 앉아 평온한 분위기를 느끼는 것을 추천한다. 길고 넓은 계단 위로 올라가면 사원 정면에 놓인 탑에 다다른다.

### 간략한 역사
17세기 초에 후에의 군주였던 응우옌 호앙이 하늘에서 내려온 여인의 계시를 받아 부처를 위한 사원을 만들었고 사원 이름을 '천녀'란 뜻의 '티엔무'라고 지었다고 전해진다. 사원은 건립된 후 왕권이 바뀌면서 수차례 개수 공사를 거쳤고, 푸옥디엔 탑은 1864년, 띠에우치 황제 때 개수 공사의 일환으로 세워졌다. 높이 21m의 푸옥디엔 탑은 7층 8각 구조로, 층마다 불상이 안치되어 있다. 베트남전쟁 중 사원 건물과 탑이 심한 손상을 입었지만, 30년의 복구 기간을 거쳐 지금의 모습을 갖추었다.

### Feeling
탑 아래에 서는 순간 높이가 21m에 달하는 탑의 위용에 할 말을 잃게 되고, 올라갈수록 작아지는 각 층에는 장식 문구가 새겨져 있다. 그늘진 통로를 따라 걸으며 8변 모습의 탑은 1844년에 세워졌지만 사원은 1601년부터 이 자리를 지키고 있었다.
탑을 둘러본 뒤에는 양 옆에 놓인 작은 정자를 구경해 보자. 탑 오른쪽으로 보이는 방에 가면 거대한 대리석 거북이 등에 놓인 명판을 구경할 수 있다. 이 명판은 1715년에 제작되었다. 두 번째 정자에는 덜 독특하지만 명판 못지않게 거대한 종이 있다. 종이 울릴 때마다 10㎞ 밖에서도 소리를 들을 수 있다고 전해진다.

전설 속 부처 수호상 옆을 지나 걸어가 보면 수호신들이 보호하는 고대 사원이 나타난다. 안으로 들어가면 미소 띤 얼굴의 반짝이는 청동 부처상이 여러분을 기다리고 있고, 부처상 앞에 서면 복이 찾아온다고 한다. 바로 뒤편에는 과거, 현재, 미래의 부처를 묘사해 놓은 세 조각상이 더 있다.

한적한 정원 주변을 산책하고 정원에서는 시원한 그늘과 아름다운 열대 식물, 종교적 색채가 좀 더 짙은 조각상도 구경할 수 있다. 게다가 산책로를 따라 거닐거나 정원에서 뛰노는 이곳 원숭이들과 조우할 수도 있다.

**위치_** 후에 도심에서 약 4㎞
**주소_** Huong Hoa, Thành phö Hue, Trua Thièn Hue
**시간_** 8~17시
**전화_** 097-275-1556

## 탄 또안 다리
Than Toan Bridge

초목이 무성한 후에 서쪽의 시골 지역을 거쳐 하이킹을 하다 보면 운하 위에 아름답게 구부러져 있는 매력적인 탄 또안 다리에 도착한다. 후에의 분주한 거리를 벗어나 1700년대 이후 변하지 않고 남아 있는 전통적인 다리는 매력적인 지붕과 나무 장식을 가지고 있고 디자인에는 일본과 중국 건축 양식의 영향을 동시에 느낄 수 있다.

탄 또안 다리는 레 히엔 통 황제의 통치 기간이던 18세기 중엽에 지어졌다. 현지 주민들의 말에 따르면 황실 고관 부인의 명령에 의해 건립되었다고 한다. 근처 마을에서 자란 고관 부인은 기능적이면서도 아름다운 다리가 필요하다고 생각했다. 현재까지 기능성과 심미성을 모두 간직하고 있다.

다리는 도시에서 떨어진 탄 또안 마을 근처에 위치해 있으며 후에에서 동쪽으로 약 7㎞ 떨어져 있다. 택시를 이용할 수도 있고, 경치를 제대로 감상하고 싶다면 자전거를 빌려 강을 따라 오는 것도 좋다. 다리에 가까워지면 부드러운 곡선 모양으로 강에 걸쳐져 있는 모습이 보인다. 독특한 사각형 목재 아치가 곡선 모양을 형성하고 있다. 운하의 사면이 낮아 다리가 낮으면 배가 아래로 통과할 수 없기 때문에 가운데가 살짝 올라간 것이다. 다리의 둥근 목재 주탑과 기와지붕이 독특하고 매력적인 모습을 연출한다.

건너보면 다리가 얼마나 튼튼한지 알 수 있다. 다리가 건설된 이후 홍수와 태풍으로 인해 몇 차례 복구공사를 거쳐야 했지만 원래 사용된 목재 대부분이 여전히 다리를 지탱하고 있다. 수수한 장식들을 가까이에서 관찰해 보면, 중국어 경전이 새겨져 있고 화려한 도자기가 다리의 양쪽 입구를 장식하고 있다. 다리를 건너면서 위를 바라보면 지붕의 아래쪽에 있는 많은 도자기 장식을 볼 수 있다. 17m 길이의 다리 전체에 용, 거북이, 일각수, 봉황 등을 형상화한 도자기 장식이 있다.

**위치_** 후에 시내에서 흐엉강을 따라 서쪽으로 6㎞
**주소_** Làng Thanh Thúy Chánh, Phú Vang, Thua Thien-Hue
**시간_** 7시 30분~17시 30분
**요금_** 탄 또안 박물관 입장료 20,000동
**전화_** 012-0601-7296

# 여행 베트남 필수회화

| 한국어 | 베트남어 | 발음 |
|---|---|---|
| 안녕하세요(만났을 때) | **xin chào** | 씬 짜오 |
| 안녕하세요(헤어질 때) | **tạm biệt** | 땀 비엣 |
| 감사합니다. | **xin cám ơn** | 씬깜 언 |
| 여기로 가주세요.<br>(택시를 탔을때) | **cho tôi tới đây a** | 저 도이 더이 더이 아 |
| 여기를 어떻게 가죠?<br>(지도나 주소를 보여주면서) | **tôi đi tới đây như thế nào ạ?** | 도이 디 더이 다이 녀으 테 나오 아? |
| 얼마예요? | **bao nhiêu tiền vậy** | 바오 니에우 디엔 베이? |
| 도와주세요 | **làm ơn giúp tôi với** | 람 언 춥 도이 베이! |
| 방이 있나요? | **còn phòng không vậy** | 건 퐁 콩 베이 |

## ■ 까페에서 : ~ 주세요(cho tôi (저 도이~))

| 한국어 | 베트남어 | 발음 |
|---|---|---|
| 얼음주세요 | **cho tôi đá** | 저 도이 다아 |
| 밀크커피 주세요 | **cho tôi cà phê sữa** | 저 도이 까 페 스으어 |
| 블랙커피 주세요 | **cho tôi cà phê đen** | 도이 까 페 댄 |
| 망고쥬스 주세요 | **cho tôi nước xoài** | 자 도이 느억 서아이 |
| 야자수 주세요 | **cho tôi nước dừa** | 저 도이 느억 즈어 |
| 하노이 비어 주세요 | **cho tôi bia hà nội** | 저 도이 비어 하노이 |

## ■ 식당주문 : gọi món ăn

| 한국어 | 베트남어 | 발음 |
|---|---|---|
| 소고기 익은 쌀국수 주세요 | **cho tôi phở bò tái** | 저 도이 퍼 버 따이 |
| 소고기 설익은 쌀국수 주세요 | **cho tôi phở bò tái chín** | 저 도이 퍼 버 다이 진 |
| 닭고기 쌀국수 주세요 | **cho tôi phở gà** | 저 도이 퍼 카 |
| 분자 주세요 | **cho tôi bún chả** | 저 도이 분자 |
| 새우 튀김 주세요 | **cho tôi tôm rán** | 저 도이 덤 치엔 (란) |
| 램 튀김 주세요 | **cho tôi nem rán** | 저 도이 냄 치엔 (란) |
| 향채 빼주세요 | **không cho rau mùi vào** | 콩 저 자우 무이 바오 |
| 하노이 보드카 주세요 | **cho tôi rựu vô ka** | 저 도이 르어우 보드카 |

## ■ 핵심 회화

| 한국어 | 베트남어 | 발음 |
|---|---|---|
| … 부탁합니다… | LÀM ƠN... | 라암 언… |
| 미안합니다 | TÔI XIN LỖI | 또이 씬 로이 |
| 다시 말씀해 주시겠어요? | LÀM ƠN NÓI LẠI LẦN NỮA. | 라암 언 너이 라이 러언 느으억 |
| 천천히 말씀해 주세요 | LÀM ƠN NÓI CHẬM CHO | 라암 언 너이 자암 져 |
| 아니요. | KHÔNG PHẢI | 커옹 파이 |
| 축하해요 | XIN CHÚC MỪNG | 씬 주옷 뭉 |
| 유감입니다 | TÔI RẤT XIN LỖI | 또이 러엇 씬 로이 |
| 괜찮아요. | KHÔNG SAO A | 커옹 사오 아- |
| 모르겠어요 | TÔI KHÔNG BIẾT | 또이 커옹 비엣 |
| 저는 그거 안좋아해요. | TÔI KHÔNG THÍCH CÁI ĐÓ | 또이 커옹 틧 까이 더 |
| 저는 그거 좋아해요. | TÔI THÍCH CÁI ĐÓ | 또이 틧 까이 더 |
| 천만에요. | KHÔNG CÓ GÌ | 커옹 꺼 지 |
| 제가 알기로는… | TÔI HIỂU RẰNG... | 또이 히에우 랑 |
| 제 생각에는… | TÔI NGHĨ RẰNG... | 또이 응이 랑 |
| 확실해요? | CÓ CHẮC KHÔNG? | 꺼- 자악 커옹? |
| 이건 무슨 뜻이세요? | NÓ NGHĨA LÀ GÌ | 너- 응이아 라 지? |
| 이건 어떻게 읽어요? | TỪ NÀY PHÁT ÂM NHƯ THẾ NÀO? | 뜨 나이 팍 암 느으 테 나오? |
| 이것을 한국어로 써주실래요? | CÓ THỂ VIẾT LẠI CHO TÔI TIẾNG HÀN KHÔNG? | 꺼 – 티에 벳 라이 져 또이 띤 한 커옹? |
| 아니요.틀렸어요. | KHÔNG. SAI RỒI | 커옹. 사이 로이 |
| 맞아요. | ĐÚNG RỒI | 더웅 로이 |
| 문제 없어요. | KHÔNG CÓ VẤN ĐỀ | 커옹 꺼- 버언 데 |
| 도와주세요. | GIÚP TÔI VỚI | 즈읍 또이 버이 |
| 누가요? | AI VẬY? | 아이 바이? |
| 얼마에요? | BAO NHIÊU VẬY? | 바오 니에우 바이? |
| 왜 안돼요? | SAO KHÔNG ĐƯỢC? | 사우 커옹 드으윽? |
| 어떤거요? | CÁI NÀO? | 까이 나오? |
| 어디요? | Ở ĐÂU? | 어 더우? |
| 언제요? | KHI NÀO? | 키- 나오? |
| 자신있어요? | CÓ TỰ TIN KHÔNG? | 꺼- 뜨으 띤 커옹? |
| 잊지 마세요. | XIN ĐỪNG QUÊN. | 씬 드응 구엔. |
| 실례합니다. | XIN PHÉP | 씬 팹 |
| 몸 조심하세요. | GIỮ GÌN SỨC KHỎE | 즈으 진- 슷 쾌-에 |
| 여기는 뭐가 맛있어요? | Ở ĐÂY CÓ MÓN GÌ NGON? | 어 다이 꺼- 머언 지 응어언 ? |
| …도 같이 할께요.. | TÔI MUỐN ĂN NÓ KÈM VỚI.. | 또이 무온 안 너- 깸 버이… |
| 계산서를 주세요. | LÀM ƠN CHO TÔI HÓA ĐƠN | 라암 언 져 또이 화- 던 |
| 감사합니다. | XIN CÁM ƠN. | 씬 깜- 언. |

# 여행에서 사용하는 베트남어 단어

| 한국어 | 베트남어 | 발음 |
|---|---|---|
| 공항 | **sân bay** | 서언 바이 |
| 비행기 | **máy bay** | 마이 바이 |
| 짐 | **hành lý** | 하잉 리이 |
| 비행시간 | **thời gian bay** | 터이 쟈안 바이 |
| 입국 | **nhập cảnh** | 납 까잉 |
| 출국 | **xuất cảnh** | 쑤앗 까잉 |
| 입국신고서 | **tờ khai nhập cảnh** | 떠어 카이 납 까잉 |
| 출국신고서 | **tờ khai xuất cảnh** | 떠어 카이 쏘앗 까잉 |
| 여권 | **hộ chiếu** | 호 지에우 |
| 비자 | **visa: thị thực** | 비자 :티이특 |
| 체류목적 | **mục đích cư trú** | 목 디잇 그 쪼우 |
| 입국심사 | **thẩm tra nhập cảnh** | 타암 쨔 납 까안 |
| 공항세관 | **hải quan sân bay** | 히이 관 서언 바이 |
| 세관신고 | **khai báo hải quan** | 카이 바오 하이 관 |
| 짐을찾다 | **tìm hành lý** | 디임 하잉 리– |
| 환전하다 | **đổi tiền** | 도오이 디엔 |
| 쇼핑가게 | **cửa hàng mua sấm** | 끄어 항 무어 사암 |
| 사다 | **mua** | 무어 |
| 가게 | **cửa hàng** | 끄어 항– |
| 잡화점 | **cửa hàng tạp hóa** | 끄어 항 다압 화 |
| 매점 | **căn tin** | 가앙 띤 |
| 교환 | **đổi** | 도오이 |
| 값:가격 | **giá tiền** | 쟈아 디엔 |
| 기념품 | **quà lưu niệm** | 구와 르우 니임 |
| 선물 | **quà** | 구와 |
| 특산물 | **đặc sản** | 다악 사안 |

| 한국어 | 베트남어 | 발음 |
|---|---|---|
| 치약 | **kem đánh răng** | 갬 다잉 랑 |
| 칫솔 | **bàn chảy đánh răng** | 반 쟈이 다잉 랑 |
| 담배 | **thuốt lá** | 투옥 라– |
| 음료수 | **nước giải khát** | 느윽 쟈이 카악 |
| 술 | **rựu** | 르어우 |
| 맥주 | **bia** | 비아 |
| 안주 | **đồ nhắm** | 도– 냐암 |
| 구경하다 | **tham quan** | 타암 관 |
| 식당 | **quán ăn** | 과안 안 |
| 아침식사 | **ăn cơm sáng** | 안 껌 사앙 |
| 점심식사 | **ăn cơm trưa** | 안 껌 쯔어 |
| 저녁식사 | **ăn cơm tối** | 안 껌 또우이 |
| 후식 | **ăn tráng miệng** | 안 자앙 미엥 |
| 주식 | **món ăn chính** | 모언 안 지잉 |
| 음식 | **món ăn** | 모언 안 |
| 메뉴 | **thực đơn** | 특 던 |
| 밥 | **cơm** | 껌 |
| 국 | **canh** | 까잉 |
| 고기 | **thịt** | 티잇 |
| 소고기 | **thịt bò** | 티잇 버– |
| 돼지고기 | **thịt heo** | 티잇 해오 |
| 닭고기 | **thịt gà** | 티잇 가아 |
| 생선 | **cá** | 까아 |
| 계란 | **trứng gà** | 쯔응 가–아 |
| 야채 | **rau** | 라우 |
| 소주 | **rựu** | 르어우 |
| 양주 | **rựu thuốt** | 르어우 투옥 |
| 쥬스 | **nước ngọt** | 느윽 응엇 |
| 콜라 | **côcacôla** | 고 까 고 라 |

**조대현**

63개국, 298개 도시 이상을 여행하면서 강의와 여행 컨설팅, 잡지 등의 칼럼을 쓰고 있다. KBC 토크 콘서트 화통, MBC TV 특강 2회 출연(새로운 나를 찾아가는 여행, 자녀와 함께 하는 여행)과 꽃보다 청춘 아이슬란드에 아이슬란드 링로드가 나오면서 인기를 얻었고, 다양한 여행 강의로 인기를 높이고 있으며 "해시태그 트래블" 여행시리즈를 집필하고 있다. 저서로 하노이, 달랏, 나트랑, 푸꾸옥, 베트남, 체코, 크로아티아, 아이슬란드, 몰타, 오스트리아, 런던 등이 출간되었고 북유럽, 스페인 이탈리아 등이 발간될 예정이다.

폴라 http://naver.me/xPEdlD2t

HASH TAG TRAVEL #

# 베트남 남부 & 중부

**인쇄** I 2023년 1월 25일
**발행** I 2023년 2월 8일

**글** I 조대현
**사진** I 조대현
**펴낸곳** I 해시태그출판사
**편집 · 교정** I 박수미
**디자인** I 서희정

**주소** I 서울시 강서구 허준로 175
**이메일** I mlove9@naver.com

979-11-92472-66-9(03910)

• 가격은 뒤표지에 있습니다.
• 이 저작물의 무단전재와 무단복제를 금합니다.
• 파본은 구입하신 서점에서 교환해드립니다.

※ 일러두기 : 본 도서의 지명은 현지인의 발음에 의거하여 표기하였습니다.